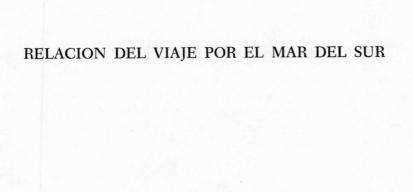

RELACION DEL VIAJE POR EL MAR DEL SUR

AMADEO FREZIER

RELACION DEL VIAJE POR EL MAR DEL SUR

Prólogo

GREGORIO WEINBERG

Traducción, notas y cronología

MIGUEL A. GUERIN

BIBLIOTECA AYACUCHO

© de esta edición
BIBLIOTECA AYACUCHO
Apartado Postal 14413
Caracas - Venezuela - 1010
Derechos reservados
conforme a la ley
Depósito Legal, If 82-1.142
ISBN 84-660-0102-6 (tela)
ISBN 84-660-0101-8 (rústica)

Impreso en Venezuela
Diseño / Juan Fresán
Printed in Venezuela

PROLOGO

"A. F. Frezier... sabio francés, de nobles
instintos, de espíritu abierto a las ideas
generosas y modernas..."

Juan María Gutiérrez

I. EL GENERO DE LOS VIAJEROS

CRONISTAS, historiadores, viajeros, como ciertos testimonios indígenas, constituyen, entre otros géneros, la rica y copiosa bibliografía indispensable para adentrarnos en el conocimiento de los complejos procesos del descubrimiento, conquista, colonización, emancipación y posterior desarrollo, relativamente independiente, de los países del Nuevo Mundo. Todas ellas son fuentes más o menos insustituibles según los casos, aunque requieren siempre y necesariamente una renovada lectura crítica; generaciones sucesivas han hallado muchas veces elementos que las anteriores no advirtieron quizá por limitaciones doctrinarias o metodológicas, o porque rectificaron sus puntos de vista como consecuencia de un cambio de perspectiva o una diferente ponderación de los factores. A pesar de su notoria importancia tampoco han merecido siempre pareja atención en punto a ediciones, estudios o comentarios; y a su vez los tiempos se han encargado de marcar preferencias, muy dispares valoraciones cuando no actitudes prejuiciosas.

Plurales pueden ser las manifestaciones significativas del pasado, ya que cabe encontrarlas tanto en expresiones orales y anónimas como los *areytos* (aquellos cantares y bailes que evocó Oviedo [1]) hasta las doctas recopilaciones o los grandes tratados de autoría reconocida; desde los quipus o los códices hasta algunas recientes historias de precios, agobiadas éstas con frecuencia por enturbiadores aparatos matemáticos aplicados para probar, algunas veces, lo obvio.

Hay pues una memoria colectiva, entre cuyos custodios y artífices más significativos —pero nunca exclusivos— se cuentan los historiadores, cuya función profesional específica como tales es contribuir a rescatar, depurar y organizar aquellos testimonios, dándoles vigencia y otorgándoles sentido.

Ahora bien, de entre los múltiples elementos dignos de consideración nos detendremos en el género de los viajeros que hoy aquí nos importa y cuya riqueza parece innecesario encarecer. Desde luego, "viajeros que escribieron sus impresiones de lo visto y vivido en su ruta, existieron en todas las épocas y desde la antigüedad, tanto en Oriente como en Occidente. Pero el género de viajes se fue perfilando en los países de Europa y se hizo más profuso desde la época del Renacimiento, o sea desde el siglo XVI"[2]. El espíritu de aventura, la curiosidad, intereses nacionales o personales, exilios forzados o circunstancias fortuitas, impulsaron a los hombres de todos los tiempos hacia tierras poco conocidas o ignotas; y muchas veces su resultado fue un libro que, releído ahora, al cabo de los siglos, suele enriquecer el conocimiento de una época, una región o un episodio, aunque no siempre sea oro todo lo que allí reluzca. Más aún, a nuestro juicio, la bibliografía sobre el tema tampoco debería excluir la de aquellos viajeros sedentarios que visitaron los países de utopía y cuyas contribuciones —nada desdeñables— enriquecieron la reflexión filosófica sobre el hombre y la incierta geografía política del siglo XVIII.

Pese a su importancia, casi unánimemente admitida, cabe recordar que algunos, extremando su espíritu crítico, han llegado a minimizar cuando no a rechazar el valor testimonial de los viajeros (particularmente cuando éstos son extranjeros) por considerarlos a priori prejuiciosos o indebidamente informados; a estos argumentos suelen adicionarse otros: la brevedad del período de permanencia y por tanto la fugacidad de sus observaciones; animosidad religiosa; desconocimiento de los valores que informan las conductas, etc. Si esto ocasionalmente puede llegar a ser válido, en otros casos no lo es; y como ocurre siempre con las generalizaciones precipitadas, se desemboca en juicios discrecionales. Nadie puede ignorar que muchos de esos viajeros contribuyeron a poner de relieve, cuando no a descubrir, la especificidad de los rasgos del paisaje y del hombre, de las ciudades, países o regiones visitados, de los conflictos que enfrentaban sus diversos grupos sociales.

Si eliminamos toda valoración xenófoba podemos decir que los grandes viajeros extranjeros (y dejamos expresamente de lado los españoles, tan valiosos como aquéllos, porque su tratamiento requeriría consideraciones más abarcadoras, algunas de ellas obvias) que visitaron nuestra América en siglos pretéritos —y sobre todo durante el período colonial que ahora nos interesa— contribuyeron a destacar caracteres, inadecuaciones, diferencias, asincronías, aspiraciones, incompatibilidades, conflictos latentes o visibles, que llevaron, en muchas ocasiones, en forma indirecta y mediata, y en otras de manera más directa y casi inmediata, a perfilar rasgos y tendencias emancipadoras. Por supuesto que para advertir su interés perdurable es preciso no dejarse distraer por los rasgos anecdóticos (aunque tampoco sea recomendable subestimarlos por completo) o por las notas de color que, en no pocas oportunidades, iluminan inesperadamente una situación o un protagonista. Y si bien de menor eficacia que los anteriores como argumento, es dable reconocer que algunas de las obras características del género pueden servir, llegada la oportunidad, para esclarecer las intenciones del viaje o expedición, cuando no la personalidad del viajero (¿o puede hacerse un estudio serio sobre A. von Humboldt, pongamos por caso, uno de los gigantes de la Ilustración, si no se releen muy cuidadosamente los millares de páginas de su producción de interés latinoamericano?). En suma, más allá de los preconceptos sectarios, los viajeros —como cualquier otra fuente— deben leerse y releerse críticamente aunque nos consten la calidad de su información y su buena fe; precauciones que es preciso redoblar cuando hay indicios fehacientes o sospechas de interesada distorsión. "El testigo, se ha dicho con razón, puede ser veraz y no ser verídico su testimonio" [3]. A todo ello debe añadirse un aspecto tampoco desdeñable: nos referimos a la amenidad que por lo general suele caracterizar estas obras, circunstancia que le aseguran el interés adicional de lectores no especializados pero sí curiosos por desentrañar datos y referencias de un pasado cercano o remoto, aunque susciten la enemiga de quienes creen incompatible lo serio con lo deleitoso.

Además, necesariamente nos vemos forzados a dejar de lado la copiosa bibliografía existente acerca de la influencia de los viajeros sobre la historia, la literatura y el pensamiento político europeos, que se ha hecho abrumadora con posterioridad a los ya clásicos y precursores trabajos de Gilbert Chinard [4], preocupado éste sobre todo por desentrañar los orígenes del concepto de hombre natural y por rastrear las fuentes mediatas o inmediatas del pensamiento de J. J. Rousseau. Y no digamos nada de la importancia que tuvieron y le atribuyeron los mismos latinoamericanos; rastrear sus huellas sería repensar prácticamente toda nuestra historiografía. Así, para citar un solo caso, digamos que Guillermo Feliú Cruz recuerda el interés demostrado, a lo largo de varias décadas, por Andrés Bello, quien tradujo, comentó y publicó muchos testimonios de viajeros, como así también escribió numerosos artículos sobre el tema; "el caraqueño, dice G. Feliú Cruz, fue bastante objetivo en la crítica de las obras de viajes y manifestó especial devoción por conocerlas y difundirlas" [5]. Y por supuesto que los testimonios de los mismos viajeros, junto con otras fuentes, constituyeron aportaciones decisivas en las grandes polémicas suscitadas sobre el Nuevo Mundo, vertebradas en torno a la dilucidación de la supuesta inferioridad del hombre y de la naturaleza americanos [6]. Más aún, la presencia de numerosas ediciones de viajeros en las bibliotecas de los filósofos es prueba adicional, si necesario fuere, de su trascendencia ideológica [7].

En suma, diversos factores, así como la coyuntura internacional, la intensificación del comercio, mejores condiciones de la navegabilidad, estimulante clima intelectual que genera una reforzada curiosidad suplementaria, fueron, entre otros, los que dieron un auge particular al género durante el siglo XVIII que, a los efectos que aquí nos interesan, podríamos decir que comienza con Frezier y se cierra con el ya citado Humboldt.

II. EL MOMENTO HISTORICO

a) *COYUNTURA INTERNACIONAL*

Los grandes procesos históricos no coinciden con fechas determinadas ni pueden ser encasillados dentro de fáciles periodizaciones, como aquellas anacrónicas ideas que aún suelen perdurar, sobre todo en los manuales, y pretenden ordenarlos por centurias, monarcas o presidentes. Sin entrar a discutir su legitimidad o valor pedagógico —para nosotros indefendible— digamos que muchos tratados y textos comienzan, y con razón, el llamado "siglo XVIII" alrededor del año 1715, que si es una forma de corregir el criterio corriente revela también la necesidad de recurrir a rectificaciones de la cronología más tradicional [8].

De todas maneras algunas convenciones aparentan ser útiles como primer encuadre o inicial punto de referencia. Así, creemos se justifica decir que, con la desaparición de Luis XIV —monarca de gravitación, prestigio y poderío— quien murió el 1º de setiembre de 1715, se cierra de algún modo una etapa importante de la historia europea, la llamada del "absolutismo", que coincidió en Francia con un momento brillante de su historia no sólo política y militar, sino también con el desarrollo de sus manufacturas, del incremento del poderío naval, de la expansión colonial, actividades de las cuales no puede ser desvinculado el nombre de Jean-Baptiste Colbert. Fue éste un proceso simultáneo con una formidable eclosión intelectual y artística; es la época de los grandes teóricos del mentado absolutismo como Bossuet, del clasicismo de Corneille, Racine y Molière, de los legisladores del gusto como Boileau, de la aparición de una generación de pintores, músicos, arquitectos de méritos superlativos que multiplicaron la fama del Rey Sol de un cabo al otro de Europa, fortalecida simultáneamente por la creación de instituciones como la Académie des Sciences (1666) o publicaciones como el *Journal des Savants,* a partir de 1665. Pero también durante aquellos tiempos —indebidamente idealizados por lo general— se irán generando las grandes contradicciones que llevarán a su posterior debilitamiento; así, por ejemplo, el paulatino e intenso empobrecimiento del país rural y endeudamiento del Estado como consecuencia de las interminables guerras y la consiguiente dilapidación de recursos. Mas tampoco puede ignorarse que los apreciables adelantos alcanzados en materia de estructura interna, organización de las fuerzas armadas o de las finanzas se hicieron, por supuesto, "al precio de violencias contra los hombres y las conciencias" [9].

Pero en rigor la profunda crisis del equilibrio del poder en el Viejo Mundo ya había comenzado a agudizarse quince años atrás con la llamada "Guerra de Sucesión" que siguió a la muerte (1º de noviembre de 1700) del rey de España Carlos II, El Hechizado, de la dinastía de los Habsburgo y quien por falta de herederos directos había testado el mes anterior a su deceso en favor del duque de Anjou y nieto de Luis XIV, quien pasó a ser Felipe V de España. Este inesperado fortalecimiento de la dinastía de los Borbones no podía dejar de suscitar enérgicas reacciones entre las demás potencias del Viejo Mundo, que pretendían que esta circunstancia alteraba el ya inestable equilibrio europeo. Las razones que explican esta resistencia a un problema aparentemente de política interna de un país soberano son fáciles de entender. Inglaterra y Holanda, en franco proceso de crecimiento y rivales ambos del Imperio hispano, veían con inocultable disgusto la eventual unión —por vía dinástica— de Francia y España. Por su parte, Leopoldo I de Austria tampoco estaba dispuesto a admitir esta solución, pues él pretendía el trono para su propio hijo el archiduque Carlos. Esta compleja situación —donde se entremezclan inextricablemente los intereses nacionales y los dinásticos, pero sobre todo los de los nuevos y pujantes grupos sociales— desordenará el mapa geopolítico, dando inicio a una larga serie de conflictos cuya pormenorizada peripecia no es el caso seguir aquí, aunque importa señalar aquellos aspectos que afectan al Nuevo Mundo directa o indirectamente, para poder situar así mejor el momento histórico del viaje de Frezier. En este sentido nos parece capital subrayar la decisiva importancia que adquieren las colonias españolas en el juego de las cada vez más complejas relaciones internacionales, y cuyas consecuencias desbordan muy holgadamente el continente europeo. Adviértase que los nuevos mercados abren promisorios horizontes a la expansión comercial y manufacturera y al tráfico negrero. Este papel acrecentado del imperio español puede comprobarse, insistimos, hasta en la historiografía más sectariamente europeocéntrica.

Como consecuencia de estas nuevas relaciones dinásticas, Francia incrementa rápidamente sus ventajas, consolida sus posiciones y conquista situaciones privilegiadas desde el comienzo mismo de la Guerra de Sucesión; sus mercaderes, cada vez más audaces y ambiciosos, ya no se mostraban satisfechos con la preponderancia que habían adquirido como abastecedores del comercio de Cádiz (desde donde su producción se volcaba a las colonias españolas, aunque canalizada dentro del sistema monopolista de la Metrópoli); se han propuesto conquistar dichos nuevos mercados sin esa intermediación. Y "es para impedir la ejecución del tratado del 27 de agosto de 1701, que reservaba a los franceses el abastecimiento de negros a las colonias españolas, que las potencias marítimas se embarcan en la guerra de sucesión de España" [10]. El mencionado tratado establecía el privilegio en favor de la Compañía de

Guinea para la introducción, durante un decenio, de 48.000 negros esclavos de ambos sexos. Y esto explica la apreciación de S. Villalobos y P. Estellé: "Durante las dos primeras décadas del siglo XVIII el contrabando tuvo origen francés, debido a la recién inaugurada alianza con aquella nación, que facilitó el arribo de sus naves a los dominios del rey de España. Concepción se transformó en la guarida del comercio ilegal, las más de las veces con la anuencia de las autoridades" [11].

Con el Tratado de Methuen (1703) Inglaterra obtiene de Portugal, cuyo dominio había perdido España ya en 1640, ventajas tan significativas desde el punto de vista estratégico y comercial como que le abren de par en par las puertas del Brasil, desde cuyo dilatado litoral el contrabando encontrará nuevas bases para socavar el ya deteriorado monopolio español, de igual manera que lo había minado en el Caribe, a partir de la toma de las islas (Bahamas, Jamaica), en la segunda mitad del siglo XVII. Los nuevos criterios que ahora predominan en la corte londinense —respaldados por sus importantes y consolidados logros en los más diversos terrenos— dejan atrás la época "heroica" de piratas, bucaneros y filibusteros, de cuya actividad tampoco estuvo ajena por entero. S. J. Stein y B. H. Stein confirman las consecuencias del acuerdo: "...Dependencia colonial de Europa occidental en 1500, doscientos años más tarde Portugal era virtualmente una dependencia inglesa, si hemos de juzgar conforme a los términos del tratado anglo-portugués de 1703, el Tratado de Methuen, que vinculó las economías metropolitana y colonial americana portuguesas a la economía inglesa. Methuen llevó a Portugal y su colonia en Brasil a una red de imperialismo económico cuyo centro era Inglaterra" [12]; este tratado en cierto sentido no hizo más que ratificar uno anterior de 1654, entre Portugal e Inglaterra, que venía a sancionar una situación que ya se estaba dando de hecho: la intervención británica en la comercialización del azúcar del NE brasileño, tarea que Portugal nunca había estado en condiciones de llevar adelante por sí mismo.

En los años siguientes una complejísima serie de negociaciones y enfrentamientos armados desembocarán en lo que genéricamente se conoce como la Paz de Utrecht, que si bien admite la legitimidad de Felipe V en el trono de España, cierra a éste para siempre las puertas para aspirar a unir su corona con la de Francia y a la que debe renunciar expresamente. Se producen además una serie de reajustes en las fronteras de las potencias europeas; pero sobre todo, y esto es lo que aquí más nos concierne, marca el franco predominio de Inglaterra, que se asegura por Real Cédula del 13 de marzo de 1713 el "Navío de Permiso" y luego el llamado "Tratado del Asiento de negros", suscrito en Madrid pocos días después, el 26 de marzo.

El primero autoriza a Inglaterra a fletar anualmente un buque de quinientas toneladas, que llegaba a las costas del imperio español directamente con mercancías libres de derechos. Dicho navío se constituyó en un ariete que socavó el monopolio español tan celosamente defendido y fue un recurso tan hábil como inescrupulosamente empleado para intensificar el comercio inglés en pleno proceso de expansión. El segundo asegura a Inglaterra el monopolio por treinta años para proveer hasta 4.800 negros anuales ("ciento cuarenta y cuatro mil negros, piezas de Indias de ambos sexos y todas edades...") y simultáneamente permite la extracción de oro y plata[13], y constituye, en lo que se refiere al Caribe, un paso importante dentro de su política general de adueñarse de la circulación del Atlántico.

Las fortalecidas potencias rivales de España trataron de obtener, y lo consiguieron, durante las arduas negociaciones diplomáticas que precedieron a los Tratados de Utrecht, concesiones y privilegios crecientes que les permitieron, como acaba de señalarse, el acceso a los mercados del imperio colonial. De este modo comienza a perfilarse una significativa tendencia: además de conquistas territoriales Inglaterra parece manifestar ahora preferencia por asegurarse mercados. A partir de ese momento América Latina será sometida a la presión creciente de un comercio "legal" apuntalado por un contrabando eficazmente organizado y de alto rendimiento.

Si los descubridores y primeros viajeros de los siglos xv y xvi habían sacudido los conocimientos geográficos hasta entonces admitidos, con cartas imprecisas y por momentos contradictorias donde se multiplican los pueblos y las lenguas, y donde grandes espacios en blanco dificultaban todavía su entendimiento o estimulaban la imaginación, las nuevas circunstancias internacionales contribuirán, bajo otros incentivos muy diversos, a recomponer esos mapas como resultado de viajes cada vez más frecuentes y mejor organizados. Los vastos litorales marítimos, los millones de kilómetros cuadrados de tierra firme serán ahora explorados por agentes comerciales o por marinos profesionales, no carentes de curiosidad científica, pero exigidos por quienes patrocinaban esas empresas que conservaban todavía fuertes dosis de aventura. Además, gobiernos, instituciones y empresarios reclamaban información cada vez más rigurosa: el exacto emplazamiento y condiciones de las fortificaciones, la ubicación precisa de los accidentes geográficos, las condiciones de los mercados y mil otros datos de interés militar, político o económico, todo lo cual no excluye por cierto que los viajeros más sagaces agregasen por su cuenta observaciones sobre hábitos y costumbres, técnicas empleadas en la explotación minera, estructura social y organización administrativa, etc.

b) ADMINISTRACION COLONIAL

Al subir al trono Felipe V, tanto España como su extenso imperio colonial atravesaban un período de franca postración: derrotas militares y navales, fracaso de su política económica, crecientes tensiones sociales, ruina demográfica, aletargamiento de su vida cultural; en suma: merma del peso específico de los sectores productivos, apartamiento de los estratos populares, desorientación de su clase dirigente, pérdida de objetivos y carencia de energía suficiente para llevarlos a cabo. "No era fácil gobernar un reino con sus posesiones de ultramar que, conservando toda su estructura institucional, venía arrastrando, sin embargo, más de medio siglo de decadencia: pobreza, inmoralidad política, ignorancia, despoblación" [14].

La copiosa bibliografía existente sobre el tema y sus múltiples derivaciones hace poco menos que innecesario abundar al respecto. Limitémonos, pues, a considerar sólo aquellos puntos vinculados de manera más directa a la oportunidad del viaje de Frezier, que coincide precisamente con uno de los momentos de mayor auge del comercio francés —legal e ilegal— en las costas del Mar del Sur. Recuerda Sergio Villalobos R., en un documentado estudio, que varias reales cédulas de enero de 1701 que autorizaban el arribo de bajeles franceses, "fueron las primeras medidas, breves e insignificantes en apariencia que quebraron todos los antecedentes de exclusivismo en el Pacífico y que autorizaron la intromisión de los extranjeros en los asuntos de las colonias" [15]. Más aún, cuando esas autorizaciones entraban en franca contradicción con otras de pocos meses antes, donde se reiteraban las conocidas y severas prohibiciones a todo extranjero de comerciar dentro de las posesiones de la Corona; y la irrisión llega al colmo cuando, frente al posible peligro de un ataque de ingleses y holandeses, hasta se sugiere "aprovechar los servicios de los barcos franceses que hubiesen llegado a esas aguas o que llegaren en el futuro" [16]. Desde luego que esta situación de hecho expresa el desfallecimiento del poder español a un grado tal que ya no podía proteger su vasto territorio ni sus dilatadas líneas de comunicación.

A la evidente debilidad del gobierno central debe sumarse la corrupción imperante hasta para la designación de las más elevadas jerarquías administrativas, y la ineficiencia de los recaudos legales adoptados para evitar los abusos, vicios o malversaciones a la que parecía tan afecta la burocracia [17]. Mas no deben confundirse las buenas intenciones del legislador con la realidad en que por lo general suelen incurrir los estudiosos del derecho indiano. Las observaciones anotadas por Frezier con referencia, por ejemplo, a la periodicidad de las designaciones —las que pueden ser fácilmente corroboradas por numerosísimos testimonios— son de suyo significativas. "Los virreyes y los presidentes los ejercen durante siete años; algunos corregidores o gobernadores los tienen por cinco, y la mayoría sólo por tres; es fácil descubrir la intención de este reglamento; sin duda es para evitar que tengan tiempo de hacerse de seguidores y de formar partidos contra un rey que está tan alejado de ellos que se necesitan años para recibir sus órdenes; pero también es preciso convenir en que esta política tiene muchos inconvenientes inevitables, que son a mi parecer la causa principal del mal gobierno de la colonia y del poco provecho que ella produce al rey de España, pues los oficiales consideran el tiempo de su cargo como un jubileo que no les debe llegar más que una vez en la vida, al final de la cual serían objeto de burla si no hubiesen hecho su fortuna; y como es difícil no sucumbir a la tentación de tolerar en secreto, por dinero, ciertos abusos erigidos en costumbre por un largo uso, aun las personas más honestas siguen las huellas de sus predecesores, prevenidos de que, cualquiera sea la forma en que obren, no se dejará quizás de acusarlos de mala administración; para redimirse del cargo el único medio es apaciguar a sus jueces mediante presentes, cediéndoles parte de lo que ellos han robado al rey y a sus súbditos. Tengo esta información de buena fuente y no lo doy aquí como conjetura" (pp. 192-193) *.

Para situar el momento histórico de la presencia de nuestro viajero en las colonias españolas del Mar del Sur recordemos que hasta su muerte, 22 de abril de 1710, había sido virrey "don Manuel Oms de Santa Pau, Olim Sentmenat y de Lanuza, marqués de Castell Dos Rius, grande de España y ex embajador de España en París", nada ajeno a los productivos negocios vinculados al contrabando y cuyas influencias en la Corte obstaculizaron permanentemente la tramitación de las frecuentes denuncias sobre su participación en actividades ilícitas. Pero al mismo tiempo hombre de mundo, contribuyó a la formación de una pequeña corte que se reunía en el propio palacio virreinal y a cuyo seno eran convocados los hombres de letras más caracterizados de su época; sobre todo favoreció un pronunciado afrancesamiento de las costumbres [18].

A partir del 30 de agosto de 1710 se hace cargo del Virreinato don Diego Ladrón de Guevara, obispo de Quito, quien debió hacer frente a una difícil coyuntura internacional, caracterizada por las reiteradas amenazas de ataques por parte de los piratas ingleses y las consiguientes dificultades de abastecimiento, que lo obligaron a favorecer una apertura al comercio con los franceses. El Tratado de Utrecht modificó nuevamente la situación amparando a los ingleses en detrimento de los galos. Frezier, en el apéndice de la edición que, con las debidas salvedades, llamamos de 1734, agrega, con relación a este piadoso virrey: "...En el mes de marzo de 1716 se recibió en Lima órdenes de la Corte de España de destituirlo y poner en su lugar al obispo de Chuquisaca hasta la llegada del Príncipe de Santo Buono, quien estaba ya en camino para ocupar el trono del Virreinato".

Durante la permanencia de Frezier en su jurisdicción, fue Presidente de la Capitanía General de Chile don Juan Andrés de Uztáriz, caballero de Navarro y de la orden Santiago, quien se negó a prestar juramento

* En adelante todas las indicaciones de número de página entre paréntesis remiten a esta edición.

al recibirse del cargo el 26 de febrero de 1709. Pero eso sí, en seguida "se puso a gobernar, es decir, a hacer su negocio; en el que tuvo cabal acierto" [19]. Y del mismo Uztáriz escribió D. Barros Arana que: "...establecido en Sevilla al frente de una casa de comercio, llegó a poseer una fortuna considerable; pero la guerra de sucesión de España le ocasionó grandes pérdidas, de que creyó resarcirse fácilmente en el desempeño de un gobierno en las colonias" [20]. Las desdorosas pero innegablemente lucrativas actividades de este funcionario —cuyos títulos y cargos fueron adquiridos— nada excepcionales eran por cierto; merecieron severos juicios de Frezier, y de él volveremos a ocuparnos cuando hablemos del comercio y del contrabando.

Era ésta, en sumarísimos rasgos, la torpe y zigzagueante política impuesta a las colonias españolas, y tales algunos de los personajes encargados de su aplicación.

III. EL PROTAGONISTA

Cuando falleció Amedée-François Frezier el 14 de octubre de 1773 a los 91 años de edad, había cumplido una larga y no demasiado brillante carrera militar como ingeniero especializado en fortificaciones. A pesar de sus trabajos y merecimientos nunca pudo pasar del grado de teniente coronel con el que obtuvo su retiro en 1764. Los servicios prestados a la carrera de las armas, los libros y memorias técnicas por él escritos no lo hubiesen recomendado a la posteridad; salvó en cambio su fama un viaje realizado, en plena madurez, al Nuevo Mundo, y cuyos resultados expuso en la obra que hoy se reedita, trabajo que sí le asegura un puesto de honor entre los grandes viajeros de todos los tiempos, con serias inquietudes y sólida formación científica, unidas a finas dotes de observador naturalista y no exentas de sagacidad política.

Nacido en Chambery (Saboya, Francia) en 1682, sus ascendientes fueron escoceses refugiados (Frazer parece haber sido el apellido del tronco familiar). Desde muy joven reveló un amplio espectro de inquietudes intelectuales que, ya en París, le permitieron incursionar simultáneamente en varias disciplinas; perfeccionó su formación con un viaje a Italia, de acuerdo a la costumbre de la época. Orientóse pronto hacia la carrera militar; así, a los veinte años se incorpora a un regimiento de infantería (cuyo jefe, el coronel Charost, lo estimuló en este sentido) y en 1707 ingresa al cuerpo de ingenieros, a cargo entonces del desarrollo de las fortificaciones de Saint-Malo; en cumplimiento de sus funciones le tocó recorrer y servir en varias guarniciones; de aquella temprana etapa es su *Traité des feux d'artifice* (1706).

Es evidente que la intensa actividad marítima y comercial del puerto de Saint-Malo, uno de los centros más dinámicos de la época, donde fantasía y codicia se entreveraban en los relatos de los imaginativos navegantes y los insaciables mercaderes, lo atrajo lo suficiente como para estimular su latente espíritu de aventura. Gracias a la intervención de funcionarios influyentes logró vincularse a la Corte, donde obtuvo, al cabo de poco tiempo de expresadas sus inquietudes, se le confiase una tarea de evidente responsabilidad, a pesar de la insignificancia de los títulos y funciones oficialmente concedidas.

En cumplimiento de la misión encomendada, es decir, informar (aprovechando las excelentes relaciones a la sazón imperantes entre Francia y España) sobre el emplazamiento de plazas fuertes, las posibilidades del desarrollo comercial y ajuste de las observaciones que permitiesen facilitar y asegurar la intensificación del tráfico mercantil; a este cometido no fue ajeno Luis XIV, cúyas serían las instrucciones finales. Embarcóse el 23 de noviembre de 1711, para zarpar sólo el 6 de enero de 1712, en el San José, barco mercante de 350 toneladas, debidamente artillado con 36 cañones, con una dotación de 135 marinos fogueados muchos de ellos en batallas navales, y bodegas llenas de mercancías, para cumplir "como simple pasajero" un largo viaje de más de dos años y medio que lo llevaría por tierras extrañas y le depararía luego enormes satisfacciones, pues fue esa la etapa culminante de su larga existencia, aquella que le brindó fama europea gracias a las sucesivas traducciones de su obra.

Vuelto a su patria se dedicó a escribir y vigilar luego la preparación, en la imprenta, del relato del viaje que acababa de efectuar y cuyas artísticas ilustraciones debieron requerirle no poco esfuerzo. Bien pronto se reincorporó a sus tareas específicas; otra vez retornó a Saint-Malo y trabajó también en diversas ciudades donde estuvo a cargo de la dirección de distintas obras de arquitectura militar y civil. En 1719 es enviado a Santo Domingo como ingeniero-jefe para poner a punto las defensas de la isla. Cuando retorna a Francia, condecorado y estimado, vuelve al servicio de su especialidad: reconstrucción y aseguramiento de varias fortificaciones; durante el desempeño de estas tareas acumula una rica experiencia que recoge en su *Traité de Stéréometrie, ou Théorie et la pratique de la coupe des pierres et du bois* (1738), obra notable para la época, según se ha dicho, y que significaba "nuevas aplicaciones a una cantidad de problemas de geometría práctica, así el desarrollo sobre un plano de las superficies cónicas y cilíndricas y de sus secciones planas, estudio de las intersecciones de las superficies esféricas, cilíndricas y cónicas entre ellas, la representación de curvas de doble curvatura por su proyección sobre planos, etc. Estas investigaciones de Frezier preludiaban el nacimiento de la geometría descriptiva...".

Director de las fortificaciones de Bretaña en 1739, miembro de la Academia de Marina en 1752, vuelve a ocuparse de América en *Lettre concernant l'histoire des tremblements de terre de Lima* (1755). Prosigue su actividad y reincide, significativamente, sobre el mismo tema que ya le había preocupado dos décadas atrás: *Eléments de Stéréometrie a l'usage de l'architecture pour la coupe des pierres* (2 vols., 1759-1760), en cuya portada exhibe sus títulos de teniente coronel, caballero de la Real y Militar Orden de San Luis y director de las fortificaciones de Bretaña. Murió en Brest, ciudad a cuyo embellecimiento contribuyó con diversas obras arquitectónicas y cuyas autoridades creyeron expresar adecuadamente su reconocimiento poniendo a una de sus calles el nombre de A. F. Frezier.

Por muchos motivos, sobre todo para un mejor entendimiento de este libro, interesa destacar la actitud mental de Frezier, cuya sólida formación científica explica ya en parte sus antecedentes, pero sobre todo quisiéramos subrayar en él esa singular combinación de actitud racionalista de análisis de algunos problemas teóricos por un lado y, por el otro, su método empírico para examinar hechos y aquilatar fenómenos, algunos de ellos realmente insólitos para el observador europeo, cuestiones que excedían los habituales marcos de referencia y planteaban por tanto un franco desafío a la inteligencia, que debía manejarse con otras categorías de análisis que encauzasen la tantas veces desbordada imaginación. Son estos elementos más que significativos para comprender su postura frente a numerosos problemas.

Recordemos que cuando nuestro viajero visita el Nuevo Mundo, muchas de las ciencias de la naturaleza, con su larga tradición escolástica, estaban todavía en pañales, no habían definido aún su campo específico y por momentos se emparentaban con corrientes nebulosas; así, lo que hoy entendemos por química aparece entonces confundida con la iatroquímica cuando no humillada por la alquimia. Vale decir, disciplinas carentes de una estructura teórica satisfactoria, ponían aún el acento sobre los aspectos cualitativos (el espíritu) de la materia, pues no habían llegado a alcanzar la madurez que tendrá la química luego de un Lavoisier o la botánica después de Linneo. Y otro tanto podemos decir de la geología, la mineralogía, la vulcanología, etc.; en este sentido baste considerar, para comprender el clima espiritual, las "autoridades" que suele citar Frezier, y cuyas conclusiones por lo general tiende a refutar. Epoca de intensa transición, nuestro autor aparece en la vertiente moderna, con su exigencia de rigor y preocupado por los planteamientos cuantitativos. Pero cabe recalcar esta circunstancia: es un período histórico que registra notables avances tecnológicos —particularmente en mineralogía y metalurgia cuyo centro de gravedad se había trasladado al Nuevo Mundo; en navegación, cuyo adelanto tanto preocupaba a las potencias coloniales, etc.— cuya teorización será posterior. Predomina una postura empírica, cuyos desarrollos se verán estorbados en ciertos casos por la existencia de grandes reservas de mano de obra indígena (por ejemplo: Potosí). Un caso notable es el de Alvaro Alonso Barba, afamado autor de *El arte de los metales* (1640), cuya filosofía natural acepta aún la autoridad de Plinio, pero cuyas aportaciones a la actividad práctica de la metalurgia son realmente considerables, sobre todo por los progresos técnicos que concibió y aplicó. La fractura entre teoría y práctica es en él manifiesta. Pero lo que sí importa subrayar es que en aquel momento y en aquella actividad nuestro Continente estaba a la vanguardia.

Pero volvamos al tema: cuando Frezier estudia las singulares características del clima limeño —que interesó prácticamente a todos los viajeros y científicos que tuvieron oportunidad de permanecer algún tiempo en la capital del Perú— escribe: "...Este raciocinio [refiérese en este pasaje a ciertas conjeturas de "algunos filósofos modernos"] que creo justo muchas veces, no lo es siempre, como puedo asegurarlo por mi propia *experiencia,* al haberme hallado sobre altas montañas..." (p. 190); o en esta otra consideración: "...Dejo a los filósofos el cuidado de proporcionar razones más convincentes de esta sequedad [del clima]; le basta a un viajero, cuando expone hechos, explicarlos ligeramente, para hallar crédito y preparar al lector para lo que dice de extraordinario. (Ibídem). Como es evidente, aquí "explicarlos ligeramente" debe tomarse como equivalente de "describirlos". Pero antes de proseguir quisiéramos destacar que, tal como surge de los textos citados, y de otros que enseguida traeremos a colación, la ciencia, en el sentido moderno, aún no estaba claramente diferenciada de la filosofía y los límites entre ambas permanecían demasiado imprecisos. Faltaba aún casi un siglo para que apareciese la gran obra de Hipólito Unanue, *Observaciones sobre el clima de Lima y sus influencias en los seres organizados* (1806).

Pero más adelante sugiere Frezier un *experimento* para comprobar que el fuego, para mantenerse, necesita aire: "...Si en una botella se introduce un carbón caliente, y se la tapa perfectamente, al punto se lo extingue .." (Ibídem). Y en muchos otros pasajes muéstrase no menos elocuente, casi diríamos muy seguro de sus procedimientos mentales: "Yo, que no admito *conjeturas,* salvo aquellas que están basadas en la *experiencia,* atribuiría la formación [de los metales] más bien a los fuegos subterráneos..." (p. 150). No se trata, seguramente, de señalar el acierto o el error de las explicaciones propuestas por Frezier como de su actitud. Piénsese que al tratar este punto está refutando a algunos físicos y filósofos que sostenían, y muy seriamente, que los metales debían situarse dentro del reino de los vegetales, o de otros que consideraban que se originaban de un huevo, o de quienes los atribuían al sol. Importan sí los argumentos aducidos más que las conclusiones. Un rayo caído sobre un monte no podía, como entonces solía creerse, generar oro, porque —dice Frezier— si ese monte estuvo siempre cubierto de nieve y "el calor del sol no tuvo la fuerza suficiente para derretir la nieve, tampoco debe haberla tenido para formar el oro que estaba debajo de éste, permanentemente cubierto por la nieve" (p. 150). Ya antes, y con referencia a la minería del oro en Chile recuerda la opinión muy difundida de que la mezcla de tierra y oro que aparece en los socavones se interpreta por el "diluvio universal que desordenó las montañas", opinión que más de un sabio trató de fundamentar con citas copiosas. Pues bien, Frezier encara la crítica no sólo de esa interpretación de los pasajes pertinentes de las Escrituras (interpretación a su juicio insatisfactoria cuando no equivocada puesto que consiente otra u otras) sino que va más allá: "Sin remontarse a tiempos tan remotos, me parece que las lluvias de invierno por sí solas pueden haber provocado el mismo efecto" (p. 108); en este caso es manifiesto que opta por la posible explicación naturalista. En cambio es de índole económica su refutación de ciertas ideas difundidas acerca del "crecimiento del oro", que se pretendía demostrar con ejemplos que en su aspecto exterior parecían confirmar la difundida leyenda de la reaparición del precioso metal en minas ya abandonadas. Inicialmente, dice, los yacimientos auríferos fueron explorados en forma superficial, con avidez y premura, sacando de ellos las pepitas más grandes y trabajando sólo las arenas más rendidoras o accesibles a primera vista, para luego abandonarlas por indolencia o atraídos por el espejismo de otras de mayor rendimiento aparente. Y cuando las minas comenzaron a mostrarse más esquivas y menos generosas, se las volvió a trabajar, con otro criterio y con mayor esfuerzo, más como exigente empresa que como fugaz aventura, lo que permitió recuperar tierras o aguas metalíferas antes poco menos que despreciadas. El oro no ha crecido, viene a decir Frezier, lo que ocurre es que antes fue inadecuadamente explotado, con un gran margen de desperdicio.

Más adelante volverá a manifestar su preocupación —notable y sugestiva en todo sentido —por la tecnología de la explotación minera y los procedimientos empleados en la metalurgia; y allí se advertirá mejor aún cuál era su actitud: intenta describir prolijamente, comprender a fondo y explicar de la manera más satisfactoria posible; evidencia más que curiosidad, revela su interés tanto como científico además de su seria inquietud por obtener información concreta, con descripciones razonadas sobre los procedimientos de explotación y las técnicas de fundición aplicadas, así como acerca del significado económico y régimen jurídico de dicha actividad.

Reitera en otro pasaje significativo su deseo de saber y el valor que atribuye al conocimiento; lo hace sin jactancia alguna, con sobriedad ejemplar y un moderno sentido profesional. Así, observa con referencia a un ingenio azucarero: "...Como las características del molino que se utiliza para triturar [la caña] me parecieron en cierto modo nuevas, y como el conocimiento de las máquinas es asunto de mi competencia...".

IV. CONSIDERACIONES BIBLIOGRAFICAS Y ESTILISTICAS

Para esta edición, tal como se indica, se utilizó la primera [21]: *Relation du voyage de la mer du sud aux côtes du Chily et du Perou, fait pendant les années 1712, 1713 & 1714... Par M. Frezier, Ingenieur ordinaire du Roy... A Paris...* MDCCXVI. (Esta edición in 4º, tiene XIV + 298 págs. y fuera de texto 14 láminas y 23 mapas o planos).

Dos años antes había aparecido *Journal des observations physiques, mathematiques et botaniques, faites par l'ordre du Roy sur les côtes orientales de l'Amerique meridionale, & dans les Indes Occidentales, depuis l'anné 1707, jusques (sic) en 1712. Par le R.P. Louis Feuillée, religieuse minime, mathematicien, botaniste de Sa Majesté, & correspondant de l'Académie Royale des Sciences,* París, 1714, v vols. in 4º, cuya parte final la constituye una *"Histoire des plantes medicinales qui sont les plus en usage aux royaumes de l'Amerique méridionale, du Perou & du Chile...".* Frezier cita este libro a lo largo de su obra varias veces, aunque haciendo algunos reparos a sus observaciones y sugiriendo, en algunos casos, correcciones a los datos ofrecidos. Feuillée publicó en 1725 un tercer volumen de su obra, que contiene unas extensas "Reflexions critiques sur différentes observations faites par M. Frezier..." (39 págs.) donde llama a éste, entre otras cosas, "piloto sin estudio, observador sin instrumentos". El prefacio de Feuillée es una discusión muy pormenorizada y minuciosa sobre observaciones astronómicas, descripciones botánicas y ciertos conceptos tales como los del ateísmo que Frezier atribuye a algunos indígenas chilenos.

En la que aparentemente sería otra edición del libro de Frezier, París, 1732, se incluye una "Reponse a la preface critique du livre intitulé, *Journal des observations physiques, mathematiques & botaniques du R.P. Feuillée, contre la Relation du Voyage de la Mer du Sud,* & une Chronologie des Vicerois du Perou, depuis son établissement jusqu'au (sic) de la Relation du Voyage de la Mer du Sud". En su "Reponse" (56 págs.) Frezier refuta con moderación i templazas muchos de los cargos que se le hacían a sus escritos i se defiende de las imputaciones ofensivas a su carácter que le había prodigado el P. Feuillée" [22].

Dijimos 'aparentemente' al mentar la edición de 1732, porque es la misma de 1716 con diferente portada y, por supuesto, con los mencionados agregados. Este detalle ya fue advertido, entre otros, por Ch. Leclerc en su *Biblioteca Americana* y por el citado D. Barros Arana; hemos corroborado personalmente este significativo detalle.

Existe, además, una segunda edición francesa, impresa esta vez en Amsterdam, 1717, 2 vols. in 12º, que tiene como singularidad un agregado: "Mémoire touchant l'établissement des P.P. Jésuites dans les Indes d'Espagne". Esta memoria no es de Frezier y había aparecido en

1712 sin indicación de lugar, pero, evidentemente, impresa en Amsterdam.

Primeras traducciones: inglesa, Londres, 1717; holandesa, Amsterdam, 1718 (algunos ejemplares de la misma dicen 1727); alemanas de 1718 y 1745.

Hay una versión relativamente moderna, insatisfactoria y parcial: *Relación del viaje por el Mar del Sur a las costas de Chile i el Perú durante los años de 1712, 1713 y 1714 por M. Frezier injeniero del Rei. Traducido por Nicolás Peña M.* . . . *Santiago de Chile, Imprenta Mejía* . . . 1902 (volumen in 8º con XXVI + 176 págs.). El autor de esta versión confiesa: ". . . hemos sólo tomado en cuenta la parte relativa a nuestro país desde que el distinguido injeniero francés llegó a Valdivia, pues ahí principia capítulo aparte, hasta su partida de Arica. Pero tanto el de la parte anterior a la llegada al puerto primeramente nombrado, como de la interesante relativa al Perú, haremos en este Prólogo un estracto, traduciendo algunas páginas significativas al propio tiempo". (p. IV). Digamos de paso que la parte del *Viaje* de Frezier correspondiente a Chile ya había sido abundantemente utilizada por Diego Barros Arana, en el tomo 5 de su *Historia jeneral de Chile* y por Benjamín Vicuña Mackenna en sus hoy clásicas historias de Santiago y Valparaíso.

Fragmentos que interesan a Perú aparecen, por ejemplo, en:

Frezier, "Lima en 1713", en Raúl Porras Barrenechea, *Pequeña antología de Lima (1535-1935). Lisonja y vejamen de la Ciudad de los Reyes del Perú. Cronistas, viajeros y poetas. Recopilada por* [. . .] Madrid, s. e., 1935, pp. 212-227.

Amedée F. Frezier, "Bocetos de Lima. 1713", en Estuardo Núñez, *El Perú visto por viajeros*, prólogo, recopilación y selección por [. . .] Lima, Ediciones Peisa, 1973, t. I, pp. 13-22. Esta antología reproduce íntegra y textualmente el fragmento de Frezier transcripto en la de R. Porras Barrenechea, cambiando sólo algunos subtítulos, pero no indica la fuente de donde se tomó la traducción.

La acogida dispensada a la obra en su momento puede apreciarse no sólo por la rapidez con que se propagaron sus traducciones a otras lenguas europeas, sino también por la incorporación de extensos pasajes de la misma a numerosas recopilaciones, así la voluminosa y difundida *Histoire générale des voyages* del abate Antoine François Prevost, que tuvo una temprana versión española; además por su presencia tanto en las bibliotecas de los pensadores más significativos de la época (punto sobre el cual algo ya hemos observado) como del público culto en general [23].

Ahora bien, importa destacar al mismo tiempo —sin entrar en mayores detalles— que de una cuidada lectura del texto podrían inferirse, por lo menos parcialmente, los conocimientos no provenientes del viaje, y consultados por él antes o después del mismo. Nos referimos a ciertas fuentes básicas como serían las cartas geográficas de origen francés, holandés o español que circulaban, además de los derroteros, y claro está, el documentado libro de Feuillée. Las referencias histórico-etnográficas no aportan mayores novedades pues están entre las más conocidas: Ovalle, Garcilaso, etc. En materia de datos botánicos y zoológicos, sobre todo los primeros, la influencia de Feuillée es evidente. Y mención especial requeriría su preocupación por las técnicas y procedimientos empleados en minería y metalurgia, cuya bibliografía parece conocer bien.

Además, el estilo de Frezier merece algunos comentarios. Su prosa, desnuda de todo artificio literario, trata de ser descarnada, rigurosa, evidentemente a la manera de las obras científicas de la época. Sus oraciones se tornan por momentos demasiado largas por las varias proposiciones subordinadas que quieren aportar elementos para enriquecer o aclarar (nunca embellecer) la idea vertebral que intenta expresarse. Pero esta modalidad por momentos torna un tanto confuso el discurso, al perder el lector el rumbo del razonamiento. Como corresponde, en la versión castellana se ha tratado de mantener sus características, desde luego que esto hasta donde ello ha sido posible. Empero, con la mayor discreción, toda vez que pareció imprescindible se agregaron, entre corchetes, la palabra o palabras que pudiesen facilitar no tanto la comprensión del asunto (siempre inequívoco) como la fluidez de la lectura.

Todo hace suponer que Frezier redactó, ya en Francia, su *Relación del viaje*... a base de apuntes o anotaciones acumulados durante su permanencia en tierras del Nuevo Mundo. Sus transcripciones de la Biblia o de autores clásicos (Virgilio, Ovidio, etc.) no siempre son demasiado ajustadas a sus originales, lo que hace presumir que también apeló a la memoria cuando escribía su obra. Otro tanto ocurre, por ejemplo, con sus menciones a cronistas o viajeros; así Ovalle, cuya *Histórica relación del reino de Chile* es citada de diversas maneras, lo que parecería indicar que no tenía el libro delante de él. Ahora bien, siempre que fue posible se trató de ubicar la referencia con el mayor rigor y se ofrece su versión española cuando corresponde hacerlo.

Es evidente que el carácter de la obra y la época en que fue escrita explican adecuadamente muchos de los caracteres que estamos señalando; parte importante del texto está dedicada a observaciones geográficas, precisiones astronómicas o informes sobre las fortificaciones; admitamos que difícilmente estos temas pueden permitir mayor lucimiento literario. Su prosa adquiere, en cambio, más soltura en las pocas ocasiones en que describe su estado de ánimo, o cuando informa sobre costumbres, acontecimientos o personajes; en estos casos se humaniza, cobra mayor movimiento. De todos modos se esfuerza por ser objetivo y en contadas oportunidades apela a recursos que, como la ironía, incorporarían cierta gracia adicional al texto. Cuando es preciso prefiere, en cambio, establecer discretas comparaciones de las cuales muy pocas veces infiere juicios categóricos; siempre está presente el espíritu crítico. Sabiéndose extranjero, trata de tomar distancia, se esfuerza por comprender determinadas formas de sociabilidad, mecanismos de relación, instituciones o valores, claro está que no siempre con éxito. Un punto vulnerable, por ejemplo, lo constituyen sus observaciones sobre el mundo indígena, explicable dada la complejidad y diversidad del mismo: muy diversos grados de desarrollo, inadecuación entre las formalidades de una intrincada estructura legislativa que no se compadece con una realidad que los procesos locales de conquista y explotación van diferenciando. Y quizás otra notable limitación, en el sentido que aquí nos importa, sea su incomprensión del barroco como manifestación artística, tema acerca del cual nos detendremos más adelante con mayor detalle.

Su 'objetividad', como cualquier otra 'objetividad', está condicionada por una profusión de factores, la mayoría de ellos entendibles como expresión del momento histórico y de sus contradicciones, pero además en este caso tampoco puede desentenderse del carácter individual de la empresa encarada. Por ello, más que la actitud candorosa de contabilizar o evaluar los supuestos aciertos o errores de juicio y opiniones enunciados hace más de dos siglos y medio, importan su empeño por comprender y el interés que para nosotros revisten los resultados de este considerable esfuerzo, que lo convierten en uno de los precursores y protagonistas del movimiento de los 'viajeros ilustrados' del siglo XVIII, hombres con preocupaciones científicas es cierto, pero no ajenos a las inquietudes sociales.

V. LA OBRA Y SUS CONTENIDOS

A) OBSERVACIONES GEOGRAFICAS Y MILITARES

Una parte muy significativa de la *Relación del viaje...* de Frezier se ocupa de prolijas observaciones geográficas, particularmente atento por determinar la exacta ubicación de los accidentes (costas, estrechos, islas, etc.) en función de la navegación y el emplazamiento de las ciudades, todo lo cual revela su permanente actitud pragmática; su contribución al mejor conocimiento de la parte del hemisferio por él recorrida es, en este sentido, notable. Adviértase que su presencia en América Latina coincide —ya lo hemos reiterado a lo largo de este prólogo— con un momento especial: el de la intensificación de los viajes que, con audacia creciente y por diversos motivos que enseguida veremos, se internaban en el Pacífico.

La piratería y el comercio constituían entonces dos productivas actividades, no demasiado desvinculadas entre ellas como a primera vista podría conjeturarse; antes bien, sus muchos puntos de contacto impedirían por momentos diferenciarlos con rigor. Pero distingámoslas por sus objetivos y dejemos de lado sus procedimientos. La primera, esto es la piratería, operaba estimulada por el atractivo de apresar algunas de las embarcaciones que, cada vez menos y peor protegidas, transportaban desde la costa peruana la ingente riqueza extraída de las minas de Potosí rumbo a Panamá, para su posterior envío a España; o por la posibilidad de saquear en un sorpresivo asalto algunas de las indefensas o mal guardadas ciudades litorales, donde se habían acumulado, al cabo de los años, tentadores tesoros. La segunda actividad perseguía el propósito de abrir o asegurar nuevos mercados a las manufacturas europeas, habida cuenta que el desabastecimiento de muchos artículos en aquellas zonas era consecuencia de la creciente irregularidad con que flotas y galeones —expresión de una insensata puesta en práctica de ideas inspiradas en una concepción monopolista de la economía— podían proveer a esas necesidades a veces elementales. Tal era la debilidad de la marina española para cumplir con una de las principales funciones que tenía asignadas que, como lo recuerda el mismo Frezier, alguna vez embarcaciones peninsulares pidieron protección a buques franceses para hacerse a la mar desde puertos americanos: "El 5 de setiembre salimos de la rada de Ilo acompañados por una nave española que nos había solicitado escolta por temor al corsario inglés" (p. 161).

Pero además deben considerarse otros factores. Los viajes, por la complejidad de su organización o la magnitud de los capitales comprometidos, iban dejando de ser aventuras individuales para convertirse en verdaderas empresas que necesitaban reducir al mínimo los riesgos de las inversiones y para ello ya no bastaba la sola pericia de los pilotos o el coraje de los tripulantes; hacían falta cartas marinas cada vez más precisas para abreviar los viajes y sortear los peligros, tener mejores referencias sobre resguardos o puntos de abastecimiento. Esto explica el porfiado interés por enriquecer los conocimientos geográficos, inquietud a la cual tampoco permanecían ajenas las instituciones científicas preocupadas aparentemente sólo por investigaciones teóricas o desinteresadas. Recuerda F. Mauro que "en Inglaterra el acta de 1714 que creó el Board of Longitudes instituyó una recompensa de 20.000 libras por el método que no extrañase un error de más de 30 minutos para el recorrido Londres-Indias Occidentales" [24]. Aunque el de La Perouse (1785-1788) sea muy posterior al viaje que nos ocupa, entendemos muy significativo recordar con el mismo autor que las instrucciones que le dieron "la Académie des Sciences y la Société Royale de Médecine constituyen un volumen in 4º de 500 páginas" [25]. Desde luego que a esta última expedición se le habían fijado objetivos realmente enciclopédicos: "observaciones astronómicas, oceanográficas, geológicas, biológicas, antropológicas, sociales, religiosas, económicas e históricas", que no es el caso en la de Frezier; pues aunque desconocemos las orientaciones a las cuales éste debió ceñirse, su 'empresa' era individual, y por tanto de muy diferente magnitud.

Los requerimientos de una creciente racionalidad culminarán, en cierto modo, décadas después, con la hoy célebre empresa propuesta por la Académie des Sciences, y cuyo objetivo era nada menos que la medición de los arcos de meridiano y determinar así, de una vez por todas según se creía, la forma exacta de la Tierra y, desde luego, el valor de un grado. Para ello se organizan dos expediciones: una que debía trabajar en el lugar accesible más cercano al Polo Norte; y la otra, en el más cercano al Ecuador. Por razones geográficas fácilmente comprensibles, debió elegirse Laponia para la primera, encargándose de la expedición Maupertuis, a quien se sumó el eminente sabio sueco Celsio. La que iba al virreinato del Perú, dentro de cuya jurisdicción trabajaría, estaba encabezada por los franceses Charles Marie de la Condamine, Louis Godin y Pierre Bouguer, a quienes, al llegar a tierra americana, se sumarían Jorge Juan y Santacilia y Antonio de Ulloa y de la Torre-Guiral [26].

Frezier inicia su viaje en una época de franca transición. Atrás iba quedando una importante etapa: la de los descubrimientos geográficos, con la consiguiente expansión del mundo [27]; y por otro lado ya se avizoraba una nueva: la de la consolidación de los imperios coloniales, lo que de ninguna manera pretende significar que se hubiese alcanzado estabilidad alguna; por el contrario, surgen nuevos factores desequilibrantes, constituidos no sólo por las modificaciones en el poderío económico, el de ejércitos y flotas, sino también por los mejorados conocimientos geográficos, los perfeccionamientos de la arquitectura naval y del instrumental empleado, los progresos en cartografía, elementos todos éstos convertidos en herramientas de cambio. Y también en esta batalla científico-tecnológica España aparecía en inferioridad de condiciones, ya que la orientación ideológica impresa a la enseñanza superior desfavorecía esos estudios y desalentaba sus posibles aplicaciones; en la península perduraban los prejuicios contra el trabajo mecánico o manual, reputado envilecedor. En cambio, la Royal Society y la Académie des Sciences se ponen a la vanguardia de muchas investigaciones y su influencia trascenderá la de su área específica para contribuir a enmendar ciertos hábitos mentales cuya perduración dificultaba la pronta asimilación de las 'novedades'. Así, nada menos que Richard Boyle destacó la necesidad de "comprensión de los oficios por parte de los naturalistas" [28], es decir, que debían fortalecerse los vínculos entre los científicos, la ciencia y las prácticas derivadas de su aplicación.

Quizá resta por hacer una evaluación objetiva de los aportes de Frezier a la geografía de la parte de nuestro Continente que recorrió; mas de todos modos nos atreveríamos a aseverar que su información general no es mucho más pobre que la recogida por Jorge Juan y Antonio de Ulloa en su *Relación histórica...* [29], sea dicho esto reconociendo las varias ventajas que favorecieron a los observadores hispanos, empezando porque el de éstos fue un trabajo posterior, vale decir que pudo aprovechar la obra de Frezier; además de ello, el tiempo de permanencia; la importancia del viaje organizado por La Condamine con tanto material humano como copioso instrumental científico, lo que hace que en modo alguno pueda compararse con el esfuerzo individual de Frezier; y por último, la magnitud de la obra resultante, impresa nada menos que con el patrocinio del rey de España. De todos modos, hay aspectos sobresalientes en nuestro autor que, según comentaristas autorizados, superan los expuestos por J. Juan y A. de Ulloa; así, las técnicas de navegación en las cercanías de las costas, y, sobre todo, de los puertos; además son notables las vistas de tierra, que menciona específicamente, señalando su utilidad.

Ahora bien, si comparamos el texto de Frezier con el de Alcedo cuyo *Diccionario geográfico* [30] —y la observación es de Miguel Alberto Guérin— podría considerarse el catálogo de los conocimientos 'oficialmente aceptados' del último tercio del siglo XVIII, adviértese que todos los lugares visitados por Frezier están mejor tratados en este último. Así, mucha más riqueza de topónimos lugareños, mejores descripciones del terreno, de las costas, de las ciudades, en una palabra, encontramos una excelente imagen directa de un viajero inteligente y comprometido con ciertos fines, evidentemente comerciales y de ocupación del espacio americano. Rectificó la posición de muchos puntos importantes de las costas patagónicas e hizo además buenos reconocimientos del estrecho de Lemaire, así como de la Tierra de los Estados, Bahía del Buen Suceso y, por supuesto, de casi todos los puertos visitados del Pacífico, lo confirman las varias y prolijas láminas de la obra. Las ubicaciones geográficas son más abundantes en Frezier y cuando Alcedo también las consigna, son prácticamente idénticas, y más aún, muchos topónimos consignados por el francés sólo merecen mención marginal o son omitidos por el español. Importante dato si tenemos en cuenta las fechas de edición de ambos trabajos.

Una de las mayores inquietudes de Frezier, y tema al que dedicó largas páginas en su *Relación del viaje...*, fue el de las fortificaciones, cuyo interés puede parecernos hoy bastante remoto, pero entonces de actualidad e importancia incuestionables. Entendemos que no se requiere demasiada sagacidad para advertir que también debió ser uno de los puntos sobre los cuales harían hincapié las instrucciones recibidas por su significado militar.

Se trataba de conocer si el dilatado litoral marítimo estaba suficiente y adecuadamente defendido de las posibles incursiones de los enemigos; si existían planes defensivos de cierta racionalidad y cuáles eran los puntos vulnerables para un desembarco. A todo ello debía sumarse el conocimiento de los desastrosos efectos provocados por los sismos. Era, pues, una cuestión práctica de la mayor trascendencia.

XXIX

En líneas generales, y las referencias abundan a lo largo de la obra, puede afirmarse que, a juicio de un experimentado observador como Frezier (recuérdese su especialización en la materia) las fortificaciones estaban muy descuidadas cuando no en un estado ruinoso; y las autoridades coloniales españolas carecían de las fuerzas militares y navales, así como de ideas claras o de organización suficientes para proteger el Imperio de las amenazas de sus temerarios enemigos. Dejamos de lado la corrupción administrativa, el discrecional manejo de los fondos asignados por la Corona al efecto; el descuido, el desorden y la indisciplina. Numerosos fragmentos de Frezier podríamos transcribir en este sentido, que parecerían de Jorge Juan y Antonio de Ulloa [31].

Los diagnósticos y las conclusiones del viajero francés tenían muy serios fundamentos, como lo confirma un estudioso contemporáneo del tema: "Los funestos presagios formulados por Frezier en 1713 no tardarían en verse confirmados. Al asumir el mando el Marqués de Castelfuerte (1724-1736), la apariencia del Callao era la de una 'Troya marítima', en razón de su aspecto desolador... [una parte] convertida prácticamente en escombros" [32].

Pedro de Peralta y Barnuevo, quien entre sus muchos títulos tenía el de Cosmógrafo Mayor del Reino, y sucedió al francés J.B. de Rosmain como inspector de las fortificaciones del Callao, poseedor de una imaginación desbordante, ocupóse muchas veces del serio problema. En una de ellas —lo recuerda J.M. Gutiérrez— el mismo interesado alude por extenso al tema: "Habiendo hallado S. Exc. (D. José de Armendariz, Marqués de Castel Fuerte, etc.) arruinada toda la muralla del Callao, que corre desde la plaza de armas hasta el río (menos algunos cortos restos) mandó que se hiciese junta, e inspección general de los jefes, *en que yo asistiese,* para que se discurriese el medio de apartar el mar que había causado la ruina e impedía la construcción del nuevo muro (sic). En la cual di dictamen de unos dientes o cofres, de palotaje, o estacada doble con piedra de la isla vecina encajonada entre sus lados, en la figura conveniente: *el cual se siguió por todos los jefes referidos.* Prolija obra, que habiéndola mandado construir S. Exc. con singular prontitud, hizo que se lograse la separación del mar en la forma que se ve. *Sobre lo que había hecho yo un tratado Físico-Matemático,* con las proposiciones y *figuras* de su demostración, *asunto no discurrido por otro alguno*; hablando varios sobre el modo de labrar dentro del mar, pero ninguno del de separarlo. (*Lima fundada,* canto 7º, octava XXXVII, nota 23)" [33]. Nuestro desaforado polígrafo peruano menciona otros trabajos suyos sobre el tema: *Defensa de Lima: discurso político militar en que se prueba ser una ciudadela lo mejor que debe hacerse de esta ciudad y reino* [34]. También hay alusiones a otro escrito, de curioso título, *Discurso Hercotectónico,* que por lo visto constituye uno solo con el anterior, como se desprende de una edición reciente: *Lima inexpugna-*

ble. Discurso hercotectónico, o de defensa por medio de la fortificación de este grande imperio... por el Dr. D. Pedro de Peralta Barnuevo y Rocha... 1740 [35]. Aparentemente nuestro barroco y calenturiento Peralta y Barnuevo se había propuesto construir una suerte de nueva muralla china para defender la ciudad no sólo de los piratas sino también del mar; por lo menos tal es lo que inferimos de cierto curioso proyecto: "Este es el designio que ha parecido a mi tenuidad que podría hacer a *Lima* perpetuamente *inexpugnable*. Y si esta es toda América en compendio, su ciudadela será la defensa de todo su Imperio. Escudo de un Nuevo Orbe, Alcázar de un Perú, y Arca de la España".

Extraños rumbos adoptaban las soluciones de los graves problemas expuestos con rigor y crudeza por Frezier cuando habla, por ejemplo, de baluartes erigidos "en mampostería poco sólida dada su mala construcción"; de artillería de los más diversos calibres, y lo que es peor, de calibres bastardos, lo que complicaba forzosamente el abastecimiento de las escasas municiones; de barcos inutilizados [36], etc.

Por supuesto que Frezier no agota el tema militar con sólo sus observaciones sobre las defensas de los puertos ni puntualizando los emplazamientos de la artillería; aborda muchos otros aspectos tan complejos y variados como la organización y remuneraciones de las fuerzas armadas hasta juicios tan abarcadores como éste: "Se dice que en caso de necesidad el virrey puede poner en pie cien mil hombres de infantería y veinte mil caballos, en toda la extensión del reino; pero es seguro que no tendría con qué armar más de la quinta parte..." (p. 194). En suma, el interesado en la materia encontrará aquí una descripción documentada y una evaluación con mucho criterio.

B) *OBSERVACIONES ECONOMICAS Y COMERCIALES*

En un párrafo muy significativo de la "Advertencia" que encabeza la *Relación del viaje...*, protesta Frezier: "...Confieso que para quienes no se interesan en la navegación, habría mucho que suprimir, si en pos de lo agradable se debiera descuidar completamente lo útil", y añade estas palabras definidoras: "...más importa a la república por el bien de su comercio, que se conozcan las estaciones, los vientos predominantes, las corrientes, los escollos, los buenos fondeaderos y los desembarcos, y no las cosas simplemente curiosas y divertidas" (p. 6). Es evidente que el comercio constituía, con los temas científicos y militares (casi diríamos geopolíticos), una de sus preocupaciones esenciales y, en tal sentido, a lo largo de toda la obra pueden espigarse interesantes observaciones que van desde la producción —recursos naturales o cultivos— a los precios, los transportes o características de los mercados.

Seducido sobremanera por la minería chilena, a la que dedicó tanta atención, tampoco escapó a su sagacidad la profunda modificación de la estructura productiva que se registraba en el país, donde surgían tantas nuevas actividades no tradicionales; así se había convertido en un abastecedor de trigo del Perú pese a que su particular geografía limitaba las tierras utilizables a sólo pocos valles ubérrimos entre estériles montañas. "Durante los ocho meses que permanecimos en Valparaíso —escribe Frezier— salieron treinta navíos cargados de trigo, que como mínimo, cada uno de los cuales puede transportar seis mil fanegas, o tres mil cargas de mula, que es una cantidad suficiente para alimentar a unos sesenta mil hombres por año. A pesar de esa gran exportación, está a muy buen precio..." (p. 111), y prosigue con un detallado razonamiento sobre costos comparados con los de Francia, para terminar diciendo: "como no llueve durante ocho o nueve meses del año, la tierra no puede cultivarse en todas partes sino sólo donde hay arroyos", es decir, donde hay riego, detalle que aumenta indudablemente los méritos del esfuerzo.

En rigor, durante las décadas previas a su arribo a las costas chilenas se había registrado una sustancial variación de aquella economía, y también de ciertas formas de la existencia urbana, como lo expresa Benjamín Vicuña Mackenna en un convincente pasaje de su hoy clásica *Historia de Santiago*: "El trigo hacia el norte, el Cabo de Hornos por el sur, transformaron en un cuarto de siglo cabal (1687-1712) la suerte de la colonia, el aspecto de sus ciudades, sus costumbres, el menaje de sus casas y hasta los utensilios de sus cocinas. Rodaron entonces las primeras carrozas y furlones, las calesas, calesines de fábrica europea; hiciéronse oír los primeros acordes de los *claves*; armáronse las primeras mesas de billar en reemplazo de los *trucos*; pusiéronse en las ventanas las primeras rejas de primorosos dibujos de Vizcaya; comenzó a beberse el agua en vasos y el vino en botellas de cristal. Recuérdase todavía la primera casa de Santiago que puso vidrios en las mamparas interiores de su cuadra y dormitorios" [37]. Dicho en otras palabras, la exportación de trigo por el norte con destino al Perú, país que había sufrido serios trastornos derivados de los intensos sismos que dislocaron las áreas cultivadas ("Desde el terremoto de 1678, escribe Frezier, la tierra no produce trigo como antes, por cuya razón resulta más barato hacerlo venir de Chile, de donde se saca con qué alimentar todos los años 50 o 60.000 hombres..."). Y la importación a través del Cabo de Hornos de cantidades crecientes de mercancías cada vez más diversificadas estaba produciendo otra profunda mudanza. Esta nueva situación, que Frezier percibió con lucidez, le merece el siguiente juicio, a todas luces agudo, aunque puedan no compartirse los motivos que lo fundamentan. "En general, se puede decir que toda la región es muy rica, y que no obstante los habitantes son muy pobres...".

Ahora bien, el comercio legal, punta de lanza del ilegal, veíase indudablemente favorecido por la corrupción administrativa imperante; de manera que las autoridades no sólo infringían la legislación que estaban encargadas de hacer cumplir, sino que se aprovechaban sin escrúpulos de esa situación; dicho sea esto sin desconocer que, simultáneamente, perjudicaban la producción local, pues la abundancia creciente de mercancías europeas, en particular francesas en este momento, la desalentaban. Veamos un solo ejemplo, suficientemente ilustrativo: nos referimos a las actividades de Juan Andrés Uztáriz, a la sazón Presidente de la Capitanía de Chile, a quien ya hemos aludido. "...Antes comerciante en Sevilla... por haber cambiado de estado no cambió de inclinación ni de ocupación, pues a pesar de las leyes del reino, negociaba abiertamente con los franceses, quienes mucho acrecentaron su fortuna con los importantes créditos que le hicieron. Es verdad que los satisfizo de buen grado, hecho encomiable en un país donde es posible abusar de la autoridad, donde se toma prestado más fácilmente que en otras partes, pero no se paga de la misma forma" (p. 102). Dicho en otros términos, que el sobornable y sobornado funcionario era, por lo menos, un 'caballero' que observaba su palabra, puesto que no engañaba a sus cómplices, amparándose en la discrecionalidad de su poder, fortalecido en su impunidad por las distancias que lo separaban del Virreinato del cual dependía jurisdiccionalmente. Todo esto permite suponer, sin demasiada malicia, que otros habría que ni siquiera cumplirían con su remunerada promesa de tolerar el contrabando. Mas esta generosa indulgencia terminaba por lesionar los intereses de los mismos comerciantes: "La abundancia de mercancías de que disponía la región cuando nosotros llegamos, y el bajo precio a que se encontraban, nos hizo tomar la resolución de no vender nada hasta que el comercio no fuera algo más ventajoso; lo que nos obligó a una fastidiosa inactividad que nos hacía buscar entretenimientos..." (p. 96).

Pedo dejemos las grandes ciudades y sus no siempre decorosos negocios: volvamos al mar. El viaje hacia el norte le permite a Frezier recalar en varios puertos, cuyas características describe con precisión, así como señalar los productos que a ellos afluyen desde las regiones aledañas, todo ello sin descuidar la dimensión histórica. En el caso particular de Arica, para citar uno, puntualiza el proceso que llevó a esta población que alcanzó su prosperidad gracias al comercio marítimo, y esto después de padecer asaltos de piratas y soportar tremendos cataclismos naturales que la destruyeron, convertida en una decadente aldea. Su esplendor se lo habían brindado los barcos que arribaban "todos los años para traer mercancías de Europa, y azogue para las minas de La Paz, Oruro, La Plata o Chuquisaca, Potosí o Lipes, y luego llevar a Lima la plata que se debe al rey por el quinto de los metales que se extraen de las minas...". Escala importante de los galeones de Portobelo que ya no llegaban y del comercio francés que de allí se había apartado, centro activo hacia donde antes convergían las riquezas de varias ciudades, las circunstancias lo habían eclipsado. Otro agudo observador escribió muy pocos años antes: "Esta ciudad y este puerto [de Arica] otrora célebres, porque por allí se embarcaban las inmensas riquezas que se extraían de las minas de Potosí para llevarlas luego por mar a Lima, pero después que los piratas ingleses han infestado estos mares con sus correrías y sus piraterías, se juzgó más seguro conducirlas por tierra, aunque a un mayor costo" [38]. Como puede inferirse de lo expresado, el circuito comercial, legal o ilegal, con los barcos europeos, modificaba el valor relativo de los puertos, dándoles prosperidad o arruinándolos. Ni la mismísima Lima pudo sustraerse a estos vaivenes: "Se calculó hace algunos años que en ella se gastaban más de seis millones de escudos; es preciso disminuir mucho esta cifra hoy cuando el comercio de los franceses ha aportado mercancías de Europa a buen precio, y que el que ellos hacen en Arica, Ilo y Pisco desvía el dinero que afluía antaño a Lima, de donde resulta que actualmente la ciudad es pobre en comparación con lo que fue antiguamente" (p. 191). Vale decir, recalquemos, que el comercio francés contribuía al empobrecimiento de Lima, juicio que concuerda con otro que aparece en el manuscrito editado por R. Pernoud y que citamos más adelante: "...pero el comercio que practican los franceses desde hace algunos años, ha hecho escasear la plata, la que no es ya tan abundante. Los habitantes, y sobre todo las mujeres, se han vuelto tan sensuales en materia de ropas, que encontraron el secreto de agotar sus tesoros".

Aunque con otras características, no mucho mejor ni muy distinta era la situación que, a medida que proseguía su viaje, iba encontrando Frezier, que nos ha dejado algunos buenos capítulos de historia económica, si bien por momentos un tanto 'impresionistas', y que con justicia apreciarán los historiadores especializados.

En las *Noticias secretas de América,* obra citada ya varias veces, y más particularmente en su capítulo IX de la primera parte, se hallarán materiales complementarios sobre las actividades comerciales legales e ilegales; y más aún, algunas de sus referencias bien podrían ilustrar las diferentes modalidades que adquirió la picaresca desde la Colonia; veamos una: "A este modo de consentir y aun patrocinar los contrabandos llaman generalmente en aquellos países comer y dejar comer, y los jueces que lo consienten por el soborno que reciben son llamados hombres de buena índole, que no hacen mal a nadie". O esta otra: "Los géneros de contrabando se introducen en la mitad del día sin el menor recelo ni empacho, y aun son los mismos guardas los que los convoyan hasta dejarlos en lugar seguro, libres del peligro que pudieran tener en poder de su mismo dueño...".

Pero no nos dejemos tentar por la riqueza de los muchos textos que podrían traerse a colación en este sentido y retornemos a nuestro Frezier, quien ilumina la situación en numerosos pasajes que, por supuesto, no vamos a transcribir aquí ni mucho menos, pero algunos de los cuales, por la agudeza de sus juicios merecen siquiera recordarse: "En el valle de Ilo se cultiva algo de trigo y de legumbres, pero mucho más de alfalfa, de la que se consume una gran cantidad cuando hay navíos en la rada; porque los comerciantes que llegan de lugares muy lejanos, se ven obligados a conducir una gran cantidad de mulas para reponer las que vienen cargadas..." (p. 158). "El comercio de mercancías europeas no es la única razón por la que los buques se dirigen a Pisco, también llegan para abastecerse de vino y aguardiente que allí se encuentran a mejores precios y en mayor cantidad que en puerto alguno..." (p. 166). Y observaciones similares aparecen a lo largo de todo el libro.

El método de exposición empleado por Frezier es bastante complejo, por lo menos con referencia al tema que aquí estamos considerando. No siempre sigue una secuencia de puertos y ciudades visitados; por momentos se remansa, se detiene y estudia con amplitud y penetración actividades que considera significativas; así, el comercio de mulas o el de la yerba mate dan lugar a dilatadas y comprensivas exposiciones. Con respecto a la yerba, por ejemplo, su curiosidad abarca un espectro de temas muy amplio: qué es, cómo se toma (qué es un mate y qué una bombilla, elementos que luego ilustra en la lámina XXIX, que equivocadamente en la edición original aparece como XXXVI), sus diferentes clases, cantidad de arrobas que se transportaban, derechos que pagaban, etc.).

Y para dar término a este parágrafo, tan tentador en muchos sentidos, recordemos que, si "de un lado, las Indias fueron el objeto y campo de caza para el capital comercial de la Europa Oeste; del otro, también dentro de ellas mismas, existía capital comercial en los siglos XVI y XVII con una poderosa clase de comerciantes [39]".

Dentro de ese contexto hagamos una somera referencia a la mentalidad de los negociantes españoles, sin entrar a discutir, porque ello estaría aquí fuera de lugar, cuáles fueron los impedimentos que obstruyeron su posterior desarrollo. "El comercio [es una actividad a la] cual se dedican, sin reparo, aunque sean de las familias más condecoradas, y nobles, porque la calidad no desmerece allí nada por esta ocupación; pero no se ha de entender que el comercio, en que se ejecutan, sea el inferior de comprar y vender por menor, o en tiendas; sino cada uno a proporción de su carácter y posibles..." [40].

Por otra parte, tenemos la actitud agresiva del comerciante europeo que, inicialmente, en ese "campo de caza", rivaliza con el peninsular, monopolista y establecido, y para alcanzar el éxito apela a todos los recursos; luego pretenderá sustituirlo o utilizarlo como simple distribuidor, aprovechando para ello la debilidad del imperio colonial español, la ruina de las manufacturas metropolitanas y las dificultades existentes para abastecer las colonias. Pero la ambición de los mercaderes rivales es tan desmedida, que llegan a considerar que "las fábricas de bayeta y de telas de algodón [de los indios] perjudican, en alguna medida, el comercio de las de Europa" (p. 159). Este juicio nos parece realmente revelador del espíritu con que actuaban sobre todo franceses e ingleses. Repárese que todavía estamos en vísperas de la Revolución Industrial; y cuando ésta llegue, por ejemplo, a mecanizar y motorizar los procesos de la industria textil, su embestida los llevará no sólo a destruir las artesanías en vastas regiones que ya contaban por lo menos con una economía monetaria incipiente, es decir las escasas manufacturas existentes que trabajaban con mano de obra casi servil. Los países económicamente hegemónicos impondrán —por razones que teorizarán como justificativos y por la fuerza que forjarán sus ejércitos, sus flotas y sus bancos— criterios que ocasionarán una dura división del trabajo, que contribuirá a trabar o postergar el desarrollo de las actividades transformadoras para confinar al Nuevo Mundo en su condición de proveedor de materias primas.

c) OBSERVACIONES DE CARACTER SOCIAL

La permanencia de Frezier en el Nuevo Mundo coincide con esa etapa que, según señala agudamente José Luis Romero en un libro admirable, marca la transición de "Las ciudades hidalgas de Indias" a "Las ciudades criollas". Y como nuestro visitante conoció y se interesó sobre todo por la sociedad urbana, donde se registraba precisamente esa profunda transformación a la que alude J. L. Romero, parece oportuno citar a éste cuando escribe que "La mentalidad hidalga fue en Indias decididamente urbana, pero no se alojó en el modelo de la ciudad mercantil y burguesa, sino que en el de la corte: una corte precaria, apenas perceptible a través del fango y la pestilencia de las calles, de los solares baldíos, de las iglesias ambiciosas pero inconclusas, de las castas despreciadas, pero cuya precariedad encubría un vasto aparato que regía la convivencia de las clases altas gracias al cual funcionaba para ellas, convencionalmente, un sistema de vida noble" [41]. Estos conceptos de J. L. Romero, estamos ciertos, facilitarán el entendimiento de los fenómenos que impresionaron la retina del europeo, que no siempre los comprendió y tampoco pudo explicárselos, sobre todo porque remite la clave de la dinámica social a un enfrentamiento de grupos raciales, no del todo ajeno, cierto es, a choques de intereses y mentalidades.

i)—Blancos o chapetones

Fino observador de la realidad geográfica y económica, acabamos de verlo, mal podían pasar inadvertidas para Frezier las cuestiones de carácter social, aquellos problemas y tensiones que iban acumulándose de antiguo y que irán ahondándose con el tiempo, aunque vistas, como decimos, desde un ángulo que hoy no parece el más satisfactorio, pero que, de todos modos, debemos respetar para acercarnos al meollo de su visión, ya que mal podemos atribuirle nuestras actuales categorías de análisis o tablas de valores. Por otro lado, el contraste con su propia sociedad, la orientación distinta que ésta había adquirido durante las últimas décadas, con una Francia en rotundo ascenso bajo Luis XIV y una España en inequívoca decadencia bajo Carlos II, y con todas las consecuencias que de ello se seguía, le brindaban una ilustrativa antítesis y un motivo estimulante de reflexión, circunstancia que en modo alguno significa que necesariamente facilitase siempre la comprensión de las diversas manifestaciones de la vida colonial. Es innegable que algún prejuicio y alguna confusión llegaron a enturbiar el debido entendimiento del escenario y de los protagonistas.

Pero casi siempre sus juicios son certeros; así nuestro autor comprueba el hondo abismo a la sazón existente entre los distintos grupos raciales y la particular estratificación social. Aunque era cosa sabida, necesitaba exponerla como punto de partida de su razonamiento, observa que los españoles ocupan los cargos más importantes en la administración, la Iglesia, las fuerzas armadas y el comercio, y esto sin poseer siempre, ni mucho menos, los debidos merecimientos. Usufructúan, por su solo origen, una situación de privilegio que en vano pretenderán consolidar; de todas maneras, siempre se esforzarán por mantener las distancias con el resto de la población que bulle a su alrededor. "...El *punto* o el punto de honor, del cual la mayoría se envanece como de una cualidad que los pone por encima de las demás naciones, que es una prueba de pureza de sangre española y de la nobleza de la que todos los blancos se jactan. Ni el más pordiosero y miserable de los europeos deja de tornarse gentilhombre en cuanto se ve trasplantado entre los indios, negros, mulatos, mestizos y otras sangres mezcladas. Esta nobleza imaginaria los lleva a ejecutar gran parte de sus buenas acciones" (p. 213). Por ejemplo en notables rasgos de prodigalidad expresados a través de sus gestos hospitalarios, como los advertidos por él en Chile.

La sagaz reflexión no era inédita ni mucho menos, como lo acabamos de insinuar, pues puede hallarse en muchas otras fuentes, viajeros entre ellos, anteriores a Frezier, expresada con mayor o menor sagacidad; pero serán los testimonios posteriores donde se registrará el ahondamiento del abismo social, cuando éste se torne más riguroso y vaya incubando peligrosas consecuencias para la cohesión interna del sistema. Veamos algunos por su significado para el futuro desarrollo de los acontecimientos; así Jorge Juan y Antonio de Ulloa en sus notables *Noticias secretas de América,* en el capítulo sexto de la segunda parte, denominado "Se refieren los bandos o parcialidades que reinan entre los europeos y criollos del Perú; su causa; el escándalo que ocasionan generalmente en todas las ciudades y poblaciones grandes y el poco respeto con que unos y otros miran la justicia para contenerse", escriben: "No deja de parecer cosa impropia, por más ejemplos que se hayan visto de esta naturaleza, que entre gentes de una nación, de una misma religión, y aun de una misma sangre, haya tanta enemistad, encono y odio como se observa en el Perú, donde las ciudades y poblaciones grandes son un teatro de discordias y de continua oposición entre españoles y criollos. Esta es la constante causa de los alborotos repetidos que se experimentan, porque el odio recíprocamente concebido por cada partido en oposición al contrario se fomenta cada vez más, y no pierden ocasión alguna de las que se les pueden ofrecer para respirar la venganza y desplegar las pasiones y celos que están arraigados en sus almas.

"Basta ser europeo o chapetón, como le llaman en el Perú, para declararse inmediatamente contrario a los criollos; y es suficiente el haber nacido en las Indias para aborrecer a los europeos. . ." [42].

Más adelante los mismos autores advierten que dicha costumbre se origina durante la conquista, cuando se autorizan "fueros de nobleza [a] todos los españoles que van a establecerse allí", es decir, al Nuevo Mundo. Esta situación privilegiada de los peninsulares, y que creaba tantas disensiones y generaba tantos disturbios, puede, a juicio de estos viajeros, ser enmendada recurriendo al ingenioso expediente de "establecer una ley, no sólo que derogue y anule aquella primera, mas que, totalmente al contrario, se disponga en ella que todos los que pasen a las Indias sin licencia de Su Majestad, o que no vayan provistos de algún empleo, aunque en España sean nobles, sean reputados en las Indias por plebeyos, y que, por tanto, no puedan ejercer ningún cargo ni oficio correspondiente a los nobles. . ." [43].

El tema, insoslayable dada su importancia, podría ser rastreado a lo largo de todo el siglo XVIII y advertir cómo se va perfilando con caracteres cada vez más nítidos, aunque quizá nunca haya sido tratado con más rigor y precisión que por Alejandro de Humboldt. Desde luego que los planteamientos de este sabio gigantesco ya no serán "impresionistas" ni sus observaciones se teñirán de psicologismo; por el contrario, estarán apuntaladas en estadísticas y datos muy firmes. En su impar *Ensayo político sobre el reino de la Nueva España* (cuya primera edición francesa es de 1811, aunque su experiencia americana debe datarse a partir de 1799), sobre todo en sus capítulos VI, "Diferencia de las castas, indios o indígenas americanos, su número y sus transmigraciones, variedad de sus lenguas, grado de civilización de los indios", y VII, "Blancos, criollos y europeos. Su civilización. Desigualdad de sus fortunas. Negros. Mezcla de las castas. Relación de los sexos entre sí. Más o menos larga vida según la diferencia de las razas. Sociabilidad". Espíritu crítico, Humboldt distingue claramente la realidad de la legislación: "Las leyes españolas conceden unos mismos derechos a todos los blancos; pero los encargados de la ejecución de las leyes buscan todos los medios de destruir una igualdad que ofende el orgullo europeo. El gobierno, desconfiado de los criollos da los empleos importantes exclusivamente a naturales de la España antigua y aun, de algunos años a esta parte, se disponía en Madrid de los empleos más pequeños en la administración de aduanas o del tabaco. En una época en que todo concurría a aflojar los resortes del Estado, hizo la venalidad espantosos progresos; las más de las veces no era una política suspicaz y desconfiada, sino el mero interés pecuniario el que distribuía todos los empleos entre los europeos. De aquí han resultado mil motivos de celos y de odio perpetuo entre los chapetones y los criollos. El más miserable europeo, sin educación y sin cultivo de su entendimiento se cree superior a los blancos nacidos en el Nuevo Continente; y sabe que con la protección de sus compatriotas en una de tantas casualidades como ocurren en parajes donde se adquiere la fortuna tan rápidamente como se destruye, pueden algún día llegar a puestos cuyo acceso está casi cerrado a los nacidos en el país, por más que éstos se distingan en saber y en calidades morales. Los criollos prefieren que se los llame americanos; y desde la paz de Versalles y, especialmente, después de 1789, se les oye decir muchas veces con orgullo: "Yo no soy español, soy americano"; palabras que descubren los síntomas de un antiguo resentimiento" [44].

ii)—*Los criollos* [45]

Rivales y enfrentados, psicológica y socialmente, a los *chapetones,* señala Frezier a "los criollos de Lima [quienes] no carecen de [espíritu], tienen vivacidad y disposición para las ciencias; y algo menos los de la sierra; pero unos y otros se tienen en mucho o más que los españoles europeos, a quienes tratan entre ellos de *caballos,* es decir, bestias; tal vez sea esto un efecto de la antipatía que reina entre ellos, aunque sean súbditos del mismo monarca. Creo que una de las principales razones de esta aversión es la de ver siempre a estos extranjeros ocupar los primeros cargos del Estado y sacar la mejor parte de su comercio, en lo cual consiste la única ocupación de los blancos, que desdeñan dedicarse a las artes, para las cuales no tienen afición" (p. 214) (el subrayado es del original). Dejando de lado el distingo entre los criollos de la costa y los de la sierra, sutil para un extranjero de paso, y punto que tantos estudiosos abordaron con posterioridad y hasta nuestros días, advirtamos que sus costumbres y maneras de sociabilidad, en particular sus "hábitos de mesa", no son del agrado de nuestro viajero, quien señala su carácter basto, por no decir grosero: "En general, los criollos tienen un aire afectado y no salen de esa gravedad que les es natural. Son sobrios para el vino, pero comen ávida y groseramente, a veces todos de un mismo plato, por lo general en ración como los monjes. En una comida de aparato, se hacen pasar sucesivamente delante de cada convidado platillos de diferentes guisos, y cada uno de ellos los da después a sus domésticos y a los asistentes que no están a la mesa, a fin, dicen, de que todo el mundo participe de la buena comida. Cuando los criollos venían a comer en nuestros barcos, donde se servía a la francesa, en grandes platos dispuestos con arte y simetría, los arrebataban para dárselos a sus esclavos, a veces antes de que los hubiesen tocado; pero cuando los capitanes no osaban hacerles notar esta descortesía, nuestros cocineros, celosos de su trabajo, no dejaban de reprocharles que desbarataran el hermoso orden del festín. Como no usan el tenedor, se ven obligados a lavarse al final de la comida, lo cual hacen todos en un mismo recipiente; y con estas lavazas comunes y asquerosas se lavan los labios. Las carnes que comen están sazonadas con mucho ají o pimiento... y que es tan picante que a los extranjeros les es casi imposible gustarlas; pero las vuelve todavía peores el gusto a sebo que la grasa da a todos sus guisos; por lo demás, no entienden el arte de asar grandes piezas, porque no las hacen girar continuamente como nosotros; éste es el que más admiran de todos nuestros platos. Tienen dos comidas, una a las diez de la mañana, la otra a las cuatro de la tarde, que, en Lima, hace las veces de cena y una colación a media noche; en otros sitios se come como en Francia" (p. 215). La inicial observación sociológica se desliza insensiblemente hacia otro terreno menos firme: el del comportamiento y los gustos. El refinamiento de las costumbres y de los hábitos de la corte del Rey Sol debió alcanzar a los oficiales del ejército y de la marina; por lo visto, a bordo se mantenían las prácticas y usos de los caballeros, al menos entre la oficialidad. Mas, llegados a este punto cabría interrogarse, como con perspicacia lo hace Silvio Zavala: "No es de creer que este cuadro poco agradable de las costumbres criollas en la mesa haya sido falseado; no resistimos, sin embargo, a la tentación de preguntarnos: ¿En qué parte de la costa, desde el Estrecho de Magallanes hasta [el] Callao, se habrá formado el viajero esa imagen?; ¿sería igual a todo lo largo de ella?; ¿qué clase de gentes subirían a bordo de los barcos franceses?; ¿habrá asistido Frezier a las comidas en las casas señoriales de Lima? Nótese, por otra parte, que era una América española que apenas comenzaba a salir de las costumbres de la etapa austríaca, y que el afrancesamiento debía ser muy tenue o nulo por aquellos años" [46]. Por nuestra parte, a esas interrogantes añadiríamos esta otra: si sus reparos al comportamiento social de los criollos puede ser legítimamente generalizado.

Si reiteramos, siquiera parcialmente, el procedimiento seguido en el parágrafo anterior, esto es, allegar desarrollos a través de juicios posteriores sobre el tema, veríamos que tanto Jorge Juan y Antonio de Ulloa, a mediados del siglo y tantos otros pocas décadas posteriores a Frezier, como Alejandro de Humboldt en los albores de la centuria siguiente, confirman las penetrantes apreciaciones de nuestro viajero, y así como indican la seriedad y la perduración de los problemas, punto que interesa destacar, realzan su sagacidad.

"Aunque las parcialidades de europeos y criollos pueden haberse originado de muchas causas, se descubren dos que parecen las más esenciales; éstas son la demasiada vanidad y presunción que reina en los criollos, y el miserable y desdichado estado en que llegan regularmente los europeos cuando pasan de España a aquellas partes... Es de suponer la vanidad de los criollos y su presunción en punto de calidad se encumbran a tanto, que cavilan continuamente en la disposición y orden de sus genealogías..." Y sobre este rasgo insisten, con llamativa reiteración: "Esta misma vanidad de los criollos, que con particularidad se nota en las ciudades de la sierra, por tener menos ocasión de tratar con gentes forasteras, a excepción de aquellos que se establecen en cada población, los aparta del trabajo y de ocuparse en el comercio, único ejercicio que hay en las Indias capaz de mantener los caudales sin descaecimiento, y los introduce en los vicios que son connaturales a una vida licenciosa y de inacción" [47]. Poco antes escribían: "Las poblaciones son el teatro público de los dos partidos opuestos, los cabildos donde desfoga su ponzoña la enemistad más irreconciliable, y las comunidades donde continuamente se ven inflamados los ánimos con la violenta llama del odio" [48]. Estas y muchas otras observaciones similares brindan un riquísimo material para un estudio histórico de las mentalidades.

En cuanto a Humboldt, numerosas referencias sobre el tema de los criollos podrían espigarse a lo largo de toda su vasta obra americana; además del citado *Ensayo sobre el reino de la Nueva España,* consideraciones muy ilustrativas aparecen tanto en el *Viaje a las regiones equinocciales del Nuevo Continente* [49] como en su *Ensayo político sobre la isla de Cuba* [50]; pero analizarla nos alejaría no tanto del núcleo de problemas como del momento que aquí nos interesa. Por lo demás, existen estudios muy ricos y matizados sobre su pensamiento al respecto, así el de Ch. Minguet [51], con examen de los conflictos, modos de vida, mentalidades, prejuicios, etc.

Si volvemos una vez más a Frezier, encontraremos en su relato varias interesantes observaciones válidas para todos los blancos, sean éstos españoles, europeos o criollos, así la compartida aversión de todos ellos por los trabajos mecánicos y manuales, que encomendaban a los grupos 'inferiores': mulatos, mestizos, esclavos o indios, con todo lo que ello significa desde el punto de vista económico como de la concepción social del trabajo y, por supuesto, de la dignidad del trabajador. Y hay otra reflexión, también muy expresiva, la que, con distintos términos, puede volver ha hallarse en gran parte de la bibliografía americanista posterior: "Lo que el padre amasa con trabajo, a menudo con mucha injusticia en la administración de los gobiernos, los hijos no dejan de disiparlo, de modo que los nietos de los más poderosos son a menudo los más pobres; ellos mismos están tan profundamente convencidos de esta verdad, que se ha convertido en proverbio en España, donde dicen: no se logra más que hacienda de las Indias (p. 221).

iii)—*Indígenas*

En la estructura bastante asimétrica de la *Relación del viaje...* hay, hecho significativo, dos capítulos claramente diferenciados del resto del texto, y que se denominan "De los indios de Chile" el uno, y "De los indios del Perú" el otro. A estas páginas deben sumarse menciones fragmentarias dispersas a lo largo de toda la obra.

Si bien Frezier no los idealiza, como ocurrirá más adelante con muchos otros viajeros, y también filósofos, a lo largo del siglo XVIII, que verán en los aborígenes al *hombre natural,* es decir a un ser inocente, desnudo de los vicios e ignorante de los lujos de la civilización, y por tanto no corrompidos por ella. Tampoco apelará al recurso de utilizarlos como pretexto para una crítica indirecta de la sociedad europea (Rousseau, Diderot). Además, muy lejos estaba aún del repudio del sistema colonial como totalidad organizada (Raynal), aunque deslice críticas parciales sobre algunos de los aspectos a su entender más reprobables. De todas maneras, constituye uno de los jalones en la formación de la conciencia de los 'ilustrados' [52].

Los propósitos de Frezier eran más bien descriptivos e informativos, y si sus observaciones no pueden considerarse entre las más originales y sagaces, percíbese en él un esfuerzo de objetividad, aunque el mismo se vea maltratado en ciertos casos por errores que derivan de su inevitable parcialidad como europeo culto, y en otros insuficiente por el desconocimiento de las condiciones reales y no sólo legales de los mismos.

Las consideraciones de Frezier sobre los aborígenes en general, y los del sur de Chile en particular, revisten, insistimos, indudable interés, sin que ello signifique reputar satisfactorias las descripciones de sus hábitos y costumbres, y menos aún los juicios que por momentos le merecen. Como punto de partida señala que los *bravos* o *no sometidos,* son idólatras por su incapacidad de concebir el alma; más todavía, carecen de toda forma de religión, esto es, son *ateos* (expresión empleada por nuestro viajero). Cree corroborar esta afirmación que, como ya lo hemos señalado, fue impugnada por el P. Feuillée, cuando señala como prueba adicional la ausencia de ídolos y de templos. Y por otro lado, estima que 'vicios' tan arraigados como la embriaguez y la poligamia, conspiran contra la efectiva evangelización de los indios sojuzgados por los conquistadores, amén de los resabios de idolatría que cree advertir persisten en ellos. De todas maneras, la devota acción de los misioneros tampoco encuentra mayor resistencia y éstos intentan aumentar su influencia instruyendo a los hijos de los caciques, a quienes enseñan elementos de español y adoctrinan en la religión cristiana.

Llama la atención del francés que lo que él supone una total falta de organización social, o por lo menos sus particularidades más sobresalientes (sin reyes ni leyes), no implique desconocimiento de sus intereses, ya que estos pueblos salvajes no carecen de sentido común, quieren conservar su libertad y saben defenderla. Para el logro de estos objetivos, para admiración de Frezier, "se congregan los más ancianos y con los que tienen experiencia y, si se trata de asunto de guerra, eligen con imparcialidad a un general de mérito y valentía reconocidos, y le obedecen puntualmente; es por esa buena conducción y por su valentía que antiguamente impidieron al Inca del Perú la entrada en sus tierras y que detuvieron las conquistas de los españoles... Las formalidades de sus asambleas consisten... [en que] el más anciano o aquél que por algún título debe arengar a los otros, toma la palabra para exponer el asunto y expresa su opinión con mucha fuerza, ya que se dice que son naturalmente elocuentes; después de lo cual por mayoría de votos se toma una resolución...", la que una vez adoptada se la da a conocer y se la lleva a la práctica. Claro está que nada fácil era aplicar al entendimiento de los mecanismos de decisión de una sociedad tribal, las categorías correspondientes a una organización política tan compleja, y por momentos abstracta, como la del Estado europeo de la época; de allí quizás su admiración y su sorpresa. (Por nuestra parte acotemos que a todas luces parece más inteligente el procedimiento de los 'incivilizados' indios que el de un político tan avezado como Felipe II al confiar la 'Armada Invencible' a Alonso Pérez de Guzmán, Duque de Medina Sidonia, más conocido en su época como "el rey del atún"...).

Frezier describe luego con cierto detenimiento, y en algunos casos con sugestivas láminas, tanto sus armas como sus tácticas aplicadas a los enfrentamientos bélicos, sus hábitos adquiridos de diestros jinetes; nos informa luego acerca de su vivienda, indumentaria masculina y femenina, alimentos, bebidas (por ejemplo procedimientos para la elaboración de chicha y forma de beberla), entretenimientos, instrumentos musicales, modalidades de su canto, sin descuidar tampoco la forma que tienen de memorar sus historias y hazañas que, simultáneamente, sirven para conservar el odio al invasor; o las particularidades de su comercio con los europeos, el que se desenvuelve en el mayor orden y buena fe; para terminar reconociendo su admirable resistencia física al hambre, la sed, la guerra y los viajes.

Como simple curiosidad digamos que, a pesar de su espíritu crítico, admite Frezier la existencia de los legendarios "patagones", esto es, "hombres de tamaño mucho mayor que el nuestro", que cree poder confirmar citando plurales referencias a partir de los primeros exploradores que testimonian su existencia, desde Pigafetta en adelante.

Ahora bien, en el capítulo denominado "De los indios del Perú" el centro de gravedad o interés no lo ofrecen las descripciones, como en el referido a Chile que acabamos de citar, sino más bien consideraciones de diversa índole que insisten sobre todo en las condiciones del indio, o mejor dicho, en su inserción en la estratificada sociedad virreinal. Claro que su caracterización inicial parece muy endeble, ya que si por una parte da la impresión de que se trataba de culturas de muy escaso grado de desarrollo, como se desprende de lo expuesto en la introducción cuando afirma, por ejemplo, que durante su moroso recorrido a lo largo de las costas peruanas no le deparó el conocimiento de habilidades sobresalientes de sus pobladores autóctonos, apenas "algunas pequeñas tumbas sin decoración y algunos restos de montículos de tierra, salvo la fortaleza de Cuzco, hecha de piedras enormes, unidas por juntas irregulares con mucho arte"; ni siquiera las referencias que tiene (¿Garcilaso?) sobre calzadas y acueductos parecen justificar a sus ojos las incomodidades de un arduo viaje a través de regiones desérticas para conocerlos. Mas por el otro lado, páginas más adelante habla de un reino organizado, con una verdadera estructura imperial.

Los indios peruanos, nos dice, son tímidos, dóciles, carentes de ánimo, contrariamente a los chilenos que él reputó rebeldes y difíciles de "civilizar". Nos encontramos aquí frente a un fenómeno que Alvaro Jara, en un sagaz trabajo explica así: "Mientras en unas sociedades el Estado había alcanzado un alto nivel de desarrollo, en la otra todavía no se hacía presente". Y agrega poco más adelante: "Observando la conquista de América, el grado de desenvolvimiento alcanzado por el Estado parece encontrarse en razón directa con la mayor o menor facilidad de la asimilación de la sociedad indígena a las normas impuestas por el conquistador. Y ello se debe a que el desarrollo del Estado implica la existencia de toda una serie de características y modalidades en la estructura de la sociedad, que no son sólo políticas, sino en forma principal sociales y económicas..." Por diversas condiciones que señala Jara, éste concluye que "para el caso del Perú o México, el reemplazo del grupo dominante por el conquistador europeo no era demasiado difícil. La distancia cultural era grande, pero no tan inmensa como en el caso de los indígenas establecidos al sur del Bío-Bío. Una dominación racial era reemplazada por otra y paulatinamente se iría ajustando a los moldes que él deseaba o podía imponer con los medios a su disposición"[53]. Claro ejemplo es éste de lo que Ruggiero Romano llama "conquista difícil" y "conquista fácil", y que el historiador italiano ilustra recurriendo a una cita de La crónica del Perú, de P. Cieza de León, para quien los naturales de aquellas regiones son "buenos servidores y se los pudo dominar porque son más razonables... y porque todos ellos estuvieron sometidos a los reyes incas, a quien pagaron tributos y sirvieron siempre pues habían nacido en ese estado (la servidumbre)."[54]. El ejemplo de los indios de Popayán que luego trae a colación Cieza de León para contraponerlo al de los del Perú, podría equivaler, en nuestro caso, al de las indómitas tribus chilenas que "tienen horror de servir y estar sujetos a quien sea..." Su fácil desplazamiento les permite "servir cuando les parece bien y la guerra o la paz están en sus manos y siempre tienen qué comer". O dicho con palabras de Alonso González de Nájera, en su *Desengaño y reparo de la guerra de Chile,* que cita A. Jara, los indios "acostumbran a decir hablando con sus lanzas: éste es mi amo; éste no me manda que le saque oro, ni que le traiga yerba ni leña, ni que le guarde el ganado, ni que le siembre ni siegue. Y pues este amo me sustenta en libertad, con él me quiero andar".

Mas del capítulo al cual nos estamos refiriendo, importan sobre todo sus referencias a los abusos poco menos que generalizados por parte de la administración colonial, del clero y sobre todo de los encomenderos; exceptúa a la Compañía de Jesús que, en sus misiones, otorga a los indios un trato muy diferente y han organizado un "gran reino en el Paraguay, entre el Brasil y el Río de la Plata" donde han establecido un gobierno tan bueno, que los españoles jamás han podido penetrar en él", y esto a pesar de los insistentes esfuerzos para lograrlo alentados siempre por la corte peninsular. Fuera de allí, siempre según Frezier, los indios son tratados "de la manera más dura del mundo, como siempre lo hicieron a pesar de las prohibiciones del rey de España". Todo esto trajo aparejada una sensible reducción de los cultivos, una retracción en el interés por el trabajo, una verdadera autolimitación de la producción para restringirse apenas a lo estrictamente necesario para la supervivencia, pues cualquier excedente acumulado o producido no habría hecho sino estimular la insaciable codicia de los blancos, sean éstos encomenderos o religiosos. Más aún, conjetura que esa actitud significó ocultar los secretos de la existencia de minas y yacimientos, puesto que si hubiesen revelado su emplazamiento, que conocían por tradición, habrían contribuido simultáneamente a empeorar sus propias condiciones de vida; sobre ellos hubiese recaído el laboreo en los socavones o en las arenas auríferas, y todo ello sin ventaja alguna. En este y en otros casos el porvenir sólo les reservaba un desmejoramiento.

En suma, las crueldades y los abusos (que entre otros tan pormenorizada y severamente juzgaron Jorge Juan y Antonio de Ulloa, ya citados en reiteradas oportunidades) indujeron a muchos indios a unirse a tribus no dominadas, huyendo así de su propio hábitat, como una forma de rebelarse frente al dominio español.

El relato de Frezier logra cierto dramatismo cuando refiere en qué circunstancias y bajo qué condiciones se procede a convocar y enviar millares de indios a Potosí —desarraigándolos de su medio ambiente familiar, tribal y biológico— para hacerlos trabajar allí en sus famosas minas, donde tanto la situación laboral como la alimentación y el clima hacían estragos. Restaba apenas un paliativo: la coca, hierba cuyos sorprendentes efectos atribuían los españoles a "un pacto que los indios tienen con el diablo", pero cuya comercialización era más que tolerada, ya que permitía, según nuestro informante, mitigar el hambre y soportar luego días enteros sin comer y sin debilitarse sensiblemente. "Y aquel a quien se le adjudicaba una encomienda de indios —dice el citado Cieza de León— inmediatamente hacía su principal negocio con las cestas de coca que recogía..." [55]. El rendimiento de los legendarios filones potosinos desde hacía muchos años había comenzado a decaer, pero seguían devorando, insaciables, hombres por millares; el imperio colonial se estaba autodestruyendo.

iv)—*Negros esclavos*

Mucho menor espacio asigna Frezier en su obra a los negros, y esto es explicable, desde un punto de vista lógico, por su número relativamente reducido con relación al de los indígenas; ahora bien, al ocuparse de ellos expone algunas consideraciones llamativamente perspicaces y sobre las cuales creemos que sólo se ha reparado durante el siglo xx [56]. Los negros esclavos —viene a decirnos— fortalecen el partido de los españoles, aunque esto pueda parecer paradójico a primera vista. Y las causas profundas de esta situación son muy comprensibles apenas ellas han sido enunciadas; son de aquellas verdades que, una vez conocidas, parecen poco menos que obvias. "He aquí la razón: como no les está permitido tener a los indios como esclavos, tienen con ellos menos miramientos que con los negros, que les cuestan mucho dinero y cuyo número constituye la parte mayor de su riqueza y de su magnificencia; éstos, sabedores del afecto de sus amos, imitan su conducta para con los indios y toman sobre ellos un ascendiente que alimenta un odio implacable entre esas dos naciones. Las leyes del Reino, además, han tomado precauciones para impedir que se establezca algún vínculo entre unos y otros, pues les está expresamente prohibido a los negros y a las negras tener relación personal con los indios y las indias... los negros esclavos que en las otras colonias son enemigos de los blancos, aquí son partidarios de sus amos..." (p. 229).

Y en otro lugar y oportunidad (San Salvador de Bahía, a la sazón capital del Brasil, y ya en viaje de regreso a su país) Frezier deja traslucir sus sentimientos humanitarios y religiosos, conmovido por la vivencia de los resultados de la trata de negros y el espectáculo de un local donde éstos son ofrecidos en venta. Y para transmitirnos su amargura y disgusto ante el doloroso cuadro, apela a los signos de admiración, recurso infrecuente en su prosa más bien opaca y monótona. "...Las calles están llenas de caras horribles de negros y negras esclavos, a quienes la molicie y la avaricia, más que la necesidad, han trasplantado de las costas de Africa para servir a la magnificencia de los ricos y contribuir a la ociosidad de los pobres, que en ellos descargan su trabajo; de modo que para un blanco hay siempre más de veinte negros. ¡Quién lo creería!

Existen tiendas llenas de estos pobres desdichados, que allí se exponen completamente desnudos, y que se compran como animales, sobre los cuales se adquiere el mismo poder, de suerte que por pequeños descontentos se los puede matar casi impunemente, o por lo menos maltratarlos con tanta crueldad como se quiera. No sé cómo puede conciliarse esta barbarie con las máximas de la religión..." (p. 257).

v) —El Nuevo Mundo crea nuevas formas de sociabilidad

La sociedad colonial que hasta aquí hemos visto refractada, siguiendo los criterios de Frezier, a través de diversos grupos raciales y que ni siquiera toma en cuenta el mestizaje o el entrecruzamiento entre ellos —planteamiento que, por supuesto, tampoco es el más adecuado para entender su estructura íntima ni sus mecanismos— generó en algunos casos, y modificó en otros, costumbres, hábitos, gustos, modas y más aún llegó a torcer el carácter de ciertas instituciones como respuesta al nuevo ambiente, a determinadas ausencias y necesidades, de donde cierta relajación o indisciplina si sólo se toman en cuenta las pautas tradicionales como punto de referencia. Esto indica quizá la actitud de nuestro viajero frente a experiencias o comprobaciones, que debían provocarle una suerte de extrañeza o perplejidad. Veamos, pues, algunos casos sugestivos.

De esta suerte, con evidente espíritu crítico describe Frezier varias fiestas religiosas o profanas, a las que le tocó asistir y que por momentos le parecieron no sólo irreverentes sino hasta groseras; así las del Rosario, Jueves Santo o la del Escapulario; corridas de toros, mascaradas, bailes, etc. Es la misma curiosidad que se prodiga en el análisis de actividades muy diferentes como la educación; comprueba así que en la Universidad de San Marcos —rica de 180 doctores y desbordada por 2.000 alumnos— "se forman... muy buenos sujetos para la escolástica y la chicana de la Escuela, pero muy poco para lo positivo". Enumera también las características y dotaciones de colegios, hospitales y conventos; se preocupa por la devoción, a su juicio vejada por supersticiones evidentes y toleradas. Y dicho todo esto nos faltarían recordar su pensamiento y sus referencias concretas a temas de tanta importancia como el papel de las distintas órdenes religiosas, acerca de cuya piedad y cultura tiene muy serias dudas, y de cuya crítica por momentos harto severa apenas escapan los jesuitas: "Como debo este testimonio a la verdad, deseo que estas observaciones no alcancen para nada a los jesuitas, que estudian, predican, catequizan, hasta en las plazas públicas, con mucho celo, y creo que sin ellos los fieles apenas estarían informados de los principales artículos de fe". Le preocupan también los efectos que sobre la economía general tiene la acumulación de ingentes riquezas por parte de la Iglesia; "En una palabra —escribe con referencia a las manos muertas— sea por el temor a las penas, que los acucia más vivamente, o por el amor a Dios y a sí mismo, la costumbre es tan general y ha enriquecido de tal modo a los conventos de Lima y de algunas otras ciudades, desde hace un centenar de años, que a los laicos casi no les queda caudal en dinero; la naturaleza de sus bienes está reducida a efectos mobiliarios, y escasean los que no son feudatarios de la Iglesia, ya sea por su vivienda, ya sea por sus haciendas..." (pp. 209-210). Para evitar esa formidable concentración de bienes e influencias sugiere reglamentaciones semejantes a la veneciana que prohibía esas enajenaciones a la Iglesia sin el consentimiento de la República.

Y ya en otro plano digamos que también ciertos hábitos desconciertan el espíritu de Frezier, como cuando observa determinadas características de las relaciones familiares que advierte entre los españoles, por ejemplo, el público y consentido amancebamiento: "Para añadir a sus placeres el de la libertad y no mitigarlos por la dura necesidad de estar atado a una misma persona para siempre, rara vez se casan frente a la iglesia; pero, para servirme de sus palabras, se casan generalmente todos *detrás de la iglesia,* es decir que están todos comprometidos en un honesto concubinato, que entre ellos nada tiene de escandaloso; muy lejos de ello, es una vergüenza no estar *amancebado...*" (p. 216; subrayados en el original). Y como no podía ser de otro modo expresa su franca perplejidad ante la frecuencia y facilidad con que se obtiene el divorcio; luego de mencionar muchas fundaciones pías escribe: "Se podría agregar aquí una casa fundada por [santo] Toribio [de Mogrovejo] para las mujeres que se divorcian. Es increíble a qué excesos se lleva este abuso, pues todos los días se ven personas descasarse con tanta facilidad como si el matrimonio fuese tan sólo un contrato civil, basándose en simples quejas de desinteligencia, de poca salud o satisfacción; y, lo que es más asombroso aún, las mismas personas vuelven a casarse después con otras" (p. 200). Qué mejor comentario a esta por lo visto arraigada práctica que el fino juicio de S. Zavala, cuando concluye: "De suerte que Lima, apartada tierra colonial hispanoamericana, realiza el milagro de escandalizar a un francés del siglo XVIII, en materia de costumbres, aunque es cierto que se trata de un hombre extraordinariamente serio"[57].

Tampoco las modas escaparon a su mirada alerta, desde el paulatino afrancesamiento de los trajes masculinos hasta la singular indumentaria de la "tapada" limeña, que tanto llamó la atención de todos los visitantes extranjeros, y sobre cuya peregrina costumbre se llegaron a escribir graves tratados[58] y barrocos versos[59] ya desde el siglo XVI, para no mencionar la copiosa bibliografía e iconografía sobre el tema de la pasada centuria donde sobresalen el finísimo Ricardo Palma y el ingenuo acuarelista Pancho Fierro.

d) *OBSERVACIONES ESTETICAS*

Parece del mayor interés confrontar el gusto artístico de un europeo del siglo de Luis XIV frente a diversas manifestaciones del barroco americano. Hay, en este sentido, digámoslo de entrada, una total incomprensión por parte del viajero, como lo demuestran los varios juicios de Frezier dispersos a lo largo del relato, en particular cuando trata de esbozar las características de las iglesias dentro de las ciudades visitadas, dificultad que vuelve a reaparecer frente a las representaciones teatrales que él juzga con el cartabón de Boileau.

Describe, entre otras, las ciudades de Valdivia, Concepción o Penco, Valparaíso, Santiago, Villa de la Serena o Coquimbo, Arica, el Callao, Lima y, ya en su viaje de retorno, San Salvador de Bahía. Para nosotros es casi inexplicable que no haya visitado Potosí, cuando tenía noticias abundantes acerca de su excepcional importancia como centro minero y su magnitud como concentración humana, y como tales ofrecía a su despierta curiosidad un enorme atractivo; que no desconocía su interés lo revelan los notables párrafos que le dedica de acuerdo a la información obtenida y analizada. "Potosí es aquella ciudad tan famosa en todo el mundo por las inmensas riquezas que antes se han extraído y que aún se extraen de la montaña, a cuyo pie ha sido construida. Hay allí más de sesenta mil indios y diez mil españoles o blancos..." (p. 136). Y otro tanto ocurre con el Cuzco.

Para describir la riqueza o magnitud de Lima emplea Frezier varios indicadores. Refiérese a uno de ellos con estas palabras: "Como se cuentan las carrozas en las ciudades de Europa para señalar su magnificencia, del mismo modo se cuentan en Lima 4.000 calesas, coche ordinario del país, tirado por mulas..." Aunque llama la atención, en este pasaje, que nuestro autor no se haya preocupado por buscar una explicación para un hecho tan llamativo como era la elevadísima proporción de vehículos con relación al número de pobladores blancos. Explicación que en cambio encontramos en la riquísima *Relación histórica* de J. Juan y A. de Ulloa, quienes luego de observar que usan *coches* los blancos de los estratos superiores y *calesas* los más pobres, a juicio de ellos esto debe entenderse casi como una necesidad más que como una comodidad, puesto que "en aquella ciudad [es] más necesario que en otras, porque el trajín de las muchas recuas, que entran y salen a toda hora, tiene continuamente llenas de estiércol las calles, y secándose éste con el sol y viento, se convierte en un polvo tan fastidioso, que es intolerable para andar sobre él, como molesto a la respiración..." [60]. Desde luego que ninguno de los dos dice nada sobre cómo se arreglaban los otros grupos (mestizos, negros, indios) tanto o más numerosos que los blancos, ni si se tomaban medidas higiénicas en aquella ciudad donde nunca llueve.

El otro indicador es suficientemente conocido por los historiadores a través de diversas fuentes, porque el hecho adquirió caracteres legendarios. "Para dar una idea de la opulencia de esta ciudad basta indicar las riquezas que los comerciantes ostentaron alrededor de 1682, a la entrada del Duque de la Palata, cuando éste vino a tomar posesión de la ciudad; hicieron pavimentar a lo largo de dos manzanas las calles de la Merced y de los Mercaderes, por donde aquél debía entrar en la plaza real donde se halla el palacio, con lingotes de plata quintados que por lo común pesan unos doscientos marcos, y tienen de doce a trece pulgadas de largo, cuatro o cinco de ancho y dos o tres de espesor, lo que pudo ascender a ocho millones de escudos... Verdad es que Lima constituye en cierto modo el depósito de los tesoros del Perú, del que es la capital" (p. 191).

Régine Pernoud transcribe en su obra un manuscrito, *Relation d'un voyage au Pérou et au Chili, commencé en novembre 1706 et fini en mars 1707* (atribuido a un tal Vicent Bervau o Bauver, comerciante de Brest) que confirma en un todo lo señalado por Frezier, en términos casi idénticos: "La entrada del Virrey a Lima era otrora tan magnífica que se pavimentaba con barras de plata la calle que llevaba al Palacio..." [61]. Pero nos parece más significativo aún que ambos autores citados coincidan en señalar aquella ostentación como algo perteneciente a tiempos pasados, como en realidad lo era.

Si dejamos de lado los puertos, donde su primera preocupación se vuelca, ya lo hemos señalado, hacia los accidentes geográficos, mayor o menor accesibilidad y, sobre todo, las fortificaciones, expresa también, cierto es, su admiración por el trazado de las calles, el sistema de abastecimiento de agua, plazas y paseos (elemento urbanístico de filiación hispanoamericana anterior al barroco), tratando en todos los casos de descubrir su personalidad. Pasa luego a especificar las características y los materiales predominantemente empleados en los edificios públicos (ladrillo cocido y piedra labrada) y en los privados (casi siempre adobe), su adaptación al medio y las limitaciones que planteaba la particular circunstancia de ser casi siempre zona sísmica, punto que cita reiteradas veces y abunda en detalles sobre sus efectos y consecuencias. Si bien presta especial atención a las iglesias de todas las ciudades visitadas, tampoco faltan descripciones por momentos prolijas de los interiores de algunas viviendas.

Veamos algunas de sus observaciones: "...En lo que se refiere a su gusto en arquitectura, debo confesar que las iglesias de Lima sólo tienen muy bien diseñada la nave, que está bien proporcionada, revestida de pilastras generalmente enlucidas con molduras y capiteles sin tallar, sobre los que se ven bellas cornisas y hermosas bóvedas de gran cintra y con lunetos; pero en la decoración de los altares, *todo es tan confuso, recargado y de mal gusto,* que no se puede dejar de lamentar las inmensas sumas que gastan en esos *galimatías dorados*" (p. 226). Espigando el rico material que ofrecen algunas de las *Cartas edificantes y curiosas,* casi contemporáneas, encontramos en ellas juicios bastante aproximados, si bien no tan severos: "Las iglesias de Lima son magníficas y están construidas según las reglas del arte y de acuerdo a los mejores modelos de Italia; los altares son propios y soberbiamente adornados, y aunque las iglesias son numerosas, todas ellas están sin embargo muy bien mantenidas. El oro y la plata no han sido ahorrados; pero el trabajo no responde a la riqueza de la materia, ya que por aquí no se ve nada, en materia de orfebrería, que se aproxime a la delicadeza o a la belleza de las obras de Francia y de Italia" [62].

Con respecto a la arquitectura religiosa chilena Frezier señala que allí "las iglesias son... ricas en dorados, pero toda la arquitectura *es de mal gusto,* exceptuando la de los jesuitas, que es una cruz latina cubierta por una bóveda de orden dórico; tienen en el frente un pequeño espacio para comodidad de las calesas y de las procesiones. La mayor parte está construida de ladrillos, también las hay de granito, y de mampostería de canto rodado..." (pp. 100-101).

No se esperen juicios más benévolos sobre los interiores de los edificios privados; las escasas ventanas están "oscuras y melancólicas" y como no emplean vidrios para cerrarlas usan "rejas de madera torneada que disminuyen aún más la luz. Los muebles no corrigen la mala disposición de los edificios; sólo el estrado está cubierto de alfombras y de almohadones de terciopelo para que se sienten las mujeres. Las sillas para los hombres están tapizadas de cuero estampado en medio relieve. La única tapicería es una *gran cantidad de malos cuadros que hacen los indios del Cuzco"* (p. 225). Opinión casi idéntica había expuesto poco antes, cuando al hablar del Cuzco, que como llevamos dicho tampoco visitó a pesar de admitir su importancia: "Esta ciudad también es renombrada por la gran cantidad de cuadros y de pinturas que hacen los indios, y *aunque son feos,* satisfacen con ellos a todo el reino..." (p. 159).

En realidad sería un anacronismo censurar a Frezier su insensibilidad frente al barroco o su incomprensión frente a la pintura cuzqueña, estilo y escuela apreciados sólo desde hace pocas décadas. Siglos debieron pasar desde entonces para que esta corriente artística fuese reivindicada; lejos estamos aún del juicio rotundo y entusiasta de Pedro Henríquez Ureña, cuando escribe acerca de "el maravilloso florecimiento de las artes plásticas en la época colonial, y particularmente de la arquitectura... hasta culminar en grandes obras de estilo barroco" [63]. Y entendemos que aquí está el nudo de la cuestión. Los europeos (como, por lo demás, siempre ha ocurrido) juzgan de acuerdo a sus propias pautas; no entienden o rechazan todo aquello que no coincide con las mismas; en momento alguno se les ocurre esforzarse por percibir lo que tiene de originalidad; más aún, ni piensan plantearse el problema. Y esto explica que ni siquiera los españoles hayan percibido la especificidad del barroco latinoamericano que, como es sabido, tuvo su "originalidad", sus notas diferenciales. Es evidente que Frezier juzga y aprecia como europeo o como francés, pero trata a veces de comprender, mas sobre todo nunca se muestra interesado en esgrimir su superioridad. Pero hay algo más importante aún, simpatiza con el indígena, en general más que con el español; deseo de demostrar el mal gobierno español, sí, quizás, y quizás rasgo de *exoticismo,* gusto típico de los siglos XVI y XVII, que en él resulta clarísimo en lo que hace a la naturaleza.

Nuestro punto de vista encontrará confirmación cuando Frezier exponga sus impresiones y haga más explícitos sus juicios y razonamientos, al informarnos acerca de sus vivencias frente a las representaciones teatrales. Ya vimos que al hablar de arquitectura o de las artes plásticas su parecer es categórico: *feo, malo,* etc., calificativos que subrayamos en las anteriores transcripciones. En cambio su dictamen aparece más fundado frente al teatro, ya que expone ciertas "razones" para justificar su menosprecio, cuando no su franco repudio, por el carácter que adquiere en los países por él visitados. "...Los mulatos comenzaron la solemnidad con la comedia de *El príncipe poderoso,* escrita por un poeta español de Europa. Como esta nación tiene el *gusto depravado* de mezclar en sus espectáculos lo sagrado con lo profano, sólo señalaré que en este caso *se abandonaron a su genio natural* más allá de los límites del sentido común y del decoro... no podía imaginarse nada más ridículo que la decoración del fondo del teatro... la licencia de los bufones de la obra y de los entremeses que se le mezclaban... (pp. 167-168). Poco más adelante observa: "...El domingo al atardecer se representó la comedia *La vida de San Alejo,* de Moreto... Lo curioso de estas ficciones y de los personajes que el poeta pone en escena, eran para nosotros los franceses que asistíamos a ese espectáculo, un tema de broma tanto más pesado cuanto que estábamos acostumbrados a las *obras censuradas,* y en las que la veneración que se tiene por las cosas santas, no admite en modo alguno *la mezcla de lo sagrado con lo profano,* como sucede en ésta de la que estoy hablando, donde la *gran licencia* de los entremeses hacía recaer de nuevo en el ridículo. No relato esto como si se tratara de algo extraordinario o nuevo para Europa; ninguno de los que han viajado por España ignora el gusto de sus dramas, donde los temas de devoción siempre tienen algún lugar, de modo que todavía se observa allí lo que ocurría en época del nacimiento de nuestro teatro francés..." (p. 169). Y una tercera y última referencia, entre las varias que podrían citarse: "En cuanto a las imperfecciones propias de la obra, la falta de unidad de tiempo y lugar es chocante" (p. 170). Como puede advertirse, intenta fundamentar su juicio adverso sobre el teatro español, aunque aparentemente sólo lo hace a través de sus manifestaciones coloniales. Su sensibilidad y formación religiosas le provocan un rechazo frente a esa "mezcla de lo sagrado y lo profano", para él a todas luces irreverente, aunque sin dejar de reconocer que algo semejante ocurrió, tiempo ha, en su propio país. Menos tolerables aún le parecen la espontaneidad y la falta de respeto de las sacrosantas reglas, fundamentos del teatro clásico francés, y sobre las cuales no sólo se había legislado, sino que habían generado un vasto movimiento artístico (Racine, **Corneille** y Molière entre otros lo ilustran) cuyas características y proyecciones estaría fuera de lugar abordar aquí. La preocupación por el respeto de las reglas, sobre todo de unidad de acción, de tiempo y de espacio que, en última instancia, no eran sino una manifestación del poderoso racionalismo subyacente que, por exigir planteamientos claros y distintos, rechazaba las mezclas entre los diversos géneros; cada uno de éstos, como se ha dicho, debía responder a "un modelo ideal al cual debía adecuarse". Así pues, nada de confusión, de improvisación; límites a los desbordes de la imaginación. O expresado con otras palabras, todo lo contrario de ese exceso de sensibilidad y frenesí, que alcanzó el tumultuoso, enfático, intenso y desordenado barroco europeo (por ejemplo a través de Rubens, pintor de la Contrarreforma).

En cambio muéstrase Frezier más comprensivo frente a la modestia de las decoraciones teatrales y a la improvisación de los actores ("gente de la hez del pueblo, pues todos eran mulatos...."). De todas maneras, convengamos con S. Zavala en que "cualquiera que sea nuestro juicio acerca de este severo crítico de teatro, no podemos menos de agradecerle las veces que nos conduce durante su viaje a estas representaciones de comedias, y lo mucho que nos permite averiguar acerca de la vida teatral hispanoamericana" [64].

Para terminar este parágrafo digamos que Frezier es consecuente en sus juicios estéticos; así cuando juzga la "poesía" (o mejor dicho las manifestaciones poéticas que oyó durante las representaciones) o comenta algunos fragmentos que cita, no hace otra cosa que "dar a conocer el gusto de la nación española, que no ama sino las metáforas y las comparaciones extraordinarias con el sol, la luna, las estrellas o las piedras preciosas, lo que a menudo lanza a los autores al ridículo y a un extravío que ellos confunden con lo sublime" [65]. Evidentemente, estaban lejos de satisfacer las normas de Boileau y sus epígonos.

e) —*Observaciones finales*

Llegados a este punto advertimos que a pesar del espacio dedicado al tema en el libro, poco y nada hemos dicho acerca de sus copiosas observaciones científicas, pocas veces desvinculadas de su significado económico, o por lo menos de su posible aplicación o utilidad. Así sus prolijas descripciones de numerosas especies vegetales, algunas de valor medicinal o comercial (el algodón, por ejemplo, le merece a Frezier más de una página de texto, ilustrada por una lámina con adecuadas y amplias descripciones botánicas); sus comentarios sobre el aprovechamiento de tantas maderas, de usos numerosos y poco menos que desconocidas las más de ellas por los europeos. Otro tanto podría recordarse con relación a la fauna, donde destaca las vicuñas, las llamas o 'carneros de la tierra', la alpaca, etc., de cuyos hábitos o utilización nos informa en detalle;

en cambio sus referencias a numerosos peces aparentemente son más 'desinteresadas', pero nunca gratuitas; los peces son 'delicados' por su sabor, de carne 'buena' o 'mala', etc., y a veces 'un veneno'. Para terminar señalemos los pasajes que Frezier dedica a la extracción del guano, cuyo origen le preocupa como problema científico y cuyo uso explica en detalle; y por supuesto, su marcado interés por la minería y metalurgia, que ya señalamos en páginas anteriores.

La mayoría de los estudiosos, y más particularmente los historiadores que han utilizado esta *Relación del viaje*... concuerdan en señalar la sugestiva perspicacia de las abundantes observaciones allí contenidas, que abarcan un espectro de temas realmente notable. Así se explica que la obra merezca ser citada como autoridad y como fuente tanto por clásicos como Diego Barros Arana y Benjamín Vicuña Mackenna como por exigentes contemporáneos; por ejemplo Eugenio Pereira Salas en varios libros importantes y sobre temas diversos y sugestivos, para sólo mencionar autores chilenos.

Para ilustrar nuestro aserto espiguemos, siquiera someramente, diversas referencias que aparecen en algunos trabajos del mencionado E. Pereira Salas. Así en *Los orígenes del arte musical en Chile* [66], destaca que "Frezier, en 1710 [sic], dibujó los más importantes [instrumentos musicales empleados por los aborígenes] como la *Pifulka,* el *Kultrun* y la *Trutruca...*" [67]; y poco más adelante agrega: "...conocemos algunas frases de estos ritmos primitivos [refiérese a las que denomina 'efusiones lírico-musicales' de una fiesta indígena] gracias a Frezier, quien tuvo la feliz ocurrencia de trasladarlos al pentagrama" [68]. Más todavía: "El *zapateo* o *taconeo* es una danza voluptuosa oriental que pasó a España con los árabes... Poseemos una versión americana de esta danza gracias a Frezier que la armonizó al tono del arpa en 1712..." [69]. En otro estudio, *Apuntes para la historia de la cocina chilena* [70], observa: "La frutilla (Fragaria Chilensis) la llevó a Francia aquel célebre ingeniero francés del siglo XVIII, Amadée [sic] Frezier, que vino a Chile y Perú por los años de 1714, 1716, y la hizo cultivar por el jardinero en jefe de Versalles monsieur Jussieu" [71]. Y tal como lo recuerda el mismo autor, citando esta vez a Agustín Edwards, "es el mayor aporte de Chile a la repostería europea"; las excepcionales características de esta fruta ya las había descrito, en una bellísima página, González de Nájera en 1608. En su *Historia del teatro en Chile desde los orígenes hasta la muerte de Juan Casacuberta* [72], E. Pereira Salas, para determinar "el tono" de las representaciones teatrales de comienzos del siglo XVIII no puede menos que citar como fuente al mismo Frezier [73], lo que vuelve a ocurrir en *Juegos y alegrías coloniales en Chile* [74], cuando alude a los juegos hípicos populares ("hazañas y proezas de los chilenos en la silla [que] pasmaban a los viajeros y cronistas" [75]; o las descripciones de las corridas de toros [76].

De lo dicho, y las referencias podrían multiplicarse, se infiere fácilmente que todo lector culto hallará elementos de interés y factores de atracción, aunque en diferentes planos y con riqueza distinta, con la salvedad de que sus contribuciones siempre son sustantivas, nunca adjetivas. La incomprensión por parte de Frezier de algunos caracteres o el enunciado de interpretaciones escasamente satisfactorias —por ejemplo sus pareceres sobre la condición del indio en las mitas o encomiendas; sus opiniones sobre el barroco; sus ideas sobre el régimen jurídico de las minas, etc., puntos sobre los cuales algo ya hemos apuntado— no constituyen un obstáculo para que, pongamos por caso, sus descripciones de las ciudades, y no sólo de las principales, de ciertos hábitos o determinadas plantas o animales, conserven una sugestiva vivacidad. Este ingeniero militar que confeccionó los primeros planos con rigor científico de los conglomerados urbanos de las regiones recorridas, tuvo la pupila suficientemente alerta como para descubrir detalles que, sin caer en el pintoresquismo, contribuyen a acrecentar los atractivos de la lectura; y para lograrlo no debió apelar, como lo hicieron otros viajeros, al recurso fácil de colorear sus relatos o añadirles discursos moralizadores, expedientes que él desdeñó por temperamento personal y, sobre todo, se nos ocurre, por los objetivos a los que respondía su misión y que asumió con tanta responsabilidad. Sus atisbos y reflexiones encarecen su utilidad y por momentos su penetración para el geógrafo, naturalista o historiador de nuestros días y muchas de sus páginas conservan simultáneamente innegable interés aun para el lector no especializado.

El propósito de este prólogo no ha sido otro que el de facilitar la introducción al conocimiento de la obra de Frezier, subrayando apenas algunos elementos que destacan su riqueza como fuente y sus valores duraderos. Y demostrar, eso sí, que la *Relación del viaje*... marca el inicio de la bibliografía sobre el tema que nos ofreció el siglo XVIII, multiplicadora de horizontes e indagadora de los grandes problemas científicos que planteaba el descubrimiento, exploración y explotación de un nuevo continente, y de las inéditas cuestiones que suscitaban la sociedad y el hombre del Nuevo Mundo, cuyas fuerzas y riquezas reales y potenciales interesaban y gravitaban cada vez más sobre una Europa donde se estaban gestando profundas transformaciones a las que América en adelante no permanecería ajena. En las páginas de esta obra perdurable, escrita hace más de dos siglos y medio, puede ya intuirse su papel futuro.

GREGORIO WEINBERG

NOTAS

[1] Gonzalo Fernández de Oviedo advirtió tempranamente la función pedagógica de esas danzas colectivas —"buena e gentil manera de memorar las cosas pasadas e antiguas"— al observar que eran una "efigie de historia o acuerdo de las cosas pasadas, así de guerras como de paces, porque con la continuación de tales cantos no se les olviden las hazañas e acaescimientos que han pasado. Y estos cantares les quedan en la memoria, en lugar de libros de su acuerdo; y por esta forma recitan las genealogías de sus caciques y reyes o señores que han tenido, y las obras que hicieron, y los buenos o malos temporales que han pasado o tienen; e otras cosas que ellos quieren que a chicos e grandes se comuniquen e sean muy sabidos e fijamente esculpidos en la memoria. Y para este efecto continúan estos *areytos*, porque no se olviden, en especial las famosas victorias por batallas". (*Historia general y natural de las Indias, Islas y Tierra-firme del Mar Océano*, libro V, cap. I; citamos según el texto ofrecido por Ed. Guarania, Asunción del Paraguay [y aunque no se indica: impresa en Buenos Aires, 1944], t. I, pp. 233-234; cuya grafía modernizamos ligeramente).

[2] Estuardo Núñez, *El Perú visto por viajeros*, prólogo, recopilación y selección por..., Biblioteca Peruana, Ed. Peisa, t. I, "La costa", Lima, 1973, p. 9. Del mismo Estuardo Núñez véase un fino ensayo: "Los escritores viajeros en América", en *Revista de Historia de América*, Instituto Panamericano de Geografía e Historia, México, N⁰ 61, junio de 1961, pp. 81-97.

[3] *Cronistas de las culturas precolombinas*, antología, prólogo y notas de Luis Nicolau D'Olwer, "Biblioteca Americana" del Fondo de Cultura Económica, México, 1963, p. XIII.

[4] Gilbert Chinard, *L'Exotisme américain dans la littérature française au XVIᵉ siècle. D'après Rabelais, Ronsard, Montaigne, etc.*, Lib. Hachette, París, 1911; y *L'Amérique et le rêve exotique dans la littérature française au XVIIᵉ et au XVIIIᵉ siècle*, Lib. E. Droz, París, 1934. Infortunadamente ambas obras, hoy inhallables, nunca fueron traducidas al español.

[5] Guillermo Feliú Cruz, en sus "Notas para una bibliografía sobre viajeros relativos a Chile" (extenso y muy documentado trabajo a pesar de la modestia del título), que preceden la reimpresión de *Viajes relativos a Chile*, trad. y prologados por José Toribio Medina, Fondo Histórico y Bibliográfico José Toribio Medina, Santiago de Chile, 1962, t. I, p. XVII.

[6] Antonello Gerbi, *La disputa del Nuevo Mundo. Historia de una polémica, 1750-1900*, trad. de Antonio Alatorre, Ed. Fondo de Cultura Económica, México, 1960.

⁷ Michèle Duchet, *Antropología e historia en el Siglo de las Luces. Buffon, Voltaire, Rousseau, Helvecio, Diderot,* trad. de Francisco González Aramburo, Ed. Siglo XXI, México, 1975, pp. 60 y ss. La autora, en este sentido, analiza críticamente las bibliotecas de Voltaire, Turgot, De Brosses, d'Holbach, como así la bibliografía empleada por De Pauw en sus *Recherches philosophiques sur les Américains,* y parcialmente las bibliotecas de Buffon, Rousseau, Diderot, Raynal y Helvecio.

⁸ Es bastante sugestivo que una serie de obras, de muy desigual carácter pero siempre de indiscutible autoridad, coincidan en este sentido. Baste recordar unas pocas: Daniel Mornet, *Les origines intellectuels de la Révolution Française. 1715-1787* (París, 1933); Roland Mousnier y Ernest Labrousse, *Le XVIIIᵉ siècle. Révolution intellectuelle, technique et politique (1715-1815),* vol. V de la conocida *Histoire générale des civilisations,* Presses Universitaires de France, París, 1958; o M. S. Anderson, *Europe in the Eighteenth century. 1713-1783,* Longmans, Green & Co., Londres, 1961; otro tanto en George Rudé, *Europe in the Eighteenth Century. Aristocracy and the Bourgeois Challenge,* Weindenfeld & Nicolson, Londres, 1973. Aparentemente las obras francesas comienzan el siglo XVIII con posterioridad a la muerte de Luis XIV, y las inglesas en 1713, fecha del Tratado de Utrecht.

Otro criterio de periodización, aunque asaz simplificador, parece bastante sugestivo con relación a lo que aquí nos interesa; nos referimos al adoptado, años ha, en la serie "Peuples et civilisations" de la *Histoire générale* dirigida por Louis Halphen y Philippe Sagnac, sobre todo en sus volúmenes IX, *La prépondérance espagnole (1559-1660)* de Henri Hauser; vol. X: *La prépondérance française: Louis XIV (1661-1715)* de Philippe Sagnac y A. de Saint-Léger; y el vol. XI: *La prépondérance anglaise (1715-1763),* de Pierre Muret y Ph. Sagnac. Títulos que, como puede advertirse, son por sí mismos bastante decidores.

⁹ Edmond Préclin y Victor-L. Tapié, *Le XVIIᵉ siècle,* Colección "Clio", Presses Universitaires de France, París, 1949, p. 624. Una buena puesta al día de todos estos problemas puede verse en Robert Mandrou, *La France aux XVIIᵉ et XVIIIᵉ siècles,* Colección "Nouvelle Clio", Presses Universitaires de France, París, 1970.

¹⁰ *Ibídem,* p. 592. El texto del "Asiento para la introducción de esclavos negros en las Indias por la compañía real de Guinea establecida en Francia; ajustado y concluido en Madrid el 27 de agosto de 1701", aparece reproducido en Diego Luis Molinari, *La trata de negros. Datos para su estudio en el Río de la Plata,* Facultad de Ciencias Económicas, Universidad de Buenos Aires, 2ª edición con apéndice documental, 1944, pp. 463-477; las 37 cláusulas del Tratado contemplan una serie de derechos, concesiones, facultades, permisos, privilegios, franquicias y exenciones a favor de la Compañía, así la libertad de introducir negros en Buenos Aires (cláusula 10) o para introducir negros en el Perú: "y retornar el producto de la venta de ellos en frutos de la tierra, reales, barras de plata y tejos de oro" (cláusula 11), amén de la prohibición de embargar, detener o armar, por parte de las autoridades españolas, los navíos de este asiento. Todo lo cual iba, evidentemente, en menoscabo de los intereses españoles, e introduce graves fisuras en la legislación, además de entrar en colisión con las ideas imperantes.

¹¹ En Sergio Villalobos R., Osvaldo Silva G., Fernando Silva V. y Patricio Estellé M., *Historia de Chile,* Ed. Universitaria, Santiago de Chile, 1975, t. II, p. 215.

¹² Stanley J. y Barbara H. Stein, *The Colonial Heritage of Latin America,* Oxford University Press, New York, 1970; citamos según *La herencia colonial de América Latina,* versión española de Alejandro Licona, Ed. Siglo XXI, México, 1970, p. 24.

¹³ El texto del "Tratado del asiento de negros" concluido en Madrid el 26 de marzo de 1713 entre España e Inglaterra aparece reproducido también en el ya citado libro de Diego Luis Molinari, pp. 479-500. Las concesiones otorgadas por España alcanzan a la "facultad de los asentistas para nombrar jueces conserva-

dores", a quienes "se les ha de conceder el privativo conocimiento de todas las causas, negocios y dependencias de este *asiento,* con plena autoridad, jurisdicción e inhibición de audiencias, ministros y tribunales, presidentes, capitanes generales, gobernadores, corregidores, alcaldes mayores y otros cualesquiera jueces y justicias en que han de ser comprendidos los virreyes de aquellos reinos, porque sólo han de tener el conocimiento de estas causas y sus incidencias los dichos jueces conservadores..." (p. 485). En rigor se admitía un verdadero enclave pues supone el principio de extraterritorialidad.

[14] [Justa de la Villa], "Felipe V, rey de España", artículo del *Diccionario de Historia de España,* dirigido por Germán Bleiberg, 2ª ed. corregida y aumentada, Ed. de la Revista de Occidente, Madrid, 1968, t. II, p. 36.

[15] Sergio Villalobos R., "Contrabando francés en el Pacífico. 1700-1724", en *Revista de Historia de América,* Instituto Panamericano de Geografía e Historia, México, Nº 51, junio de 1961, p. 50. Con posterioridad, el mismo autor, en un trabajo orgánico, ha hecho un rico desarrollo del tema del contrabando, con estudio del número de barcos que arribaban, exploración del comercio con Asia y diversas consecuencias del tráfico ilegal; nos referimos a *El comercio y la crisis colonial,* Ediciones de la Universidad de Chile, Santiago, 1968.

[16] *Ibídem.*

[17] Para una valiosa caracterización general de los factores sociales y económicos véanse los libros de Sergio Bagú, *Economía de la sociedad colonial* y *Estructura social de la colonia,* editados ambos por El Ateneo, Buenos Aires, 1949 y 1952 respectivamente. Estos "ensayos de historia comparada de América Latina", como los llama su autor, tuvieron una enorme y fecunda influencia en la renovación de los estudios de la materia. Para las instituciones de la América española, véase José María Ots y Capdequí, *Instituciones,* volumen que integra la "Historia de América y de los pueblos americanos" dirigida por Antonio Ballesteros y Beretta, Salvat Editores, Barcelona, 1959. También Clarence H. Haring, *El imperio hispánico en América,* trad. de Horacio Pérez Silva, prólogo de Ricardo Zorraquín Becú, "Dimensión Americana", Ed. Solar/Hachette, Buenos Aires, 1966.

[18] Cayetano Alcázar Molina, *Los Virreinatos en el siglo XVIII,* t. XII de la citada "Historia de América y de los pueblos americanos", Salvat Editores, Barcelona, 1945, pp. 338-341.

De la llegada de este Virrey nos queda un curioso testimonio literario, muy revelador del espíritu y del estilo de la época: *Lima triunfante, glorias de América, juegos pitios y júbilos de la minería peruana en la entrada que hizo S. E. (el Virrey Castell dos Rius) en esta muy noble ciudad, emporio y cabeza del Perú y en el recibimiento con que fue celebrada en la Real Universidad de San Marcos, 1708;* León Pinelo en la segunda edición de su *Epítome...* cita la misma obra con un título ligeramente diferente. (Juan María Gutiérrez, *Escritores coloniales americanos,* edición, prólogo y notas de Gregorio Weinberg, Ed. Raigal, Buenos Aires, 1957, p. 191).

[19] Benjamín Vicuña Mackenna, *Historia crítica y social de la ciudad de Santiago desde su fundación hasta nuestros días (1541-1868),* Imprenta del Mercurio, Valparaíso, 1869, t. II, p. 13.

[20] Diego Barros Arana, *Historia jeneral de Chile,* Rafael Jover, Editor, Santiago de Chile, 1885, t. V, p. 492.

[21] El manuscrito de Frezier se conserva en la Biblioteca de la Asamblea Nacional, de París (Cf. Jean-Paul Duviols, *Voyageurs français en Amérique (colonies espagnoles et portugaises).* Paris, Bordas, études hispaniques, 1978, p. 126.

[22] *Ibídem,* ed. cit., t. V, p. 527.

[23] Para tener una idea de las dificultades que plantea una investigación de este tipo, véase, por ejemplo, el trabajo de Jean Ehrard "Historia de las ideas e historia

social en Francia en el siglo XVIII: reflexiones de método", y las cálidas discusiones que suscitó su debate, en Nicolet, Le Goff, Duby y otros, *Niveles de cultura y grupos sociales*, trad. de César Guiñazú, Ed. Siglo XXI, México, 1977, pp. 177-196.

[24] Fréderic Mauro, *L'expansion européenne. 1600-1870*, Colección "Nouvelle Clio", Presses Universitaires de France, París, 1964, p. 110. En esta obra podrán hallarse muchas otras referencias sobre los desarrollos contemporáneos.

Para una rica exposición sobre cartografía, métodos e instrumental de navegación, construcción de buques, etc., véase la cuarta parte del vol. III, *From the Renaissance to the Industrial Revolution. c 1500-c 1750* de *A History of Technology*, Oxford University Press, Londres, 1957.

[25] *Ibídem.*

[26] Gregorio Weinberg, prólogo a Jorge Juan y Antonio de Ulloa, *Noticias secretas de América*, Ed. Mar Océano, Buenos Aires, 1953; reedición de *Noticias secretas de América. Sobre el estado naval, militar y político de los reynos del Perú, y provincia de Quito, costas de Nueva Granada y Chile: gobierno y régimen particular de los pueblos de indios: cruel opresión y extorsiones de sus corregidores y curas: abusos escandalosos introducidos entre estos habitantes por los misioneros: causas de su origen y motivo de su continuación por el espacio de tres siglos... presentadas en informe secreto a S.M.C. el Señor Don Fernando VI. Por Don Jorge Juan, y Don Antonio de Ulloa... Sacadas a la luz para el verdadero conocimiento del gobierno de los españoles en la América Meridional, por Don David Barry... Londres... 1826.*

[27] J. H. Parry, *La época de los descubrimientos geográficos. 1450-1620*, trad. de F. Morales Padrón, Ed. Guadarrama, Madrid, 1964; y del mismo autor, *Europa y la expansión del mundo (1415-1715)*, trad. de María Teresa Fernández, Colección Breviarios del Fondo de Cultura Económica, México, 1952.

[28] John D. Bernal, *La ciencia en la historia*, trad. de Eli de Gortari, Universidad Nacional Autónoma de México, México, 1959, p. 393.

[29] *Relación histórica del viaje a la América Meridional hecho de orden de S. Mg. para medir algunos grados de meridiano terrestre, y venir por ellos en conocimiento de la verdadera figura, y magnitud de la tierra, con otras varias observaciones astronómicas y físicas por Don Jorge Juan... y Don Antonio de Ulloa... Impresa de orden del Rey Nuestro Señor. En Madrid, por Antonio Marín, Año de MDCCXLVIII*, notable obra en cuatro volúmenes a la que, en justicia, habría que añadir las *Observaciones astronómicas y físicas... en los reinos del Perú*, como también la *Disertación histórica sobre el meridiano de demarcación entre los dominios de España y Portugal y los parajes por donde pasa en la América Meridional*, Madrid, 1749. (La grafía de estos títulos ha sido aquí modernizada).

[30] Antonio de Alcedo, *Diccionario geográfico-histórico de las Indias Occidentales o América es a saber de los reinos del Perú, Nueva España, Tierra Firme y Nuevo Reyno de Granada con la descripción de sus provincias, naciones, ciudades, villas, pueblos, ríos, montes, costas, puertos, islas, arzobispados, obispados, audiencias, virreinatos, gobiernos, corregimientos y fortalezas, frutos y producciones; con expresión de sus descubridores, conquistadores y fundadores: conventos y religiones; erección de sus catedrales y obispos que ha habido en ellas y noticia de los sucesos más notables de varios lugares; incendios, terremotos, sitios e invasiones que han experimentado, y hombres ilustres que han producido. Escrito por el coronel Don Antonio de Alcedo...*, Madrid, 1786-89, 5 vols. (Se transcribe el título completo, no tanto por espíritu erudito como por considerarlo harto elocuente). De esta obra fundamental hay una reimpresión moderna: *Diccionario geográfico-histórico de las Indias Occidentales o América*, edición y estudio preliminar de Ciriano Pérez-Bustamante, Biblioteca de Autores Españoles desde la formación del lenguaje hasta nuestros días..., vols. CCV-CCVIII, Ediciones Atlas, Madrid, 1967, 4 vols.

[31] Véanse, en especial, los ocho primeros capítulos de la primera parte, "Sobre el estado militar y político de las costas del mar Pacífico", de las ya citadas *Noticias secretas de América*.

[32] Guillermo Lohmann Villena, *Las defensas militares de Lima y Callao*, Academia Nacional de la Historia del Perú. Escuela de Estudios Hispanoamericanos, Sevilla, 1964, p. 142.

[33] Juan María Gutiérrez, *Escritores coloniales americanos*, ed. cit. p. 196. (Los subrayados aparecen en el libro citado).

[34] *Ibídem*, p. 191.

[35] Reproducido en Luis Antonio Eguiguren Escudero, *Lima inexpugnable. Un libro desconocido del polígrafo D. Pedro Peralta Barnuevo*, Lima, 1966.

[36] Veamos un testimonio coincidente: "El Rey Católico tiene [en el Callao] algunos navíos, pero están desarmados y pudriéndose inútilmente en el agua", escribe desde Lima el 20 de mayo de 1705 el P. Nyel al R.P. de la Chaise, *Lettres édifiantes et curieuses concernat l'Asia, l'Afrique et l'Amérique avec quelques relations nouvelles des missions et des notes géografiques et historiques, publiées sous la direction de M. L. Aimé-Martin*, Société du Panthéon Littéraire, París, 1841, t. II, p. 83.

[37] Benjamín Vicuña Mackenna, *Historia crítica y social de la ciudad de Santiago..*, ed. cit., t. II, p. 16. (Los subrayados son del original, cuya grafía hemos modernizado).

[38] Carta del P. Nyel al R.P. de la Chaise, del 20 de mayo de 1705, en *Lettres édifiantes et curieuses..*, ed. cit., t. II, p. 82.

[39] Tibor Wittman, "La crisis europea del siglo XVII e Hispanoamérica", en *Anuario de Estudios Americanos*, vol. XXVIII, Escuela de Estudios Hispano-Americanos, Sevilla, 1971, p. 28.

[40] Jorge Juan y Antonio de Ulloa, *Relación histórica del viaje...*, ed. cit., t. III, p. 69.

[41] José Luis Romero, *Latinoamérica: las ciudades y las ideas*, Siglo XXI Editores, Buenos Aires, 1976, p. 117.

[42] Citamos según la mencionada reedición: *Noticias secretas de América*, p. 319. No desconocemos, por supuesto, las objeciones hechas a la autenticidad del texto de 1826, pero las creemos totalmente superadas a la luz de los estudios más recientes, así Ricardo Donoso, "Autenticidad de las Noticias Secretas de América" en *Revista Chilena de Historia y Geografía*, Santiago de Chile, 1970, N° 138, pp. 17-40. De todas maneras nótase la ausencia de una edición crítica que tome en cuenta los varios manuscritos descubiertos y permita restituir el texto primitivo, que aparentemente ha sufrido ciertas modificaciones, supresiones y quizás interpolaciones, por parte del intencionado editor inglés que las dio a conocer.

[43] *Ibídem*, pp. 325-326.

[44] Alejandro de Humboldt, *Ensayo político sobre el reino de la Nueva España*, estudio preliminar, revisión del texto, cotejos, notas y anexos de Juan A. Ortega y Medina, Ed. Porrúa, México, 1966, p. 76. Tal como se indica, la versión castellana ofrecida se basa en la de Vicente González Arnao, publicada por vez primera en 1822.

[45] Con relación al término *criollo* el *Diccionario de Autoridades* (1726-1739) remite como primera referencia al P. J. Acosta, de quien es esta rigurosa y significativa definición: "como allá llaman a los nacidos de españoles en Indias". *Historia natural y moral de las Indias en que se tratan las cosas notables del cielo, elementos, metales, plantas y animales dellas, y los ritos y ceremonias, leyes y govierno y guerras de los indios. Compuesta por el Padre Joseph de Acosta,...* Sevilla...

1590; citamos según la reimpresión: Madrid, 1892, lib. IV, cap. XXV, t. I, p. 388. Por su parte, el *Tesoro de la lengua castellana o española,* de Sebastián de Covarrubias (1611) todavía no registra el vocablo *criollo,* lo que aparentemente demostraría que aún no estaba incorporado al vocabulario corriente en la península. Para J. Corominas *(Diccionario crítico etimológico de la lengua castellana,* Ed. Francke, Berna, 1954, vol. I, p. 943), *criollo* es una adaptación del portugués *crioulo...* "el esclavo que nace en casa de su señor, el negro nacido en las colonias a distinción del procedente de la trata, blanco nacido en las colonias...". Para E. Littré en su monumental *Dictionnaire de la langue française* (Lib. Hachette, París, 1876) la etimología de *créole* que es la palabra empleada por Frezier— es dudosa; algunos la derivan, dice, del español *criar...* otros pretenden que es voz caribe; y agrega Littré: "La Academia Española dice que es una palabra inventada por los conquistadores de las Indias Occidentales y por ellos transmitida". Según O. Bloch y W. v. Wartburg, *Dictionnaire étmologique de la langue française,* Presses Universitaires de France, París, 1950, la primera referencia a *créole* sería de 1693 y de 1680 con la grafía *criole.*

[46] Silvio Zavala, *América en el espíritu francés del siglo XVIII,* El Colegio Nacional, México, 1949, pp. 113-114.

[47] J. Juan y A. de Ulloa, *ob. cit.,* pp. 320-321.

[48] *Ibídem.*

[49] Disponemos de una edición relativamente reciente: trad. de Lisandro Alvarado, Ediciones del Ministerio de Educación de Venezuela, Caracas, 1956, 5 vols.

[50] Utilizamos la edición publicada con Introducción de Fernando Ortiz, y correcciones, notas y apéndice por Francisco Arango y Parreño, J. S. Thrasher y otros, Cultural S.A., La Habana, 1930, 2 vols.

[51] Charles Minguet, *Alexandre de Humboldt. Historien et géographe de l'Amérique espagnole (1799-1804),* F. Maspero, París, 1969, en especial pp 189-317. Este autor, en la IV parte de la misma obra, "Humboldt y el indio americano" y en la V, "Humboldt y el problema negro en la América española" se ocupa muy pormenorizadamente de estos grupos sociales.

[52] Referencia y reflexiones agudas sobre la constitución de ese estado de espíritu pueden encontrarse, además de las ya citadas obras de Gilbert Chinard, quien insiste sobre los aspectos literarios, en las mencionadas de Michèle Duchet y Antonello Gerbi. *L'anticolonialisme européen de Las Casas á Marx,* textos escogidos y presentados por Marcel Merle, A. Colin, París, 1969, libro del cual hay una versión española, modificada sobre todo por la incorporación de un mayor número de autores españoles y reducción del de franceses: *El anticolonialismo europeo. Desde Las Casas a Marx,* selección de Marcel Merle y Roberto Mesa, Alianza Editorial, Madrid, 1972, constituye una elocuente y útil antología de textos que indica la convergencia de las diversas y por momentos encontradas tesis anticolonialistas, desde las denuncias de los abusos, la crítica de la colonización con exposición de razones religiosas o humanitarias, amén de argumentos demográficos, económicos, etc. Muy escasamente empleado en la bibliografía histórica latinoamericana, Arthur O. Lovejoy tiene sugestivos estudios sobre ciertos puntos que aquí nos interesan, así por ejemplo, algunos de los contenidos en *Essays in the history of ideas,* Capricorn Books, G.P. Putnam's Sons, New York, 1960.

[53] Alvaro Jara, *Guerra y sociedad en Chile. La transformación de la guerra de Araujo y la esclavitud de los indios,* Ed. Universitaria, Santiago de Chile, 1971, pp. 45-48.

[54] Ruggiero Romano, *Los conquistadores,* trad. de Liliana Ponce, Ed. Huemul, Buenos Aires, 1978, en especial pp. 108-109.

[55] Citamos según R. Romano, *ob. cit.,* p. 116.

[56] Una puesta al día panorámica: Rolando Mellafe, *La esclavitud en Hispanoamérica,* Ed. Eudeba, Buenos Aires, 1964; y para el ámbito más restringido que

aquí nos interesa: Frederick P. Bowser, *El esclavo africano en el Perú colonial (1524-1650)*, trad. de Stella Mastrangelo, Ed. Siglo XXI, México, 1977.

[57] S. Zavala, *América en el espíritu francés del siglo XVIII*, *ob. cit.*, p. 109.

[58] *Velos antiguos y modernos en los rostros de las mujeres: sus conveniencias y engaños. Ilustración de la Real premática de las tapadas... Por el Lic. Antonio de León Pinelo, Relator del Consejo Real de las Indias. En Madrid, por Juan Sánchez. Año de 1641*, citamos por la reedición publicada en la serie "Curiosa americana" del Centro de Investigaciones de Historia Americana, de la Facultad de Filosofía y Educación de la Universidad de Chile, con un prólogo de Silvio Zavala titulado "Apuntes sobre posibles influencias orientales en los trajes de las mujeres de Hispanoamérica", Santiago de Chile, 1966. León Pinelo sofoca su trabajo con numerosas citas de autores clásicos, concilios y dictámenes de teólogos ilustres para dilucidar, entre otras, estas arduas cuestiones: si "el cubrirse las mujeres los rostros con los mantos echados sin afectación, invención, ni artificio, es lícito y honesto, y si se debe permitir, donde no hubiere ley que disponga lo contrario"; o si "el taparse de medio ojo, descubriendo parte de la vista es uso lascivo, y no necesario, y se debe vedar y prohibir en todas partes". "Despeja estas graves interrogantes el docto erudito alegando que si el Concilio limeño de 1538 prohibió expresamente a las 'tapadas' participar en las procesiones del Santísimo Sacramento y del Viernes Santo, tácitamente les estaba autorizando "los demás días, lugares y ocasiones".

[59] El franciscano fray Juan de Ayllón (nacido en Lima alrededor de 1605) describe así a un par de 'tapadas': "Dos de Cupido flechas encarnadas / Son dos sentadas mozas, que en el hilo / Iban estilo dulce encadenando, / Y el lino arando con sutiles puntas: / Dos damas juntas. Cíclopes supremos, / Que Polifemos redimiendo un ojo / (Hermoso antojo) del costoso manto, / Eran del niño amor gracioso espanto". En J. M. Gutiérrez, *Escritores coloniales americanos*, *ob. cit.*, p. 227.

[60] *Relación histórica del viaje a la América Meridional...* ed. cit., segunda parte, t. III pp. 68-69.

[61] Régine Pernoud, *L'Amérique du Sud au XVIIIᵉ siècle. Mélanges anecdotiques et bibliographiques*, Cahiers d'Histoire et de Bibliographie, Nº 3, Mantes, 1942, p. 42. Hay una versión castellana parcial: "Diario inédito de un viaje a lo largo de las costas de Chile y del Perú. (1706-1707)", en *Boletín de la Academia Chilena de la Historia*, Santiago de Chile, Nº 62, primer semestre de 1960.

[62] Carta del P. Nyel al R.P. de la Chaise, fechada en Lima el 20 de mayo de 1705, en *Lettres édifiantes et curieuses...* ed. cit., t. II, p. 83.

[63] Pedro Henríquez Ureña, "La América española y su originalidad", en *Seis ensayos en busca de nuestra expresión*, Ed. Raigal, Buenos Aires, 1952, p. 34. (El artículo se publicó originalmente en 1936).

Parece pertinente acotar aquí que las ideas de Frezier —en especial su rechazo por las manifestaciones de la arquitectura barroca— aparecerán sistematizados en los escritos de la 'ilustración' española casi medio siglo después, y que por otra parte esta 'ilustración' se inspiró en 'viajes' a Francia, a la que toman como modelo. Véase en este sentido el admirable libro de Jean Sarrailh, *La España ilustrada de la segunda mitad del siglo XVIII*, trad. de Antonio Alatorre, Fondo de Cultura Económica, México, 1957. Paulatinamente el neoclasicismo irá desplazando al barroco.

[64] Silvio Zavala, *ob. cit.*, p. 107.

[65] *Ibídem*, p. 110.

[66] Imprenta Universitaria, Santiago de Chile, 1941, con prólogo de Domingo Santa Cruz W.

[67] *Ibídem*, p. 3. Son, evidentemente, los instrumentos reproducidos en la lámina IX.

[68] *Ibídem*, p. 5. (Véase p. 71 de esta edición).

[69] *Ibídem*, p. 211.

[70] Ed. Universitaria, Santiago de Chile, 1977.

[71] *Ibídem*, p. 27. Aunque E. Pereira Salas no la mencione, la lámina XI, a toda página en el libro original, ofrece un hermoso grabado de dicha fruta.

[72] Ed. de la Universidad de Chile, Santiago de Chile, 1974. Que el testimonio de Frezier sobre el tema es insustituible, lo corrobora, por ejemplo el peruano Guillermo Lohmann Villena en *El arte dramático en Lima durante el Virreinato*, Consejo Superior de Investigación Científica, Madrid, 1945.

[73] *Ibídem*, p. 37.

[74] Ed. Zig-Zag S.A., Santiago de Chile, 1947.

[75] *Ibídem*, p. 30.

[76] *Ibídem*, p. 84.

CRITERIO DE ESTA EDICION

LA PRESENTE traducción se basa en la primera edición de la *Relation*... (París, 1716). Para los capítulos referidos a Chile se ha tenido en cuenta la deficiente versión de Nicolás Peña M., y para la descripción de Lima se ha consultado la traducción parcial de Raúl Porras Barrenechea.

Conservamos la disposición original de la obra, suprimiendo tan sólo los subtítulos marginales, que se limitan a indicar el contenido general de algunos pasajes, porque Frezier se ha servido de ellos para confeccionar el Indice de la *Relation*... que hemos traducido sin introducirle modificación alguna.

Los topónimos y nombres propios españoles —que por lo general Frezier indistintamente traduce, translitera o modifica para adecuarlos a la fonética francesa— se han vertido según fuentes españolas del siglo XVIII y, particularmente el *Diccionario geográfico* de Antonio de Alcedo.

Para la traducción de vocablos técnicos se ha preferido a la perífrasis actual, la palabra precisa de la época, cuya significación se aclara en nota en los casos en que nos ha parecido imprescindible, siguiendo, tanto como se ha podido, las acepciones de la decimonovena edición del *Diccionario*... de la Real Academia Española. Para la traducción de la terminología marítima hemos tenido siempre presentes el *Diccionario marítimo español*... de Lorenzo, Murga y Ferreiro y la *Enciclopedia general del mar* de Martínez, Hidalgo y Terán (Madrid, Garriga, 1957).

Toda palabra no francesa o que no esté en francés en el original se ha transcripto en cursiva, y en cursiva seguida de asterisco si aparece en castellano en el original.

Las notas de Frezier se llaman con letras para diferenciarlas de las propias de la presente edición que se llaman con números. Hemos incorporado al texto, entre paréntesis, aquellas notas de Frezier que se limitan a remitir a las figuras que integran la obra.

Se han transcripto, y no traducido, las citas textuales que se incorporan al texto, indicando en cada caso la edición utilizada.

En lo que hace a los aspectos formales, se ha actualizado el uso de mayúsculas y la puntuación, tratando sin embargo de que los cambios introducidos en la puntuación original no ocultasen la particular organización sintáctica de la prosa de Frezier. Hemos desplegado las abreviaturas y las cifras han sido cambiadas por letras cuando así lo indica el uso actual.

Agradecemos la inapreciable colaboración lingüística de la profesora Elena Huber y el apoyo, en la traducción, del señor Horacio A. Maniglia.

M. A. G.

RELACION DEL VIAJE POR EL MAR DEL SUR

A SU ALTEZA REAL, MONSEÑOR EL DUQUE DE ORLÉANS, REGENTE DEL REINO

Monseñor,

el Viaje al Mar del Sur, *que me tomo la libertad de presentar a Vuestra Alteza Real* [1], *ha sido ya honrado por las atenciones del difunto Rey* [2]. *Este gran príncipe, siempre magnífico y siempre favorable al celo y a los esfuerzos de sus más humildes súbditos, consintió permitirme que yo mismo le explicase sus partes principales y los planos que había levantado en cumplimiento de sus órdenes, también me hizo la gracia de indicarme su satisfacción con palabras llenas de bondad, recompensa que me es infinitamente más preciosa que la liberalidad con que Su Majestad se dignó acompañarlas. Después de la pérdida de una protección tan poderosa, tolerad, Monseñor, que esta obra encuentre un asilo cerca de vuestra augusta persona. Es una compilación de las observaciones que hice sobre la navegación, sobre los errores de las cartas y sobre la situación de los puertos y radas donde he estado. Es una descripción de los animales, las plantas, los frutos, los metales y de las rarezas que produce la tierra en las más ricas colonias del mundo. Son indagaciones exactas sobre el comercio, sobre las fuerzas, el gobierno y las costumbres de los españoles criollos y de los naturales de la región, de los cuales he hablado con todo el respeto que debo a la verdad. El homenaje de todas estas particularidades, que podrán, quizás, contribuir en algo a la perfección de las ciencias y de las bellas artes, no debía ser llevado sino a los pies de Vuestra Alteza Real, que los más ilustrados reconocen como el padre, el árbitro y el protector de las mismas, cualidades que no serán menos recomendables a la posteridad que ese valor heroico que os ha hecho verter vuestra sangre con intrepidez a la cabeza de los ejércitos. Es a ese gusto tan manifiesto por las ciencias, que debemos atribuir, como a la fuente natural, los sublimes conocimientos que mostráis en el gobierno*

---

[1] Felipe III de Orléans, le Régent (1674-1723), gobernó durante la minoridad de Luis XV.

[2] Luis XIV (1638-1715), reinó entre 1643 y 1715.

y de los cuales esperamos con confianza un sosiego y una felicidad durables. Esa ternura de padre que tenéis con los pueblos que el cielo ha confiado a vuestros cuidados, es para nosotros un presagio seguro de ello. Me consideraría dichoso, Monseñor, si en mis observaciones se encontrase algo que pudiese descansar a Vuestra Alteza Real de los continuos cuidados que toma para la dicha del Estado. Pero debo olvidar aquí mis propios intereses y no desear sustraerle algunos de esos preciosos momentos, todos los cuales nos son tan necesarios. Es suficiente para mí haber encontrado la ocasión de manifestarle públicamente el celo y el muy profundo respeto con el que yo soy,

Monseñor,
de Vuestra Alteza Real,

el muy humilde y muy obediente servidor,
FREZIER.

ADVERTENCIA

[DE LA EDICION ORIGINAL]

I.   Las palabras españolas e indígenas están escritas respetando la ortografía del país. Las j consonantes y las x son guturales aspiradas, las ll deben ser palatales como las de fille, famille; n suena como gn en las palabras digne, signe; las v se pronuncian como ou; ch como tch. Así Jujui, Moxos, Chille, Llamas, Callao, Chucuito, Nuñes se pronuncian como si fuesen Houhoui, Mohos, con una oclusión glotal en la h, Tchillié, Liamas, Caillao, Tchoucoüito, Nougnies. Las palabras portuguesas se pronuncian de un modo semejante para la v y la ch, el sonido de las ll palatales se representa con lh, Ilheos como en español illeos, las j consonantes como en francés.

II.   Los nombres de los vientos están escritos en forma abreviada, según el uso corriente, es decir sólo con la primera letra de los cuatro puntos cardinales: N, S, E, O (norte, sur, este, oeste). Así NNO es nornoroeste; SSE, sudsudeste, etc.

III.   La mayor parte de los planos de las radas y de las ciudades están en una misma escala, para que en seguida se advierta su relación; sólo se deben exceptuar los del Callao, Valparaíso y Copiapó.

IV.   Hay diferencias considerables entre algunos planos del padre Feuillée y los míos, que podrían hacer dudar de la precisión de unos y otros; sin desdeñar las obras de este religioso que respeto y cuya erudición mucho estimo, se puede decir que se aplicó menos a los planos que a las observaciones de física, botánica y astronomía, que eran su único interés y a las que mucho les debe la geografía. Por otra parte no tenía la edad adecuada para hacer ejercicios violentos, pues para levantar grandes planos, se requiere un hombre joven y esforzado, que se tome el trabajo de ir a buscar no pocas estaciones en lugares apartados, ocultos o de difícil acceso, sin el auxilio de chalupas de las que no se puede disponer

5

en un navío mercante, en los que rara vez se encuentra un capitán que guste y se complazca con los hombres de letras [3].

Efectivamente, en sus planos la boca de la bahía de Concepción adquiere un tamaño media vez más grande del que en realidad tiene, todas las calles del Callao están mal ubicadas y el baluarte de San Luis muestra un flanco sin defensas, aunque en realidad tiene unas que dominan el entorno. Este último error no debe serle imputado pues el agregado de ciertas obras que sólo aparecen en el primer proyecto de Rossemin, ingeniero de esta plaza, muestra que no pertenece a él, sino al copista, de quien poseo un plano similar con esos proyectos. En el plano de la rada del Callao, [Feuillée] representa la ciudad, que sólo tiene seiscientas toesas, con la misma dimensión que la isla de San Lorenzo, que tiene casi cuatro mil. Finalmente, en el plano de Lima falta, según su propia declaración, el barrio de Malambo, que constituye por lo menos un sexto de la ciudad, el de Cercado está ubicado fuera de la muralla, aunque en realidad está dentro, y en ella se representan veinticinco bastiones en lugar de treinta y cuatro. No me refiero a los otros planos, cuyas imperfecciones son de menor importancia.

Por lo demás, no adelanto aquí al lector las curiosidades que encontrará en esta obra; confieso que para quienes no se interesan en la navegación, habría mucho que suprimir, si en pos de lo agradable se debiera descuidar completamente lo útil; pero más importa a la república, por el bien de su comercio, que se conozcan las estaciones, los vientos predominantes, las corrientes, los escollos, los buenos fondeaderos y los desembarcos, y no las cosas simplemente curiosas y divertidas. Si a bordo del Mariane hubiésemos conocido los buenos fondeaderos de la bahía de Tous les Saints y de la rada de Angra, no hubiésemos perdido un cable y dos anclas. Se debe poner más cuidado en la conservación de los navíos y de sus aparejos, y prestar más atención a la salud de quienes trabajan por la patria, que a satisfacer la curiosidad de quienes, en una vida muelle, disfrutan ventajas que les procuran los navegantes con trabajos infinitos y exponiéndose a mil peligros.

Aquí se verán los errores que después de catorce años de navegación se han advertido en las cartas marinas inglesas y holandesas, ya que no tenemos francesas para las largas travesías. A mi regreso he tenido la satisfacción de ver que el padre Feuillée, mediante dos observaciones astronómicas de la costa de Chile y una de la del Perú, confirmaba en general las reformas de longitud que yo había hecho, basado sólo en la estima, por carecer de instrumentos, y sin otro punto fijo que el de Lima, ubicada a 79° 45' de diferencia occidental del meridiano de París, según una observación de don Pedro Peralta, confirmada con las Tablas de Cassini para el primer satélite de Júpiter. Es cierto que no siempre coincidíamos en los detalles, ya que este Padre ubica, por ejemplo, Arica

---

[3] Desde el comienzo se evidencia la rivalidad con el padre Feuillée, cuya evolución se narra en el prólogo de la presente edición.

6

e Ilo en el mismo meridiano, a una distancia de ocho segundos de tiempo o dos minutos de grado uno del otro, aunque sé, por haberlo observado, que estos puertos, separados entre sí por veintiocho o treinta leguas aproximadamente, se arrumban al SE y NO del mundo, lo que da por lo menos un grado de diferencia.

Reconozco además que viajar por el Mar del Sur no aporta casi nada interesante para una relación; allí se ven colonias de españoles que son casi como los vemos en Europa, y una nación bárbara de indígenas que jamás cultivaron las ciencias ni las bellas artes. En todo Chile no aparece ningún vestigio de culto ni de vivienda humana, se contentan con vivir al abrigo de cabañas de ramas, alejadas unas de otras.

A lo largo de la costa del Perú, que he recorrido, no queda ningún testimonio importante de la habilidad de los indios, sólo se ven allí algunas pequeñas tumbas sin decoración y algunos restos de montículos de tierra, y no he sabido que haya nada notable en el interior del país, salvo la fortaleza de Cuzco, hecha de piedras enormes, unidas por junturas irregulares con mucho arte. El resto de los caminos y acueductos que suelen mencionarse, no son tan raros como para decidir a un curioso a atravesar un país lleno de desiertos, desagradable en sí mismo y por las pocas comodidades que ofrece para viajar; lo único interesante que queda son, pues, las costumbres de los habitantes y aquellas rarezas que la naturaleza allí produce, particularmente el oro y la plata, temas a los que me he referido más extensamente para suplir lo que falta en el Journal del padre Feuillée, con el objeto de que nuestras obras no tengan casi nada en común y de que el público no se fatigue con repeticiones.

EXPLICACION DE ALGUNOS TERMINOS NAUTICOS INSERTADOS EN ESTA RELACION [4]

AMARRAR [amarer]: *significa sujetar.*

ARRECIFE [haye de pierres]: *es una sucesión de puntas de roca.*

ARRIBAR [arriver]: *es conformar o aproximar la dirección del navío con la del viento.*

ARRICETE [basse]: *piedra oculta a flor de agua.*

BABOR [babord]: *es la izquierda del navío, mirando hacia delante.*

BAJÍO [haut fond]: *es el [fondo] que se acerca a la superficie del agua.*

BALANCEAR [rouler]: *es oscilar de un costado al otro.*

BANCO [banc]: *escollo de piedra o de arena.*

BARQUILLA [Lok]: *es un trozo de madera de ocho a nueve pulgadas de largo, a veces como la quilla de un navío, que se carga con un poco de plomo para que permanezca a flote en el lugar donde se lo arroja.*

BORDO [bord]: *significa a veces el navío.*

BOYA [bouée]: *especie de tonel vacío, o trozo de madera flotante, para reconocer el lugar donde el ancla está echada.*

BRAZA [brasse]: *medida de cinco pies de rey* [5].

[4] Este vocabulario se ha traducido tratando de emplear las palabras registradas en el *Diccionario de la lengua española* (19ª edición. Madrid, Real Academia Española, 1970) que más se adecúan a las definiciones dadas por Frezier. Cuando esto no fue posible, se recurrió a los vocablos incluidos en el *Diccionario marítimo español /.../* de JOSÉ DE LORENZO, GONZALO DE MURGA y MARTÍN FERREIRO (Madrid, Imprenta europea, 1894), indicándolo expresamente en cada caso. Entre corchetes, y en su grafía original, se transcriben las palabras y expresiones empleadas por Frezier.

[5] *Pie de rey:* 'medida de longitud que consta de doce pulgadas' (*Acad.*).

BRUMA [brume]: *es la niebla.*

CABECEAR [tanguer]: *es oscilar de adelante a atrás.*

CABLE [cable]: *es la cuerda gruesa que amarra el navío en un puerto o en una rada por medio del ancla, que sujeta al fondo del mar.*

CABLE [cablure]: *medida de la longitud de un cable, o ciento treinta brazas aproximadamente.*

CANOA [canot]: *es un barco pequeño que se pone en el medio del navío, en la chalupa.*

CERRO [mondrain]: *es una montaña pequeña.*

COMPÁS [compas]: *es la brújula.*

CORREDERA [ligne de Lok]: *es una cuerda delgada, atada a la barquilla, por medio de la cual se estima la singladura del navío, midiendo la longitud de la parte de esta cuerda que se ha arriado* [6] *durante un cierto lapso, que generalmente es de medio minuto, o treinta segundos, durante el cual, el navío, empujado por el viento, se ha apartado de la barquilla, que permanece a flote, como fija en el lugar donde se la ha arrojado.*

CHALUPA [chaloupe]: *es un barco que se lleva en los navíos, desde donde se la saca a las proximidades de la tierra para desembarcar, llevar las anclas, etc., ya que es tripulable por un corto número de hombres.*

EMPALLETAR (LORENZO, MURGA, FERREIRO) [bastinguer]: *es guarnecer los bordos del navío con colchones y ropas para hacer un parapeto contra la descarga cerrada de mosquetes.*

ENSENADA [anse]: *es una entrada de la costa del mar.*

ESPÍA [touée]: *son cables y anclas que sirven para hacer mover el navío y cambiar de lugar sin auxilio de las velas.*

ESTRIBOR [tribord]: *es la derecha del navío, mirando hacia delante.*

FLUJO [flot]: *es la marea cuando sube.*

FONDEAR A BARBA DE GATO [affourcher]: *es sujetar el navío mediante dos anclas.*

FONDO DE CORRIENTE [fond de cours ou curé]: *es cuando está limpio de lama y de arena fina.*

FOSFORECER [brasiller]: *se dice del mar que despide rayos de luz durante la noche.*

---

[6] *Arriar:* 'aflojar o soltar un cabo, cadena, etc.' (*Acad.*).

LAMA [vase]: *es el limo que se encuentra en el fondo del mar.*

MANCHÓN [tapion]: *señal o mancha de color diferente del resto de la tierra que se reconoce.*

MAR BRAVO [male, mer male]: *se dice de una agitación incómoda y violenta.*

MARNER (LORENZO, MURGA, FERREIRO) [marner]: *significa el movimiento de elevación y descenso de la superficie del mar, cuyo intervalo es más o menos grande a lo largo de las costas, según la cantidad de flujo y reflujo que haya.*

MORRO [morne]: *es una montaña que, por su altura, se distingue del resto de la costa.*

NUDO DE LA CORREDERA [noeud de la ligne de Lok]: *son nudos hechos a lo largo de la corredera, a una distancia de aproximadamente 41 pies y 8 pulgadas entre sí, según ciertos pilotos, en relación con el tercio de legua, de modo que si durante medio minuto se arría el intervalo de tres nudos, se estima que se recorre una legua de camino por hora; pero esta división es errónea.*

ONDA [lame]: *es una ola o elevación del agua impulsada por el viento.*

ORINQUE [orin]: *es un cabo que por un extremo se amarra a la boya y por el otro a la cruz del ancla, y que sirve para levarla y arrancarla del fondo, con un poco de fuerza.*

ORZAR [lof, venir au lof]: *es presentar la proa aproximadamente hacia el lugar de donde viene el viento.*

PROÍS [corps morts]: *son estacas u otra cosa donde se amarra el navío cerca de tierra.*

RÁFAGA [rafale]: *es un soplo de viento súbito y violento, a intervalos.*

REFLUJO [jusant]: *es la marea cuando baja.*

SONDA [sonde]: *es un lingote de plomo [escandallo] en cuyo extremo se pone sebo para conocer la calidad del fondo del mar; se lo arroja con una cuerda para poder sacarlo; si abajo encuentra arena o lama, se pegan al sebo, y si hay piedras, se adhieren a la parte superior; y la cuerda o sondaleza [ligne de sonde] sirve para indicar la profundidad del mar.*

TABLA DE LA SINGLADURA [table de Lok]: *es un trozo de tabla, dividido en cuatro o cinco columnas, para escribir con tiza la estima de cada día. En la primera columna están consignadas las horas, de dos en dos; en la segunda el rumbo del viento o la dirección del*

11

navío en relación con los principales puntos del horizonte indicados en la brújula, en la tercera la cantidad de nudos que se han arriado al recoger la barquilla, en la cuarta el viento que sopla, en la quinta las observaciones realizadas sobre la variación del imán.

TURBONADA [grain]: *es una borrasca de lluvia o de viento.*

VARADERA [drague de fer]: *son las bandas de hierro con que se refuerza el fondo de la quilla de las chalupas cuando es necesario hacerlas varar sobre piedras.*

VOLTEJEAR [louvoyer]: *es ir con rodeos, a derecha e izquierda, en zig-zag.*

CARTE REDVITE, pour l'Intelligence du Voyage de la Mer du Sud, ou Sont marquez les lieux dont il est parle dans cette Relation, et les Routes pour aller et venir, en Suposant le premier Meridien a Paris, d'oul'on Compte vne Longitude Occidentale. les Lignes courbes auec des Chifres Romains Montrent la Progression de la Variation de 5. en 5. degrez au NO au dessus de la Ligne O O. et au NE au desous de la meme Ligne

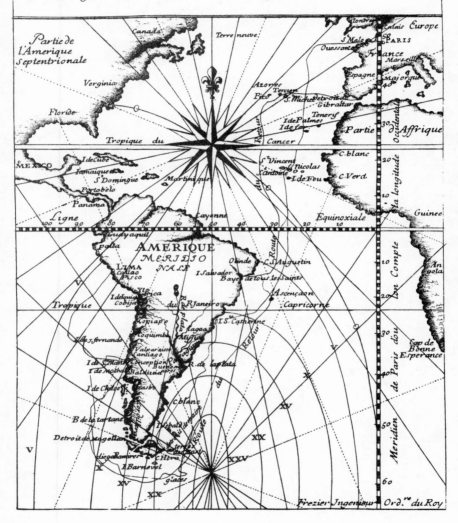

Frezier Ingenieur Ord.re du Roy

RELACION DEL VIAJE AL MAR DEL SUR, A LAS COSTAS DE CHILE Y PERU

La estructura del universo, que es naturalmente objeto de nuestra admiración, también ha sido siempre sujeto de mi curiosidad. Desde la infancia mi mayor placer residía en todo aquello que pudiera darme conocimiento; los globos terráqueos, los mapas, los relatos de viajeros tenían para mí un actrativo singular. Apenas estuve en condiciones de ver las cosas por mí mismo, emprendí un viaje a Italia. El pretexto de los estudios me sirvió a continuación para recorrer una parte de Francia, pero al fin, establecido en el empleo que tuve el honor de obtener al servicio del Rey, creí que ya no me quedaban esperanzas de satisfacer mi inclinación por viajar. Entonces Su Majestad se dignó permitirme aprovechar la ocasión que se presentaba de ver Chile y Perú.

Me embarqué en Saint-Malo, en calidad de oficial, en un navío de treinta y seis cañones, trescientas cincuenta toneladas de capacidad y ciento treinta y cinco hombres de tripulación, llamado "Saint-Joseph" y comandado por el señor Duchêne Battas, hombre recomendable por su experiencia y prudencia en la marina, y por su mucha inteligencia y actividad en el comercio, lo que bien convenía a nuestro destino.

El lunes 23 de noviembre del año 1711 salimos del puerto de Saint-Malo, acompañados por el "Marie", pequeño navío de ciento veinte toneladas, comandado por el señor Daniel Jordais, que debía servirnos de vivandero. Fuimos a esperar los vientos favorables en las inmediaciones del cabo Fréhel, bajo el cañón del Castillo de la Latte, en la bahía de la Frenaye, donde fondeamos ese mismo día; pero los esperamos en vano durante casi dos meses.

El tedio por un retraso tan prolongado, los rigores de un invierno avanzado, el viento, el frío, la lluvia, que era necesario desagotar cada cuatro horas durante las guardias que, siguiendo la costumbre del mar, montábamos alternativamente día y noche sin interrupción, y la incomodidad de un barco mercante, donde apenas había lugar para ubicarse,

15

comenzaron a hacerme sentir cuán dura era la vida de un navegante y cómo se oponía a la tranquilidad y retiro que requieren el estudio y la meditación, que constituían en tierra mis más caros placeres [a]. Finalmente vi las mayores desgracias de la primera navegación en un naufragio que se produjo ante nuestros ojos; he aquí sus pormenores.

Antes es necesario saber que la mayor parte de los navíos que salen del puerto de Saint-Malo, van a fondear en la rada de la Frenaye, que sólo está a cuatro leguas al oeste, para esperar los vientos favorables o para reunir su tripulación, que no se presenta a bordo sino a último momento. El 9 de diciembre había allí cinco navíos: el Comte de Girardin, el Michel-André, el Chasseur, el Marie y nosotros, cuando el Caballero de la V..., que comandaba el Grande-Bretagne, navío de treinta y seis cañones, con patente de corso, vino, hacia las seis de la tarde, a echar su ancla de reflujo cerca de nuestra flota. Pero como el orinque, que por descuido estaba todavía amarrado a su bordo [1], le impidiera tocar fondo, el reflujo arrastró el navío hacia un arricete que está al pie del fuerte de la Latte, antes de que se pudiera echar otra ancla. Esta última los tuvo durante la marea baja a un tiro de pistola de la piedra, pero cuando la marea subió, la violencia de la corriente pronto lo lanzó sobre ese escollo. El capitán, viéndose en un peligro inevitable, no dejó de disparar varios cañonazos para pedir auxilio a los barcos que estaban en la rada. Todos se apuraron a enviarle gente para sacarlos, pero fue en vano: el viento del SE aumentaba y tan violentamente soplaba mar adentro, en coincidencia con la marea, que ninguna chalupa pudo abordarlo; la del Comte de Girardin fue arrojada fuera de la bahía, tan lejos que no pudo volver a su navío durante la noche; la del Chasseur naufragó y, a no ser por la nuestra, la tripulación no hubiera sido rescatada. Finalmente, alrededor de medianoche, el navío encalló y se quebró en tan poco tiempo que la tripulación apenas llegó a salvarse en la chalupa al pie del castillo. Con todo se ahogaron tres hombres, entre los que se contaba un oficial.

Al día siguiente vimos todavía los tristes despojos del navío, volcado sobre el costado y batido por las olas que lo hicieron pedazos en veinticuatro horas. Es fácil imaginar cuántas tristes reflexiones inspiró este

[a] "[...] iam inde ab adulescentia:
Ego hanc clementem vitam urbanam atque otium
Secutus sum, et, quod fortunatum isti putant,
Uxorem numquam habui", TERENTIUS, *Adelphoe* I, 1
[41-44: "...ya desde la adolescencia: yo perseguí esa dulce vida urbana y el ocio, y, cosa que algunos de vosotros consideran afortunada, jamás tomé mujer"; según el texto de: TERENCE, *Oeuvres*. Texte établi et traduit par J. Marouzeau. Paris, Société d'édition "Les belles lettres", 1947-1949, t. III, p. 108. Tanto en la obra de Menandro como en la traducción de Terencio, este pasaje resulta ambiguo: ambos conservan la duda de si la dicha consiste en tener o en no tener mujer. Terencio, a quien Frezier cita tres veces en la *Relación...*, gozó de singular estima entre los lectores de lengua francesa. Cinco traducciones se editaron en la segunda mitad del siglo XVII, la primera de las cuales, publicada completa en 1670, era bilingüe; *Cf.* J. MAROUZEAU, *Introduction, ibídem,* t. I, pp. 101-102].
[1] *Bordo:* 'lado o costado exterior de la nave' (*Acad.*).

funesto espectáculo a todo el mundo y particularmente a mí, que hacía mis primeras experiencias de navegación en un viaje que debía durar no menos de dos años.

Hacía ya veintisiete días que padecíamos mal tiempo casi continuo, sin que los vientos permitieran adentrarnos en el mar, cuando de los armadores [a] nos llegó la orden de regresar a Saint-Malo por temor a que fuésemos sorprendidos por los navíos ingleses que, según los informes que habían obtenido, debían venir a atacarnos. Retornamos entonces el domingo 20 de diciembre y permanecimos allí hasta el 6 de enero del año siguiente, 1712.

Ese día, ubicados los vientos del lado este, salimos por segunda vez de la rada del Rance [2], pero apenas estuvimos fuera de su acceso, fuimos obligados a anclar para no encallar durante la noche en las piedras cerca de las cuales hay que pasar para meterse en la Mancha. Los vientos eran del NNE y el mar bravo [b] nos hacía cabecear tan fuertemente que el cable se rompió tan pronto como el ancla tocó fondo. Nos vimos obligados entonces a volver a anclar en la entrada de la bahía de la Frenaye, donde pasamos una mala noche.

Al día siguiente nos hicimos a la vela para ir a buscar nuestra ancla junto con el Marie, que había sufrido un accidente similar. Este navío pudo recuperar la suya, pero la nuestra se perdió porque el barro del fondo se había deslizado. Mientras estábamos ocupados en buscarla, nos sorprendió la calma, entonces anclamos por tercera vez a una legua y media del Castillo de la Latte, esperando que los vientos, que variaban constantemente, se fijaran en una dirección.

Al final del día quisimos dar vela para adentrarnos en el mar, pero como el cable se había raído a treinta brazas [3] del ancla, se juzgó conveniente cortarlo, ir a buscar otro a la ciudad y reemplazar el ancla que habíamos perdido. Por esta razón nos acercamos un poco a la ciudad con bandera morrón [4]. Indicamos con un cañonazo que necesitábamos auxilio y enseguida volvimos a anclar, por cuarta vez desde nuestra segunda salida, bajo el Castillo de la Latte. Se despacharon luego dos oficiales para ir a buscar lo que nos faltaba y a la mañana siguiente nos lo trajeron.

Permanecimos allí aún ocho días, esperando los vientos terrales [5], sin que nos ocurriera nada destacable. Empleamos ese tiempo en el arrumaje [6]

[a] Los hermanos Vincent y el señor Duhamel.

[2] *Rance:* río en cuya desembocadura se encuentra el puerto de Saint-Malo.

[b] [*Mar bravo*]: es decir agitado.

[3] *Braza:* 'medida de longitud, generalmente usada en la marina y equivalente a 2 varas o 1,6718 metros' (*Acad.*).

[4] *Bandera morrón:* 'la que está amorronada' (*Acad.*); *amorronar:* 'enrollar la bandera y ceñirla de trecho en trecho con filástica, para izarla como señal en demanda de auxilio' (*Acad.*).

[5] *Viento terral:* 'el que viene de la tierra' (*Acad.*).

[6] *Arrumaje:* 'distribución y colocación de la carga en un buque' (*Acad.*).

del navío que, por estar demasiado cargado en la parte superior, no soportaba más la vela, como lo experimentamos el día de nuestra segunda salida.

PRIMERA PARTE,

QUE CONTIENE LA TRAVESIA DE FRANCIA A CHILE

Por último, después de haber padecido mucho a causa del tiempo, que nos era siempre malo y adverso, los vientos se ubicaron al $E\frac{1}{4}SE$. Inmediatamente nos hicimos a la vela para pasar por el Gran Canal, entre Rochedouvre y Guernesey, y meternos por allí en el medio de la Mancha, para evitar a los corsarios enemigos que tenían la costumbre de frecuentar la costa de Bretaña. Lo pasamos felizmente durante la noche, habiendo avistado, hacia las diez horas, las Rochedouvre, a aproximadamente una legua al SO [1] de nosotros.

Algunas horas después advertimos, a la claridad de la luna, un navío que nos observaba de cerca. En seguida empalletamos y nos preparamos para el combate, persuadidos de que era un corsario de Gerzey, pero no osó atacarnos y se quedó a popa hasta perderse de vista antes del día.

Durante los tres días siguientes vimos varios otros de estos navíos que, gracias a nuestras buenas maniobras, evitamos sin combate.

Los buenos vientos, que soplaban del E, nos alejaron finalmente de los parajes más peligrosos y nos condujeron fuera de la Mancha. A 40° tuvimos un golpe de viento de popa, del N y NNE, que sólo nos permitió llevar la mesana [2] un rizo [3] adentro. Como el Marie no podía seguirnos, nos vimos obligados a ponernos a palo seco [4] y en ese estado aún hacíamos casi tres leguas por hora.

[1] *SO:* en el original SE, por error corregido en *Eautes à corriger.*

[2] *Mesana:* 'vela que va contra el mástil que está más a popa en el buque de tres palos' (*Acad.*).

[3] *Rizo:* 'cada uno de los pedazos de cabo blanco o cajeta, de dos pernadas, que pasando por los ollaos abiertos en línea horizontal en las velas de los buques, sirven como de envergues para la parte de aquéllas que se deja orientada, y de tomadores para la que se recoge o aferra, siempre que por cualquier motivo conviene disminuir su superficie' (*Acad.*).

[4] *A palo seco:* 'dícese de una embarcación cuando camina recogidas las velas' (*Acad.*).

Durante ese tiempo vimos un pequeño navío que consideramos portugués, proveniente de la isla de Madera, pero el mar estaba muy picado y nosotros demasiado ocupados en nosotros mismos como para hacer presas. Sin embargo ese viento no nos causó otro mal que hundirnos los jardines [5] de babor y nos permitió avanzar en nuestra ruta. No habíamos alcanzado todavía la latitud de 32° cuando comenzamos a encontrar el mar más calmo y vientos alisios del N y NE que, sin levantar el mar, nos llevaban con su agradable fresco y nos permitían hacer, con tranquilidad, buenas jornadas.

Disfrutábamos, después de un tiempo tormentoso y sombrío, de la dulzura de un buen clima y de días claros y serenos, cuando, ya sobre la noche, divisamos una tierra al SE$\frac{1}{4}$E y a quince leguas aproximadamente. Sabernos cerca de la isla de Palma fue una nueva satisfacción para nosotros y para mí sobre todo que, según mi propia estima, me encontraba precisamente a una distancia semejante. No debía atribuir a mi capacidad esa precisión, que era producto del azar y de la estima de los dos primeros oficiales que cuidaban de llevar la tabla de la singladura, pero los demás, que sabían que no había estado en la Escuela de Marina ni embarcado, no podían convencerse de que, con unos pocos conocimientos de matemática, se pudiese hacer lo que por pura rutina hacen las personas del oficio, incapaces de dar ninguna razón geométrica de sus prácticas, aun de las más simples.

Es cierto que cuatro o cinco observaciones de la altura del Sol nos enderezaron mucho; desde nuestra partida nos encontrábamos casi siempre más atrás que nuestra estima. Creí que este error provenía de la división de la corredera, a la que muchos navegantes acostumbran a dar sólo cuarenta y un pies y ocho pulgadas por nudo o tercio de legua, considerando así la legua marina de quince mil pies franceses. En esto están muy equivocados; si un grado tiene cincuenta y siete mil sesenta toesas [6] y la legua marina dos mil ochocientas cincuenta y tres de las del Castillejo de París, como la midieron los señores de la Academia por orden del Rey en 1672, entonces, siendo la legua de diecisiete mil ciento dieciocho pies, según este cálculo, la corredera debería tener, por cada nudo, con relación a la ampolleta de treinta segundos, cuarenta y siete pies, seis pulgadas y siete líneas [7]. En base a este principio la distancia entre los nudos era demasiado corta y no me sorprendía que hiciéramos menos camino que el calculado por nuestra estima; debíamos hacer un noveno y veintiún ciento noventavos, es decir, alrededor de un décimo, menos.

[5] *Jardín:* 'retrete o letrina, especialmente en los buques' (*Acad.*).
[6] *Toesa:* 'antigua medida francesa de longitud equivalente a un metro y 946 milímetros' (*Acad.*).
[7] *Línea:* 'medida longitudinal, compuesta de 12 puntos; es la duodécima parte de una pulgada y equivale a cerca de dos milímetros' (*Acad.*).

Mi suposición se confirmó el 31 de enero, cuando, después de haber recorrido aproximadamente cien leguas desde la última observación, encontré ocho leguas y un tercio de más en la estima, y otros encontraron más. Pero en la continuación del viaje reconocí la inexactitud de la corredera que debe ser corregida mediante la experiencia y el sentido común, en lo que concierne a la manera de arrojar la barquilla y a la consideración del viento, que rara vez tiene la misma intensidad durante el intervalo de dos horas en que no se la arroja. La velocidad de las corrientes desconocidas es, además, otra causa de incertidumbre, de modo que sucedió a menudo que la tabla de la singladura coincidía con la altura observada; también ocurrió con frecuencia que en lugar de disminuir era necesario aumentarle.

Ocurrió también que, basados en su estima, dudaban de haber visto el miércoles por la noche, cuando el jueves 4 de febrero avistamos otra tierra al E $\frac{1}{4}$ SE que, por la latitud observada y por el camino que habíamos recorrido desde la isla de Palma, que se adecuaba perfectamente a la distancia existente entre esas dos islas, no se dudó en abosoluto que fuese la isla de Hierro.

Asegurados del lugar donde nos encontrábamos, nos dirigimos hacia las islas de Cabo Verde, con viento suave del NE y del NNE que nos llevó al trópico en tres días, donde las calmas empezaron a hacernos sentir fuertes calores. Sólo duraron tres días, atemperados de tanto en tanto por un poco de fresco del O al S.

En estos hermosos climas comenzamos a ver los peces voladores, que son grandes como sardinas grandes o como arenques; sus alas no son otra cosa que aletas alargadas, sólo les sirven para volar mientras están húmedas. Tomábamos a menudo los que caían en el navío o en las mesas de guarnición [8]; son delicados y de buen sabor.

Estos peces tienen por enemigos a los dorados, que les hacen una guerra continua. Poniéndoles tal cebo nunca se deja de atraparlos. Tanto los apetecen que si con una tela o algo parecido se simula un pez volador, se dejan engañar, aunque no muerden ningún otro cebo. Por este medio atrapamos los primeros [dorados] que yo hubiese visto, cuya belleza no me cansaba de admirar. Sobre sus escamas se ve brillar el más vivo resplandor dorado, mezclado con tales matices de azul, verde y violeta, que no se puede imaginar nada más bello. El gusto de su carne no responde a tan grande belleza; aunque bastante buena, es un poco seca.

La inclinación que tengo por la pintura me hizo también notar, bajo el Trópico de Cáncer, nubes de un hermoso verde al ponerse el Sol. Jamás había visto nada semejante en Europa y nada vi después de color tan vivo y hermoso.

[8] *Mesa de guarnición:* 'especie de plataforma que se coloca en los costados de los buques, frente a cada uno de los tres palos principales y en la que se afirman las tablas de jarcia respectivas' (*Acad.*).

21

A 21° 21' de latitud y 21° 31' de longitud occidental, o de diferencia con el meridiano de París, encontramos el mar muy blanco durante cinco o seis leguas. Tiramos cuarenta brazas de sondaleza sin encontrar fondo; como después el mar retomó su color ordinario, creímos haber pasado por una fosa no registrada en las cartas.

Durante algunos días tuvimos vientos suave del NO, que no es común en estas regiones; luego los del N y NNE nos pusieron a 17°40', donde pasamos una noche al pairo [9], sabiéndonos cerca de las islas de Cabo Verde.

Efectivamente, al día siguiente, 15 de febrero, avistamos una tierra bastante alta y brumosa, y al otro día reconocimos claramente que era la isla de San Nicolás y después la isla de Santa Lucía, que nos quedaba al SSO.

Viramos para meternos mar adentro durante la noche y, después de haber navegado ocho leguas con dirección NE $\frac{1}{4}$ E, creímos ver rompientes en lo brillante del mar, que en esos lugares fosforece mucho, es decir que es extremadamente luminoso y destellante durante la noche, por poco que los peces y los navíos agiten su superficie, de manera que la estela parecía de fuego. Difícilmente hubiera creído ese efecto del movimiento del agua del mar si no lo hubiera visto, aunque estaba prevenido por la lectura de las explicaciones que dan los físicos, sobre todo Rohault que agrega también las razones por las que fosforece más en las zonas cálidas que en otras partes. De todos modos viramos, si no me equivoco, a causa de un banco de peces; navegamos catorce leguas con dirección 0 4°N y hacia las tres de la tarde vimos, a través de la bruma, la isla de Santa Lucía al S, a una distancia de aproximadamente una legua y media.

Una hora después avistamos la isla San Vicente que, como las islas precedentes, sólo conocíamos por conjetura, ya que ninguno de nuestra tripulación las había visto del lado norte; fue entonces cuando advertí la utilidad de las vistas de tierra dibujadas frente a los parajes donde se arriba con frecuencia. Sin embargo ésta es reconocible por una tierra llana que se extiende a los pies de las altas montañas hacia el NO, del costado de la isla San Antonio, y por un pequeño risco en forma de pan de azúcar que se muestra a la entrada de la bahía, al oeste de la isla, a una distancia de aproximadamente dos cables de tierra.

ESCALA EN LA ISLA SAN VICENTE, UNA DE LAS DE CABO VERDE

Guiados por señales tan seguras, a las seis de la tarde entramos al canal que corre entre las islas San Vicente y San Antonio, con buen viento del

[9] *Al pairo:* dícese de la nave cuando está 'quieta con las velas tendidas y largas las escotas' (*Acad.*).

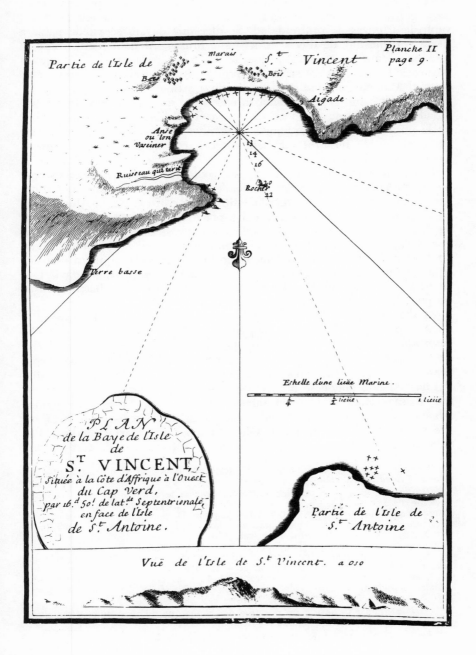

Partie de l'Isle de

marais   S.t   Vincent

Bois

Aigade

Anse
ou l'on
Vareiner

Ruisseau qui tarit

13
14
16
210
Rocher
22

Terre basse

Eschelle d'une lieüe Marine.

¼   ½ lieüe   1 lieüe

PLAN
de la Baye de l'Isle
de
S.t VINCENT
Située à la Côte d'Affrique à l'Ouest
du Cap Verd,
par 16.d 50! de lat.de Septentrionale,
en face de l'Isle
de S.t Antoine.

Partie de l'Isle de
S.t Antoine

Vuë de l'Isle de S.t Vincent. a oso

NNO y del N, y nos colocamos a un tiro de fusil del pequeño risco para ganar el viento;[10] es muy seguro. A esta distancia encontramos veintisiete brazas de profundidad. Se dice que de allí se puede pasar a tierra, ya que hay de diecisiete a veinte brazas. Al doblar este islote se está expuesto a fuertes ráfagas que bajan de la montaña del NE; algunos navíos de la escuadra del señor de Guay[11] perdieron allí sus gavias, entre otros el Magnanime, que se vio obligado a arribar[12].

Finalmente fuimos a anclar a la ensenada, en diez brazas de profundidad, con fondo de arena fina y grava al S $\frac{1}{4}$ SE 5°E del islote y al E de la punta que, al entrar, queda a estribor; al mismo tiempo el Marie ancló al SE de nosotros, en ocho brazas, con fondo de arena limoso (véase figura II[13]).

Llegamos a la isla San Vicente en coincidencia con nuestra estima, porque en esos climas agradables, donde el tiempo es siempre bueno, observábamos casi todos los días la latitud, que difería de nuestra estima en cinco o seis minutos del lado del S por día, aun en tiempos de calma, de donde conjeturé que las corrientes nos arrastraban en esa dirección. Por el contrario, desde los 19° la estima nos precedía. Este error podía también provenir de la corredera, como lo dije antes, porque en una jornada de cuarenta y cinco leguas, restando cuatro, encontraba todavía más de una legua, atribuible a la corriente normal, que nos hacía avanzar un poco hacia el S.

Al día siguiente, 16 de febrero, creímos poder ir a buscar agua a un arroyo que corre durante una gran parte del año en una pequeña ensenada, la más septentrional de la bahía, pero sólo vimos su lecho seco. Sorprendidos por la falta de una provisión tan necesaria, se despacharon oficiales y marineros para ir a buscarla en la isla, y ver si había alguna vivienda donde se pudiese obtener carne y frutas. Sólo encontraron algunas charcas de agua salada y, como única vivienda, algunas cabañas de ramas, más apropiadas para animales que para hombres, ya que su puerta es tan baja que sólo se puede entrar arrastrándose. Por todo mueble había algunos sacos de piel y caparazones de tortuga que

[10] *Ganar el viento:* 'lograr la nave el paraje por donde el viento sopla más favorable' (*Acad.,* s. v. *viento*).

[11] Durante la guerra de sucesión española, Francia se interesó en la importancia creciente de Río de Janeiro, puerto de salida del oro paulista, descubierto en la última década del siglo XVII. En 1710 el capitán Duclerc trató de tomarlo pero, en inferioridad numérica, debió rendirse y los portugueses pasaron a cuchillo la mayor parte de los prisioneros. Para vengarlos fue enviado René Duguay-Trouin al mando de una poderosa flota que destruyó la portuguesa. Río de Janeiro fue ocupada y su población debió entregar un importante rescate. Duguay-Trouin intentó luego hacer lo mismo con Bahía, pero no lo logró y regresó a Francia donde fue nombrado comandante de escuadra en 1715. Los comerciantes franceses que habían financiado la expedición, obtuvieron un beneficio del cien por ciento. (*Cf.* R. DUGUAY-TROUIN, *Mémoires.* Amsterdam, 1748).

[12] *Arribar:* 'llegar la nave a un puerto a que tenga que dirigirse para evitar algún peligro o remediar alguna necesidad' (*Acad.*).

[13] En el original se remite, erróneamente, a la figura I.

24

servían de asientos y de recipientes para contener agua. Los negros que las habitan las habían abandonado por temor a que se los capturara para venderlos, aunque por nuestro pabellón deberían habernos tomado por ingleses. Vimos dos o tres completamente desnudos, que se escondieron en los bosques tan pronto como vieron a nuestra gente, sin que fuera posible acercárseles, a pesar de llamarlos como amigos.

Finalmente, después de mucho buscar, se encontró en el extremo sur de la bahía, un pequeño hilo de agua que corría desde las tierras escarpadas hasta el borde del mar; se cavó para facilitar este derrame y reunir bastante agua para poder sacarla. Así hicimos nuestra provisión en dos días, aunque tuvimos bastante trabajo para embarcarla porque el mar estaba muy bravo. Esta agua fresca no era de las mejores pues en siete u ocho días se volvió tan pestilente que para nosotros era un suplicio tener que beberla.

Mientras se recogía el agua, también se hizo provisión de leña a doscientos pasos de la aguada. Es una especie de tamarindo que se corta con facilidad y bastante cerca de la orilla del mar.

Habríamos enarbolado el pabellón inglés con el gallardete en el mástil principal y lo habíamos anunciado con un cañonazo para que los habitantes de la isla San Antonio, que sólo está a dos leguas de allí, viniesen a nosotros; pero, sea porque desconfiasen de nuestra artimaña o porque la bruma les impidiese vernos claramente, no vinieron. Solamente vimos un fuego que parecía responder al que hacían nuestros aguadores a la orilla del mar durante la noche. Sin embargo, algunos meses después, el Saint-Clement de Saint-Malo, habiendo recalado con su patache[14] en el mismo lugar, fue visitado por los habitantes de San Antonio, que les llevaron para vender vacunos, cabritos, higos, bananas, limones y vino muy dulce. Dicen que en la isla puede haber unas dos mil personas de ambos sexos y de diferente color y condición, y que sobre el fondeadero hay un pequeño fuerte armado con cuatro cañones, donde reside un gobernador portugués.

Para nosotros no hubo otro refresco que la pesca, que es muy abundante en la bahía San Vicente. Sin embargo sólo se puede tirar la jábega en una ensenada entre dos pequeños cabos que se encuentran hacia el E, porque fuera de allí la playa está sembrada de piedras, pero con anzuelo es posible superar esta incomodidad, ya que hay infinidad de peces: mújoles, pollas de agua, *machoirans,* sardinas, gruñones, becunas de diente blanco, y una especie rabona y llena de manchas redondas. Este es el dibujo (figura XVII[15]) de un ejemplar de estos que pescamos; tenía seis pies de largo y es muy parecido a la Petibuamba brasiliensis de Mar-

---

[14] *Patache:* 'embarcación que antiguamente era de guerra, y se destinaba en las escuadras para llevar avisos, reconocer las costas y guardar las entradas de los puertos' (*Acad.*).

[15] En el original se remite, erróneamente, a la figura XII.

grave [16] (p. 148). A veces también se pescan bursas, peces de singular belleza descriptos, en el *Viaje* de Gennes, por Froger [17]. Cuando es la época de la tortuga hay cantidades enormes de ellas, según resulta del número infinito de caparazones y esqueletos que se ven a la orilla del mar. Los habitantes de la isla San Antonio vienen todos los años a capturarlas para alimentarse y comerciar con ellas. Hasta ballenas se encuentran en gran cantidad.

Bien hubiéramos deseado resarcirnos con la caza de lo mal que se come en alta mar, pero en la isla casi no hay que cazar. Sólo se encuentran algunas manadas de asnos salvajes, algunos cabritos en lo alto de las montañas, de muy difícil acceso, unas pocas pintadas y ningún pájaro.

No tuvimos mejor suerte con los frutos, ya que la tierra es tan árida que no produce nada. Sólo se encuentran, en los valles, pequeños bosquecillos de tamarindos, algodoneros y limoneros. He visto, sin embargo, plantas bastante curiosas: el *Titimalus arborescens,* el *Abrotanum mas,* que es de un perfume muy suave y hermoso verde, una flor amarilla cuyo tallo no tiene hojas, el *Palma christi* o *Ricinus americanus,* al que los españoles llaman *pillerilla* en el Perú y aseguran que su hoja, aplicada sobre el seno, hace venir la leche a las nodrizas y la hace retirar si se la aplica sobre los riñones, su semilla es muy parecida al piñón de la India, y en Paraguay se hace aceite con ella. También he visto gran cantidad de *Sedum* de distintas especies, algunas de las cuales tienen hojas gruesas y esféricas, como una avellana, manzana de coloquíntida, *Limonium maritimum,* muy tupido, lavanda sin perfume, grama, etcétera.

[16] Jorge Marcgrave, autor de la *Historia Naturalis Brasiliae,* publicada en Amsterdam en 1648, en el libro IV, cap. IV, p. 148 dice: "Petimbuaba (palabra indígena) vulgarmente *Tabac-pijpe,* por su aspecto". (JORGE MARCGRAVE, *História natural do Brasil.* Tradução de Mons. Dr. José Procopio de Magalhães. Edição do Museu Paulista comemorativa do cincoentenario da fundação da Imprensa Oficial do Estado de São Paulo. São Paulo, Imprensa Oficial do Estado, 1942, p. 148).

[17] El caballero francés de Gennes dirigió, en 1695, una expedición montada con aportes de importantes personajes del momento y compuesta de seis navíos concedidos por Luis XIV, que tenía por destino establecer un asiento en el estrecho de Magallanes y atacar las colonias españolas del Mar del Sur. Se trataba en realidad de continuar la provechosa acción llevada a cabo en esa zona, entre 1686 y 1694, por filibusteros de las Antillas. Sólo el navío de De Gennes pudo alcanzar el estrecho de Magallanes, donde los vientos de marzo de 1696, que le impedían continuar avanzando, lo decidieron a regresar a Francia, adonde llegó en 1697. (Cf. GÉNERAL DE LA VILLESTREUX, *Les filibustiers aux Antilles, de l'origine au déclin.* Paris, Librairie ancienne Honoré Champion, 1930, pp. 132-137 y ERNESTO MORALES, *Historia de la aventura. Exploradores y piratas en la América del Sur.* Buenos Aires, Editorial Americana, 1942, pp. 183-189). La expedición fue narrada por el ingeniero François Froger. Su relato se cita por la siguiente edición: FROGER, *Relation d'un voyage fait en 1695, 1696 y 1697 aux côtes d'Afrique, détroit de Magellan, Brésil, Cayenne et isles Antilles, par une escadre des vaisseaux du Roy, commandée par M. de Gennes. Faite par la Sieur [...] ingénieur volontaires, sur le vaisseau le Faucon Anglois.* Amsterdam, Héritiers d'Antoine Schelte, 1688. A la *bursa,* reproducida en un grabado, se alude en la página 57.

Cerca del pequeño islote se encuentra un buen ámbar grisis que los portugueses han vendido a algunos navíos franceses, entre otros al Saint-Clement.

No pudiendo esperar refresco alguno de esta isla, nos hicimos a la vela para ir a la de San Antonio, pero soplaba un muy fuerte viento del NE y el mar estaba demasiado picado para enviar chalupas, de manera que pusimos proa al rumbo para salir del canal que forman estas dos islas; al pasar vimos el fondeadero de la parte sudoeste.

Un poco después vimos, más allá, una tierra bastante retirada que tomamos por la isla del Fuego. Sin embargo, al alba del día siguiente, después de haber singlado [18] cuarenta y cinco leguas al S ¼ SE durante la noche, divisamos un fuego y, llegado el día, una tierra muy alta que nos quedaba al NE ¼ E, a cinco leguas aproximadamente, en cuya cima había humo.

La posición de ésta nos hizo tomarla por la isla Brava, pero el humo nos hizo sospechar que fuera la de Fuego; en tal caso las islas de Cabo Verde estarían mal consignadas en el *Flambeau de mer* de Vankeulen [19], por el que nos regíamos.

Mientras tanto aprovechábamos siempre el buen viento del NE que nos condujo a dos grados de la línea equinoccial, donde tuvimos dos días de bonanza con una brisa suave al OSO al S, después de lo cual, habiéndonos conducido un viento suave del SSE hasta los 0°40′ y 23°50′ del meridiano de París, viramos para no caer demasiado hacia la costa del Brasil, donde las corrientes llevan al NO; pusimos proa al E 5°S y, al día siguiente, 5 de marzo, siguiendo al S ¼ SE, pasamos la línea con viento suave del OSO, a 355 grados de Tenerife.

Al día siguiente, cuando ya no nos quedaban dudas de estar en el hemisferio sur, no dejamos de hacer la loca ceremonia del bautismo de la línea, costumbre difundida en todas las naciones.

Se ata a los catecúmenos por las muñecas en jarcias tendidas de adelante hacia atrás sobre la cubierta de oficiales y sobre el puente de los marineros y, después de muchas monerías y mascaradas, se los desata para conducirlos, uno tras otro, al pie del palo mayor, donde, sobre una carta, se les hace prestar juramento de que harán a otros lo que se les ha hecho a ellos, siguiendo los estatutos de la navegación; luego pagan para no ser mojados, pero siempre inútilmente, ya que ni siquiera los capitanes son del todo perdonados.

La calma chicha, que permitió a la tripulación la distracción de bautizarse, nos hizo sentir grandes calores durante cuatro días seguidos, sin permitirnos avanzar, durante ese lapso, más que veinte leguas de ruta

[18] *Singlar:* 'navegar, andar la nave con rumbo determinado' (*Acad.*).

[19] Con títulos como *flambeau, flamsteed* o *luminaria,* aparecieron en Europa numerosas colecciones de cartas de navegación durante el siglo XVII. No hemos podido hallar la referencia bibliográfica de la que aquí se menciona, aparentemente debida a Voogt e impresa por van Keulen, y que Frezier a menudo engloba en la denominación general de "cartas holandesas".

con brisas variables, pero un viento suave del SE y ESE nos sacó poco a poco de estos climas ardientes y nos condujo hasta los 16° de latitud sur, sin vendavales ni lluvias, con tiempo claro y sereno; los vientos que vinieron luego del NE y después del NO, nos trajeron algunas turbonadas de lluvia, cielo cubierto y algunas horas de calma, durante tres días exactamente, entre los 23°30′ y los 36° de longitud.

Cuando estábamos entre los 21° y 22° de latitud, y los 34° o 35° de longitud, vimos gran cantidad de pájaros; entonces creímos no estar lejos de la isla Ascensión; echamos la sonda sin tocar fondo y no avistamos nada, tampoco la isla Trinidad, a la que nos acercábamos, según algunas cartas manuscritas, a los 25°30′ de latitud, donde los vientos variaron hacia el S, en bonanza, pero al fin, ayudados por un viento suave del SSE, NE y E, llegamos en tres días a la isla Santa Catalina, en la costa del Brasil, en coincidencia con nuestra estima, que a continuación detallo.

Al día siguiente de nuestra salida de San Vicente la estima nos precedió un poco; por el contrario, al otro día, nosotros la precedimos, pero el 26 de febrero, después de haber tomado altura a 6°54′, nos encontramos ocho leguas más al sur de lo que pensábamos, si bien habíamos observado 9°45′ dos días antes. El error continuó siempre del mismo lado, con esas señales de corrientes que llamamos fondos de corriente, hasta alcanzar, hacia los 9° de latitud sur, 5′ a 6′, según la duración de las jornadas, sin contar la corrección de la corredera. Desde los 9° hasta los 13° el error fue menor que de los 13° a los 27° y la diferencia aumentaba a medida que nos acercábamos a tierra, de modo que un día encontramos que habíamos hecho veinticinco leguas, mientras que la estima sólo indicaba dieciséis.

Es evidente que estos errores provenían de las corrientes que llevaban hacia el S, aunque no puede saberse con certeza si es directamente hacia el S, el SE o el SO; sin embargo la conjetura más razonable, según me parece, es que deben llevar al SO o al SSO, ya que están obligadas a tener esa dirección por la orientación de la costa del Brasil. Esta experiencia limita mucho la observación de Voogt, quien en su *Flambeau de mer,* impreso por Vankeulen, dice que la corriente, en la costa del Brasil, desde marzo a julio corre violentamente a lo largo de la costa hacia el N y que, desde diciembre a marzo, la corriente del sur se desvanece o, si existe en la porción norte de esta costa, no es regular en la del sur, desde los 10° de latitud sur, un poco hacia alta mar.

Sin embargo, se puede decir, en contra de mi conjetura, que, si las corrientes llevaran al SO, acercarían a la costa del Brasil los navíos que vienen del Mar del Sur, pero la experiencia muestra que desde las islas de Sebald [20] se encuentran dos y trescientas leguas de error, contrario al

[20] Así llamadas por su descubridor, Sebald de Weert, integrante de la expedición Mahu-Cordes-Weert, quien las avistó en 1599. Hoy llamadas Sebaldes, Sebaldas o Sebaldinas. A pesar de que según Antonio de Alcedo (*Diccionario...*, t. III, p.

aterraje[21] de esta costa o de la isla Fernando Noronha, por lo tanto las corrientes no deben llevar al SO.

A esto respondo, primero, que las corrientes que prolongan la costa del Brasil, viniendo al encuentro de las tierras nuevas de las islas de Sebald y de la isla de los Estados, refluyen hacia el E, como lo han experimentado numerosos navíos, luego caen, a veces, en otro fondo de corriente que lleva a la costa de Guinea; basta con dar una ojeada a las cartas de las costas de Africa y de América meridional, para advertir la verosimilitud de esa conjetura.

Segundo, estos errores provienen de las cartas, como lo diremos a su tiempo, particularmente de las de Pieter Goos[22], que son las más usadas por los navegantes. No siempre se percibe este error de posición en los aterrajes del Brasil viniendo de Europa, porque muchas veces se es llevado allí por las corrientes, como acabo de hacer notar, y, no sabiendo si su dirección es del E o del O, frecuentemente no se corrigen las leguas, como casi todos nosotros hemos hecho en nuestra navegación, imitando en esto a la mayoría de los holandeses. De allí que no resulte sorprendente que encontremos buenas las cartas que ellos mismos han hecho, basados en sus propios diarios.

Sea como fuere, es muy cierto que desde la isla San Vicente hasta la de Santa Catalina habíamos hecho más de sesenta leguas hacia el S por sobre nuestra estima, aunque tomásemos la altura casi todos los días y nos precaviésemos de este error. Pese a todo llegamos a la isla Santa Catalina el 31 de marzo, coincidiendo con exactitud nuestros puntos con los de la carta de Pieter Goos[23], a más o menos unas diez leguas los unos de los otros. De lo que se puede inferir que, si hubiésemos tomado rumbo al oeste, nos habríamos acercado mucho a tierra, como le ha sucedido a la mayoría de los navíos franceses con destino al Mar del Sur.

El martes 30 de marzo, como nos sabíamos cerca de tierra, se sondeó a las diez de la noche y encontramos noventa brazas de profundidad, fondo mezclado, de arena, lama y conchillas; dos leguas y media más al O encontramos diez brazas menos, pasamos la noche sondeando cada dos horas con la misma cantidad de brazas y el mismo tipo de fondo.

365) ya en 1711 fueron reconocidas como distintas de las islas Malvinas, Frezier no parece tener clara tal distinción.

[21] *Aterrar:* 'acercarse a tierra los buques en su derrota' (*Acad.*).

[22] *Pieter Goos:* en el original *Pictergos,* por error salvado en *Fautes à corriger.* Pieter Goos es autor de *El atlas de la mar o mundo de agua, en que se muestran todas las costas del mar de la tierra conocida, con un breve compendio de la situación de la tierra y mapas y cartas de marear.* Citamos la edición castellana (1669) de esta obra originariamente editada en holandés (1666) según: ANTONIO DE LEÓN PINELO [y ANDRÉS GONZÁLEZ DE BARCIA], *Epítome de la bibliotheca oriental y occidental, náutica y geográfica* [...] *añadido y enmendado nuevamente* [...] *por mano del Marqués de Torre-Nueva* [...]. Madrid, Oficina de Francisco Martínez Abad, 1737-1738, t. II, col. 1119-1120.

[23] *Pieter Goos:* en el original *Pictergos,* por error salvado en *Fautes à corriger.*

29

Al amanecer vimos tierra, diez leguas más al O de nuestro segundo sondeo; reconocimos en seguida la isla Gal, por su aspecto, por algunas pequeñas manchas blancas, que de lejos se toman por navíos, y por algunos islotes pequeños, que están cerca. Nos quedaba entonces al $O\frac{1}{4}SO$, a unas ocho a nueve leguas. Se sondeó y encontramos cincuenta y cinco brazas de profundidad con fondo de arena fina y limoso. Finalmente tomamos la altura a una legua y media al $S\frac{1}{4}SE$ de esta isla, y a unas tres leguas al E de la punta norte de la isla Santa Catalina, y registramos 27° 22′ de latitud austral. Así se nos presentaba (véase figura III). Una legua y media más al O encontramos diez brazas de profundidad con fondo más gris, de arena y limoso; seguimos sondeando de trecho en trecho y la profundidad disminuía uniformemente, hasta llegar a seis brazas, con fondo de lama gris, donde fondeamos, entre la isla Santa Catalina y tierra firme, teniendo la isla Gal unas tres leguas al $NE\frac{1}{4}E$ del compás, alineada con las dos puntas más septentrionales de Santa Catalina, y la punta de la tierra firme al $N\frac{1}{4}NE$.

ESCALA EN LA ISLA SANTA CATALINA, EN LA COSTA DEL BRASIL

Al día siguiente, 1º de abril, el capitán destacó nuestra chalupa y la del Marie con una tripulación armada, con el fin de ir a buscar un lugar apropiado para hacer aguada y encontrar las moradas de los portugueses para obtener algunos refrescos de ellos. El señor Lestobec, segundo capitán, partió simultáneamente en el bote con tres oficiales, entre los que me encontraba, para reconocer si había enemigos anclados en la ensenada de Arazatiba, que está en tierra firme, al oeste de la punta sur de la isla.

Encontramos en seguida una aguada muy cómoda en una vivienda abandonada, a un cuarto de legua al ESE del navío. Ya seguros de este auxilio, avanzamos por una pequeña lengua de tierra, donde encontramos una casa abandonada horas antes, a juzgar por las cenizas aún calientes; nos sorprendió mucho la desconfianza de los habitantes que esto evidenciaba, porque habíamos hecho la señal de amistad que el capitán Salvador había convenido un año antes con los señores Roche y Besard, capitanes del Joyeux y del Lysidore, que habían anclado en Arazatiba: era un gallardete blanco bajo una bandera inglesa, izados en el palo mayor, pero nos equivocamos al disparar un solo cañonazo en lugar de dos; por otra parte ya estaban atemorizados por la noticia de la toma de Río de Janeiro, que el señor Du Guay-Trouïn había capturado y por la que había pedido rescate hacía poco, para vengar el insulto que los portugueses habían hecho a los prisioneros de guerra franceses y a su jefe, el señor Leclerc [24]. En efecto, cuando íbamos a buscar otras viviendas en las que

[24] Véase la nota 11.

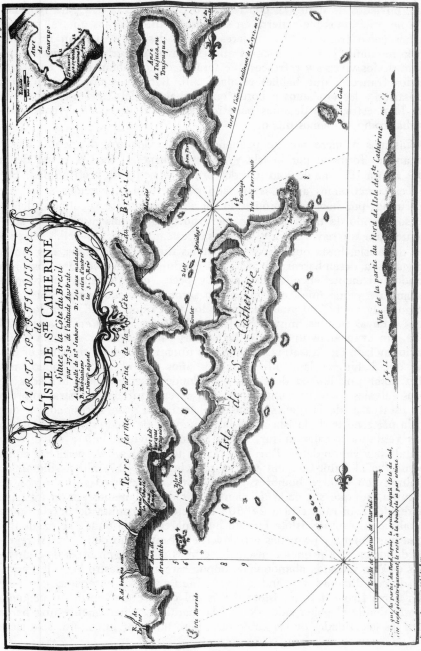

Anse de Guarupe

CARTE PARTICULIERE de l'ISLE DE Ste CATHERINE Située à la Côte du Brésil par 27.d 30 de latitude Australe.

A. Chapelle de Na. Senhora
B. Habitations
C. Poarte arrigade
D. Isle aux malades ou celon d'autre Isle 3. Reis

Terre ferme   Partie de la Côte

Anse de Tujuca, ou Trajouqua.

Côte du Brésil

R. de bonte eau

R. de Boyrai

Anse de Araratiba

l'Ile Aberde

Escalle de 3. lieues de marine

Vuë de la partie du Nord de l'Isle de Ste Catherine

Isle de Ste Catherine

I. de Gal.

Nord de l'aimant déclinant de 10:12. 15. mi.

Tête aux fourniquets

Nord de l'aimant déclinant de 10:12.15.

Vuë de la partie du Nord de l'Isle de Ste Catherine

hubiese gente, vimos venir hacia nosotros a tres hombres en una piragua, enviados de parte del gobernador o capitán de la isla para rogarnos que no echásemos pie a tierra en sus casas e informarnos que, al reconocernos como franceses, las mujeres, espantadas, ya se habían refugiado en la montaña, y que si nosotros quisiésemos no hacerles mal, nos darían parte de los víveres y refrescos que tenían, como habían hecho con otros navíos franceses que habían recalado allí. Recibimos muy bien a estos emisarios y los enviamos a bordo en la chalupa del Marie, acompañada por la nuestra, que dejamos para ir a reconocer el fondeadero de Arazatiba, como ya hemos dicho.

Pasamos primero por un pequeño estrecho de unas doscientas toesas de ancho, formado por la isla y la tierra firme, (véase el plano de la isla, figura III) donde sólo hay dos brazas y media de profundidad. Entonces comenzamos a ver, a un lado y otro, lindas viviendas a las que no fuimos por habérselo prometido así a los emisarios. Seguimos adelante, sondeando de tanto en tanto, pero no encontramos nunca agua suficiente para un navío de seis cañones. Costeamos muchas bellas ensenadas de la isla, hasta que, detenidos por las tinieblas nocturnas, nos vimos obligados a desembarcar; el azar nos condujo a una pequeña ensenada donde felizmente encontramos agua y peces, que pescamos muy oportunamente y que nuestro gran apetito sazonó de modo inmejorable. Allí pasamos la noche, en guardia contra los tigres que abundan en los bosques y cuyas huellas, muy recientes, acabábamos de ver en la arena. Al alba aún avanzamos una media legua más para reconocer si había algún navío anclado en Arazatiba, y no vimos ninguno. Uno de nuestros oficiales, que había recalado allí hacía dos años con el señor Chabert, nos hizo notar una lengua de tierra baja donde se encuentran manadas de toros salvajes, pero no contábamos con víveres suficientes para emprender esta caza, de la que, sin embargo, teníamos gran necesidad, ya que en la parte norte de la isla no se la encuentra; de modo que sería mucho más ventajoso recalar al sur, si los navíos estuviesen allí a salvo, pero cuando hay viento del E, ESE y SE, corre uno el riesgo de perderse, como le sucedió al Saint-Clement y a su patache, en 1717; allí perdieron su chalupa con catorce hombres y se vieron ellos mismos a dos pasos de la ruina, aunque sin nada de viento, agitados solamente por la excesiva marejada. Esta rada está a 27°50′, al oeste de la punta de la isla Santa Catalina. Al este del islote Florido hay una ensenada donde se encuentra agua muy buena y pequeñas ostras verdes de un gusto delicioso. Al regresar dimos en esta pequeña ensenada, y, más al norte, en otras dos; entramos en una vivienda abandonada, donde cargamos nuestro bote de naranjas dulces, limones y grandes limas. Frente a esta ensenada, cerca de esta tierra firme, hay un islote detrás del cual se encuentra un pequeño puerto donde el gobernador de la isla mantiene generalmente una barca para las necesidades de los habitantes, pero que, por lo común, sólo sirve para realizar el comercio de pescado seco que llevan a Lagoa o a Río de Janeiro.

Los portugueses, que nos habían visto pasar en el bote con bandera inglesa y sin detenernos en sus viviendas, a nuestro regreso vinieron a nosotros en sus piraguas para ofrecernos refrescos; recibimos sus ofrecimientos y, para ganarnos su confianza, les dimos aguardiente, licor que mucho les gusta, aunque comúnmente sólo beben agua. Por último llegamos, alrededor de medianoche, al navío donde encontramos al gobernador Emanuel Mansa, con algunos portugueses que habían traído provisiones; después de haberlos agasajado mucho, se les hizo una salva cuando salieron del navío.

Esta recepción dio tal confianza a los habitantes, que todos los días nos llegaban piraguas cargadas de pollos, tabaco y frutas. Mientras hacíamos en el bote ese pequeño recorrido, se carenó el navío con sebo, se pusieron dieciocho cañones en la cala[25] para tornarlo más marinero, en previsión de los malos parajes por donde debíamos pasar en el extremo de las tierras del sur; también se lo aproximó a la isla Santa Catalina, para facilitar la aguada y, como las mareas son muy sensibles, aunque poco regulares o poco conocidas, y como el mar sólo *marna* de cinco a seis pies, fondeamos a barba de gato en dirección ENE y OSO, a doscientas brazas de un islote que nos quedaba al SSE del compás, teniendo la isla Gal a unas cuatro leguas al NE$\frac{1}{4}$N, medio cubierta por la segunda punta de la isla Santa Catalina, la más septentrional. Después de habernos abastecido muy cómodamente de buena madera y excelente agua, esperamos durante algunos días los vacunos que los portugueses habían mandado a buscar para nosotros a Lagoa, distante doce leguas de la isla, pero el 9 de abril, viendo que todavía nos pedían tiempo para que llegasen, no consideramos conveniente retrasarnos más, porque estaba ya un poco adelantada la época propicia para doblar el cabo de Hornos, temible por los vientos contrarios y el mal tiempo que allí se padece en invierno. Por ello, al día siguiente, domingo, nos hicimos a la vela para internarnos en el mar. Antes de continuar nuestro viaje, conviene decir aquí algo sobre la isla Santa Catalina.

DESCRIPCION DE LA ISLA SANTA CATALINA

La isla Santa Catalina se extiende de norte a sur, desde los 27° 22′ hasta los 27° 60′. Es un bosque continuo de árboles verdes durante todo el año; los únicos lugares transitables que presenta son los que han sido desmontados alrededor de las viviendas, es decir doce o quince sitios dispersos a la orilla del mar, en las pequeñas ensenadas que enfrentan la tierra firme, habitados por portugueses, un conjunto de europeos fugitivos

[25] *Cala:* 'parte más baja en lo interior de un buque' (*Acad.*).

y algunos negros; también se ven indígenas, que por su propia voluntad se introducen entre ellos para servirlos o que han sido tomados en la guerra.

Aunque no pagan ningún tributo al Rey de Portugal, son sus vasallos y obedecen al gobernador o capitán que éste establece para conducirlos en caso de combate con los enemigos de Europa o con los indígenas de Brasil, con quienes casi siempre están en guerra, de modo que, cuando se internan en tierra firme, que apenas es un poco menos boscosa que la isla, no se animan a ir menos de treinta o cuarenta hombres juntos y bien armados. Por lo general este capitán sólo gobierna durante tres años, depende del gobernador de Lagoa, pequeña ciudad situada a doce leguas al SSO de la isla. En su departamento había entonces ciento cuarenta y siete blancos, algunos indígenas y negros libres, una parte de los cuales se encuentra dispersa por las orillas de tierra firme. Sus armas corrientes son cuchillos de caza, flechas y hachas; tienen poco fusiles y pólvora muy de cuando en cuando, pero están suficientemente protegidos por los bosques, a los que una infinidad de espinas de distintas especies vegetales torna casi impenetrables, de modo que, al tener siempre una retirada asegurada y poca impedimenta [26] que transportar, viven con tranquilidad, sin temor a que les quiten sus riquezas.

En efecto, se encuentran en una carencia tan grande de todas las comodidades de la vida, que ninguno de los que nos trajeron víveres quiso que se le pagase en dinero, ya que más aprecian un trozo de lienzo o de tela para cubrirse, que una pieza de metal que no puede alimentarlos ni protegerlos de las injurias del clima. Se contentan con tener una camisa y un calzón como única vestimenta; los más espléndidos agregan a esto una chaqueta de color y un sombrero; casi nadie tiene medias ni zapatos, pero se ven obligados a cubrirse las piernas cuando entran en los bosques, entonces la piel de una pata de tigre les sirve de media ya lista. No son más delicados para los alimentos que para las vestimentas, generalmente se contentan con un poco de maíz, papas, algunas frutas, pescado y animales producto de la caza, monos por lo común. Esta gente a primera vista parece miserable, pero en realidad es más feliz que los europeos; ignorante de las curiosidades y comodidades superfluas que se buscan en Europa con tanto sacrificio, prescinden y no piensan en ellas, viven en una tranquilidad que no perturban los subsidios [27] ni la desigualdad de condiciones; la tierra por sí misma les provee lo necesario para la subsistencia: madera y hojas, algodón y pieles de animales para cubrirse y acostarse; no desean en absoluto esas viviendas magníficas, esos muebles y objetos que sólo irritan la ambición y halagan durante cierto tiempo la vanidad, sin hacer más feliz al hombre; lo que resulta aun más notable es que se dan cuenta de su dicha cuando nos ven buscar

[26] *Impedimenta:* 'bagaje que suele llevar la tropa e impide la celeridad de las marchas y operaciones' (*Acad.*).

[27] *Subsidio:* 'contribución impuesta al comercio y a la industria' (*Acad.*).

dinero con tanta dificultad. Sólo son dignos de compasión por vivir en la ignorancia. Son cristianos de verdad, pero qué instrucción religiosa reciben, si sólo tienen un capellán de Lagoas que viene a oficiarles misa en las principales fiestas del año; pagan sin embargo el diezmo a la Iglesia, que es lo único que se les exige.

Por lo demás, gozan de un buen clima y de un aire muy sano, muy pocas veces tienen otra enfermedad que la que ellos llaman de cierva, que es un dolor de cabeza acompañado de tenesmo, o ganas de ir al sillico sin lograrlo, y para ello tienen un remedio muy simple que consideran específico, es el de colocarse en el ano un limón pequeño o un emplasto de pólvora remojada en agua.

También tienen gran cantidad de remedios de los naturales de la región para curarse de otras enfermedades que pudieran sobrevenirles. El sasafrás, esa madera conocida por su agradable perfume y por su virtud contra los males venéreos, es tan común allí que nosotros lo cortábamos para hace fuego; el *guayaco*, que también se emplea para los mismos males, apenas es algo menos común; se encuentra un culantrillo muy hermoso y hay muchas plantas aromáticas, cuyos usos los habitantes conocen. Los árboles frutales son excelentes, cada uno en su especie, los naranjos son por lo menos tan buenos como los de China, hay muchos limeros, limoneros, *guayabos*, palmitos, bananeros, cañas de azúcar, sandías, melones, calabazas silvestres y papas, mejores que las de Malgue, tan estimadas.

Fue allí donde vi, por primera vez, el arbusto de donde se saca el algodón; dibujé una rama para conservar la idea (figura IV).

EL ALGODON

El algodonero, que los botánicos llaman *Gossipium* o *Xilon arboreum*, es un arbusto que se eleva poco más de diez o doce pies, sus hojas grandes tienen cinco puntas y se parecen mucho a las del gran arce o del ricino, pero las pequeñas, es decir aquellas que se encuentran más próximas al fruto, sólo tienen tres: unas y otras son algo carnosas y de un verde oscuro.

Las flores serían similares a las de la malva, que llamamos malvarrosa, si fueran del mismo color y más anchas; están sostenidas por un cáliz verde, compuesto de tres hojas triangulares dentadas, que sólo las envuelve de manera muy imperfecta; son amarillas en la parte superior y rayadas de rojo en el centro.

A la flor sucede un fruto verde con la forma de un botón de rosa, que, al llegar a su completa madurez, se torna grueso como un huevo pequeño y se divide en tres o cuatro celdillas, cada una de las cuales contiene de ocho a doce semillas casi tan grandes como una alubia, que

35

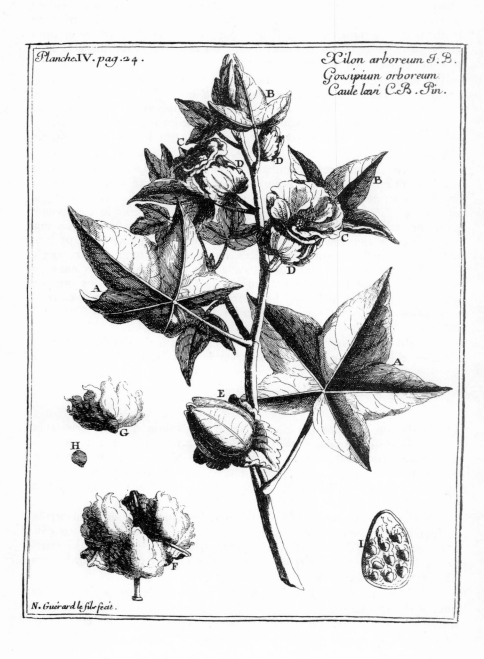

Xilon arboreum J.B.
Gossipium arboreum.
Caule lævi C.B.Pin.

N. Guérard le fils fecit.

están envueltas en una sustancia filamentosa llamada algodón, que sale en toda su superficie, se vuelve blanca y hace abrir las celdillas a medida que madura, de modo que, finalmente, los copos [de algodón] se separan y caen por sí mismos; para entonces las semillas se han vuelto del todo negras y están llenas de una sustancia aceitosa de bastante buen gusto que, según se dice, es muy buena para las hemorragias.

Este tipo de algodonero es muy distinto del que se cultiva en Malta y en todo el Levante, que es sólo una pequeña planta anual, es decir que debe sembrarse y renovarse anualmente: por este motivo se lo llama *Xilon herbaceum,* además sus hojas son redondas y escotadas, y aproximadamente del tamaño de la de la malva.

EXPLICACION DE LA FIGURA IV

A: hoja grande de cinco puntas. B: hoja pequeña de tres. C: flores vistas desde distintos puntos. D: cáliz de las hojas triangulares. E: botón que se abre en cuatro celdillas. F: algodón maduro. G: semilla cubierta de algodón. H: semilla separada. I: corte de uno de los copos antes de encontrarse completamente maduro.

Nota: este dibujo corresponde a la mitad del tamaño natural.

Para separar las semillas del algodón existe una pequeña máquina compuesta por dos rodillos del grosor de un dedo que, al girar en sentido contrario, toman el algodón y lo sacan poco a poco; la semilla, que es redonda y gruesa, no puede pasar por entre los rodillos; de esta manera se separa y cae una vez que el algodón ha pasado.

Se dice que estos algodoneros son de la especie pequeña, porque en el continente existen otros más gruesos y más grandes que nuestros robles, que tienen la hoja como el primero; producen el algodón de seda, que es muy corto, pero es una especie de guata.

Dampier [28] ha descrito otra especie que se encuentra en el Brasil, llamada *momu.* He aquí lo que dice: "La flor está compuesta de pequeños filamentos casi tan finos como cabellos, de tres o cuatro pulgadas de largo y de un color rojo oscuro, pero sus extremos son de un color

---

[28] William Dampier formó parte del grupo de comandantes, integrado por Cook, Wafer, Ringrose, Coxon, Sawkins, Sharp y Watling, de los 330 filibusteros, en su mayor parte ingleses, que, habiendo partido de Jamaica en 1680, asolaron en diversas expediciones las costas del Mar del Sur durante unos diez años. Dampier recogió sus experiencias y observaciones de estos viajes y de otros en los que dio dos veces la vuelta al mundo, en una obra traducida varias veces al francés desde 1708: *A new voyage round the world describing particularly the isthmus of America, several coasts and islands in the West Indies, the isles of Cape Verd, the passage by Tierra del Fuego, the South Sea coasts of Chili, Peru and Mexico, the isle Guam one of the Ladrones, Mindanao, and other Philippine and East-India islands* [...] *Their soil, rivers, harbours, plants, fruits, animals and inhabitants. Their customs, religion, government.* London, 1698, 2 v.

ceniciento; en la parte inferior del tallo hay cinco hojas angostas y rígidas, de seis pulgadas de largo".

En los bosques también se encuentra el *mahot* [29], que es un árbol cuya corteza, compuesta de fibras extremadamente fuertes, sirve para hacer cuerdas. Es posible ver un árbol singular por su forma, que lo ha hecho merecedor del nombre de cirio espinoso; efectivamente sus hojas parecen un candelero compuesto de cuatro velas, es decir que su plano tiene la forma de una cruz redondeada en los ángulos; nacen, como las de la penca, unas de otras, tienen de ocho a quince pies de largo y dan un fruto que se parece mucho al higo o a la nuez verde; en Perú se ven muchas de seis caras, tal como las ha dibujado el padre Du-Tertre en su *Histoire des Antilles* [30]. El manzanillo es algo más difícil de encontrar; este árbol es uno de los más venenosos que se hayan conocido; da una manzana, hermosa a simple vista, que es un veneno; de su corteza mana una leche cuyo veneno los marineros experimentan a menudo si, al hacer leña, cortan uno de estos árboles y la leche les salta a la cara, o si tocan su madera; entonces enseguida el lugar [afectado] se inflama y los hace padecer durante varios días. Cuando las manzanas del manzanillo caen al mar y las becunas las comen, los dientes se les ponen amarillos y el pez se transforma en un veneno.

La pesca es muy abundante en muchas pequeñas ensenadas de la isla y de tierra firme, donde se puede usar la jábega [31] con facilidad. Allí hemos tomado peces de cuatro a cinco pies de largo, muy delicados, parecidos a las carpas, cuyas escamas eran más grandes que un escudo; unos las tienen redondas y se llaman *meros* *, otros las tienen cuadradas y se llaman *salemera* en portugués y *piragüera* en lengua indígena [32]. Se encuentran algunos más pequeños llamados quiareo, que tienen un hueso en la cabeza muy parecido a una haba grande; hay además una infinidad de mújoles, carangas, machoranes, gritadores, pollas de agua, gradeaux, sardinas, etc.

[29] *Mahot*: bajo este nombre, que puede adoptar las formas *maho, mahoe, mahou* y *mahout*, se conocen en América seis formas vegetales. Cf. GEORG FRIEDERICI, *Amerikanistisches Wörterbuch un Hilfsworterbuch für den Amerikanisten*. 2 Auflage. Hamburg. Gram, De Gruyter & Co., 1960, s. v. maho.

[30] DU TERTRE, *Histoire générale des Antilles habitées par les françois. Divisée en deux tomes, et enrichie de cartes et de figures par le R. P. [...] de l'Ordre des FF. Prescheurs, de la Congregation de S. Louis, Missionaires Apostholique dans les Antilles*. Paris, Thomas Iolly, 1667, tratado 3, c. III, parág. 10, t. II, p. 152.

[31] *Jábega*: 'red de más de cien brazas de largo, compuesta de un copo y dos bandas, de las cuales se tira desde tierra por medio de cabos sumamente largos' (*Acad.*).

[32] Según Jorge Marcgrave, que como se ha visto es la fuente que Frezier utiliza para las descripciones zoológicas del Brasil, los nombres portugueses de estos peces son, respectivamente, *mero* y *sallema* o *salema* (Cf. *História...*, lib. IV, cap. XIV, p. 169 y cap. VII, p. 153); por su parte *pira* es palabra indígena que significa pez (*ibídem*, lib. IV, cap. II, p. 144 y lib. VII, cap. IX, p. 276).

Un día pescamos un pez sierra (figura XVII), pez singular que lleva sobre la cabeza una especie de lámina plana, provista de puntas en ambos costados, que le sirven para defenderse de la ballena, como pudimos verlo una vez en la costa de Chile [33]; algo más de particular hay en él, y es que tiene la boca y otro orificio como los humanos.

Aunque el caballo de mar sea muy común en Europa, agrego aquí el dibujo (figura XVII), en tamaño natural, de uno que tomé con la red.

La caza es sólo un poco menos abundante que la pesca, pero es tan difícil penetrar en los bosques, que resulta casi imposible seguir la presa y encontrarla cuando se la ha abatido. Los pájaros más comunes son los *papagayos* *, muy buenos para comer; van siempre en pareja, muy cerca el uno del otro; una especie de faisanes llamados *jacús* [34], pero con un gusto mucho menos delicado; los *guaras* [35], especie de pescadores completamente rojos, de un hermoso color; otros más pequeños con una mezcla muy agradable de los más vivos colores, llamados *saiquidas*. Existe también un pájaro muy particular que tiene un pico ancho más hermoso que la caparazón de tortuga y una pluma por lengua, es el tucán, que Froger describe y también el padre Feuillée [36]. La caza más corriente que hacen los habitantes es la del mono, con el que se alimentan muy a menudo, pero la mejor para los navíos en escala es la del ganado vacuno, del que hay una gran cantidad en tierra firme, cerca de Arazatiba, como ya lo he mencionado.

Siete leguas al N de la isla Santa Catalina hay una ensenada en la que los portugueses suelen detenerse y donde fue tomada la chalupa del Saint-Clement. Cerca de allí se encuentra el puerto Guarupá, que descubrió esa misma chalupa; allí se está al abrigo de todos los vientos, como se puede ver por el plano que se me proporcionó (ver el recuadro de la figura III); es difícil de reconocer porque desde afuera sólo parece una gran ensenada, en cuyo fondo se encuentra la pequeña entrada del puerto. Como no sabíamos dónde encontrar vacas y como los portugueses, que decían haber mandado a buscarlas para nosotros a Lagoa, demoraban mucho, nos hicimos a la vela, como ya lo mencioné, el domingo 10 de abril, pero los vientos no nos permitieron salir, de manera que nos vimos obligados a fondear nuevamente, más o menos en el mismo lugar donde lo habíamos hecho la primera vez.

[33] *Como pudimos verlo una vez en la costa de Chile:* muchas evidencias como ésta, que no hemos de anotar, indican que por lo menos la redacción final de la *Relación...* fue hecha una vez terminado el viaje.

[34] *Jacú:* voz tupí, que en guaraní parece adoptar la forma *yacú* (*Cf.* G. FRIEDERICI, *Amerikanistisches...*). Así traducimos la palabra *giacotin* del original, seguramente una transliteración de la voz *jacutinga*, basándonos en la descripción de SÁNCHEZ LABRADOR, *Peces y aves del Paraguay natural ilustrado,* 1767. Manuscrito preparado bajo la dirección de Mariano N. Castex. Buenos Aires, Compañía General Fabril Editora, 1968, par. 455-59, pp. 293-294.

[35] *Guará:* voz tupí y guaraní con que se nombra el ibis bermejo (*Friederici*).

[36] FROGER, *Relation...*, p. 171 y L. FEUILLÉE, *Journal...*, t. II, p. 428.

Al día siguiente no nos vimos más favorecidos; hicimos varias bordadas hacia la isla y hacia la tierra firme con la sonda en la mano y encontramos un fondo bastante parejo; reconocimos de bastante cerca una pequeña ensenada que, al entrar, queda a estribor; allí hay un buen fondeadero de cinco o seis brazas, al abrigo de todos los vientos, y un río con agua buena, cómodo para los navíos que fondean cerca del primer islote, situado a babor al entrar, en una ensenada de arena de la isla Santa Catalina, marcado en el mapa como islote de los Loros; reconocimos, voltejeando, la gran ensenada de Tujuqua, en la que desemboca un gran río; la entrada de la ensenada parece angosta y, del lado del sur, aparecen bancos de peñascos. Al no haber podido abandonar el canal, nos vimos obligados a fondear a aproximadamente una legua y media al SO $\frac{1}{4}$ S de la isla de Gal y a media legua al ONO de la primera punta de Santa Catalina.

Finalmente, el martes 12 salimos con un buen viento del N y del NNE, que saltó al SO y calma; los vientos variaron casi continuamente hasta los 40°, donde los buenos vientos del N y del NO produjeron una bruma tan espesa que, para conservar el Marie cerca de nosotros, aun durante el día nos vimos obligados a disparar algunos cañonazos de vez en cuando; les sucedió una calma interrumpida por un suave viento del NNE y del SE, y nuevamente nos tomó la bruma a los 43° 30'.

Entre esta latitud y la del cabo Blanco, 46°, vimos muchas ballenas y nuevamente pájaros parecidos a palomas, de un plumaje blanco y negro muy regularmente distribuido, por lo que nuestros marineros los llaman *damiers* y los españoles *pardelas* *; tienen el pico largo, algo corvo y perforado en el medio por dos fosas nasales; su cola, desplegada, se parece a los chales con faralá [37] del medio luto.

Como estábamos siempre prevenidos contra las corrientes y los errores de las cartas holandesas, que sitúan el cabo Blanco 4 grados más al oeste de los que en realidad está, tal como lo han notado todos los navíos que han recalado en Santa Catalina, desde donde señalaron su ubicación, comenzamos a sondear a 43° 30' de latitud y, según mi estima, 52° 33' de longitud, punto de fondo; pero a los 46° 50' y 58° 8' de longitud, encontramos ochenta y cinco brazas de profundidad, con fondo de arena gris y rojiza, mezclada. Yo me hacía entonces, basándome en una carta manuscrita de Grifon, maestre de marina de Saint Malo, a cincuenta leguas del cabo Blanco, es decir a 321° 52' del meridiano de la isla de Hierro o 323° 32' del de Tenerife, lo que estaba bastante de acuerdo con los sondeos de algunos navíos que reconocieron este cabo; de lo que puede inferirse que, sin prestar atención a su longitud absoluta, está mal situado con respecto a la de Santa Catalina.

Hemos notado, en efecto, que la costa Desierta o de los Patagones no corre con dirección SO $\frac{1}{4}$ S y SSO, lo que ha puesto en peligro muchos

[37] *Faralá:* 'volante, adorno compuesto de una tira de tafetán o de otra tela, que rodea las basquiñas y briales o vestidos y enaguas de las mujeres' (*Acad.*).

navíos. Unas trece leguas al SO más adelante de nuestro primer sondeo, encontramos setenta y cinco brazas de profundidad, cuatro leguas más adelante por la misma ruta, setenta, luego sesenta y seis, con el mismo fondo, hasta los 49° 30′ de latitud, donde, a setenta y cinco brazas, está mezclado con guijarro grueso, guija, conchillas quebradas y piedrecillas negras y amarillas; a los 52° 20′ la arena se ennegrece un poco; sesenta y sesenta y cinco brazas de profundidad, siempre en dirección SO, con algunos grados más o menos hacia el S o hacia el O, para acercarse insensiblemente a la costa a los 52° 30′ de latitud y 65° 45′ de longitud; la arena era gris, mezclada con piedrecillas negras y rojizas, a cincuenta y cinco brazas de profundidad. La noche del 5 al 6 de mayo [38] nos pusimos al pairo, por temor a estar muy cerca de tierra, y con razón, pues al día siguiente encontramos muy cambiado el mar y, hacia la tarde, vimos una tierra baja, muy blanca y cinco o seis cerros como islas, que quedaban al OSO del mundo, a nueve o diez leguas; algunos los tomaron por el cabo de las Vírgenes, basándose en los diarios que lo sitúan a 52° 30′, aunque aparece más al norte en las cartas, pero esta opinión no correspondía con la última observación de la latitud; es mucho más probable que se tratara del cabo Espíritu Santo de la Tierra del Fuego; sondeamos y encontramos treinta y seis brazas de profundidad, fondo de arena negra mezclada con piedrecillas del mismo color.

Al día siguiente, el 7, vimos claramente la Tierra del Fuego, que costeamos a cuatro o cinco leguas de distancia; es de altura media, escarpada, con acantilados a la orilla del mar, parece poblada de bosquecillos; por sobre esta primera costa se ven altas montañas, casi siempre cubiertas de nieve. Se puede determinar que el rumbo de esta costa de la isla del Fuego es NO¼N y SE¼S del mundo, desde el estrecho de Magallanes hasta el de Le Maire [39], corrigiendo un medio rumbo o 23° de variación NE.

Después de haber costeado la Tierra del Fuego hasta cinco o seis leguas del estrecho de Le Maire, nos estuvimos a la capa [40] durante la noche, a unas cuatro leguas mar adentro, para esperar y pasarlo a la mañana siguiente; allí teníamos cuarenta brazas de profundidad, fondo de corriente o de gruesa arena limpia. Durante la noche soportamos terribles turbonadas del S y del O, en ráfagas, que nos traían la nieve y la escarcha de las montañas más cercanas de la tierra; no obstante lo cual derivamos [41] poco, señal cierta de que la corriente no era violenta o de que llevaba a barlovento, lo que es poco verosímil a causa del rumbo de la costa, que es opuesto.

[38] *Mayo:* en el original *mars* por error no salvado en *Fautes à corriger.*

[39] *El de Le Maire:* en el original *du Maire* por error salvado en *Fautes à corriger,* que repone *de Maire* o *de le Maire.*

[40] *Estarse a la capa:* 'disponer las velas de la embarcación de modo que ande poco o nada' (*Acad.*).

[41] *Derivar:* 'desviarse el buque de su rumbo' (*Acad.*).

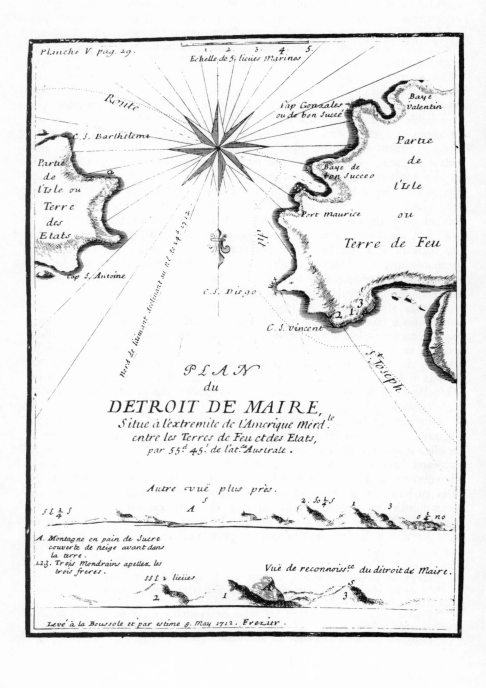

Planche V. pag. 29.

Echelle de 5. lieues Marines

Route

C. S. Barthelemi

Partie
de
l'Is le ou
Terre
des
Etats

Cap S. Antoine

Baye
Valentin

Cap Gonzales
ou de bon Succé

Partie
de
l'Is le
ou

Baye de
bon Succeo

Port maurice

Terre de Feu

Nord de l'aimant declinant au N.E. de 24. 1712.

C. S. Diego

C. S. vincent

2. 1. 3.

S.t Joseph

PLAN
du
DETROIT DE MAIRE,
Situe à l'extremite de l'Amerique Merdle.
entre les Terres de Feu et des Etats,
par 55.d 45.' de l'at.de Australe.

Autre vuë plus près.

SE ⅓ S   S   2. So ¼ S   1   3
         A   0 ¼ no

A. Montagne en pain de Sucre
   couverte de neige avant dans
   la terre.
1.2.3. Trois Mondrains apellez les
   trois freres.   Vuë de reconnoiss.ce du detroit de Maire.

SS E 2 lieues

2   1   3

Levé à la Boussole et par estime 9. May 1712. Frezier.

El domingo 8 nos hicimos a la vela para ir a buscar el estrecho de Le Maire; lo reconocimos fácilmente por tres cerros similares, llamados los Tres Hermanos, contiguos unos a otros en la Tierra del Fuego, por sobre los cuales se ve una alta montaña en forma de pan de azúcar, cubierta de nieve y metida adentro en la tierra.

Aproximadamente una legua al E de esos cerros se ve el cabo San Vicente, que es una tierra muy baja; luego otro pequeño cabo, también bajo, que se llama cabo San Diego. Aunque fundándome en cartas manuscritas españolas muy antiguas, posiblemente tomadas del descubrimiento de los Nodales [42], he tenido motivos para creer que el cabo San Vicente está situado mucho más al norte y que aquél al que se le ha dado ese nombre es el San Diego.

Cuando se está al NNO y al N de estos pequeños cabos bajos, a medida que uno se acerca se ve el estrecho de Le Maire, que ellos cubren del lado de la tierra de los Estados, abriéndose poco a poco, hasta que finalmente, a tres cuartos de legua al este del primero, se ve toda la abertura. Esta observación es necesaria para tomar el estrecho, porque varios navíos y últimamente el Incarnation y el Concorde, han creído pasar por él, aunque en realidad se encontraban al este de la tierra de los Estados y creían verse del lado oeste, confundidos por unos cerros semejantes a los Tres Hermanos y algunas ensenadas parecidas a las de Tierra del Fuego.

Tan pronto como estuvimos al este del cabo San Vicente, encontramos una marea fuerte y rápida como una gran marejada, que nos hacía cabecear tan bruscamente que el mastelerillo de la cebadera [43] entraba

[42] En enero de 1619 los hermanos Bartolomé García de Nodal y Gonzalo de Nodal fueron los primeros marinos españoles en reconocer el estrecho de Le Maire; desde allí alcanzaron el Mar del Sur por el cabo de Hornos y regresaron a España a través del estrecho de Magallanes, que anteriormente sólo había sido navegado de oeste a este por Sarmiento de Gamboa. De este viaje dejaron una relación impresa en Madrid, en 1621, que citamos según la segunda edición: *Relación del viaje que hicieron por orden de Su Majestad y acuerdo de el Real Consejo de Indias al descubrimiento del estrecho nuevo de San Vicente, que hoy es nombrado de Le Maire, y reconocimiento del de Magallanes.* Cádiz, 1766. Ésta expedición siguió los pasos de la realizada entre 1615 y 1617 por los holandeses Jacobo Le Maire y Guillermo Schouten quienes, en enero de 1616, descubrieron y bautizaron el estrecho de Le Maire y el cabo Horn (Hornos), éste último según el nombre del barco de Schouten que se había incendiado en puerto Deseado. Los hermanos Nodal llevaron en su viaje el diario de la expedición holandesa, escrito por Aris Classen, comisario de la flota, y publicado en holandés en 1617. Cf. la reimpresión de la primera edición española, Madrid, 1619: *Relación diaria del viaje de Jacobo Le Maire y Guillermo Cornelio Schouten en que descubrieron nuevo estrecho y pasaje del Mar del Norte al Mar del Sur, a la parte austral del estrecho de Magallanes.* Reimpresa con una nota bibliográfica de J. T. Medina. (En: José TORIBIO MEDINA, *Viajes relativos a Chile.* Traducidos y prologados por [...]. Ordenados y precedidos de unas Notas para una bibliografía sobre viajeros relativos a Chile por Guillermo Feliú Cruz. Santiago de Chile, Fondo Histórico y Bibliográfico José Toribio Medina, 1962, t. I, pp. 1-47).

[43] *Mastelerillo de la cebadera. Mastelerillo:* 'palo menor o percha que se coloca en muchas embarcaciones sobre los masteleros'; *cebadera:* 'vela que se envergaba en una percha cruzada bajo el bauprés, fuera del barco' (*Acad.*).

en el agua; pero como estábamos informados del curso de la marea, que es de seis horas o de seis horas y media, habíamos tomado nuestras precauciones y costeamos la Tierra del Fuego a una legua y cuarto a lo sumo. Entramos felizmente [en el estrecho] con el flujo que lleva rápidamente hacia el sur y se divide en dos corrientes, una de las cuales se dirige hacia el estrecho, que sólo tiene de seis a siete leguas de ancho, y la otra se lanza hacia el este, a lo largo de la tierra de los Estados.

Más o menos en el centro del estrecho se ve el puerto Mauricio, pequeña ensenada de aproximadamente media legua de ancho, en el fondo de la cual, del lado del norte, hay un pequeño río donde se puede hacer una aguada muy buena y se obtiene leña con facilidad.

Al lado de esta ensenada, un cuarto de legua más al sur, se ve la bahía de aproximadamente una legua de abertura y mucho más profunda, que tomamos por el puerto de Buen Suceso y otros toman por la bahía Valentín, donde fácilmente se obtiene agua y leña, incluso una madera blanca y liviana con la que podrían hacerse masteleros [44].

Parece que el puerto de Buen Suceso debe ser la primera ensenada que se encuentra al salir, después de haber dejado atrás el cabo González o de Buen Suceso; el nombre por sí solo parece resolver la duda que podría presentarse acerca de la posición de la bahía Valentín y de esta última, porque era efectivamente un buen suceso para los Nodales, que la descubrieron, el hecho de haber pasado el estrecho de Le Maire y de encontrar, más allá, una buena bahía, donde se podía fondear con seguridad. Sea cual fuere el nombre, varios navíos recalaron allí y últimamente, el 6 de noviembre de 1712, el Reine d'Espagne fondeó a la entrada, en diez brazas de profundidad, fondo de arena fangosa; hizo aguada en un pequeño río situado a babor hacia adentro, era algo rojiza en apariencia, pero se tornó clara y buena; allí también obtuvieron leña y vieron que era adecuada para hacer masteleros. Los salvajes que vinieron a verlos no les hicieron ningún mal; están completamente desnudos, aunque la región es extremadamente fría; algunos llevan sus vergüenzas cubiertas con una piel de ave, y otros cubren sus hombros con una piel, tal como Froger pinta a los de Magallanes [45]; son casi tan blancos como los europeos. El Saint-Jean Baptiste, comandado por Villemorin, de Saint-Malo, informa lo mismo acerca de los que vieron en el estrecho de Le Maire, en mayo de 1713. Tomados por la calma en medio del estrecho y arrojados por la marea muy cerca de tierra, dos piraguas de los salvajes de la isla del Fuego subieron a bordo; mostraron una extraña predilección por el rojo y, al mismo tiempo, una osadía extraordinaria, pues el que subió primero, al ver un gorro rojo sobre la cabeza de un oficial que venía a recibirlos, se lo quitó descaradamente y lo puso

[44] *Mastelero:* 'palo o mástil menor que se pone en los navíos y demás embarcaciones de vela redonda sobre cada uno de los mayores, asegurado en la cabeza de éste' (*Acad.*).

[45] FROGER, *Relation...*, pp. 100-102.

bajo el brazo; otro, al ver la cresta roja de las gallinas, se las arrancaba para llevárselas; en la chalupa querían quitar a un oficial los pantalones rojos que llevaba puestos; finalmente esa gente parecía robusta, mejor conformada que los indios de Chile, y las mujeres que tenían con ellos, más bellas; todos grandes ladrones. Sus piraguas estaban hechas con corteza de árbol cosida con mucha habilidad. Despreciaron todo lo que se les ofreció para comer y mostraron gran temor por los cañones, cerca de los cuales hacían gestos de gente asustada, aparentemente por haber visto disparar a algunos navíos que hacían escala; en efecto, un oficial de Brunet me contó que al matar una gaviota con un disparo de fusil, los salvajes se echaron todos al suelo del susto.

Hacia el mediodía, cuando estábamos al este de la bahía Valentín, la marea se nos volvió en contra y no pudimos contrarrestarla con un buen viento del SO, que algo más tarde se enfureció con ráfagas y horrendas turbonadas, de modo que teníamos la lid en el agua debajo de dos velas bajas con los rizos adentro; no obstante era necesario hacer fuerza de vela para doblar el cabo San Bartolomé que es el más austral de la tierra de los Estados. Gobernábamos al SSE de la brújula y el rumbo apenas se mantenía al ESE, llevado por la violencia de la corriente del reflujo, que costea la tierra de los Estados del lado sur y entra de ese lado en el estrecho de Le Maire. Finalmente doblamos el cabo y al amanecer lo teníamos al NO, a unas dos leguas; pero el tiempo se puso impetuoso y nos vimos obligados a ponernos a la capa, bajo la vela mayor, un rizo adentro, con una preocupación terrible por nuestras vidas, al sabernos tan cerca de tierra y en la dirección del viento; entonces hasta los más intrépidos reflexionaban, ya que sólo se esperaba, por así decirlo, el momento de verse arrojados a la costa, durante una noche cerrada y con un tiempo espantoso, sin esperanzas de poder apartarse. Las cartas nos auguraban una pérdida inevitable, pero, felizmente para nosotros, el lado sur de la tierra de los Estados no tiene dirección ESE y ONO, como ellas indican; sólo corre de E a O del mundo e incluso se dirige algo al N, cerca del cabo San Bartolomé, como lo habíamos observado antes de la noche. Efectivamente, estándonos a la capa debíamos derivar al E $\frac{1}{4}$ SE del mundo, y habríamos naufragado inevitablemente.

A todo esto se podría responder que la misma corriente que nos llevaba a lo largo de la costa de los Estados, ha podido impedirnos derivar tanto al NE como lo habríamos hecho en otra parte, porque debe correr como la costa, cerca de la tierra y debió mantenernos, en consecuencia, a la misma distancia. Esta opinión sería probable si otros navíos hubieran reconocido mejor que nosotros la derrota de que hablamos. Por lo demás es evidente que derivamos mucho hacia el este, ya que en torno de las nueve de la mañana, cuando el tiempo se había aclarado un poco, no vimos más la tierra, aunque no debíamos de estar, a lo sumo, sino a dos leguas al S o al SE de tierra, si la costa tiene trece o catorce leguas de largo desde el estrecho, tal como lo aseguran quienes la han costeado.

45

Cuando comenzábamos a tranquilizarnos y a alegrarnos de haber escapado del naufragio, no dejábamos de inquietarnos por el Marie que habíamos dejado al amanecer a sotavento, y abatido [46] a una legua de la costa; pero nuestra alegría fue completa, cuando lo volvimos a ver a la mañana siguiente, había sufrido mucho con el mal tiempo, la caña del timón se había partido, y el espolón [47] se había quebrado. Como a esta terrible tormenta sucedió la calma, tuvimos la facilidad de enviarle carpinteros para ponerlo en condiciones de soportar los golpes de mar, de los que no había tenido todavía sino una pequeña experiencia.

Al venir luego los vientos del NNO al NNE, por el N, buen viento, en veinticuatro horas recuperamos una parte del camino que habíamos perdido a la capa. Desde los 43° 30′ hasta los 57°, no habíamos tenido vientos del lado del E y casi ningún día bueno, pero sí un tiempo variable y nublado, los vientos soplando continuamente del N al S por el O, buen viento, salvo desde los 46° y hasta los 50°, en que tuvimos dos días de viento flojo. Esta turbonada del NNE, nos pareció tanto más agradable cuanto que no esperábamos más de ese lado y que nos sacaba de unas aguas en las que habíamos visto el peligro desde muy cerca.

Este buen viento saltó al SE, con violencia, y nos obligó a estarnos algunas horas a la capa; se suavizó no obstante y lo aprovechamos durante veinticuatro horas, contentos de soportar el frío agudo que nos traía, y el traqueteo de un mar espantoso, pero que nos impulsaba hacia nuestro rumbo; pronto volvió al S y al SSO, tan fuerte que apenas podíamos sostener las velas con los rizos.

El 14 de mayo a 58° 5′ de latitud, y 64° o 61° de longitud, perdimos de vista el Marie. Creímos que habría virado para dirigirse hacia el O; viramos una hora después para buscarlo, pero fue en vano: no volvimos a verlo hasta Concepción.

El 17, con vientos del SO, durante la noche, marchamos hacia el SE ¼ S, por miedo de encontrar las islas Barneweldt [48], que algunos manuscritos sitúan por los 57° de latitud, porque la bruma, el fuerte viento y el mar bravo no nos habrían permitido recuperarnos si nos hubiéramos encontrado sobre las islas, abatidos; veinticuatro horas después los vientos se acercaron del S y nosotros nos dirigimos al NO.

Estimábamos que nos encontrábamos a 57° 30′ de latitud y 69° o 66° de longitud, cuando en medio de un fuerte viento y de un tiempo brumoso, una hora y media después de la medianoche, el cuarto de estribor vio un meteoro desconocido aun para los navegantes más antiguos que

[46] *Abatir:* 'desviarse un buque de su rumbo a impulso del viento o de una corriente' (*Acad.*).

[47] *Espolón:* 'punta en que remata la proa de la nave' (*Acad.*).

[48] "*Barneweldt,* o San Bernardo: Isla pequeña, estéril e inhabitada, al S. de la Tierra del Fuego, y al N. de la isla de Diego Ramírez; la descubrieron los holandeses bajo la conducta del capitán Enrique Brun, el año de 1616, y fabricaron un fuerte pequeño que abandonaron luego [. . .]", A. DE ALCEDO, *Diccionario...,* t. I, p. 144.

se encontraban presentes; era un resplandor diferente del fuego de San Telmo y del relámpago, que duró alrededor de medio minuto e hizo sentir algo de calor. Esta novedad, en medio del frío y de un fuerte viento, intimidó a la mayoría de nosotros que cerró los ojos, ellos sólo hablaban de una especie de relámpago cuya luminosidad se hacía sentir aun a través de los párpados; los otros, más audaces, aseguraban haber visto un globo de una claridad azulada y muy viva, de unos tres pies de diámetro, que se disipó por entre los obenques [49] de la gavia [50].

Todo el mundo creyó que era un presagio de tormenta pero esta profecía no me conformaba: el tiempo era bastante malo como para temer uno peor, ya que además de hacer frío y de estar el mar extremadamente bravo y de fondo, teníamos los vientos contrarios, lo que nos obligaba a voltejear y virar a cada rato, sin poder avanzar nada en longitud; no obstante los tres días subsiguientes no fueron peores, el cuarto tuvimos varias horas a la capa, un rizo adentro, pero como los vientos, que habían variado del O al SSO, pasaron al NO, el tiempo se tornó suave y se aclaró un poco. El 23 y el 24 nos llevaron a los 58° de latitud desde los 59° donde estábamos detenidos desde hacía largo tiempo; el 25 también nos vimos obligados a estar algunas horas a la capa, y el 26 nos detuvo una calmería.

Yo comenzaba entonces a halagarme con la esperanza de estar pronto fuera de estos parajes horrendos, porque contábamos con haber pasado 9° o 10° la latitud del cabo de Hornos, es decir, casi cien leguas, cuando nos llegó un viento del NO y del ONO tan impetuoso y un mar tan horrendo que nos vimos obligados a amainar el trinquete [51], el mastelero de sobremesana [52] y hasta el palo del pabellón. Fastidiado y fatigado por tan larga navegación, me sentí preso de una tristeza mortal por haberme expuesto a tan rigurosas incomodidades, no sólo afectado por los males presentes, sino también espantado por el porvenir, si, como algunos navíos, nos veíamos obligados a recalar e invernar en el Río de la Plata, horrible por el mal fondeadero, las ráfagas de viento, los bancos de arena y los naufragios en que se habían encontrado algunos de nuestros oficiales. Comparaba la tranquilidad de la vida de los más miserables de la tierra, con la de un caballero en un buque en tiempos de tormenta; los hermosos días de que gozábamos en Europa el 27 de mayo, con los días oscuros que sólo duraban seis horas y apenas iluminaban algo más que una hermosa noche; la belleza de los campos cubiertos de flores, con el horror de las olas que se levantaban como terribles montañas; el dulce reposo de que se goza sobre un verde césped, con la agitación y las

[49] *Obenque:* 'cada uno de los cabos gruesos que sujetan la cabeza de un palo o de un mastelero a la mesa de guarnición o a la cofa correspondiente' (*Acad.*).

[50] *Gavia:* 'vela que se coloca en el mastelero mayor de las naves, la cual da nombre a éste, a su verga, etc., (*Acad.*).

[51] *Trinquete:* 'verga mayor que se cruza sobre el palo de proa y vela que se larga en ella' (*Acad.*).

[52] *Sobremesana:* 'vela del palo mesana' (*Acad.*).

47

dificultades continuas de un balance[53] tan violento que a menos que uno se asiese de alguna cosa bien amarrada, no se podría estar de pie, sentado, ni acostado, y que nos atormentaba desde hacía casi un mes sin descanso. Todo esto unido al recuerdo de la horrible noche en el estrecho de Le Maire, me abatió de tal manera que cedía a la tristeza; entonces me aplicaba a esos lamentos de Europa y de Horacio, oda 27 del libro 3 y sátira 6 del libro 2:

> [. . .] *meliusne fluctus*
> *ire per longos fuit an recentes*
> *carpere flores?*

> *O rus, quando ego te aspiciam quando que licebit*
> *nunc veterum libris, nunc somno et inertibus horis*
> *ducere sollicitae iucunda oblivia vitae?*[54]

Felizmente esta tormenta sólo duró veinticuatro horas, después de lo cual, como los vientos del NO giraron al O, y los del S al ESE, buen viento, hecho que es raro en estos parajes, alcanzamos los 51° de latitud y los 84° u 82° de longitud, según nuestra estima, de modo que estuvimos en condiciones de servirnos de los vientos del SO y del SSO, que son los más frecuentes. Tres hermosos días nos dejaron respirar un poco, después de tantos problemas; el último, que era el 2 de junio, vimos en nuestro cuarto de babor, dos horas después de medianoche, una luminosidad como un cohete que corría desde el grímpola[55] del palo de mesana hasta el centro de los obenques, donde se disipó en un instante.

Al día siguiente los vientos, que habían girado desde el SE al NE, por el S y por el O, luego de haber soplado violentamente al ESE, se amortiguaron en una calmería[56] con mar muy agitado por las olas y tomaron durante otros tres días una dirección diferente, del N al S por

[53] *Balance:* 'movimiento que hace la nave de babor a estribor, o al contrario' (*Acad.*).

[54] "[. . .] ¿fue mejor ir a través de las inmensas olas o recoger las flores nuevas?", versos 42-44 de la mencionada oda, transcriptos según el texto de HORACE, *Odes et épodes* (Texte établi et traduit par F. Villeneuve. Paris, Société d'édition "Les belles lettres", 1964, p. 141). Corresponden a los que Horacio pone en boca de Europa, hija de Agenor, rey de Tiro, la que lamenta su hogar perdido al encontrarse en Creta, luego de haber sido raptada por Júpiter, quien para ello ha tomado la forma de un toro y la ha conducido por sobre los mares (*Cf.* J. LEMPRIÈRE, *Classical Dictionary of Proper Names mentioned in Ancient Authors.* London, 1963).

"Oh campo, ¿cuándo te veré y cuándo será lícito, ora a los libros de los antiguos, ora al sueño y a las horas perezosas, conducir mis dulces olvidos de una vida inquieta?", versos 60-62 de la mencionada sátira, transcriptos según el texto de HORACE, *Satires.* (Texte établi et traduit par F. Villeneuve. Paris, Société d'édition "Les belles lettres", 1966, p. 194). En ellos, Horacio, que ha sido dotado por Mecenas del dominio de la Sabina, aspira a la paz de su dulce refugio.

[55] *Grímpola:* 'gallardete muy corto que se usa generalmente como cataviento' (*Acad.*).

[56] *Calmería:* 'calma o falta de viento en el mar' (*Acad.*).

el E, tan pronto buen viento, tan pronto viento flojo, y terminaron, hacia S $\frac{1}{4}$ SO en torno de los 45° de latitud, en una calmería, con mar muy bravo. Finalmente, luego de haber resistido durante dos días una gruesa ola que venía del N, a favor de los vientos del E y del S, llegamos a los 40° 40′ de latitud, donde mucho nos sorprendimos de ver la tierra cincuenta leguas antes de lo que pensábamos, siguiendo la carta manuscrita de Saint-Malo, que habíamos encontrado mejor que las holandesas hasta el estrecho de Le Maire. Efectivamente, después de haber reconocido que Pieter Goos alejaba la costa de los Patagones sesenta leguas más al O, con respecto al Brasil, lo habíamos abandonado; no obstante según su longitud aterramos justo con el navío.

Las cartas manuscritas de las que acabo de hablar, han sido corregidas en lo que se refiere al cabo Blanco, y al estrecho de Le Maire, en base a los diarios de los navíos de Saint-Malo que han hecho el viaje del Mar del Sur y que coinciden todos bastante bien en la longitud de uno y de otro. No sé si esa concordancia general puede tomarse como un juicio valedero, pues se advierten corrientes a lo largo de toda la costa. Desde los 32° hasta los 35° de latitud, avanzábamos algo menos que nuestra estima; esto podría ser un efecto producido por el error de la corredera, pero, contrariamente, desde los 37° hasta los 41° nos adelantábamos hacia el S [con respecto a la estima] de seis a siete leguas cada cincuenta, y, tres días después, dieciséis leguas y media cada setenta de estima, es decir aproximadamente la cuarta parte, luego menos; de modo que a los 49° 50′, las alturas coincidían muy bien con la estima hasta el estrecho de Le Maire, que encontré en la longitud de 61° 35′, que responden a los 318° 25′ de la isla de Hierro, o 316° 45′ del meridiano de Tenerife. De allí en adelante, dudo que las cartas hayan podido ser justificadamente corregidas en lo que hace a la longitud del cabo de Hornos y de la costa de Chile, ya que los navíos que la recorrieron aseguran haber encontrado corrientes que los han llevado al E, cuando ellos creían ir hacia el O, de allí provienen esas diferencias en las cartas que señalan cien leguas de distancia entre el estrecho y el Cabo de Hornos, y mientras que las manuscritas sólo indican de cuarenta a cincuenta. Lo que es realmente seguro, es que está a 55° 50′ de latitud, o 56° a lo sumo, aunque en todas las cartas marinas impresas está situado a 57° 30′ o 58°. La distancia de este cabo a la costa de Chile es todavía poco conocida, porque hay pocos navíos que hayan alcanzado la costa del Fuego de ese lado; la prudencia sugiere incluso no exponerse a ello, pues los vientos vienen generalmente del SSO al O, tan fuertes, que podrían arrojarlos a la costa; hay no obstante un canal por donde uno podría salvarse en el estrecho de Magallanes; este canal fue descubierto por casualidad el 25 de mayo de 1713, por la tartana Sainte-Barbe, como lo diremos en otra parte [57].

[57] Véase el primer capítulo de la tercera parte, *Partida de Concepción,* y la carta de la figura XXXII.

Según la observación astronómica del padre Feuillée que sitúa Concepción a 75° 32′ 30″ de longitud [58], es decir, veinticinco leguas más al O que las cartas manuscritas corregidas, suponiendo que la longitud del estrecho de Le Maire es la que he mencionado anteriormente, y treinta y cinco leguas más al E que las de Pieter Goos, nuestro error sólo era de aproximadamente treinta leguas. Es evidente, como dije, que la noche que salimos de este estrecho, abatimos considerablemente al E, no sólo porque al día siguiente no avistamos tierra alguna, sino también porque, con una estima de diez o doce leguas, nos encontramos ocho minutos más al N. Por el contrario, dos días después, a 57° 26′ de latitud, nos encontramos 22′ más al S, con una estima de setenta leguas de camino; luego durante largo tiempo, las corrientes no nos afectaron, pues después de haber pasado siete días sin observaciones, casi siempre por razones de mal tiempo, de haber volteado estando a la capa y de haber corrido alrededor de ochenta leguas marinas en longitud, a 59° 20′ no encontramos ninguna diferencia y casi ninguna tres días después, a 55° 40′; pero, después de no haber visto el sol durante ocho días, nos encontramos 27′ más al S que la estima, es decir, a 53° 6′, y posiblemente a 84° u 82° de longitud.

Según este error y los precedentes, es posible conjeturar que existen dos corrientes, una formada por el Mar del Sur, y la otra por el Mar del Norte; esta última debe dirigirse desde Santa Catalina hasta la Tierra del Fuego, hacia el SSO y, a partir del estrecho, hacia el SE y ESE, estando determinada esta dirección por la costa de los Patagones, luego por la nueva tierra de las islas de Sebald y por las del Fuego y de los Estados. La del Mar del Sur debe seguir aproximadamente el rumbo de la Tierra del Fuego desde el cabo de Pilares hasta el cabo de Hornos, y desde allí se debe desviar hacia el E y ENE a lo largo de las islas Barneweldt y de los Estados, como la experiencia nos lo ha demostrado. Se infiere también que parte de la corriente debe de ser captada por la del extremo de las tierras en la parte sur de Chile; lo que también concuerda con la experiencia pues, cuando aterramos, estábamos aún 20′ más al sur que nuestra estima.

Por lo demás, no pretendo determinar la dirección particular de las corrientes; como es fácil comprender, éstas no son siempre de la misma intensidad y, cerca de tierra, cualquier motivo puede alterarlas. Lo que puedo asegurar, es que cerca del cabo de Hornos, deben llevar hacia el NE, pues nuestro Marie se encontró en la isla Diego Ramírez, no sólo cuando creía estar a cuarenta leguas, según Pieter Goos que la sitúa a más de treinta leguas al oeste de lo que la ubican las manuscritas, sino también cuando calculaba encontrarse casi dos grados más al sur, aunque posiblemente se haya equivocado y haya tomado la Barneweldt por Diego Ramírez.

[58] L. Feuillée, Journal..., t. I, pp. 363-364.

De este modo todo navío que, viniendo del E, quiere doblar el cabo de Hornos, debe tomar siempre al S y al O, una mitad más de lo que estime necesario, sea porque siempre reinan los vientos del O, sea para precaverse de las corrientes que pueden retrasarlo, como efectivamente ha sucedido a muchos navíos que se encontraron con tierra cuando creían haber doblado y estar entre cuarenta y cincuenta leguas mar adentro, de donde proviene seguramente el error de las cartas holandesas, que exceden en la mitad la distancia que separa el estrecho de Le Maire y el cabo de Hornos.

Sea lo que fuere, fuimos muy afortunados al no encontrar las tierras brumosas y un viento violento del O pues al amanecer, cuando la aguja del compás se dirigía al N, es decir, al N $\frac{1}{4}$ NE del mundo, íbamos a precipitarnos en una punta que quedaba a tres o cuatro leguas al N $\frac{1}{4}$ NE y que tomamos por la punta de las Ballenas, porque teníamos otra al E que podía ser la de San Marcelo. Finalmente observamos tres o cuatro islotes a nuestras espaldas, al SSE, que aparentemente eran los de la entrada de Chiloé, que los españoles llaman *Farellones de Carelmapu* *, de los que nosotros habíamos pasado a sólo la mitad de la distancia de un tiro de cañón, durante la noche, que fue muy negra. Sorprendidos al vernos tan cerca de tierra, nos orzamos primeramente hacia un buen viento del OSO mezclado con algunas turbonadas de lluvia y granizo; de este modo, nos alejamos poco a poco, porque la costa se dirige hacia el NNE. Al anochecer, incluso determinamos la posición de una punta al SE $\frac{1}{4}$ E, a nueve o diez leguas, y otra a aproximadamente ocho leguas al NE $\frac{1}{4}$ N del compás, que aparentemente era la de Galera, donde comienza a formarse la desembocadura del río Valdivia. Mucho hubiese deseado ver ese puerto, que por sus ventajas naturales y por las fortificaciones que allí se hicieron es el más hermoso y el más protegido de toda la costa del Mar del Sur; pero como no es una buena escala para los navíos que tienen necesidad de reabastecerse de víveres, porque no hay vino y hay poco trigo, sólo pensamos en proseguir nuestra ruta hacia Concepción.

No obstante para satisfacer mi curiosidad, busqué un plano de este puerto (figura VI), que incluyo aquí, en el relato que me hicieron de él los oficiales de nuestro Marie, que recaló en él dos días más tarde, como lo mencionaré en el momento oportuno.

DESCRIPCION DEL PUERTO DE VALDIVIA

A tres leguas hacia el E de la punta de la Galera (véase figura VI), hay un morro llamado Gonzalo, sobre el que se levanta una batería; al NE $\frac{1}{4}$ N de éste está el morro Bonifacio. En estos dos morros comienza la desembocadura del río Valdivia, que puede tener alrededor de cuatro leguas de ancho en ese sitio, pero acercándose las dos costas hacia el

SSE, sólo forman un brazo de mar de aproximadamente media legua de ancho, cuya entrada está defendida por cuatro fuertes, dos de cada lado, y particularmente por el primero de babor, llamado Niebla, que se debe tomar muy de cerca para evitar los bancos de arena que se adelantan hasta un tercio del canal desde el pie del Amargos que es el [fuerte] de estribor.

Si se quiere luego anclar en el puerto Corral, se gira a estribor hasta el pie del fuerte del mismo nombre y se fondea en cuatro brazas de profundidad; si [en cambio] se quiere ir hasta delante de la ciudad, es decir al sitio más cercano, se pasa entre el fuerte Niebla y el Mancera, que está en la isla Constantino Pérez, tomando luego el costado sur de una gran isla, detrás de la cual, en tierra firme, hay un puerto tan cómodo que en él se desembarcan las mercaderías sobre un pontón sin el auxilio de las chalupas.

Desde el puerto Corral las chalupas tienen un camino la mitad más corto a través del canal que forma esta gran isla y la tierra de babor; los navíos no pasan por allí por temor a los bancos que hay hacia el medio. En cualquier lugar en que se haya anclado se está siempre al abrigo de todos los vientos porque, sobre un fondo de lama dura, el fondeadero es bueno y porque no hay mar de fondo, excepto cerca del puerto Corral con temporal del N. En todo lugar se hace aguada con comodidad; madera hay en abundancia, no sólo para el fuego, sino también para la construcción de los navíos; la tierra, que está cultivada, es allí muy fértil en granos y en legumbres; las uvas en verdad no maduran, pero a falta de vino se puede suplirlo por sidra, como en algunas provincias de Francia, ya que hay una cantidad tan grande de manzanos que se encuentran bosquecillos de ellos.

Las ventajas de este puerto decidieron a los españoles a construir muchos fuertes para defender su entrada de las naciones extranjeras, porque la consideran la llave del Mar del Sur. Efectivamente, los holandeses quisieron establecerse allí para asegurarse un refugio que pudiese facilitarles el acceso a este mar. En 1643 se adueñaron de él pero, debilitados por la escasez, por las enfermedades y, sobre todo, por la muerte de su jefe [59], fueron constreñidos a retirarse y a abandonar su bagaje y treinta piezas de artillería, una vez informados del auxilio que enviaba el marqués de Mancera, virrey del Perú [60].

[59] Hendrick Brouwer, Enrique Bruno para los españoles, partió de Texel en noviembre de 1642 al mando de una expedición destinada a establecerse en Valdivia para extraer de allí oro, cochinilla, vicuña y salitre con destino a Pernambuco, que entonces se encontraba en poder de los holandeses. A comienzos de 1643 reconocieron Chiloé y luego Castro, que encontraron en ruinas. Allí murió Brouwer y fue sustituido por su segundo, Elías Herckmans, quien pactó con los araucanos contra los españoles. Los indígenas destruyeron Valdivia, pero la alianza con los holandeses se resintió y éstos se vieron obligados a regresar a Pernambuco. (Cf. E. MORALES, Historia..., pp. 169-172).

[60] Don Pedro de Toledo y Leiva, marqués de Mancera, virrey del Perú entre 1639 y 1648 (Cf. A. DE ALCEDO, Diccionario..., t. III, p. 181).

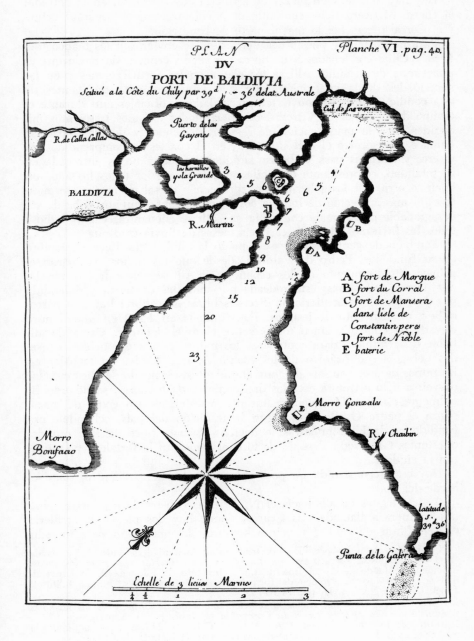

PLAN
DV
PORT DE BALDIVIA
Scitué a la Côte du Chily par 39ᵈ — 36′ de lat. Australe

R. de Calla Callas

Puerto de los
Gayenes

BALDIVIA

las harnillos
y la Grande

3
4
5 6
6
7
7
8
9
10
12
15
20
23

R. Marin

Cul de Sac voreux

4
5

B

A

A *fort de Morgue*
B *fort du Corral*
C *fort de Mansera*
  dans l'isle de
  Constantin peras
D *fort de Nieble*
E *baterie*

Morro
Bonifacio

E Morro Gonzales

R. Chaibin

latitude
S. 39ᵈ 36′

Punta de la Galera

Echelle de 3 lieues Marinas

¼ ½ 1 2 3

Hoy hay más de cien piezas de artillería que se cruzan en la entrada; el fuerte Mancera tiene cuarenta, el Niebla treinta, el Amargos veinte y el Corral dieciocho, la mayor parte de fundición.

Para no dejar este puesto desguarnecido, se envían allí los blancos del Perú y Chile condenados a destierro por algún crimen, de modo que es una suerte de presidio. Allí se los ocupa en las fortificaciones y en las necesidades de la guarnición, que sólo está compuesta por gentes de esta condición, que se convierten en soldados y oficiales aun durante el tiempo de su pena. El Virrey debe enviar todos los años trescientos mil escudos para la manutención de las fortificaciones y de las tropas; se llama a este socorro el *real situado* *, en el cual están comprendidos los víveres y las telas para vestirlas; aunque esta suma no es entregada en su totalidad, el presidente de Chile no deja de enviar todos los años un buen socorro, que los gobernadores aprovechan de tal modo que ese puesto es el más apetecido de toda la costa por su renta, aunque debe de ser desagradable por la mala compañía que allí se encuentra, y muy tedioso todos los inviernos, durante casi seis meses de lluvia continua.

También de gente exiliada se repobló la ciudad que lleva el nombre de su fundador, Pedro de Valdivia, desde que los indios arruinaron el primer establecimiento de los españoles [61]. Allí se cuentan hoy alrededor de dos mil almas; está rodeada por murallas de tierra y defendida por doce piezas de artillería de dieciséis libras de calibre; hay una parroquia y un convento de jesuitas. Fue fundada en 1552 en una llanura elevada de cuatro a cinco toesas sobre el nivel del mar. Cerca de allí había una fortaleza para contener a los indios, pero esos pueblos, cansados del gobierno tiránico de los españoles, que los hacían trabajar en las minas de oro, que son allí muy abundantes, exigiendo de ellos el valor de veinticinco a treinta escudos diarios por cada hombres, sacudieron finalmente ese horrible yugo, mataron a Valdivia de un golpe de maza, según el padre Ovalle [62], o, según la tradición del país, echándole oro fundido en la boca mientras le decían: "sáciate pues de este oro del que tenías tanta sed", después de lo cual arrasaron la fortaleza y saquearon la ciudad.

Hoy está reconstruida un poco más adelante, tierra adentro, sobre el borde del río.

A siete leguas de allí hacia el NNE se ha construido un fuerte sobre una eminencia llamada Las Cruces, donde hay dos piezas de artillería de seis libras de calibre y veinte hombres de guarnición para impedir

[61] Con respecto a la "pérdida y destrucción de la ciudad de Valdivia" acaecida en 1599, cf. Inca Garcilaso de la Vega, *Comentarios reales de los incas*. Edición al cuidado de Angel Rosenblat, del Instituto de Filología de la Universidad de Buenos Aires. Prólogo de Ricardo Rojas. Buenos Aires, Emecé Editores, 1943, l. VI, c. XXV, t. II, pp. 140-143.

[62] Alonso de Ovalle, *Histórica relación del reino de Chile y de las misiones y ministerios que ejercita en él la Compañía de Jesús* [...]. Santiago de Chile, Instituto de literatura chilena, 1969, l. V, c. XVIII, p. 217. Esta obra, publicada en 1646, es la fuente fundamental de Frezier para la historia de Chile.

las incursiones de los indios de los alrededores, que no están sometidos. Pero suficientemente se ha hablado ya de un lugar que sólo conozco por relación ajena; volvamos a nuestro viaje.

Por temor de que los vientos nos arrojasen sobre la costa de Valdivia, elegíamos siempre una derrota que nos alejase de ella, y con razón, ya que cambiaron del OSO al NNO, y tan fuertes que sólo podíamos llevar las velas bajas. Un intervalo de calma les hizo retomar nuevas fuerzas hacia el NO, de modo que nos vimos obligados a estarnos a la capa; de allí cambiaron al ONO, viento fuerte con turbonadas y relámpagos.

El 15 de junio variaron del OSO al S, viento suave y calma.

El 16 tuvimos noticia de tierra hacia el E, como a doce leguas, y algunas horas después avistamos la isla Santa María, que es baja y casi plana; puede tener alrededor de tres cuartos de legua de norte a sur.

En su orilla sudoeste hay un pequeño islote y al ONO un rompiente que se ve de lejos. Se dice que en su orilla nordeste hay un banco peligroso y otro al NO que se extiende por casi media legua, es por eso que no se suelen aprovechar los fondeaderos que están al N y al S de una punta que la isla tiene en la orilla que enfrenta a la tierra firme, también porque hay poca agua.

Después de haber dejado atrás Santa María, no tardamos mucho en ver las Tetas de Biobío, que están a diez leguas al NE. Son dos montes contiguos, de altura y redondez casi uniforme, como dos mamas, tan reconocibles que es imposible equivocarse. Tomados por la noche, nos pusimos al pairo a aproximadamente cuatro leguas al OSO de allí, y al día siguiente nos encontramos precisamente en el mismo lugar, lo que nos hizo saber que no había allí corriente ni marea.

A mediodía tomamos altura al O $\frac{1}{4}$ SO de las Tetas, y observamos 36° 45' de latitud, habida cuenta de los 11° de variación noreste. He aquí por qué se mostraban al E; es de ese tipo de observaciones de tierra que cambia poco aunque se hagan desde distintos rumbos (véase figura VII).

Seguros del lugar donde estábamos, por señales tan evidentes, pusimos proa para entrar en el puerto de Concepción, reconocible por la isla Quiriquina, que está a dos leguas al N de las Tetas. Esta isla es un poco más baja que la tierra firme, con la cual forma dos pasajes, el que se encuentra al OSO no es muy practicable para los navíos grandes, aunque en caso de necesidad se puede pasar por allí, pero si no se lo conoce bien, es peligroso arriesgarse entre un arrecife de piedras que se adelanta mucho hacia el medio.

Como el pasaje del NE tiene media legua de ancho y ningún peligro, entramos a la bahía de noche y muy oportunamente, ya que los vientos del NO, por haber cambiado al ENE, nos habrían impedido doblar la isla media hora más tarde; anclamos en quince brazas de profundidad, fondo de blanda lama negra, al S de la punta de la Herradura, que hace la tierra firme, y al SE $\frac{1}{4}$ S de la Quiriquina, que forma la entrada con la punta que acabo de nombrar.

SEGUNDA PARTE,

QUE CONTIENE LOS VIAJES A LAS COSTAS DE CHILE Y PERU

Al día siguiente, 18 de junio, después de haber enviado el bote a reconocer si había navíos anclados en Talcahuano, lo que no podíamos ver a causa de una espesa bruma, levamos anclas para ir hacia allí. Saludamos la ciudad con siete cañonazos y, según su costumbre, nadie nos contestó. Aunque avanzábamos siempre a poca vela, con la sonda en la mano, hacia nuestra canoa que, después de haber reconocido los navíos anclados, con señal de amigos se había apostado en un fondeadero incómodo para llamarnos, mucho nos sorprendimos de encontrar sólo tres brazas de profundidad, luego un poco menos, finalmente, habiendo aumentado el fondo, fondeamos a barba de gato, al N y al S, en cuatro brazas y media de profundidad, fondo de lana como antes. Teníamos dos pequeños cabos de la península de Talcahuano al N ¼ NO, alineados uno tras otro, y la ensenada Tres Doncellas al NO.

Más al S estaban anclados dos navíos franceses en recalada mientras hacían sus ventas en la costa; uno era de Marsella, lamado Mariane y comandado por el señor Pisson, de Villefranche, en el Condado de Niza; y el otro, llamado Concorde, comandado por el señor Daniel Pradet de Saint-Malo y destacado de la escuadra del señor Dugay que lo había enviado cargado con las presas de Río de Janeiro [1].

Mientras estábamos ocupados en obtener noticias y todos nos alegrábamos de vernos finalmente en puerto después de una navegación tan larga, el mar, que el viento norte había hecho crecer mucho, se retiró tanto que tocamos con el talón [2], entonces advertimos que estábamos sobre la cola de un bajío que se había descubierto al NNE, a distancia de aproximadamente un cable. En seguida se tendieron espías al sur para ponernos a flote; el interés común animaba a todo el mundo a trabajar con

[1] Véase la nota 2 del capítulo *Escala en la isla San Vicente, una de las de Cabo Verde*.
[2] *Talón:* 'corte oblicuo en la extremidad posterior de la quilla, que se ajusta a otro hecho en el chaflán anterior de la madre del timón' (*Acad.*).

ardor y, habiendo finalmente encontrado cinco brazas de calado en marea baja, fondeamos a barba de gato, un ancla al NNE y otra al SSO, con mucho trabajo ya que, además de la resistencia de las anclas enterradas, que sólo se levaban con infinito esfuerzo, padecíamos la incomodidad de una lluvia a cántaros.

DESCRIPCION DE LA BAHIA DE CONCEPCION

Por el relato de esta aventura, se advierte que es necesario contar con marcas[3] para anclar en la bahía de Concepción, aunque es linda y grande, de aproximadamente dos leguas de este a oeste y tres de norte a sur. Sólo hay dos fondeaderos buenos en invierno para estar al abrigo de los vientos del N, que son violentos y de mucho temer durante cinco meses del año; uno está en la punta sur de la Quiriquina, en diez o doce brazas de profundidad, a un cable de tierra; aunque muy bueno y al abrigo de esos vientos, no es muy frecuentado por estar demasiado alejado de la ciudad y de la tierra firme.

El otro está en el fondo de la bahía, cerca de la aldea de Talcahuano, en cinco o seis brazas de profundidad, fondo de lama negra y blanda. Para llegar a él es necesario prevenirse de la cola del bajío del que acabo de hablar, que se prolonga aproximadamente un cuarto de legua al ESE más allá de lo que se descubre en baja mar, donde hay sólo tres brazas de profundidad. Para evitarla es necesario, aproximándose a la tierra de estribor, arrumbar hacia un pequeño cabo, bajo y erosionado, que se encuentra al fondo de la bahía, dividido por una pequeña montaña un poco más metida en la tierra, es decir, el cabo del estero de Talcahuano, al O de la colina Espinosa; si al mismo tiempo se arrumba hacia la punta sur de la Quiriquina, alineada con la parte del oeste de esa isla, se está precisamente en el extremo de la cola; luego hay que aproximarse a las casas de Talcahuano hasta que, habiendo rodeado la Quiriquina por la punta de la Herradura, se encuentra cinco o seis brazas de profundidad; entonces se puede anclar al abrigo de los vientos del N. Es necesario, además, tener cuidado de no acercarse demasiado a Talcahuano, debido a un arricete que está a medio cable de tierra; este lugar es el único donde se está a salvo cuando soplan los vientos del N, pero en verano se puede anclar delante de la ciudad al NO del fuerte o, lo que es lo mismo, al SE de la punta sur de la Quiriquina, rodeándola por el cabo de alta mar, a lo largo de Talcahuano, o delante de Irquin, a un buen cuarto de legua de tierra por temor a los bancos de roca; hay abundancia de agua dulce y de madera para fuego y aun para la construcción de navíos. Las chalupas atracan con facilidad en verano, en invierno no es así en modo alguno.

[3] *Marca:* 'punto fijo en la costa, población, bajo, etc., que sirve a bordo de señal para saber la situación de la nave' (*Acad.*).

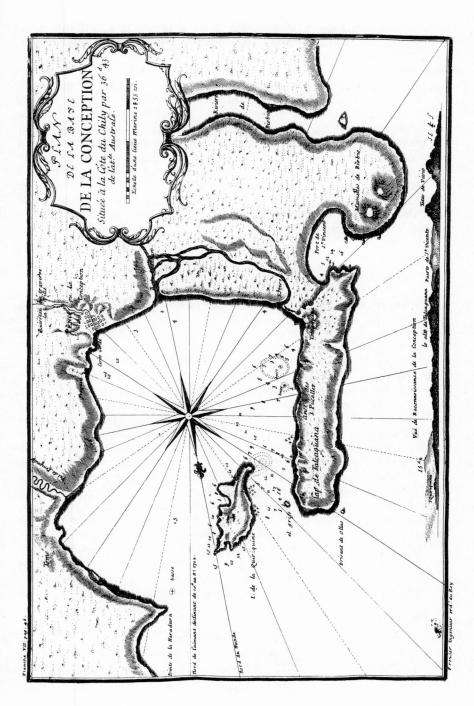

PLAN
DE LA BAYE

DE LA CONCEPTION

Située à la Côte du Chily par 36.° 43′
de lat.e Australe.

Echelle d'une lieüe Marine 2853 ter.

Al día siguiente de nuestra llegada se envió al segundo capitán a saludar al oidor y a pedir permiso para obtener los víveres que necesitábamos, lo que fue concedido inmediatamente, de modo que dos días después establecimos un almacén en la ciudad y desembarcamos en Talcahuano cinco o seis marineros atacados de escorbuto que se restablecieron al cabo de poco tiempo. Así, durante nuestra travesía, que duró cinco meses ininterrumpidos, no perdimos un solo hombre y casi no tuvimos enfermos; es cierto que ya era tiempo de recalar; muchos languidecían y carecíamos de leña, pero rápidamente encontramos lo necesario para abastecernos de todo lo que nos faltaba. Concepción es ciertamente la mejor escala de la costa para las necesidades de un navío por la calidad de los víveres que allí se obtienen, y, aunque la ciudad sólo sea, en rigor, una buena aldea, allí se encuentran compañías bastante agradables para distraerse del hastío que se siente en un navío por estar siempre con las mismas personas.

DESCRIPCION DE LA CIUDAD DE PENCO

La ciudad de Concepción o Penco, según el nombre del lugar en lengua indígena [a] está situada en la costa de Chile a orillas del mar, al fondo de una rada del mismo nombre y al E; está a 36° 42′35″ de latitud austral y quizás a 75° 32′30″ de longitud occidental, o diferencia con el meridiano de París, según la observación del padre Feuillée.

Fue fundada en el año 1550 por Pedro de Valdivia, conquistador de Chile, después de haber sometido a los indios de los alrededores; allí construyó una fortificación contra ellos, pero, muerto este general, como ya lo he dicho, Lautaro, el cacique de los indios, se enseñoreó de ella y luego Caupolicán la destruyó completamente. Un socorro venido de Santiago restableció allí a los españoles, pero Lautaro los expulsó por segunda vez; finalmente el virrey del Perú [4], que había nombrado a su hijo, García Hurtado de Mendoza, gobernador de Chile, en reemplazo de Valdivia, lo envió por mar con un socorro de gente; éste, con el pretexto de hacer la paz, se apoderó sin dificultad de la isla Quiriquina, desde donde envió gente para construir una fortaleza en lo alto de las montañas de Concepción, donde montó ocho piezas de artillería.

Hoy no hay vestigios de fuerte alguno, la ciudad está desguarnecida por todos sus costados y dominada por cinco eminencias, la de Romitorio se adelanta casi hasta el medio y la deja enteramente en descubierto; por toda defensa únicamente se ve allí una batería a barbeta [5] a orillas

[a] *Pen:* encuentro; *co:* agua.

[4] Andrés Hurtado de Mendoza, segundo marqués de Cañete, virrey del Perú entre 1555 y 1561 (*Cf.* A. DE ALCEDO, *Diccionario,* t. III, p. 179).

[5] *Batería a barbeta:* 'dícese de la fortificación cuyo parapeto no tiene troneras ni merlones, ni cubre a los artilleros' (*Acad.*).

del mar, que sólo flanquea el fondeadero que está frente a la ciudad, a más de un cuarto de legua al NO; pero además de no ser grande, ya que sólo tiene treinta y cinco toesas de largo y siete de ancho, está en bastante mal estado, la mitad sin plataforma, y poco sólidamente construida con canto rodado.

Los cañones no están en mejor estado; se ven nueve de fundición, son de calibres iregulares, de veintitres a diecisiete libras, es decir, de veinticuatro a dieciocho de las de España. Cuatro de ellos están, desmontados, sobre cureñas malas. Las piezas más grandes tienen trece pies y medio de largo: siete pies y medio del bocel [6] de la boca a los muñones [7] y cinco pies nueve pulgadas del muñón al botón de la culata; todas estas piezas tienen los fogones [8] tan agrandados que ha sido necesario introducirles trozos de hierro; son de la fundición de Lima, años 1618 y 1621.

A la entrada del palacio o casa del *oidor* *, que generalmente hace las veces de gobernador, se han montado dos cañones cerca del cuerpo de guardia que constituye el ala izquierda de ese patio. Esta escasez de fortificaciones no está en absoluto compensada por la cantidad de hombres y de buenos comandantes.

El *maese* [9] *de campo* * es un oficial general para todo lo que atañe a la guerra fuera de la ciudad; por lo común se trata de un civil sin experiencia que el presidente de Chile nombra por tres años; por debajo de él están un lugarteniente general del presidente, un sargento mayor y capitanes. Las tropas que comandan no son numerosas; contando únicamente a los blancos, tanto de la ciudad como de los alrededores, sólo pueden constituir un cuerpo de dos mil hombres, en el que hay dos compañías de infantería, todo el resto es de caballería. Unos y otros estaban a sueldo del rey que enviaba un *situado* * para sustentar a tres mil quinientos hombres tanto para la defensa de la ciudad como de los puestos avanzados o guarniciones que ellos llaman *presidios* *, pero desde hace once años esta paga ha faltado y todo está allí en desorden, porque los soldados se han visto obligados a dispersarse para buscarse la vida, de modo que si los indios quisieran rebelarse, encontrarían a los españoles sin defensa y confiados en que están en paz con ellos. Tienen sin embargo numerosos fortines o atrincheramientos de tierra donde hay algunas piezas de artillería y algunas milicias e indios amigos que protegen cuando quieren.

El más avanzado de estos puestos militares es Puren que está quince leguas más allá del río Biobío; un poco menos internado está el de Naci-

---

[6] *Bocel:* 'moldura convexa, lisa, de sección semicircular y a veces elíptica'. (*Acad.*).

[7] *Muñón:* 'cada una de las dos piezas cilíndricas que a uno y otro lado tiene el cañón, y le sirven para sostenerse en la cureña, permitiéndole girar en un plano vertical a fin de arreglar la puntería' (*Acad.*).

[8] *Fogón:* 'oído en las armas de fuego, y especialmente en los cañones, obuses, morteros, etc.' (*Acad.*).

[9] *Maese:* en el original *maestre,* por error salvado en *Fautes à corriger.*

61

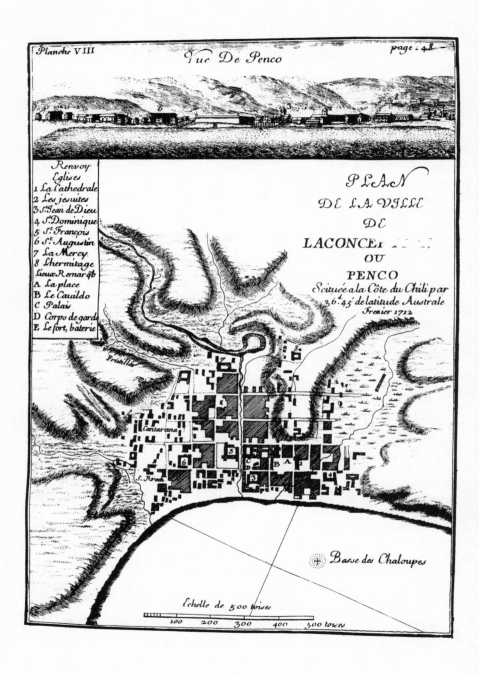

Planche VIII

Vue De Penco

page: 48

Renvoy
Eglises
1 La Cathedrale
2 Les jesuites
3 S.t Iean de Dieu
4 S.t Dominique
5 S.t Francois
6 S.t Augustin
7 La Mercy
8 L'hermitage
Lieux Remarqb
A La place
B Le Cauildo
C Palais
D Corps de garde
E Le fort, baterie

PLAN
DE LA VILLE
DE
LACONCEPTION
OU
PENCO
Scituée a la Côte du Chili par
36.d 45.f de latitude Australe.
Frezier 1712

Fretilla

Cantarana

S.t Roch

Basse des Chaloupes

Echelle de 500 toises
100   200   300   400   500 toises

miento y hacia la costa el de Arauco, cuyas murallas están casi todas derribadas. En éste hay diez piezas de artillería de doce libras de calibre y cuatro piezas de cuatro, todas sin cureña; luego, a lo largo del río, están San Pedro, ubicado de este lado del Biobío, a tres leguas de Concepción, y más arriba, Talquemahuida, San Cristóbal, Santa Juana y Yumbel. Los de Boroa, Coloe, Repocura, La Imperial y Tucapel, están destruidos y abandonados y sólo subsisten en nuestras cartas desde hace casi cien años.

Los españoles se equivocan al desatender las defensas que podrían tener contra las sublevaciones de los indios, cuyas fuerzas han padecido a menudo y que sólo buscan la ocasión para destruirlos, cualquiera sea la apariencia de paz que haya entre ellos.

Las incursiones de estos pueblos han hecho trasladar a Santiago la audiencia real que había sido establecida en Concepción en 1567. Al presente, desde Felipe V, no se mantiene allí sino un *oidor* *, es decir, uno de los integrantes de la audiencia, que cumple la función de gobernador, o *corregidor* *, y de jefe de la justicia, cuyo cuerpo se llama *cabildo* * y está compuesto por seis *regidores* *, dos *alcaldes* *, que son como los jefes de la policía, un abanderado, o *alférez* * real, un sargento, o *alguacil mayor* *, y un depositario general; todos estos cargos son electivos y sólo duran un año. Su vestido de gala es negro, con *golilla* *, capa y espada, según la moda de España.

Las mismas incursiones indígenas que hicieron retirar de Concepción la audiencia real, trasladaron a ella, donde se la ve en la actualidad, la sede episcopal; desde que [los indios] se adueñaron de la ciudad Imperial, donde había sido establecida, el obispo se retiró a Concepción. Su diócesis se extiende desde el río Maule, que sirve de límite a la de Santiago, hasta Chiloé, que es la provincia más meridional habitada por españoles e indios cristianos; es sufragánea del arzobispado de Lima, su cabildo sólo se compone de dos canónigos y algunos sacerdotes.

La escasez de personas buenas que se inclinen al sacerdocio obliga a ordenar a quienes sólo tienen un conocimiento de gramática superficial y aun tan leve que hay quienes casi no saben leer el misal; cabe pensar si pastores tan poco ilustrados son capaces de conducir sus rebaños y, en consecuencia, de qué modo se adoctrina a los indios, a quienes los españoles tienen la obligación de enseñar la religión cuando están a su servicio.

Los religiosos, si exceptúo a los jesuitas, son todavía menos ilustrados que el clero y muy dados al libertinaje, el cual se ve muy facilitado por la gran veneración que su hábito inspira en la gente del país. Puedo referir aquí un fragmento del sermón predicado en los dominicos el día de la fiesta de su patriarca, mientras recalábamos en Talcahuano. El religioso que hacía su elogio se extendió mucho sobre la amistad de Santo Domingo y San Francisco, que comparaba a Adonis y Cupido; luego reconoció, contra sus intereses, que San Francisco era el más grande santo del Paraíso, que, a su llegada a esa residencia bienaventurada, la

Virgen, no encontrando lugar alguno digno de él, se retiró un poco en el suyo para hacerle un sitio entre ella y el Padre Eterno, y que al llegar al cielo Santo Domingo, San Francisco, su amigo y fiel testigo de su santidad en el mundo, quiso, por humildad, cederle la mitad de su lugar, pero la Virgen, ante ese ofrecimiento, consideró que Santo Domingo era un gran santo y no queriendo que compartiese la ubicación de su amigo, se apartó un poco más para hacerle un sitio propio, de modo que estos dos santos están sentados hoy entre ella y el Padre Eterno. Aunque se crea que he inventado ahora este discurso para divertirme, hay testigos de tres navíos que pueden corroborar su realidad. ¿Qué impresión debe causar semejante discurso en el espíritu de la gente y particularmente de los indios? Sin duda considerarán a los Apóstoles más alejados de Dios que estos dos fundadores de órdenes, ya que estos pueblos son de un espíritu muy basto en materia de religión.

INDIOS DE CHILE

En los alrededores de Concepción casi no hay indios que sean verdaderamente cristianos, excepto los que están sometidos y al servicio de los españoles y se puede dudar de que lo sean más allá del bautizo y de que estén instruidos en los puntos esenciales de la religión. Lo cierto es que se los ve llevar el culto de las imágenes muy cerca de la idolatría. Les toman tal afecto que les llevan a menudo de beber y de comer, ya que juzgan las cosas sólo por lo que impresiona los sentidos, tanto les cuesta concebir que hay en los hombres un alma que puede separarse del cuerpo. Si no se tiene el cuidado de hacerles comprender que, al gozar de la beatitud, los santos ven en Dios lo que sucede aquí abajo, que así, al oír las plegarias que se les elevan, interceden por nosotros y que sus imágenes sólo son signos que empleamos para recordarnos sus acciones, no se debe considerar extraño que les lleven de beber y de comer, ya que al verlos cargados de vestimentas magníficas e incensados por los españoles, se imaginan que además necesitan alimentos para nutrirse y que el humo del incienso no basta para sustentarlos.

Los indios de la frontera [10], a lo largo de toda la costa, parecerían bastante inclinados a abrazar nuestra religión, si la misma no prohibiese la poligamia y la embriaguez; incluso hay algunos que se hacen bautizar, pero no pueden contenerse en estos dos puntos. El obispo de Concepción, González Montero [11], al hacer la visita de su diócesis en 1712, fue esperado del otro lado del Biobío por más de cuatrocientos indios que, habiéndose imaginado que iba para quitarles sus mujeres, querían degollarlo a toda costa. Para salir del apuro se vio absolutamente obligado

[10] *Indios de la frontera:* los no sometidos.
[11] "Diego Montero del Aguila, promovido al obispado de Trujillo el año de 1716" (A. DE ALCEDO, *Diccionario...*, t. I, p. 365).

a tratar de desengañarlos y a asegurarles que no quería hacerles violencia alguna. Me he informado con cuidado de su religión y he sabido que no tenían ninguna. Un jesuita digno de fe, procurador de las misiones que el rey de España mantiene en Chile, me aseguró que eran verdaderos ateos, que no adoraban nada en absoluto y se burlaban de todo lo que se podía decirles sobre el tema; en una palabra, que sus misioneros no hacían ningún progreso, lo que no concuerda con las *Lettres édifiantes* [12] de los misioneros (t. VIII), donde se dice que hacen muchas conversiones en Nahuelhuapi, que está a 42° de latitud y a cincuenta leguas del mar, entre los puelches y los poyas (en 1704). Sin embargo penetran hasta bien cerca del Estrecho de Magallanes y viven con ellos sin que les hagan ningún mal; por el contrario, estos pueblos tienen una especie de veneración por ellos y [los misioneros] podrán, perseverando, obtener algún provecho, ya que piden a los principales caciques sus hijos mayores para instruirlos. En su colegio de Chillán educan un cierto número de ellos, cuya pensión debe pagar el rey, y cuando son grandes los devuelven a sus padres, instruidos en la religión y en las letras españolas, de modo que hoy se encuentran entre ellos algunos que son cristianos y se conforman con una sola mujer.

Una prueba de que los indios de Chile no tienen ninguna religión, es que entre ellos nunca se han encontrado ni templos ni vestigios de ídolos a los que hayan adorado, como se ve todavía hoy en numerosos sitios del Perú, particularmente en Cuzco, donde aún subsiste el Templo del Sol; y si hay entre ellos algún rastro de sortilegio, no es otro que el uso del veneno, del cual se sirven muy a menudo. Por lo demás hay quienes creen en otra vida, para la cual dejan bebidas, alimentos y vestidos en las tumbas de quienes mueren. Los curas españoles no han suprimido esta ceremonia entre los que son cristianos; como les conviene, mantienen el culto del difunto, tal como se lo ha visto en Talcahuano.

Las mujeres de los que no son cristianos permanecen durante varios días sobre la tumba de sus maridos, cocinándoles, rociándoles el cuerpo con *chicha,* que es su bebida, y acomodándoles sus pertenencias, como para hacer un largo viaje. No se debe creer por esto que tengan una idea de la espiritualidad del alma, ni de su inmortalidad; la consideran algo corporal que debe ir más allá de los mares a lugares placenteros, donde rebosarán en comidas y bebidas, donde tendrán numerosas mujeres que no concebirán, que se dedicarán a hacerles buena *chicha,* a servirlos, etc.

Pero sólo creen en esto en una forma muy confusa, y muchos lo consideran una fantasía que se han forjado. Algunos españoles suponen que esta idea les vino de una corrupción de la doctrina que Santo Tomás había enseñado al otro lado de la Cordillera, pero las razones en que se

[12] *Lettre du P. Nyel, missionaire de la compagnie de Jesus, au Révérénd P. Dez, de la même compagnie, recteur du Collège de Strasbourg.* (En: *Lettres édifiantes et curieuses* [...]. Paris, Société du Panthéon Littéraire, 1841, t. II, p. 92).

basan para decir que este apóstol y San Bartolomé vinieron a esta provincia son tan lamentables que no merecen ser referidas.

Los indios de Chile no tienen reyes ni soberanos que les dicten leyes; cada jefe de familia era su propio señor, pero como esas familias crecieron, los jefes se convirtieron en señores de numerosos vasallos que los obedecen sin pagarles tributo alguno; los españoles los llaman *caciques* *. Todas sus prerrogativas consisten en comandar en tiempo de guerra y en administrar justicia; la sucesión en esta dignidad es por derecho de primogenitura, y cada uno de ellos es independiente del resto y amo absoluto en su dominio. No sólo hablo de los que son bravos, es decir, no sometidos, sino también de los que se llaman de reducción, ya que, aunque por un tratado de paz hayan consentido en reconocer al rey de España por su propio rey, no están obligados a concederle otro tributo que un auxilio de hombres para reparar sus fortificaciones y defenderse contra los otros indios. Se hace llegar su número a catorce o quince mil.

No sucede lo mismo con los que están sometidos, a los que se llama *yanaconas* *; éstos son tributarios del rey de España, a quien cada uno de ellos debe tributar el valor de diez pesos anuales en plata o en especie y, además, se los destina al servicio de las familias españolas a quienes Su Majestad Católica concede como recompensa de sus buenas acciones o buen servicio, o por dinero, un número de indios que están obligados a servirlas como sirvientas y no como esclavos ya que, además del alimento, se les debe pagar treinta escudos al año; si no quieren servir quedan libres mediante el pago de diez escudos a su amo, lo que llaman una encomienda. Deben servir entre los dieciséis y los cincuenta años, antes y después de esas edades son libres de hacerlo o no. Además de los indios encomendados [13], los españoles, de Chile solamente, tienen otros a su servicio que son esclavos; los han comprado a los indios libres, quienes les venden voluntariamente sus hijos por vino, armas, quincalla, etc. Como este es un abuso tolerado contra las ordenanzas del Rey de España, no son esclavos como los negros; quienes los compran sólo pueden revenderlos en secreto y con el consentimiento del esclavo, que puede, mediante una carta de *amparo**, es decir, de protección, reclamar su libertad. Para tal fin hay, en cada ciudad y en la Audiencia de Santiago, un protector de indios al que recurren.

Es también por espíritu de tolerancia que los hijos de los esclavos no siguen la condición del vientre, como está consignado en las *Institutas* de Justiniano, para cuando son de un padre encomendado [14], porque siendo lícita esta última condición, las ventajas deben recaer preferentemente en la otra. La mezcla con sangre española liberta a quienes el padre consiente en reconocer y da derecho a los mestizos [a] a usar camisa.

[13] *Encomendados:* encomenderos en el original.
[14] *Encomendado:* encomendero en el original.
[a] Hijos de un blanco y de una india.

Para saber de dónde proviene este tipo de esclavitud, es necesario remontarse a la conquista del Perú. Los particulares, que son sus primeros protagonistas, debían, por su convenio con el Rey de España, tener a los indios como esclavos durante toda su vida, después de la cual pasarían a sus primogénitos o a sus mujeres, en caso de que muriesen sin hijos. En esto había cierta apariencia de justicia, no solamente por premiar sus trabajos y valentía, sino también porque habían emprendido y proseguido esa guerra a su propia costa. Sin embargo, como trataban inhumanamente a sus esclavos, ciertas personas de bien, movidas por la compasión hacia esos pobres desdichados, manifestaron enérgicamente a la Corte de España que los maltrataban, no sólo con imposiciones excesivas, sino también llegando a crueldades extremas para con sus cuerpos, hasta matarlos.

Se prestó atención a este desorden y, para remediarlo, el Emperador [a] envió al Perú, en 1542, a Blasco Núñez de Vela, en calidad de virrey, con orden de hacer aliviar a los indios de las cargas que se les imponían y de devolverles la libertad; pero como la principal riqueza de las colonias consiste en su gran número de esclavos, en particular para los españoles, que no se dignaban trabajar con sus manos, la mayor parte rehusó obedecer unas órdenes que les parecieron demasiado severas y cuya ejecución los habría reducido, de alguna manera, a la mendicidad; no quisieron entonces reconocer al nuevo virrey, lo que causó esas grandes guerras civiles que se leen, en extenso, en la obra de Zárate [15].

Por último, para suavizar la esclavitud de los indios y no arruinar a los españoles, el rey se apoderó de aquellos cuyos amos morían y los entregó luego a sus oficiales y a otros muchos en las condiciones que acabo de explicar.

Esta servidumbre de la encomienda ha sido la causa de las crueles guerras que los españoles han mantenido con los indios, quienes consentían en reconocer al rey de España por su soberano, pero, como son gente de sentido común, querían conservar su libertad; y no fue sino bajo estas condiciones que se hizo la última paz hace veinticinco o

[a] Carlos V, Emperador y Rey de España.

[15] Agustín de Zárate, enviado en 1543 al Perú a "tomar cuenta a los oficiales de la hacienda real del cargo de sus oficios", se sintió atraído por las "revueltas y novedades" que presenciaba y comenzó a reunir información para escribir una relación, lo que hizo en la península, sirviéndose además de crónicas anteriores. Su obra fue publicada a instancias del príncipe don Felipe en 1555. (Cf. Francisco Esteve Barba, *Historiografía indiana*. Madrid-Buenos Aires, Gredos-José Ferrer, 1964, pp. 420-422). Esta historia, muy usada por Frezier cuando narra los sucesos del Perú, contaba ya con dos ediciones francesas para cuando él escribía: Amsterdam, 1700 y París, 1706. (Cf. B. Sánchez Alonso, *Fuentes de la historia española e hispanoamericana* [...]. Segunda edición. Madrid, Centro de Estudios Históricos, 1927, p. 384). Citaremos por la siguiente edición: *Historia del descubrimiento y conquista de la provincia del Perú y de las guerras y cosas señaladas en ella, acaecidas hasta el vencimiento de Gonzalo Pizarro y de sus secuaces, que en ella se rebelaron contra Su Majestad*. (En: Enrique de Vedia, *Historiadores primitivos de Indias*. Madrid, Biblioteca de Autores Españoles, Ediciones Atlas, 1947, t. II, pp. 459-574).

treinta años, ya que, aunque estos pueblos nos parezcan salvajes, saben concertarse muy bien en sus intereses comunes. Se congregan con los más ancianos y con los que tienen experiencia y, si se trata de un asunto de guerra, eligen con imparcialidad a un jefe de mérito y valentía reconocidos, y le obedecen puntualmente; es por esa buena conducción y por su valentía que antiguamente impidieron al Inca del Perú la entrada en sus tierras y que detuvieron las conquistas de los españoles, no dejándolos pasar del Biobío y de las montañas de la Cordillera.

Las formalidades de sus asambleas consisten en llevar a un hermoso campo, que eligen al efecto, mucha bebida y, cuando han comenzado a beber, el más anciano o aquel que por algún otro título debe arengar a los otros, toma la palabra para exponer el asunto y expresa su opinión con mucha fuerza, ya que se dice que son elocuentes por naturaleza; después de lo cual, por mayoría de votos, se toma una resolución, se la publica a son de tambor, se conceden tres días para meditar sobre ella y, si durante ese período no se le encuentra inconveniente alguno, se ejecuta infaliblemente el proyecto, después de haber confirmado la resolución y haber reunido los medios para triunfar.

Estos medios se reducen a bien poca cosa, ya que los caciques nada proveen a sus súbditos para hacer la guerra, sólo los conducen; todos llevan consigo un saquito de harina, cebada o maíz, que remojan en agua, y con eso se alimentan durante varios días. Cada uno de ellos tienen también su caballo y sus armas siempre prontos, de modo que en un instante constituyen un ejército sin gasto alguno. Para evitar que se los sorprenda, en todo cacicazgo, sobre la cima más alta, siempre hay una trompa de asta de buey, que puede oírse en dos leguas a la redonda; tan pronto como enfrentan algún combate, el cacique manda tocar dicha trompa y todos saben de qué se trata y ocupan sus puestos.

"Nuestra pobreza, decían los escitas a Alejandro, será más veloz que tu ejército, que transporta los despojos de tantas naciones. Cuando creas que estamos muy lejos, nos verás de vuelta en tu campamento: perseguimos y huimos con la misma velocidad" [16] *Quint. C.,* l. 7.

Sus armas habituales son picas y lanzas que arrojan con habilidad extrema, muchos tienen alabardas tomadas a los españoles, también tienen hachas y sables que les compran a ellos, en lo que los españoles se muestran poco sagaces, ya que es de temer que un día sean azotados con sus propios látigos. También usan, aunque con menos frecuencia, dardos, flechas, mazas, hondas y lazos de cuero que manejan con tal destreza

[16] [...] *paupertas nostra velocior erit quam exercitus tuus, qui praedam tot nationum vehit. Rursus, cum procul abesse nos credes, videbis in tuis castris: eadem velocitate et sequimur et fugimus.* Esta cita corresponde al parágrafo VIII del libro VII de la *Historia de Alejandro,* obra en diez libros, la la que se han perdido los dos primeros, de Quintus Curtius Rufus, supuestamente contemporáneo de Claudio. El texto latino, en el que se basa nuestra traducción, ha sido tomado de Q. CURTII RUFI, *De rebus gestis Alexandri Magni. Libri superstites.* Edición de L. Quicherat. París, Hachette et Cie., 1848, p. 183.

68

que enlazan un caballo a la carrera por la parte que quieren. Los que carecen de hierro para las flechas utilizan una madera que, endurecida al fuego, en nada cede al acero. De tanto guerrear con los españoles han conseguido corazas y armaduras completas y quienes no las tienen, se las hacen de cuero crudo, tan fuertes que resisten la espada y tienen sobre las otras la ventaja de ser livianas y poco embarazosas en el combate; por lo demás no todos tienen las mismas armas: cada uno se sirve de las que mejor maneja.

Su modo de combatir es formar escuadrones con filas de ochenta o cien hombres, entremezclando los armados con picas con los armados con flechas; cuando los primeros son superados, se suceden tan rápidamente los unos a los otros que no parecen haber sido batidos. Siempre toman la precaución de asegurarse una retirada cerca de los lagos o de los pantanos, donde están más a salvo que en la mejor fortaleza. Marchan al combate con mucha arrogancia, al son de su tambor, con armas pintadas y la cabeza ornada con penachos de plumas. Antes de dar batalla, el jefe habitualmente los arenga, después de lo cual todos golpean los pies y lanzan espantosos gritos para darse coraje en el combate.

Cuando se ven obligados a fortificarse construyen empalizadas o simplemente se parapetan detrás de gruesos árboles. Por delante, de tanto en tanto, hacen pozos cuyo fondo erizan de estacas con espinas plantadas en la tierra y los recubren con hierba para que el enemigo se engañe; desdichados de aquellos que caen en sus trampas, porque los despedazan, les arrancan el corazón, que trozan, y se arrojan sobre su sangre como bestias feroces; si es alguien de consideración, clavan su cabeza en la punta de una pica, beben luego en su cráneo, del cual finalmente hacen una vasija que conservan como trofeo, y de los huesos de las piernas hacen flautas para las fiestas, que no son sino horrorosas borracheras que duran tanto como la bebida que han llevado. Esta crápula es tan de su gusto que quienes se hacen cristianos, celebran o, por mejor decir, profanan de esta manera las fiestas de la religión.

Fui testigo de una fiesta que los encomendados de dos españoles que se llamaban Pedro, se dieron el día del santo de sus amos en la aldea de Talcahuano, cerca de la cual estábamos anclados. Después de haber oído misa, montaron a caballo para correr la gallina como se corre la oca en Francia, con una diferencia, que todos se arrojan sobre el que ha obtenido la cabeza para quitársela y llevarla ante aquel en honor del cual hacen la fiesta; corriendo a todo galope se topaban para quitársela y a la carrera recogían del suelo todo lo que derribaban por tierra. Después de esta carrera se apearon para la comida, cuyo aparato consistía en un gran número de vasijas hechas de calabazas, que llaman *mate,* dispuestas en círculo sobre la hierba y llenas de pan remojado en una salsa de vino y maíz. Entonces, los indios que servían llevaron a cada uno de los convidados una caña de bambú de dieciocho a veinte pies de largo, guarnecida con pan, carne y papas atados a su alrededor; inme-

A. Indien du Chili en Macuñ jouant a la Sueca, jeu de croce
B. Indienne en Choñi. C. Caliouin touhan ou fête des Indiens
D. Gardes Espagnoles pour empecher le desordre. E. Pivellca ou Sifflet
F. Paquecha ou tasse a bec. G. Coulthun ou tambour. H. Thouhouca ou trompette

diatamente después de haber girado de manera cadenciosa en torno de esas comidas, se dio un pequeño estandarte rojo con una cruz blanca en el medio, a aquel que había sido designado para cumplimentar a los invitados. Estos, por su parte, diputaron a uno de ellos para responderle, el cual entabló una conversación de cumplimientos tan larga que duró más de una hora. Pregunté la razón de esto y me enteré de que era una consecuencia de su estilo, que es tan difuso que para hablar de la más mínima cosa se remontan hasta su origen y hacen mil digresiones inútiles.

Después de haber comido subieron a una especie de tablado hecho en forma de anfiteatro, el portaestandarte al medio, y los otros, con sus largas cañas, a los costados. Allí, adornados con plumas de avestruz, de flamenco y de otros pájaros de color vivo, dispuestas en torno de sus gorros, se pusieron a cantar acompañados con dos instrumentos hechos de un trozo de madera atravesado por un solo agujero, de los cuales, al soplar un poco más o menos fuerte, sacan un sonido más o menos agudo o grave; se concertaban alternativamente con una trompeta hecha de un cuerno de buey adosado al extremo de una larga caña cuya embocadura tenía una boquilla que da el sonido a la trompeta [17]; acompañaban esta sinfonía con algunos toques de tambor, cuyo sonido sordo y lúgubre correspondía bastante bien a sus expresiones que, aun en la más viva exclamación, no tenían, en absoluto, nada de alegre. Los examiné atentamente cuando estaban sobre el tablado y no vi entre ellos, durante toda la fiesta, ningún rostro risueño.

Las mujeres les daban de beber *chicha*, especie de cerveza de la que hablaremos luego, con un aparato de madera, de aproximadamente dos pies y medio de largo, compuesto por una vasija con asa de un lado y, del otro, por un largo pico surcado por un conducto fino y serpenteante, para que el licor fluya, con lentitud, hacia la boca a través de un pequeño orificio practicado en el fondo de la vasija, al comienzo de ese canal; con este instrumento se embriagan como bestias, mientras cantan, sin interrupción y a coro, un canto tan poco modulado que tres notas bastarían para exponerlo por completo:

---

[17] Se trata de los instrumentos musicales que el propio Frezier, en su figura XI, dibujos E y H, llama *pivellca* (también *pifilka, pivilca*) y *thuthuca* (también *tutuka*), ambos de origen araucano. Para su descripción técnica *cf.* CARLOS VEGA, *Los instrumentos musicales aborígenes y criollos de la Argentina*. Buenos Aires, Centurión, 1946, p. 179 y ss. y p. 247 y ss.

Las palabras que cantan no tienen rima ni cadencia, ni otro tema que el que les viene a la mente; tan pronto relatan la historia de sus antepasados, como hablan de su familia, o dicen lo que les parece de la fiesta o del motivo por el que se hace, etc.

Y este alboroto dura día y noche mientras tienen qué beber, lo que no les falta sino después de varios días, ya que, además de que el homenajeado está obligado a proveer mucha bebida, cada uno de los participantes, invitado o no, la lleva. Beben y cantan algunas veces durante diez o quince días seguidos, sin interrupción; los abatidos por la ebriedad no abandonan por eso la partida, después de haber dormido en el lodo y aun en la basura, vuelven a subir a su tablado para ocupar los lugares vacíos y recomienzan con nuevos bríos. Los hemos visto relevarse así, día y noche, sin que una lluvia torrencial y un fuerte viento pudieran apartarlos durante tres días. Los que no tienen lugar en el tablado cantan abajo y danzan alrededor, con sus mujeres, si se puede llamar danza, caminar de a dos, agachándose e irguiéndose con cierta rapidez, como para saltar, pero sin apartarse de la tierra; también danzan en círculo, casi como nosotros. Este tipo de diversión, que ellos llaman *cabouin touhan* y los españoles *borrachera* *, es tan de su gusto que no hacen nada de importancia sin ella; pero tienen la precaución de destinar una parte de su gente a cuidar, mientras la otra se embriaga y se divierte. Los que no son cristianos no pueden resignarse a prescindir de esta práctica, aunque se les recuerdan los crímenes que siempre acaecen. En efecto, es entonces cuando se renuevan las pendencias; también se asegura que a estas reuniones remiten el vengarse de sus enemigos, para que, estando ebrios, parezcan excusables los asesinatos que cometen; otros se embriagan tanto y durante tantos días seguidos, que mueren; así se desarrolló la fiesta de la que hablo, porque además de la *chicha* tenían mucho vino.

A pesar de sus frecuentes excesos viven durante siglos sin enfermedades, tan robustos son y tan hechos están al rigor del clima; soportan durante mucho tiempo el hambre y la sed, en la guerra y en los viajes.

Su alimento habitual son las patatas, que llaman *papas,* bastante insípidas; la mazorca de maíz, tan sólo hervida o asada; carne de caballo y de mulo, y casi nunca de vaca, que les hace mal al estómago, según dicen. Comen el maíz de diferentes maneras: simplemente hervido en agua o asado entre arena en una vasija de barro, hecho luego harina y mezclado con agua, a lo que llaman *ullpo,* cuando es bebible, y *rubull,* cuando la preparan como gacha espesa con pimienta y sal. Para moler el maíz una vez asado, tienen, en vez de molino, piedras ovaladas de aproximadamente dos pies de largo, sobre las cuales, con otra piedra de ocho a diez pulgadas de largo, lo machacan de rodillas y a mano; es la ocupación habitual de las mujeres. De esta harina se aprovisionan para marchar a la guerra, como ya lo he dicho, y la misma constituye

72

todas sus municiones de boca [18]. Cuando pasan por un lugar donde hay agua la mezclan en un cuerno llamado *guampo* [19], que llevan siempre colgando del arzón de la montura, y beben y comen así, sin detenerse.

Su bebida habitual es esa *chicha* de la que hemos hablado; la hacen de varias maneras, la más común es la de maíz, que remojan hasta que el grano revienta, como para hacer cerveza, luego lo hacen hervir y beben el caldo frío; la mejor se hace con maíz mascado por viejas, cuya saliva provoca una fermentación como la de la levadura en la masa; en Chile se hace mucha de manzana, casi como sidra, pero la más fuerte y la más apreciada es la que se hace con la semilla de un árbol llamado *oviñian,* bastante parecida a la del enebro por su tamaño y su gusto; da al agua un color de vino borgoña y un gusto fuerte que embriaga durante mucho tiempo. Su modo de comer es disponerse en círculo, boca abajo, apoyados en los codos, y hacerse servir por sus mujeres. Los caciques, a imitación de los españoles, comienzan a usar mesas y bancos.

El color natural de su piel es oscuro, tirando al del cobre rojo, diferente en esto del de los mulatos, que provienen de la mezcla de un blanco y una negra; este color es el común a todo el continente americano, tanto meridional como septentrional. Con respecto a esto debe señalarse que no es consecuencia de la calidad del aire que allí se respira, ni de los alimentos con que los habitantes se sustentan, sino de una particular característica de la sangre, ya que los españoles que allí se han establecido y casado con europeas, y se han conservado sin mezclarse con las chilenas, son de blancura y sangre aún más hermosa y fresca que los de Europa, aunque hayan nacido en Chile y se hayan alimentado casi de la misma manera y, generalmente, con leche de las naturales del país.

Los negros que se traen de Guinea o de Angola, también conservan allí su color natural de generación en generación, mientras se mantienen sin mezcla.

No sucede lo mismo con el aire de Brasil y de nuestras islas; los criollos, aunque de sangre pura, pierden allí esa blancura rosada de los europeos y adquieren un color plomizo. Aquí [en Chile] no se percibe otro cambio que el que provoca la mezcla de las diferentes razas, muy común en las colonias españolas, también en Chile, pero sobre todo en Perú, donde entre treinta rostros apenas se encuentran dos del mismo color; unos pasan del negro al blanco, como los mulatos, otros vuelven a caer del blanco al negro, como los zambos, hijos de mulatos y de negros; unos pasan de indio a blanco, como los mestizos, y los otros vuelven a caer de mestizo a indio, y así cada una de estas mezclas forma otras indefinidamente.

[18] *Municiones de boca:* 'víveres y forrajes para la manutención de hombres y caballerías' (*Acad.*).
[19] *Guampo:* la forma usual es *guampa; guampo* y *huampo* tienen otros significados. Cf. Augusto Malaret, *Diccionario de americanismos.* Segunda edición. San Juan de Puerto Rico, 1931. La tercera edición de esta obra (Buenos Aires, Emecé, 1946) ya no registra la voz *huampo.*

De lo que acabo de decir puede pensarse que Dios creó, entre los hijos de nuestro padre común, tres tipos de hombres en lo que concierne al color de su tez: uno blanco, otro negro y un tercero de color rojizo que se debe a la mezcla del primero con el segundo.

La Escritura quizás no nos menciona este último tipo, pero no dudamos de que alude al segundo en la persona de Cus [20], nieto de Noé, que quiere decir negro, de quien se hace descender a los abisinios y a los habitantes de Cusistan (o Curistan) en la razón de la similitud de los nombres. Esta opinión me parece más verosímil que la de atribuir el color de los indios a algunas enfermedades típicas, según lo han pensado ciertos médicos.

Sea lo que fuere, los indios de Chile son de buena estatura, tienen los miembros gruesos, el vientre y el rostro anchos, y éste sin vello y poco agradable; sus cabellos son gruesos como la crin y lacios, en lo que también difieren de los negros y mulatos; pues la barba y los cabellos de los negros no son más que una lana ensortijada y muy corta, y los mulatos tienen cabellos cortos y siempre muy crespos. En cuanto al color de los cabellos, los indios generalmente los tienen negros, y es muy raro encontrar quienes los tengan tirando a rubios, posiblemente porque muy a menudo se lavan la cabeza con *quillay* [21], del que hablaré más adelante.

Los Puelches se lo cortan a la altura de la oreja y tienen los ojos extremadamente pequeños, lo que hace horribles a las mujeres; por naturaleza, todos carecen de barba o sólo tienen unos pocos pelos en los bigotes que arrancan con unas pequeñas pinzas hechas con conchillas.

Entre los de la llanura se encuentran algunos que tienen la piel blanca y algo rosa en el rostro; éstos descienden de las mujeres capturadas en las ciudades españolas que han destruido: Angol, Villarrica, Imperial, Tucapel, Valdivia y Osorno, de donde se las llevaron a todas, seculares y religiosas, de quienes tuvieron hijos que todavía conservan cierta inclinación hacia la nación de sus madres, razón por la cual casi siempre están en paz; así son los del lado de Arauco, aunque su región sea el escenario de la guerra que hacen sus vecinos. Desde aquel tiempo no se han permitido conventos de religiosas fuera de Santiago. No obstante, el obispo de Concepción quiere establecer uno allí, pues no teme una profanación semejante.

La manera de vestirse de los indios es tan simple, que apenas se cubren; tienen una camisa sin mangas que les llega hasta la cintura, cerrada de manera tal que sólo tiene una abertura para pasar la cabeza y un brazo para colocársela, la llaman *macuñ;* un calzón abierto a lo largo de los muslos les cubre apenas sus vergüenzas. Encima de todo esto, cuando llueve o cuando se visten decorosamente, llevan una especie de manto cuadrado largo como el tapete de una mesa, sin hechura alguna, con un escote en el medio por donde pasan la cabeza; sobre el cuerpo hace

[20] Génesis 10, 6 y ss.
[21] *Quillay: Quillaja saponaria Molina.* Voz mapuche (*Friederici*).

N. Guérard le fils fecit

A Indienne du Chily broyant du mays pour en faire de la farine.
B Indien en Poncho et Polainas
C Indienne en Choñi et yquella
D Indien jettant le lags au taureau pour l'arreter

más o menos el efecto de una dalmática. Generalmente llevan la cabeza y las piernas descubiertas, pero, cuando la necesidad o el decoro los obliga a cubrirse, llevan un gorro del que cuelga una toquilla que se rebate sobre los hombros, y una especie de *polainas* * de lana en las piernas; muy pocas veces se cubren los pies, a menos que tengan que andar entre las piedras, entonces se hacen sandalias de correas o de juncos llamadas *ojotas*. Los españoles adoptaron el uso del *choñi* o *poncho* *, y de las *polainas* * para andar a caballo, porque el *poncho* * protege de la lluvia, no se desata con el viento, sirve de manta por la noche, y de jergón en el campo.

Las mujeres llevan, como única vestimenta, vestidos largos, sin mangas, abiertos de arriba abajo por uno de los lados, que cruzan y sujetan con una faja colocada debajo del busto y, sobre los hombros, con dos ganchos de plata con placas de tres a cuatro pulgadas de diámetro; esa vestimenta también se llama *choñi*, siempre es azul o pardo tirando algo al negro. En las ciudades se ponen por encima de éste una pollera y un *rebozo* *, y en el campo una pequeña pieza cuadrada de tela llamada *iquella*, cuyos dos lados se unen sobre el pecho con una gran aguja de plata que tiene una cabeza plana de cuatro a cinco pulgadas de diámetro y que llaman *tupos*. Usan los cabellos largos, a menudo trenzados atrás, y cortos adelante, y en las orejas unas placas cuadradas de plata de dos pulgadas de lado como zarcillos [a], que llaman *upúl*.

Sus viviendas nunca son más que una cabaña de ramas, tan grande como se necesita para poner a cubierto una familia reunida. Como en ella sólo hay un pequeño arcón y pieles de cordero para acostarse, no les hace falta mucho lugar. No conocen el uso de la llave para guardar lo que les pertenece, entre ellos la fidelidad se guarda religiosamente, pero con los españoles no son tan escrupulosos, especialmente los puelches que son hábiles ladrones. Todas sus casas están dispersas aquí y allá, nunca se acercan unos a otros para vivir en sociedad, en lo que se distinguen de los del Perú, de modo que no se ve en todo Chile ninguna ciudad ni aldea de los naturales de la región. Tienen en tan poco el lugar donde viven que, cuando se les ocurre cambiar, abandonan o transportan sus casas a otra parte; de donde surge que el arte de hacerles la guerra no es el de ir a buscarlos, sino el de plantarse en medio de la región con un pequeño número de tropas, impedirles sembrar, devastar sus campos y quitarles sus rebaños. Esta manera de vivir dispersos hace que la región parezca desierta, pero en realidad está muy poblada y las familias son muy numerosas; como tienen muchas mujeres, tienen también muchos hijos, lo que constituye su riqueza porque los venden, sobre todo a las hijas que se compran para mujeres; de este modo se convierten en verdaderas esclavas, que revenden cuando no están contentos con ellas y que ocupan en los trabajos más duros del campo. Los hombres sólo

[a] Las romanas llevaban unos similares colgados de un gancho. Véase GASPARI BARTOLINI THOM., *De inauribus veterum sintagma*. Amstel.

labran la tierra una vez por año para sembrar maíz, frijoles, lentejas y otras legumbres con que se alimentan, y cuando han terminado, se reúnen con sus amigos, beben, se embriagan y descansan. Luego las mujeres siembran, riegan y cosechan los granos; la que se acuesta con el amo es su cocinera por ese día, se esmera en obsequiarlo y en ensillar y embridar su caballo, porque están tan acostumbrados a no caminar que aunque tengan que hacer sólo doscientos pasos, no van a pie; también son muy buenos jinetes, se los ve subir y bajar por lugares tan escarpados, que nuestros caballos europeos no podrían mantenerse aun sin carga. Cuando, en caso de derrota, se ven forzados a huir por los bosques, se meten bajo el vientre del caballo para no desgarrarse con las ramas de los árboles. Finalmente hacen a caballo todo lo que de extraordinario se cuenta de los árabes, a quienes quizás aventajan. Su silla de montar es una piel de cordero doble, que de noche les sirve para acostarse en el campo; sus estribos son zuecos cuadrados, de madera, semejantes a los de plata que los españoles utilizan en las paradas, que valen hasta cuatrocientos y quinientos escudos.

Es verdad que como sus caballos provienen de Europa, les han imitado los arreos, haciendo de madera o de hueso lo que veían de hierro o de plata. Teniendo en cuenta la cantidad prodigiosa de caballos que hay hoy en todo el continente, sorprende que en menos de doscientos años se hayan multiplicado tanto, que los que no son de una gran belleza, sólo valen en Concepción dos o tres escudos. No obstante, como dije antes, los indios comen mucha carne de caballo y cuando los montan, los cuidan tan poco que siempre revientan de eso.

Para llevar la cuenta de sus rebaños y recordar sus asuntos particulares, los indios se valen de ciertos nudos de lana, que por la variedad de colores y de vueltas suplen la falta de signos y de escritura. El conocimiento de estos nudos, que llaman *quipos,* es una ciencia secreta que los padres sólo revelan a sus hijos cuando creen haber llegado al fin de sus días, y como sucede muy a menudo que por falta de inteligencia no comprenden su misterio, este tipo de nudos se transforma para ellos en motivo de equivocación y los utilizan poco. Para suplir la falta de escritura encargan a aquellos que tienen una buena memoria la tarea de aprender la historia de su nación y de narrarla a los otros. Es así que conservan el recuerdo del mal trato que los españoles tuvieron con sus antepasados cuando los sometieron, lo que perpetúa el odio que sienten por ellos; pero cuando se les recuerdan las victorias que luego tuvieron sobre esos extranjeros, a quienes expulsaron de cinco ciudades [22] que habían construido en sus tierras, su orgullo natural se reanima y sólo esperan la oportunidad de poder expulsarlos una vez más de Concepción; pero mientras ven ir y venir los navíos franceses, no se atreven a desen-

[22] Según la fuente utilizada por Frezier, son seis: Valdivia, Imperial, Angol, Santa Cruz, Chillán y Concepción. (*Cf.* A. DE OVALLE, *Histórica...,* l. VI, c. XV, pp. 277-280).

77

mascararse, persuadidos de que éstos socorrerían a los españoles. Como son orgullosos, les cuesta tolerar la vanidad de quienes quieren dominarlos; no obstante, saben disimular y hacen con ellos el comercio de ganado vacuno, cabras y mulas, los reciben en sus casas y los agasajan como amigos.

Un francés que había acompañado a un español que iba a negociar con los puelches, nación de indios hasta ahora indómitos que viven en las montañas de la Cordillera, me contó de qué manera se hace [este comercio]. Se va directamente a ver al *cacique* y se presenta ante él sin decirle nada; éste, tomando la palabra, dice al comerciante: "¿Has venido?"; a lo que se le responde: "He venido". "¿Qué me traes?", prosigue aquél "Te traigo, como regalo, vino —artículo imprescindible—, y tal otra cosa". Ante estas palabras el cacique siempre responde: "Que seas bienvenido"; le da alojamiento cerca de su cabaña, donde cada uno de sus hijos y de sus mujeres, va a darle la bienvenida y también a pedirle un presente, que se les hace por pequeño que éste sea. Al mismo tiempo el *cacique* hace llamar con una trompa a sus súbditos dispersos, como ya he dicho, para darles noticia de la llegada de un comerciante con quien pueden negociar; vienen y ven las mercancías, que son cuchillos, hachas, peines, agujas, hilo, espejos, cintas, etc., la mejor de todas sería el vino si no fuera peligroso proporcionarles con qué embriagarse, porque entonces no se está seguro entre ellos, ya que se matan entre sí. Después de haber convenido el trueque, se llevan las mercancías sin pagar, de modo que el comerciante ha entregado todo sin saber a quién, ni ver a ninguno de sus deudores. Por último, cuando quiere retirarse, el *cacique,* por medio de otro toque de trompa, da la orden de pagar; entonces cada uno lleva exactamente el ganado que debe; y como son todos animales salvajes, mulas, cabras y especialmente toros y vacas, [el cacique] ordena a un número suficiente de hombres que los lleven hasta la frontera de las tierras españolas. Por lo que acabo de decir puede advertirse que entre esas gentes que nosotros llamamos salvajes se encuentra tanto orden y tanta buena fe como en las naciones más ilustradas y mejor gobernadas.

El gran número de toros y vacas que se consumen en Chile, donde se matan grandes cantidades todos los años, vienen de las llanuras de Paraguay, cuyos campos están cubiertos de ganado. Los puelches los llevan por el valle de Tapatapa, que habitan los pevinges, indios indómitos; es el pasaje más fácil para atravesar la Cordillera, porque está dividido en dos montañas de acceso mucho menos difícil que los otros, que resultan casi impracticables para las mulas. También hay otro a ochenta leguas de Concepción en el volcán llamado *Silla Velluda* *, que entra en erupción de tanto en tanto, y a veces con tal estruendo que se lo oye desde esta ciudad; por allí se abrevia mucho el camino y se llega en seis semanas a Buenos Aires.

Es por estas vías que todos los años se reponen las manadas de toros y de cabras, que en Chile se matan por millares para hacer el sebo y la *manteca* *, que se obtiene hirviendo la carne y la médula de los huesos, que en toda América española austral se usan en lugar de la mantequilla y del aceite, que no suelen usar en sus guisados.

Para conservar la carne en lugar de salarla, como se hace en Francia, la secan al sol o la ahúman. Es también de esas *matanzas* * que se obtienen los cueros de vaca y, en especial, los de cabra, tan apreciados como el marroquí, que llaman *cordobanes* * y envían al Perú para hacer zapatos y para otros usos.

Además del comercio de cueros, sebo y carne salada, los habitantes de Concepción también venden trigo, con el que cargan todos los años ocho o diez navíos de cuatrocientas o quinientas toneladas para enviar al Callao, además de las harinas y de las galletas con las que proveen los navíos franceses que se abastecen allí, camino al Perú y de regreso a Francia. Esto sería poco para una región tan rica, si se cultivara la tierra; es muy fértil y tan fácil de labrar que lo único que se hace es trabajarla con un arado hecho generalmente con una sola rama de árbol retorcida, que arrastran dos bueyes; y aunque la semilla apenas esté cubierta, nunca rinde menos de cien por uno. Tampoco cultivan las viñas con más cuidado para obtener vino que, sin embargo, resulta bueno; pero como no saben barnizar las *botijas* *, es decir, las vasijas de tierra en las que lo ponen, se ven obligados a recubrirlas con una especie de betún que, sumado al gusto de las pieles de chivo en las que lo transportan, les da un gusto amargo como el de la triaca y un olor a los que uno sólo se acostumbra con cierta dificultad.

Obtienen las frutas del mismo modo, sin necesidad de injertos. Las peras y las manzanas crecen naturalmente en los bosques y, si se tiene en cuenta la cantidad que hay, resulta difícil comprender cómo esos árboles han podido multiplicarse y esparcirse en tantos lugares desde la conquista, si es cierto que antes no existieron, tal como se lo asegura.

Se cultivan campos enteros con una especie de fresa (véase figura XI) diferente de la nuestra por sus hojas más redondeadas, más carnosas y muy vellosas; sus frutos, por lo general, son grandes como una nuez y a veces como un huevo de gallina; son de un color rojo blanquecino y de un gusto menos delicado que nuestras fresas del bosque. Entregué algunos pies al señor de Jussieu para el Jardín Real, donde se ocuparán de hacerlos fructificar.

Además de éstas, no faltan en los bosques otras de la misma especie que las europeas. Por lo demás, todas las legumbres que nosotros tenemos se dan aquí en abundancia y casi sin trabajo; existen también algunas que se encuentran en los campos sin cultivar, como nabos, tupinambos, achicoria de las dos clases, etc.

Las hierbas aromáticas no son menos comunes: el pequeño bálsamo, la melisa, el tanaceto, las manzanillas, la menta y una especie de vellosilla, que tiene un perfume semejante al del absintio, cubren los campos; también se da el alquequenje cuyo fruto tiene más perfume que el de

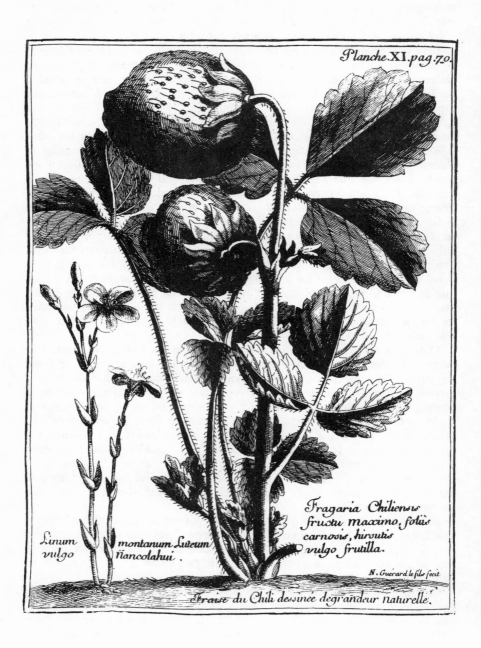

Planche. XI. pag. 70.

Fragaria Chiliensis
fructu maximo, foliis
carnosis, hirsutis
vulgo frutilla.

Linum montanum Luteum
vulgo ñancolahui.

N. Guerard le fils fecit

Fraise du Chili dessinée de grandeur naturelle.

Francia; una especie de pequeña salvia que crece como arbusto, cuya flor por su forma se parece algo a la del romero y por su perfume al agua de la reina de Hungría; los indios la llaman *palghi*. Es quizás una especie de *Coniza Affricana salviae odore* y, a juzgar por su olor y por su gusto, debe contener muchos principios volátiles. Sin haber sido plantadas las rosas crecen en las colinas, y la especie más común que aquí se da, o tiene menos espinas que la de Francia o no las tiene. También se encuentra en el campo una flor parecida a esa especie de azucena, que en Bretaña se llama *Guerneziaises* y que el padre Feuillée denomina *Hemorocalis floribus purpurascentibus striasis,* su nombres en lengua indígena es *liuto* y no *lictu* como él dice[23]; la hay de diferentes colores, y de las seis hojas que la componen, dos siempre son empenachadas; con la raíz de esta planta, secada al horno, se hace una harina muy blanca que sirve para hacer masas de confituras.

En los jardines se cultiva un árbol que da una flor blanca con forma de campanilla, llamado *floripondio* *, el padre Feuillée lo llama *Stramonoides arboreum oblongo et integro folio fructu levi*[24]; su perfume es muy suave, sobre todo durante la noche. La flor tiene de ocho a diez pulgadas de largo y cuatro de diámetro en la base; la hoja es vellosa y algo más en punta que la del nogal. Es un resolutivo admirable para ciertos tumores. Tienen también una especie de *Hedera terrestris* llamada *hierba de los compañones* * que produce el mismo efecto.

Para cuando alguien sufre una caída violenta que le produce una hemorragia nasal, tienen un remedio infalible: beber la decocción de una hierba llamada *quinchamali,* especie de santolina, que tiene una pequeña flor amarilla y roja tal como se puede ver aquí (véase figura XV[25]); las restantes pequeñas hierbas medicinales que tenemos en Francia también aquí son muy comunes, como el culantrillo y sobre todo algunas semejantes a las del Canadá: malvas, malvaviscos, el mercurial, el digital, polipodio y gordolobo, milenrama, pico de grulla común y almizclado, argentina, y muchas otras que me son desconocidas por ser propias de la región.

Además de las hierbas medicinales, poseen otras para teñir que tienen la propiedad de soportar el jabón varias veces sin desteñirse; entre ellas se encuentra la raíz del Reilbon, especie de rubia que tiene la hoja más pequeña que la nuestra; hierven, como nosotros, la raíz en agua para obtener la tintura roja. El *poquell* es una especie de botón de oro o *Abrotanum semina folio virente vermiculato,* que tiñe de amarillo con la misma resistencia; su tallo tiñe de verde. El *añil* * es una especie de

[23] La denominación de Feuillée (*Journal...,* t. II, p. 710 y figura IV), *Hemerocallis floribus purpurascentibus, striatis, vulgo Ligtu,* ha sido mal transcripta en el texto original de Frezier.

[24] La denominación de Feuillée (*Journal...,* t. II, pp. 761-763 y figura XLV), *Stramonides arboreum, oblongo et integro folio, fructu laevi, vulgo Floripondio,* ha sido mal transcripta en el texto original de Frezier.

[25] En el original se remite, erróneamente, a la figura XVII.

81

índigo que tiñe de azul; el negro se obtiene del tallo y de la raíz del *panque,* cuya hoja, redonda y con una textura similar a la del acanto, tiene dos o tres pies de diámetro, aunque el padre Feuillée, que la denomina *Panke Anapodophily folio,* no le da más de diez pulgadas [26]. Cuando su tallo es rojizo se la come cruda como calmante; es muy astringente. Se la hierve con el *maqui* y el *gutiú,* arbustos de la región, para teñir de negro; su tintura es bella y no quema las telas como los negros europeos; esta planta sólo se encuentra en los lugares pantanosos.

Los bosques están llenos de árboles aromáticos, tales como distintas especies de mirtos, un tipo de laurel, cuya corteza tiene el perfume del azafrán, y aun más suave; el boldo cuya hoja tiene la fragancia del incienso y la corteza un gusto picante algo parecido a la canela; pero se encuentra otro árbol que lleva, efectivamente, ese nombre y que, aunque diferente de la canela de las Indias orientales, tiene las mismas cualidades; su hoja, si bien un poco más grande, es similar a la del gran laurel. Virgilio parece haberlo descrito en sus *Geórgicas* II:,

> *Ipsa ingens arbos faciemque simillima lauro*
> *et, si non alium late jactaret odorem,*
> *laurus erat, folia haud ullis labentia ventis;*
> *flos ad prima tenax; animas et olentia Medi*
> *ora fovent illo et senibus medicantur anhelis* [27].

Entre los indios este árbol está consagrado a la ceremonia de la paz; en la que hicieron con los españoles en 1643, mataron muchas de esas ovejas de la tierra, de las que luego hablaremos; en su sangre se tiñó una rama de canelo, que el representante de los caciques entregó en manos del general español (el Marqués de Baydes) en señal de paz. Esta ceremonia, aunque practicada por salvajes, tiene su ejemplo en la Escritura, *Exodo,* c. 12 y *San Pablo a los Hebreos,* c. 9, donde dice: "Porque habiendo anunciado Moisés todos los mandamientos de la ley a todo el pueblo, tomó la sangre de los becerros y de los machos cabríos, con agua, lana escarlata e hisopo, y roció el mismo libro y también a todo el pueblo diciendo: esta es la sangre del pacto que Dios os ha mandado" [a].

[26] L. FEUILLÉE, *Journal...,* t. II, pp. 741-742 y figura XXX.
[27] "El árbol en sí mismo es grande y muy parecido por su aspecto al laurel; si no expandiese a lo lejos un olor diferente, sería un laurel; ningún viento hace caer sus hojas; su flor es particularmente persistente, con ella los medos purifican los alientos de las bocas malolientes y curan a los ancianos jadeantes". La cita corresponde a los versos 131-135 del mencionado libro II de las Geórgicas y se transcribe según el texto de VIRGILE, *Georgiques.* Texte établi et traduit par E. de Saint-Denis. Paris, Société d'édition "Les belles lettres", 1963, p. 24.
[a] *Lecto enim omni mandato legis a Moyse universo populo: accipiens sanguinem vitulorum et hircorum cum aqua, et lana coccinea, et hyssopo: ipsum quoque librum, et omnem populum aspeersit, dicens: Hic sanguis testamenti quod mandavit ad vos Deus. Hebr.* 9 [19-20]. Como en todas las numerosas citas bíblicas de Frezier, los pasajes latinos se transcriben según el texto de: *Biblia Sacra iuxta Vulgatam Clementinam. Logicis partitionibus aliisque subsidiis ornata a* Alberto

Hay un árbol muy común llamado *licti,* cuya sombra hincha todo el cuerpo de quienes duermen a su abrigo, como le sucedió a un oficial del Mariane, a quien, por haber dormido algunas horas a la sombra de este árbol, se le hinchó el rostro de tal modo que ya no veía. Para curarse de esta enfermedad se toma una hierba llamada *pellboqui,* especie de enredadera o de hiedra terrestre, o de *hierba mora* * que se maja con sal; al frotarse con esto la hinchazón desaparece en dos o tres días, sin dejar huella. Crece también un árbol llamado *peumo* [28] cuya corteza en decocción alivia mucho la hidropesía; tiene un fruto de color rojo y parecido a una aceituna; su madera también puede servir para la construcción de navíos, pero el mejor para este uso es el *roble* *, especie de encina cuya corteza, como la de la carrasca, es un corcho; es duro y resistente en el agua. A lo largo del río Biobío hay muchos cedros, apropiados no sólo para la construcción, sino también para hacer muy buenos mástiles. La dificultad de transportarlos por ese río, donde, en la desembocadura, no hay agua suficiente para un navío, no permite aprovecharlos. Las cañas de bambú son muy corrientes en todas partes.

Los campos están poblados de una infinidad de pájaros, sobre todo de palomas torcazas, muchas tórtolas, perdices, que sin embargo no son equiparables a las de Francia; algunas becacinas, patos de todo tipo, entre los que se encuentra uno de aquellos que llaman *patos reales* *, que tienen una cresta roja sobre el pico; zarapitos, cercetas, pilpilenas, que se parecen algo a esos pájaros de mar llamados gaviotas y tienen el pico rojo, recto, largo, angosto, y chato, con una raya del mismo color sobre los ojos, y las patas como las del avestruz; son apetitosos; loros, *pechirrojos* *, de hermoso canto, algunos cisnes y flamencos, cuyas plumas los indios aprecian mucho para adornar sus gorros en las fiestas, porque son de un hermoso blanco y de un hermoso rojo, combinación que mucho les gusta. El placer de la caza se puede ver interrumpido por ciertos pájaros que nuestra gente llama chillones, porque cuando ven a un hombre se ponen a chillar y a revolotear alrededor de éste, gritando como para advertir a los otros pájaros, que levantan vuelo en cuanto lo oyen; sobre la articulación de cada ala tienen una punta roja de una pulgada de largo, que es dura y aguda como un garrón, con la que se defienden de los otros pájaros.

Un día, en una marisma, cazamos uno de esos anfibios que se llaman pingüinos, más grande que un ganso; en lugar de plumas estaba cubierto de una especie de pelo gris parecido al de los lobos marinos; sus alas también se parecen mucho a las aletas de estos animales. Muchas rela-

Colunga, O. P. et Laurentio Turrado. Quinta edito. Madrid, Biblioteca de Autores Cristianos, 1977. A su vez los pasajes castellanos se transcriben según el texto de: *La Santa Biblia. Antiguo y Nuevo Testamento.* Antigua versión de Casiodoro de Reina (1569) revisada por Cipriano de Valera (1602). Otras versiones: 1862, 1909 y 1960. Sociedades Bíblicas en América Latina].

[28] *Peumo: Cryptocarya Peumus Gay;* voz mapuche (*Friederici*).

ciones han hablado de ellos, porque son muy comunes en el estrecho de Magallanes. Véase un dibujo tomado del natural (figura XVI).

Los lobos marinos de los que acabo de hablar, se encuentran en cantidad tan grande, que a menudo cubren las rocas de los alrededores de la isla Quiriquina; se diferencian de los lobos marinos del norte, en que aquéllos tienen patas, mientras que éstos tienen dos aletas alargadas, casi como alas, cerca del lomo y otras dos más pequeñas que rodean la rabadilla. La naturaleza, sin embargo, conservó en el extremo de sus grandes aletas cierta similitud con las patas, pues allí se observan cuatro uñas que rematan la extremidad, quizás porque estos animales las utilizan para arrastrarse por la tierra, donde están muy a gusto y donde llevan sus crías que allí alimentan con peces y que acarician, según cuentan, tiernamente. Lanzan gritos parecidos a los de los becerros, de donde surge que en muchas relaciones se los llame becerros marinos; pero su cabeza se parece más a la de un perro que a la de ningún otro animal y por eso, con razón, los holandeses los llaman perros marinos. La piel está cubierta de un pelo muy corto y tupido, y la carne es muy aceitosa, de mal gusto; sólo se puede comer el hígado; no obstante, los indios de Chiloé la secan y con ella hacen sus reservas de alimento; de esta carne los navíos franceses extraen el aceite que necesitan. La pesca es muy fácil, es posible acercárseles sin dificultades por tierra y por mar, y se los mata de un solo golpe en la nariz. Los hay de diferentes tamaños; en el sur son grandes como perros mastines, y en el Perú se encuentran algunos que tienen más de doce pies de largo. La piel sirve para hacer *balsas,* o globos llenos de aire, que se usan como barcas. Pero en Concepción los pescadores no hacen más que unir con cintas de cuero tres haces de leña menuda, de modo que el del medio esté un poco más bajo que los otros, y allí arriba se internan en el mar. La madera más adecuada para esto es el tronco de una especie de áloe que tiene de seis a siete pies de altura.

Cuando se recala en Talcahuano se puede pescar con la jábega en el Estero, que es un pequeño río situado al fondo de ese mismo lado de la bahía. Allí se obtienen muchos mújoles, una especie de rodaballos llamados *lenguados* *, *róbalos* *, pescado delicado, con el aspecto de un lucio, que tiene una raya negra en el lomo; una especie de *gradeaux,* que, por su delicadeza, en toda la costa se llama *pejerrey* *.

Concepción está situada en una región donde todo abunda, no sólo los medios de subsistencia, sino también las riquezas que son infinitas; en los alrededores de la ciudad se encuentra oro, especialmente a doce leguas hacia el E, en un lugar llamado *Estancia del Rey* *, donde se sacan por lavado, esos trozos de oro puro que en el idioma de la región se llaman *pepitas* *; se han hallado hasta de ocho y diez marcos, y de muy alta ley. Antiguamente se sacaba mucho por el lado de Angol que está a veinticuatro leguas y, si la región estuviese habitada por gente laboriosa, se lo sacaría en otros mil lugares donde se sabe con certeza que hay buenos *lavaderos* *, es decir, tierras de las que se lo saca con sólo hacerlas pasar por agua, como lo diré luego.

Si uno se interna hasta las montañas de la Cordillera, encuentra una infinidad de minas de todo tipo de metales y de minerales, por ejemplo en dos montañas que quedan a sólo doce leguas de las *pampas* * del Paraguay, a cien leguas de Concepción; en una de ellas se han descubierto minas de cobre puro, tan singulares que se han visto *pepitas* *, o trozos, de más de cien quintales. Los indios llaman *payen,* es decir, cobre a una de esas montañas; y Don Juan Melendes, su descubridor, la llamó San José. Sacó allí un trozo de cuarenta quintales, con el que hizo mientras yo estaba en Concepción, seis cañones de campaña de seis libras de calibre cada uno.

Se hallan piedras que son parte de cobre bien formado y parte de cobre imperfecto, por lo que se dice que en ese lugar la tierra es creadora, es decir, que el cobre se forma allí permanentemente [a]. En esta montaña también se encuentra lapislázuli.

La montaña vecina, llamada *Cerro de Santa Inés* * por los españoles, es notable por su cantidad de imán, que la compone casi por entero.

En las montañas más cercanas, habitadas por los puelches, se encuentran minas de azufre y de sal. En Talcahuano, en Iraquín y en la misma ciudad [de Concepción], se encuentran muy buenas minas de carbón de piedra y sin ahondar más de uno o dos pies. Los habitantes no saben aprovecharlas, incluso, cuando hicimos la provisión para nuestra fragua, se asombraban mucho al vernos sacar de la tierra con qué hacer fuego.

Mientras recalábamos llegó por tierra una noticia de Chiloé que decía que los indios se habían sublevado y habían matado a sesenta españoles de ambos sexos. Efectivamente, esos pobres esclavos, exasperados por las crueldades de los españoles y, en particular, del gobernador, que exigía de cada uno cierta cantidad de tablas de *alerce* *, que es la madera con que se comercia en Perú y Chile, y por otras tiranías, se sublevaron y mataron a trece o catorce españoles y a una mujer. Pero éstos se vengaron cruelmente; se reunieron y pasaron a cuchillo a todos los que encontraron; para degollarlos iban a buscarlos aun a las islas. Se cuenta que mataron a más de doscientos para restablecer el crédito y la autoridad de los blancos, que sólo forman un pequeño grupo en comparación con los indios, pues en esa provincia no se cuenta con más de mil o mil doscientos hombres capaces de tomar las armas y hay por lo menos diez veces más indios; pero éstos son tímidos y dóciles por naturaleza y no saben sacar provecho de la indolencia en la que viven los españoles, que están mal armados y sólo tienen un pequeño fuerte en Chacao, siempre desprovisto de municiones; en la ciudad de Castro, por el contrario, las fuerzas son comparables a las de Concepción. Sin embargo

[a] Iob 28,2: [...] *et lapis solutus calores in aes vertitur.* [... y de la piedra se funde el cobre].

sería importante para ellos tener fuerzas en esas islas, porque si las naciones de Europa quisieran hacer alguna incursión en el Mar del Sur, les sería fácil apoderarse de ellas; además de vino, encontrarían allí todos los refrescos y víveres necesarios; inclusive se obtiene allí mucho ámbar gris.

Los indios de los alrededores de Chiloé se llaman choños. Aunque viven en un clima muy frío y entre montañas están totalmente desnudos; sólo se cubren con una piel cortada en cuadrado sin ninguna otra hechura, dos de cuyas puntas cruzan sobre el estómago; de las restantes una les cubre la cabeza y otra les cae en punta sobre la espalda.

Más adentro hay otra tribu de indios gigantes, que llaman caucahues; como son amigos de los choños a veces vienen con ellos hasta las viviendas de los españoles de Chiloé. Don Pedro Molina, que había sido gobernador de esta isla, y algunos otros testigos oculares de la región, me dijeron que tenían aproximadamente cuatro varas de altura, es decir, cerca de nueve a diez pies; son los que llaman *patagones* * [29], que habitan en la costa oriental de la tierra desierta, de quienes dieron noticia antiguas relaciones y que más tarde fueron considerados fabulosos porque en el Estrecho de Magallanes se han visto indios de una estatura no superior a la de otros hombres; esto confundió a Froger en su *Relation* del viaje de Gennes; pues algunos navíos vieron a unos y otros al mismo tiempo. En 1704, en el mes de julio, la gente del Jacques, de Saint-Malo, que comandaba Harinton, vio siete de esos gigantes en la bahía Gregorio; los del Saint-Pierre, de Marsella, comandado por Carman de Saint-Malo, vieron seis, entre los que había uno que llevaba cierta señal que lo distinguía de los otros, tenía los cabellos recogidos con una cofia de redecilla hecha con tripas de pájaros y plumas alrededor de toda la cabeza. Los demás vestían un saco de piel con el pelo hacia adentro; a lo largo del brazo, en la manga, llevaban sus aljabas llenas de flechas, de las que les dieron algunas y los ayudaron a varar la canoa; los marineros les ofrecieron pan, vino y aguardiente, pero se negaron a probarlos; al día siguiente desde la borda, vieron a más de doscientos juntos. Estos hombres, aunque más grandes, son más sensibles al frío que los otros, pues los pequeños sólo tienen como vestimenta una simple piel sobre los hombros.

Lo que acabo de contar, basado en el testimonio de gente digna de confianza, está tan de acuerdo con lo que leemos en las relaciones de los viajeros más famosos, que, en mi opinión, se puede creer sin ligereza que en esta parte de América hay una nación de hombres de un tamaño

[29] *Patagones:* nombre dado por Magallanes a los indígenas de la costa atlántica sur; "Nuestro capitán llamó a este pueblo patagones". (A. PIGAFETTA, *Primer viaje...*, p. 57). Se acepta generalmente que tal denominación aludía al tamaño descomunal de los pies de esos indígenas, pero María Rosa Lida de Malkiel (*Para la toponimia argentina: Patagonia,* en *Hispanic Review,* v. XX, pp. 321-323, 1952) ha señalado la posibilidad de que se tratase de un nombre tomado de *Primaleón,* novela de caballería aparecida en 1512.

mucho mayor que el nuestro. Las precisiones de tiempo y lugar, y todas las circunstancias que acompañan lo que de ellos se narra, parecen conceder un rasgo de veracidad suficiente como para vencer la prevención natural que inspiran. La rareza del espectáculo ha provocado quizás alguna exageración en las medidas de su estatura; pero si las consideramos, como se debe, estimadas y no tomadas con exactitud, se verá que las mismas difieren muy poco entre sí. El lector, para justificar lo que acabo de adelantar, permitirá que yo reúna aquí lo que se encuentra disperso en diferentes libros sobre este tema.

Antonio Pigafetta, a quien debemos el diario de Magallanes [a], dice allí que en la bahía San Julián, a 49° 30' de latitud, los españoles vieron algunos gigantes tan altos, que ellos no les llegaban a la cintura [30]. Entre otros, menciona a uno que tenía un corazón pintado en cada mejilla; como armas tenían arcos y estaban vestidos con pieles.

Bartolomé Leonardo de Argensola, en el libro primero de la *Historia de la conquista de las Molucas,* dice que el mismo Magallanes capturó en el estrecho que lleva su nombre gigantes que tenían más de quince palmos de altura [b], es decir, once pies y medio de Castilla o diez y medio de los nuestros, pero que pronto murieron por carecer del alimento acostumbrado.

El mismo historiador, en el libro tercero, dice que la tripulación de los navíos de [Pedro] Sarmiento [de Gamboa] combatió con hombres que tenían más de tres varas de alto [c], es decir, alrededor de ocho pies de rey; en un primer encuentro rechazaron a los españoles, pero luego éstos los pusieron en tan precipitada fuga que, para valerme de la expresión española, una bala de mosquete no habría podido alcanzarlos [31]. "Según este ejemplo", dice, "se ve que con mucha razón los libros de caballería

[a] OZORIUS, *De rebus Emanuelis Regis Lusitaniae,* lib. 2. [Se trata de la obra de Gerónimo Osorio sobre el reinado de Manuel I de Portugal, 1495-1521, escrita en latín e impresa en 1571. A partir de 1586 se la imprimió, también en latín, con un prefacio de Juan Natalio Metelo que incluía las navegaciones de los españoles en oriente y occidente. *Cf.* A. LEÓN PINELO, A. GONZÁLEZ DE BARCIA, *Epitome...,* col. 75].

[30] "Este hombre era tan grande que nuestra cabeza llegaba apenas a la cintura", ANTONIO PIGAFETTA, *Primer viaje en torno del globo.* Traducción de Carlos Amoretti. Quinta edición. Madrid, Espasa-Calpe, Colección Austral, 1963, pp. 52-53.

[b] Ciertos gigantes de más de quince palmos. [Argensola, en las páginas 109-136 de su *Conquista de las Molucas,* Madrid, 1609, dio a conocer un extracto de la relación, inédita hasta 1768, que Pedro Sarmiento de Gamboa hizo de su primer viaje al estrecho de Magallanes, 1579-1580. Esta *Relación* se reimprimió en: PEDRO SARMIENTO DE GAMBOA, *Viajes al Estrecho de Magallanes* (1579-1584) [...] Edición y notas al cuidado de Ángel Rosenblat. Prólogo de Armando Braun Menéndez. Buenos Aires, Emecé Editores, 1950, t. I, pp. 1-176].

[c] "Consta por otras que tiene cada uno destos más de tres varas de alto".

[31] "[...] ya los indios parecían tan lejos que ningún arcabuz los alcanzara". P. SARMIENTO DE GAMBOA, *Relación...,* p. 119. Las precisiones de altura, por su parte, no son propias de Sarmiento de Gamboa.

hacen pasar por cobardes a los gigantes". No obstante oí decir a los habitantes de Chiloé que los caucahues eran tan bravos como grandes [32].

Leemos un hecho muy semejante, pero posiblemente un tanto exagerado, en el viaje de Sebald de Weert, quien habiendo fondeado con cinco navíos en la bahía Verde, veintiuna leguas adentro del Estrecho de Magallanes, vio siete piraguas llenas de gigantes que podían tener de diez a once pies de altura [a], que los holandeses atacaron y que tanto se espantaron con las armas de fuego que arrancaban árboles para ponerse a cubierto de las balas de mosquete.

Olivier van Noort, que entró en ese estrecho algunos meses después de Sebald, vio hombres de diez a once pies de altura [b], aunque hubiese visto otros de una talla igual a la nuestra.

Joris van Spilbergen al entrar en el Estrecho de Magallanes el 2 de abril de 1615, vio en la Tierra del Fuego un hombre de una altura prodigiosa [c] que se había subido a una colina para ver pasar los navíos.

Cuando Guillaume Schouten, el 11 de diciembre del mismo año, recalaba en el puerto Deseado a 47° 30′ de latitud, las gentes de su tripulación encontraron, en la montaña, montículos de piedra hechos de una manera que despertó su curiosidad por ver lo que cubrían y

[32] Frezier no ha respetado el original que dice: "Según este acto, no parecía impropia la cobardía que aplican a sus gigantes los escritores de los libros fabulosos que llaman vulgarmente de caballería" (B. L. de Argensola, *Conquista...*, l. III). M. R. Lida de Malkiel (*Para la toponimia...*, p. 323) cita este pasaje como prueba de que "todavía era transparente la asociación entre los corpulentos aborígenes de Patagonia y la novela caballeresca...".

[a] [...] *quorum, ut coniectura dabat, longitudo 10 aut 11 pedum erat...* [la altura de los cuales, según conjetura, era de 10 u 11 pies. Frezier consultó las obras de Weert, van Noort y Spilbergen en la edición latina de los *Grandes viajes*, es decir los referidos a las Indias Occidentales, publicados por Teodoro de Bry y sus hijos en trece partes, entre 1590 y 1630. Estudian esta colección, hoy rarísima: ENRIQUE ARANA (hijo), ULRICH SCHMIDEL, *Viaje al Río de la Plata*, pp. 204-208 (en: *Boletín del Instituto de Investigaciones Históricas*, Buenos Aires, Facultad de Filosofía y Letras, a. IX, t. XII, N° 47-48, enero-junio de 1931, pp. 193-223) y LUIS AZNAR, *Precursores de la bibliografía histórica americanista* (en: *Humanidades*, La Plata, Facultad de Humanidades y Ciencias de la Educación, t. XXVIII, 1940, pp. 263-315). La relación de Sebald de Weert, a quien ya nos hemos referido, corresponde al noveno tomo de los *Grandes viajes, Americae nona et postrema pars,* publicado en Frankfort en 1602, y la cita de Frezier a la página 25].

[b] [...] *vasto ac procero corpore sunt, pedes 10 vel 11 aequante* [tienen un cuerpo alto y grande, que alcanza la altura de 10 u 11 pies. El pirata holandés Olivier van Noort hizo un viaje alrededor del mundo entre 1598 y 1601. Recaló en Puerto Deseado, pasó por el estrecho de Magallanes, donde encontró a Sebald de Weert y depredó las costas de Chile. La relación de su viaje corresponde al apéndice de *Americae nona...* y la cita de Frezier a la página 24].,

[c] *Conspexerunt autem ibi ad terram de Fogue, immanis admodum et horrendae longitudinis hominem* [Pero vieron allí, en tierra del Fuego un hombre de altura completamente monstruosa y horrible. Durante la tregua firmada en 1609, la Compañía de las Indias Orientales obtuvo la exclusividad para cruzar el estrecho de Magallanes. Su propósito era ir al Asia, pasando por América como piratas. Joris van Spilbergen, al mando de la primera expedición, derrotó la armada española, reunida para detenerlo, en 1615, incendió Paita y siguió rumbo al Asia. Su relación de viaje fue publicada en el apéndice de *Americae pars XI*, Frankfort, 1619-1620].

hallaron osamentas humanas de diez y once pies de largo ª, es decir, nueve o diez pies de nuestra medida, a la que se deben reducir todas las precedentes.

Me pareció oportuno hacer esta pequeña digresión para probar un hecho que en principio se supone falso, aunque la lectura de la Santa Escritura y de los historiadores, y los ejemplos de los gigantes que, muy a menudo, vemos nacer y vivir entre nosotros, deben disponernos a creer en lo extraordinario. Retomo la narración de mi viaje.

A la noticia de la revuelta de los indios de Chiloé, se agregaba la de que una pequeña embarcación francesa que recalaba en esta isla, había socorrido con pólvora a los españoles contra los indios. Este hecho nos hizo pensar que era el Marie, que habíamos perdido cerca del Cabo de Hornos; pero poco después supimos que estaba recalando en Valdivia. Finalmente el 8 de agosto se nos reunió en Concepción.

[Los del Marie] nos informaron entonces que, luego de haber soportado muchos días de mal tiempo, se encontraron con la isla Diego Ramírez, cuando creían estar a ochenta leguas al O de ella, según las cartas manuscritas y a sesenta leguas según las impresas, y dos grados más al N de lo que en realidad estaban; pero que, después de haber corregido su posición según este aterraje, llegaron exactamente a Valdivia guiándose por las cartas de Pieter Goos, lo que confirma las conjeturas que hice anteriormente sobre las corrientes.

A pesar de las lluvias continuas, ya nos habíamos abastecido de víveres cuando llegó el Marie, sólo nos faltaba hacer las provisiones para él, cuando el oidor de Concepción recibió orden del presidente de Chile de hacer salir, con cualquier pretexto, en no más de cuatro días todos los navíos franceses que se encontraban en la rada; pero no se tuvieron en cuenta esas órdenes dadas para guardar momentáneamente las formalidades. El Concorde sólo salió el 19 de julio con destino a Valparaíso; el Marie, el 20 hacia Ilo y nosotros permanecimos aún algunos días para concluir nuestros asuntos.

No obstante el buen tiempo comenzaba a reemplazar las lluvias y los vientos del invierno, y la esperanza de comerciar no debía retenernos en Concepción, porque, además de que los dos navíos que acabo de nombrar habían abastecido la ciudad de las pocas mercancías que necesitaba, Champloret le Brun, capitán del Assomption, se encontraba allí desde el 24 de junio, tratando, como nosotros, de vender para pagar sus víveres, de modo que decidimos ponernos en marcha para ir a negociar al Perú.

ª Diario de viaje de Schouten, Amsterdam, 1619. [. . . *aux sommets des montaignes trouvèrent nos gens aucunes sepultures ou monuments faits de monceaux de pierres, et comme nos gens voulurent sçavoir que c'estoit, après les avoir démolies, ils trouvèrent des ossements humains à 10 et 11 pieds de longueur.* Según el texto de GUILLAUME SCHOUTEN, *Journal ou relation exacte du voyage de* [. . .] *dans les Indes par un nouveau destroit, et par les grandes mers australes qu'il a descouvert, vers le Pole Antartique* [. . .]. Paris, Gobert, 1618, pp. 45-46].

PARTIDA DE CONCEPCION

Salimos el 30 de agosto de la bahía de Concepción, sin decidir el lugar adónde iríamos; sólo el deseo de tener noticias nos hizo recalar en Valparaíso, donde, sin embargo, permanecimos más de ocho meses; a lo largo de nuestro camino siempre tuvimos vientos contrarios, leves o variables; observamos inclusive, contra lo acostumbrado, que en esos lugares hay días claros y serenos aun con vientos del N. Seis días después de nuestra partida avistamos el morro del Obispo, media legua al S del cabo Curaoma, que se reconoce generalmente para ganar el viento hacia Valparaíso, de modo que las fuertes ráfagas del S y SO no hagan sobrepasar este puerto, que sería difícil retomar sin meterse mucho mar adentro; se nos presentaba así hacia las cinco de la tarde (véase figura XII).

Como era tarde, no quisimos arriesgarnos a entrar de noche en Valparaíso, aunque la boca de la rada es muy grande; corrimos una bordada [33] mar adentro y, al día siguiente, al remitirnos a tierra, vimos ese mismo morro que cambia poco, porque es alto y redondo, en forma de campana.

Después de haber doblado el cabo Curaoma, se descubre, a dos leguas al NE$\frac{1}{4}$E de allí, la punta de Valparaíso que forma con este cabo la ensenada Lagonilla, donde no se fondea porque el fondo es malo.

DESCRIPCION DE LA BAHIA DE VALPARAISO

Para entrar en el puerto de Valparaíso, es necesario, al doblar la punta, costear de cerca un arricete que se distingue hacia adentro, a medio cable de tierra, para ganar el viento; esta piedra es muy segura, pues vimos un barco español, en calma, aproximadamente a la distancia de una chalupa de ella, sin tocar [34]. Cuando uno se aleja demasiado, se ve obligado a voltejear durante largo tiempo para ganar el fondeadero, tal como nos sucedió a nosotros. Fondeamos el 5 de setiembre en veintisiete brazas de profundidad, fondo de lodo gris, tirando al color oliva; teníamos la punta de Valparaíso al NO$\frac{1}{4}$N, la batería blanca al OSO, y el cabo de Concón al N$\frac{1}{4}$NE. No habíamos echado el ancla todavía, cuando ya saludamos la fortaleza con siete cañonazos, y ella nos devolvió uno. En la rada encontramos el Concorde y siete navíos españoles que cargaban trigo para el Callao.

Esos navíos llegan, por lo general, tan cerca de la costa, que tienen tres anclas en seco, amarradas a piedras o a proís, y a esa distancia tienen todavía de ocho a diez brazas de profundidad; esa manera de amarrar es muy ventajosa, porque en verano, todos los días, alrededor del mediodía se presentan unas brisas del SO y del S tan fuertes, que hacen que se

[33] *Bordada*: 'derrota o camino que hace entre dos viradas una embarcación cuando navega, voltejeando para ganar o adelantar hacia barlovento' (*Acad.*).
[34] *Tocar*: 'dar suavemente con la quilla en el fondo' (*Acad.*).

Planche XII.

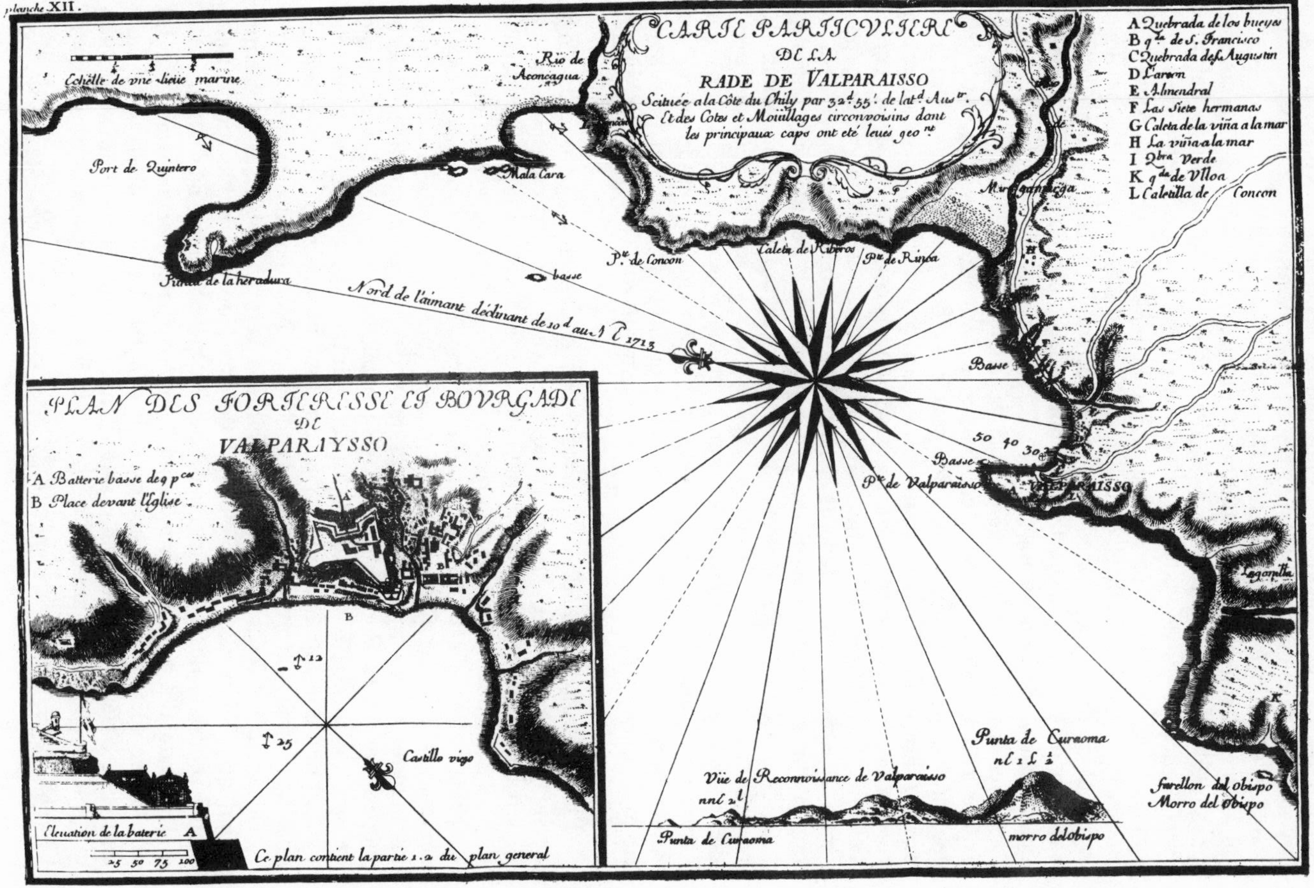

CARTE PARTICULIERE
DE LA
RADE DE VALPARAISO
Située a la Côte du Chily par 33.ᵈ 55.′ de lat. Aust.
et des Côtes et Mouillages environnans dont
les principaux caps ont été leus 910.ᵗ

A Quebrada de los bueyes
B.ᵗᵉ de S.ᵗ Francisco
C Quebrada de S.ᵗ Augustin
D Carven
E Almedral
F Las siete hermanas
G Caleta de la viña a la mar
H La viña a la mar
I Q.ᵈᵃ Verde
K Q.ᵈᵃ de Villa
L Caleta de Concon

Rio de
Aconcagua

P.ᵗᵉ Mala Cara

Port de Quintero

Echelle de une lieue marine

Pointe de la Herradura

P.ᵗᵉ de Concon

Basse

Morro de la Vieja

Nord de l'amarre distant de 10.ᵈ au S.ᵗ 1715.

Caleta de Caven   Q.ᵈᵃ de Raija

Basse

50 40 30

Basse

P.ᵗᵉ de Valparaiso

Punta de Curauma
n.l. 1. 2.

Vüe de Reconnoissance de Valparaiso
n.l. 1.

Punta de Curauma

Farellon del obispo
Morro del Obispo

Punta de Curauma
n.l. 1. 2.

morro del obispo

PLAN DES FORTERESSE ET BOURGADE
DE
VALPARAISSO

A Batterie basse de p.ᵗᵉ
B Place devant l'Eglise

Cabilla vieja

Ce plan contient la partie 1. 2. du plan general

Elevation de la batterie   A

25 50 75 100

suelten las mejores anclas; sin embargo es necesario tener cuidado con un arricete que está a un cable de tierra, bastante cerca de la batería llamado *Castillo Blanco* *, sobre el cual sólo hay de trece a catorce pies de agua en bajamar. El Assomption, de Champloret, lo tocó ligeramente, porque el mar marne hasta seis y siete pies. Por lo demás la bahía es muy segura, se puede voltejear y fondear en todas partes, entre cincuenta brazas y ocho. Sólo es necesario, al dar la bordada hacia las *Siete Hermanas* *, es decir, hacia el lado del E, tomar la precaución de no llegar a menos de dos cables y medio de la tierra, frente a una corriente atravesada por un gran camino rojizo; hay allí un bajío sobre el cual sólo quedan dos brazas y media de agua.

Generalmente sólo se fondea en la esquina de la rada que está situada frente a la fortaleza, para la comodidad del comercio y la seguridad de los navíos; pero, después de todo, esta rada de nada sirve en invierno porque los vientos del N, que entran sin resistencia por su abertura, tornan tan bravo el mar que a veces se han visto navíos arrojados contra la costa. Los vientos del S no son mucho menos fuertes en verano, pero como vienen por sobre las tierras, no hay mar bravo, y en el caso de que hagan soltar los navíos, éstos sólo pueden ser llevados mar adentro.

Al día siguiente de nuestra llegada, el capitán fue a presentar sus respetos al gobernador de armas; es así como se lo distingue del presidente de Chile, a quien simplemente se llama gobernador; era don Juan Covarruvias, hombre de linaje, que, por haber servido en Flandes, manifestaba gran afecto por los franceses, y aunque depende del presidente, no lo llamaba con ese nombre, sino simplemente con el de capitán general de Chile.

El fuerte que comanda es de escasa trascendencia, ya porque está mal hecho ya porque la rada que protege es vecina a otras ensenadas que tienen las mismas comodidades que ésta. Un ejemplo es la de *Quintero* *, que no tiene defensa y que sólo queda a cinco leguas; es verdad que la de Valparaíso, por ser la más cercana a la capital, es también la más frecuentada de Chile; por esta razón se ha querido ponerla a cubierto de los ataques de los ingleses y de los holandeses, que a menudo hicieron incursiones en estas costas. Antes sólo había una pequeña batería a flor de agua, pero desde hace alrededor de treinta años se construyó una fortaleza grande al pie de la alta montaña; está situada sobre una eminencia de altura media, atravesada, hacia el SE y el NO, por dos quebradas que constituyen dos fosos naturales de veinte a veinticinco toesas de profundidad que bajan casi hasta el nivel del mar; de este modo queda totalmente separada de las eminencias vecinas que son algo más altas.

Del lado del mar [esa eminencia] es escarpada por naturaleza a tal punto que sólo se puede subir por allí con mucha dificultad, y del lado de tierra, o de la alta montaña, está defendida por un foso que va de una quebrada a la otra, y ampara así la muralla de la fortaleza que se parece en algo a un cuadrado. La disposición del terreno no permitió que se hiciese allí una fortificación regular; sólo se trata, en realidad, de muros de atrincheramiento, que siguen el contorno de la elevación, que sólo se flanquean [35] algo y a menudo nada. En el medio del lienzo [36] que está sobre la aldea, hay una pequeña estrella [37] de siete toesas de frente con su garita [38].

El lado opuesto, situado sobre la quebrada de San Agustín, sólo está defendido por el flanco de un medio bastión [39] que forma un ángulo muerto y cuyo frente ofrece una defensa demasiado oblicua. El lado de la montaña está compuesto por una cortina [40] de veintiséis toesas y por dos medio bastiones de veinte toesas de frente [41] y once de flanco [42], de manera que la línea de defensa sólo tiene cuarenta y cinco toesas; toda esa parte está construida de ladrillos y se eleva veinticinco pies sobre una berma [43]; la profundidad del foso es de alrededor de diez pies y su ancho es de tres toesas hacia los ángulos salientes, de donde sale la defensa del ángulo del flanco; el foso está excavado en peñasco disgregado y húmedo que se ha escarpado un poco en los dos extremos para hacerlo inaccesible desde las quebradas. Los parapetos sólo tienen dos pies y medio de espesor, y el resto del contorno de la plaza es de mampostería de canto rodado también débil. Sólo hay muralla del lado de tierra, para cubrir la fortaleza e impedir que sea vista desde la montaña que tiene una pendiente suave; pero lamentablemente los flancos se abaten hacia atrás y la cortina y los frentes están enfilados, a tiro de mosquete de las eminencias vecinas, de manera que es muy fácil inutilizarlos. Al pie del alto fuerte contiguo a la aldea, se encuentra una batería de nueve cañones, de trece pies de alto, sobre un muelle de la misma altura, desde donde se puede disparar hacia el fondeadero a flor de agua, pero además de no ofrecer ninguna defensa a causa de su diseño, es vulnerable desde todos los alrededores; se la llama *Castillo Blanco* * porque se la blanqueó para

[35] *Flanquear:* 'estar colocado un castillo, baluarte, monte, etc., de tal suerte, respecto de la ciudad, fortificación, etc., que llegue a éstas con su artillería, cruzándolas o atravesándolas con sus fuegos' (*Acad.*).

[36] *Lienzo:* 'porción de baluarte que corre en línea recta de baluarte a baluarte o de cubo a cubo' (*Acad.*).

[37] *Estrella:* 'fuerte de campaña que, por sus ángulos entrantes y salientes, imita en su figura a una estrella pintada' (*Acad.*).

[38] *Garita:* 'torrecilla de fábrica o de madera fuerte, con ventanillas largas y estrechas, que se coloca en los puntos salientes de las fortificaciones para abrigo y defensa de los centinelas' (*Acad.*).

[39] *Bastión:* 'obra de figura pentagonal que sobresale en el encuentro de dos cortinas de muralla' (*Acad.*).

[40] *Cortina:* 'lienzo de muralla que está entre dos baluartes' (*Acad.*).

[41] *Frente:* 'cada uno de los dos lienzos de muralla que desde los extremos de los flancos se van a juntar para cerrar el baluarte o bastión y formar su ángulo'. (*Acad.*).

[42] *Flanco:* 'parte del baluarte o bastión que hace ángulo entrante con la cortina y saliente con el frente' (*Acad.*).

[43] *Berma:* 'espacio al pie de la muralla y declive exterior del terraplén, que sirve para que la tierra y las piedras que se desprenden de ella cuando la bate el enemigo, se detengan y no caigan dentro del foso' (*Acad.*).

que se viera desde lejos. Detrás de esa batería se encuentran la puerta, la escalera y la rampa que conducen de la aldea a la fortaleza por un camino protegido por un lienzo y, más arriba, por una galería cuyo espaldón no cubre la puerta del cuerpo de la plaza, que se divisa por completo desde la rada.

Del lado de la montaña, en el centro de la cortina, se encuentra otra puerta, adonde, a falta de puente levadizo o fijo, se sube trepando desde el foso; por aquí pasa el canal que conduce el agua que se saca de la corriente de San Agustín hacia el alto fuerte; éste puede ser cortado fácilmente, y la guarnición, de no tener esa agua, sólo podría contar con la del arroyo que corre al fondo de la quebrada de San Francisco, por el centro de la aldea; se advierte así cuán poco temible resultaría la fortaleza de Valparaíso desde que se hubiese puesto pie en tierra, como se lo puede hacer con buen tiempo en esa playa que está al fondo de la rada en el lugar llamado el *Almendral* *, donde la artillería casi no puede incomodar.

Sobre la batería baja hay nueve piezas de fundición, de doce a dieciocho libras de calibre, según las medidas de peso españolas, de las que no hay dos que puedan alcanzar ese desembarcadero; sobre todo porque está a una distancia de casi media legua. Sobre el alto fuerte hay cinco piezas de seis a doce libras de calibre y dos pequeños obuses que hacen un total de dieciséis piezas de fundición. Al pasar diré que esta artillería fue puesta en condiciones por los carpinteros de Boisfloret, capitán del navío Le Clerc, en 1712; pero si el gobernador no hubiera sido más agradecido que el presidente de Santiago, por el servicio que aquél prestaba a los españoles, habría sido el primero en experimentar la justicia a través de un pequeño enredo comercial.

Al pie de la fortaleza, en una quebrada bastante pequeña, se encuentra la aldea o ciudad de Valparaíso, compuesta de un centenar de casas pobres, sin ordenamiento y en distintos niveles; también se extiende a lo largo de la costa donde se encuentran los almacenes de trigo. Aunque este lugar es muy pequeño, además de la parroquia hay dos conventos, uno de franciscanos y el otro de agustinos. De las ciento cincuenta familias que puede haber, apenas treinta son de blancos, el resto se compone de negros, mulatos y mestizos; el número de hombres capaces de tomar las armas es poco considerable; pero las viviendas o haciendas circunvecinas proporcionan, a la primera señal de la fortaleza, seis compañías de caballería equipadas a su costa, la mayor parte de cuyos integrantes no tiene otra arma que la espada, que los blancos no dejan ni siquiera en las ocupaciones más viles. Es muy frecuente que, al aviso de los centinelas apostados a lo largo de la costa, se reúna por lo menos una parte de esas tropas cuando aparece un navío que se considera que no es de construcción española; no pocas noches hemos visto disparar un tiro en señal de alarma ante la menor sospecha y sin motivo. Algunos días después de nuestra

94

PROFIL DU FORT DE VALPARAYSSO PAR LA LIGNE A.B.

Renvoy
1 Quay au devant de la Baterie
2 Baterie basse ou Castillo Blanco
3 Escalier et rempe pour monter au fort a couvert de l'epaulement 3
4 Corps de Garde
5 Lieu ou le mer se pousillon
6 Porte
7 la Chapelle
8 Corps de Garde
9 Magasin
10 Rempart
11 Porte du Côté de la montagne
12 Demi bastion sur la bourgade
13 Ruisseau qui fournit l'eau

PROFIL Par la ligne C.D

Renvoy du 2.e profil
A Coulée de St. Augustin
B Borne autour du fort
C Flanc du bastion de St. Augustin
D Face de demi bastion
E Flanc de l' demi bastion
F Porte au milieu de la Courtine du côté de la montagne
G Corps de garde
H Magasin d'logemens
I Ruisseau K Creusée
L Maison du curé
M Maison de la bourg

Echelle du profil C.D

VÜE DU CÔTÉ DU MOUILLAGE

Renvoy de la vüe
a Porte du fort du Côté de terre
b Porte pour descendre a la baterie basse et a la bourgade
c Porte de la baterie basse au pied de l'escalier du haut fort
d l'Eglise parroissiale
e Maison du gouverneur
f Eglise et couvent de St. Augustin
g Redente St. François
h Navires Espagnols qui chargent de blé

llegada, el segundo propietario de nuestra nave, obtuvo permiso del presidente para visitar Santiago por los asuntos de comercio.

En este intervalo el Saint-Charles, navío francés comprado por los españoles, se perdió en la más oriental de las islas, Juan Fernández, que se encuentra a ochenta leguas al O de Valparaíso, cuando venía a cargar *bacalao* *, que es una especie de abadejo, parecido al de Terranova que algunos franceses han pescado bajo la dirección de un tal d'Apremont, antes guardia del rey. Al acercarse a la costa, el navío tocó en un arricete, tan cerca de tierra que toda la tripulación pudo salvarse; parte de ella se arriesgó a venir a Valparaíso en la chalupa para solicitar al gobernador una nave para ir a buscar a los pescadores que habían quedado en la isla y cargar el pescado seco que tenían. En base a los ofrecimientos de servicio que antes se habían hecho al presidente, éste solicitó nuestro Marie, pero como estaba cargado de mercancías, no fue posible concedérselo, de modo que se vio obligado a enviar a ese lugar el Santo Domingo, navío español recientemente venido del Callao para cargar trigo; partió el 1º de octubre y regresó el 14.

Esta isla, la más oriental de las de Juan Fernández, sería muy fértil si estuviera cultivada; el agua y la madera no faltan; hay cerdos, cabras salvajes y una cantidad prodigiosa de peces; la rada donde se ancla es de buen fondo, pero hay mucha agua muy cerca de tierra. Es allí donde a menudo los filibusteros ingleses y franceses han establecido sus refugios, mientras hacían sus correrías en la costa alrededor del año 1682.

La abundancia de mercancías de que disponía la región cuando llegamos, y el bajo precio al que se encontraban, nos hizo tomar la resolución de no vender nada hasta que el comercio no fuera algo más ventajoso; esto nos obligó a una fastidiosa inactividad que nos hacía buscar entretenimientos.

El dos de octubre se celebró la fiesta del Rosario, que nos proporcionó esparcimiento durante ocho días seguidos.

Esta fiesta es, para los españoles, una de las de mayor importancia; la celebran con tanta, o me atrevo a decir, con mucha más veneración que las de los misterios más sagrados de nuestra religión. Para solemnizarla, en la víspera se hicieron iluminaciones y fuegos de artificio que consistían en algunos cohetes armados en cañas en lugar de cartuchos, y muchas salvas de morteretes [44]. Durante los tres días siguientes, un particular ofreció al público el espectáculo de la corrida de toros que me pareció poco interesante; no se vio nada que mereciera ser visto, salvo un hombre encima de uno de esos vigorosos animales, con espuelas provistas de rodajas de cuatro pulgadas de diámetro, según la moda del país. Esas corridas se hacían en una plaza rodeada de gradas cargadas con tantos espectadores como habitantes, a quienes ese entretenimiento divierte mucho. Durante los tres días siguientes en esa misma plaza y

[44] *Morterete:* 'pieza pequeña de artillería, de la cual usaban frecuentemente en las salvas' (*Acad.*).

delante de la puerta de la iglesia de San Francisco, se representó una comedia al aire libre y a la luz de candelas; sería difícil referir sus temas, por su variedad y falta de continuidad; no eran, para hablar con propiedad, más que entremeses de farsas mezclados con danzas y bailes al estilo del país, muy bien ejecutados y aun hermosos casi tanto como la sinfonía, compuesta de un arpa y algunas guitarras o *vigüelas* *. Pero el recitado se tornaba ridículo y poco edificante por la mezcla impertinente que hacían de alabanzas a Nuestra Señora del Rosario con bufonadas vulgares y obscenidades poco veladas.

Después de esta fiesta, aburrido de ver tan sólo una aldea, pensé en ir a visitar la capital del país, de la cual los habitantes mucho me hablaban; pero como para eso era necesario un permiso del presidente, que yo no quería pedir por temor a que, al conocer mi profesión, me la negara, simulé que partía para embarcarme en Concepción con un capitán francés que retornaba a Francia; los grandes créditos que éste había acordado al presidente, lo habían hecho merecedor de su amistad; así, con dicho pretexto, fui con él a Santiago, como de paso y sin temor a ser detenido y devuelto engrillado, como les sucedió a algunos franceses que habían ido allí sin permiso. Un capitán filibustero que, después de haberse perdido en Buenos Aires, pasaba por Santiago al Mar del Sur para tratar de embarcarse en un navío francés, fue hecho prisionero sin ningún otro motivo.

Uno podría preguntarse aquí por qué tratan tan mal a los franceses que van a Santiago; dos razones hay para ello; la primera, es que, según las leyes de España, está prohibido a los extranjeros entrar en las colonias del Mar del Sur; la segunda y principal es que los comerciantes de la ciudad, entre los que se encuentra el presidente, se quejan de que los franceses llevan mercancías que ofrecen a precios más bajos que en las tiendas, perjudicando así su negocio; de modo que, con doble razón, yo debía tomar precauciones.

Partimos de Valparaíso la víspera de Todos los Santos y pasamos por el camino real de *Zapata* *; durante la primera jornada mucho me sorprendí al saber no sólo que era necesario recorrerlo sin detenerse, sino también que, aunque me habían prometido un buen alojamiento, la falta de vivienda obligaba a acostarse en pleno campo durante la noche; así aprendí que lo que en Chile llaman *alojamiento* * sólo significa un lugar donde hay agua y pastos para las mulas. Mientras tanto habíamos pasado a medio cuarto de legua de *Zapata* * que es un caserío y el único que se encuentra en treinta leguas de camino, pero no es costumbre del país alojarse en casas.

Al día siguiente pasamos la montaña de *Zapata* *, que es muy alta, y después de haber atravesado el valle de Poangue, por donde corre un pequeño río, peligroso en invierno cuando llueve, pasamos otra montaña más empinada que la precedente, llamada *Cuesta de Prado* *, y fuimos a alojarnos al pie de su otra ladera, a orillas del pequeño río Pudaguell.

97

Durante esos dos días casi no vimos tierras cultivadas; todos los campos están desiertos, sólo los cubren ciertos árboles espinosos que tornan muy incómodos los caminos.

Por fin, el 2 de octubre por la mañana, llegamos a Santiago, que quedaba a sólo cuatro leguas de nuestro alojamiento, al otro lado del Pudaguell; de esta manera conté veintiocho leguas desde Valparaíso, mientras que Herrera sólo cuenta catorce.

DESCRIPCION DE LA CIUDAD DE SANTIAGO, CAPITAL DE CHILE

La ciudad de Santiago, en francés de Saint-Jacques-le Majeur [a], está situada a 33° 40' de latitud sur, al pie occidental de esa cadena de montañas llamada *Cordillera* *, que atraviesa la América meridional de norte a sur; se encuentra en una hermosa llanura de más de veinticinco leguas de superficie, cerrada al este por el nacimiento de la *Cordillera* *, al oeste por las montañas de Prado y de Poangue, al norte por el río *Colina* *, y al sur por el Maipo.

Fue fundada por Pedro de Valdivia en el año 1541; este conquistador de Chile, al encontrar en el valle del Mapocho numerosas viviendas de indios, dedujo de ello que la tierra era fértil y como la hermosa ubicación del lugar le hubiese parecido adecuada a su propósito de fundar una ciudad, hizo trazar su plano compuesto por manzanas cuadradas, como un tablero de ajedrez, y de las mismas medidas que las de Lima, es decir, ciento cincuenta varas, o sesenta y cuatro toesas, de lado, de donde surgió la medida de *cuadra* * que se utiliza en el país para deslindar las tierras cultivadas. Cada isla o manzana de casas fue dividida en cuatro partes, llamadas *solares* *, para brindar a los habitantes la posibilidad de alojarse cómodamente; en efecto, aunque con el correr del tiempo ese espacio se subdividió en varias partes, todavía están alojados con tanta amplitud, que casi no hay casa en la ciudad que no tenga su patio al frente y un jardín al fondo.

Esta ciudad está bañada, al este, por el pequeño río Mapocho, que el derretimiento de las nieves de la *Cordillera* hace crecer en verano y las lluvias en invierno, sin embargo, casi siempre es vadeable; como es muy rápido, sus aguas están siempre algo turbias, pero los habitantes, que no disponen de otras, las filtran a través de piedras apropiadas para ello, especialmente en épocas de deshielo, porque son insalubres si no se las purifica; podrían hacerlas llegar sin mucho esfuerzo desde los manantiales vecinos que sólo distan aproximadamente media legua de la ciudad.

Para evitar que este río provoque inundaciones, se construyó una muralla y un dique por medio del cual, durante todo el año, se admi-

[a] El Menor se llama San Diego.

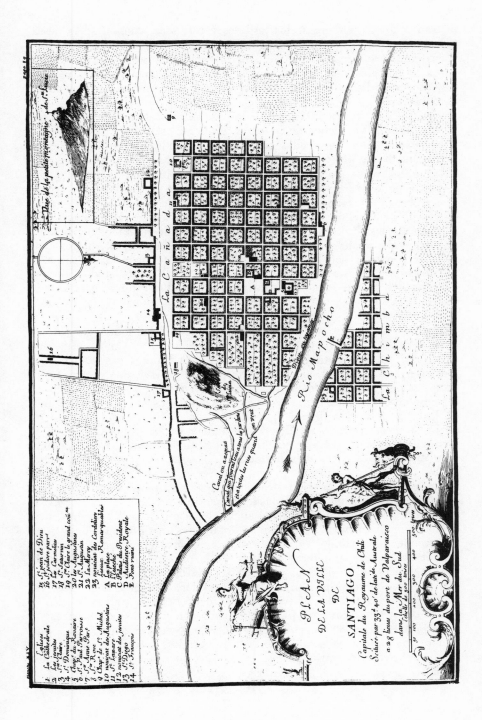

nistran acequias para regar los jardines y refrescar, cuando se lo desea, todas las calles, comodidad inestimable que sólo se encuentra en muy pocas ciudades europeas con tanta naturalidad. Además de esas acequias se sacan canales más grandes para hacer funcionar algunos molinos dispersos por distintos lugares de la ciudad para mayor comodidad de cada barrio.

Las calles están orientadas según los cuatro puntos cardinales del horizonte: N, S, E, O. Tienen cinco toesas de ancho, están muy bien alineadas y adecuadamente empedradas con pequeñas piedras divididas como en surcos, mediante otras más grandes que corren a lo largo de ambos costados, a distancias iguales, y dejan en el centro una acequia de dos pies y medio, para lavarlas y refrescarlas cuando se lo desea. Las que van de E a O toman el agua de los primeros canales del río y las que cruzan de N a S, de aquellos [canales] que corren por el centro de las manzanas, a través de los jardines y de las calles por donde pasan bajo pequeños puentes; y desde allí se la hace desaguar. Sin este auxilio los huertos nada podrían producir por la falta de lluvias durante ocho meses al año; mientras que, de esta manera, se encuentran en la ciudad todas las condiciones del campo para las frutas y las legumbres; durante el día, el fresco de la sombra y durante la noche, los suaves aromas de los naranjos y de los *floripondios* * que perfuman las casas.

Los terremotos que allí son frecuentes mucho han dañado la ciudad, entre ellos los de 1647 y 1657; el primero fue tan violento que la destruyó casi por completo y esparció por el aire vapores tan nocivos que murieron todos los afectados: aproximadamente trescientas o cuatrocientas personas. A partir de entonces sobrevino algún pequeño cambio en el plano de la ciudad a causa de la ampliación de los monasterios, algunos de los cuales se extendieron más allá de sus deslindes; no obstante todavía la recorren tantas calles y tan buena es su disposición para el bienestar público y privado que si las casas tuviesen más de una planta y su arquitectura fuera más hermosa, ésta sería una ciudad muy agradable.

Aproximadamente en el centro se encuentra la plaza real que resulta de la supresión de una manzana de cuatro mil noventa y seis toesas de superficie y comprende, además, el ancho de las cuatro calles perimetrales, de modo que se entra a ella por ocho lugares distintos. El lado oeste comprende la catedral y el arzobispado; el norte el nuevo palacio del presidente, la real audiencia, el cabildo y la prisión; el sur está formado por una sucesión de pórticos con arcadas uniformes destinados a los comerciantes que soportan, en su parte superior, una galería para el espectáculo de las corridas de toros; el este nada tiene de particular. En el centro de la plaza hay una fuente adornada con un pilón de bronce.

La arquitectura de las casas es similar a la del resto de Chile, sólo tienen una planta construida de ladrillos crudos, salvo que aquí están más limpias que en otras partes; las iglesias son más ricas en dorados, toda su arquitectura es de mal gusto, exceptuando la de los jesuitas, que es una cruz latina cubierta por una bóveda de orden dórico; tienen en el frente una pequeña plaza para comodidad de las calesas y de las procesiones; la mayor parte está construida de ladrillos, también las hay de granito, y de mampostería de canto rodado que se saca de un pequeño peñasco situado en el extremo este de la ciudad, llamado cerro Santa Lucía, desde cuya cima se aprecia de un vistazo toda la ciudad y sus alrededores, que conforman un paisaje muy risueño.

Esta ciudad es la capital de Chile, gran reino, pero tan poco habitado que, en cuatrocientas leguas de extensión de norte a sur, sólo hay cinco ciudades de mayor importancia que nuestras buenas aldeas, sin contar ésta de la cual estamos hablando. Esas ciudades son: Castro, en la isla de Chiloé, Concepción o Penco, Chillán, Coquimbo o La Serena y Copiapó; hay una sexta, Mendoza, del otro lado de la Cordillera. Las mejores aldeas son Maule, Valparaíso, Quillota, Aconcagua y San Juan de la Cordillera donde hay minas de plata muy abundantes, pero donde sólo se puede trabajar durante cuatro meses al año a causa de las nieves. En el resto sólo hay haciendas o *estancias* * tan alejadas, que todo el país, según lo que pude saber de buena fuente, no está en condiciones de reunir veinte mil blancos capaces de tomar las armas y Santiago, en particular, dos mil; el resto está compuesto de mestizos, mulatos e indios, cuyo número es quizás tres veces mayor, sin hablar de los indios amigos del otro lado del río Biobío que se calculan en quince mil y con cuya fidelidad no se puede contar.

De las fuerzas españolas de esa región puede decirse, en general, que la milicia está compuesta por hombres muy dispersos, nada aguerridos y mal armados; que el norte de Chile está casi desierto y que los indios conquistados en el sur son poco afectos a esa nación que consideran su tirano y cuyo yugo bien quisieran sacudir; y, finalmente, que los españoles, en sus tierras, no tienen fortificaciones donde puedan ponerse a salvo, a menos que ganen las montañas; y contra las fuerzas de mar sólo cuentan con las [fortificaciones] de Valdivia y de Valparaíso; una llena de gente en prisión y la otra mal construida y en mal estado. No menciono aquí el fuerte de Chacao en la isla de Chiloé ya que no merece tal nombre ni por su construcción ni por sus municiones.

El gobernador del reino tiene su residencia habitual en Santiago [a]. Antiguamente quienes velaban por los intereses del rey vivían en Concepción, o sobre la frontera de Arauco, para estimular la conquista sobre

[a] El señor De Fer se fio demasiado en las antiguas relaciones y se equivocó en el *Discurso* que insertó en la última *Carta del Mar del Sur*, donde dijo que el presidente reside en Concepción. [Entre las numerosísimas publicaciones del geógrafo francés Nicolás de Fer, sólo hemos encontrado una que se refiere específicamente al Mar del Sur, se trata de *Mapa del Mar del Sur, con los retratos de D. Christoval Colon, Magallanes y otros*, publicado en 1713. La referencia de A. DE LEÓN PINELO y A. GONZÁLEZ DE BARCIA (*Epítome...*, col. 1427) agrega que estos mapas llevan "en la parte inferior los Viajes, en resumen, de Oliverio de Noort y Jacobo de la Hermite, en quince hojas"].

los indios; hoy todavía están obligados a ir allí cada tres años, aunque hoy se dispensan de hacerlo en razón de que hay paz con los indios y de que cesó la paga del real situado.

El gobernador lleva también los títulos de presidente y de capitán general, con referencia a los dos empleos de la espada y de la toga, y es de este último de donde proviene el nombre, por ser él quien preside la real audiencia, compuesta de cuatro *oidores* *, de dos fiscales, uno de los cuales se encarga de la protección de los indios y de los asuntos de la cruzada, también de un *alguacil mayor de la corte* * y de cancilleres, secretarios, relatores, etc. No hay apelación de una sentencia de *revista* *, este cuerpo real que sólo conoce en asuntos de importancia o ya decididos por la justicia, si no es ante el Real Consejo de Indias.

Los asuntos ordinarios se deciden en el cabildo, compuesto, como el de Concepción, de dos *alcaldes* *, de un *alférez real* *, de un *alguacil mayor* *, de un depositario general y de seis regidores, de los cuales la mitad son *encomenderos* * a cargo, otros, habitantes, los *moradores* *, y otros llamados *propietarios* * por haber comprado la *vara* *, es decir, su dignidad, cuya insignia consiste en llevar en público una larga vara de seis a siete pies.

Aunque el presidente depende del virrey del Perú, el alejamiento debilita mucho su dependencia; de modo que, en Chile, se lo puede considerar como el virrey mismo durante los siete años que dura su gobierno. Quien estaba ocupando esa posición se llamaba don Juan Andrés Ustáriz, antes comerciante en Sevilla, quien, por haber cambiado de estado, no cambió de inclinación ni de ocupación, pues, a pesar de las leyes del reino, negociaba abiertamente con los franceses, quienes mucho acrecentaron su fortuna con los importantes créditos que le hicieron. Es verdad que los satisfizo de buen grado, hecho encomiable en un país donde es posible abusar de la autoridad y donde se toma prestado más fácilmente que en otras partes pero no se paga de la misma forma.

El estado eclesiástico, como el gobierno secular, depende de Lima, metrópoli de Chile; pero el poder del obispo es muy limitado: primeramente, por las leyes de la región que no le permiten disponer de ningún curato, sólo tiene derecho a presentar tres candidatos, entre los cuales el presidente elige uno en nombre del rey, sea cual fuere la época del año, de manera que ni siquiera el Papa interviene, a diferencia de lo que sucede en Europa. En segundo lugar, también los religiosos pretenden invadir las funciones curiales que los jesuitas creen tener derecho a ejercer donde a ellos les parezca, dejando de lado una infinidad de otros privilegios que tienen en las Indias; y por lo cual ofrecían un tratado teológico especial en la época en que yo estaba en Santiago; lo que hace que las parroquias sean poco frecuentadas. Hay tres de ellas además de la catedral: San Pablo, Santa Ana y San Isidoro cuyas iglesias son las más pequeñas y las más descuidadas. Las de los frailes están incomparablemente más limpias. Hay ocho conventos para hombres; tres de franciscanos, dos de jesuitas, uno de la Merced, uno de los Hermanos de San Juan de Dios y uno de los dominicos, que son las únicas órdenes establecidas en todo Chile. Hay cinco de religiosas: uno de carmelitas, uno de agustinas, uno de *beatas* *, cofradía de la orden de San Agustín y dos de la orden de Santa Clara; comunidades todas estas numerosas, y alguna de ellas tiene más de doscientas personas.

El tribunal de la Inquisición de Chile también está establecido en esta ciudad; el comisario general tiene su residencia en Santiago, y sus funcionarios, como familiares y comisarios, están dispersos por todas las ciudades y pueblos de su dependencia. Se ocupan de las visiones de los brujos, verdaderos o pretendidos, y de ciertos crímenes sujetos a la Inquisición, tales como la poligamia, etc., pues estoy seguro de que ningún hereje cae en sus manos: allí se estudia tan poco que no se está expuesto a extraviarse por demasiada curiosidad; sólo el deseo de distinguirse de los otros mediante un título honorable, hace que algunos eclesiásticos estudien un poco de teología escolástica y de moral para llevar el título de licenciado o de doctor que los jesuitas y los dominicos pueden otorgar por un privilegio de los papas, aunque en Santiago no hay universidad establecida; pero a tan bajo precio se obtienen estos títulos de ellos que entre los señores licenciados se encuentran muchos que no saben casi nada de latín y que inclusive no lo consideran necesario para las ciencias.

Mientras yo me dedicaba a ver y a conocer la ciudad de Santiago, ocurrió algo que me obligó a retirarme: la chalupa del navío Vierge de Grace, de Saint-Malo, que hacía escala en Concepción de regreso a Francia, cargada de ciertas mercancías que debían desembarcarse, fue causa de algunos desacuerdos entre los franceses y los guardias del corregidor. Este último, molesto por esta resistencia, fue a la bodega del navío, seguido por la chusma, y la saqueó; pero un francés, al disparar su fusil cargado con perdigones, lamentablemente mató a un soldado. Se encarceló a todos los franceses que había en la ciudad, a quienes se iba a buscar de casa en casa. En seguida el capitán envió un oficial al presidente para quejarse de tal violencia, y pedirle justicia. Esta noticia tuvo alguna repercusión en Santiago, y como los españoles odian por naturaleza a nuestra nación, por pequeña que sea la culpa, en tierra de ellos, nuestros crímenes son tremendos. Es así que consideré conveniente retirarme mientras el consejo con el presidente decidían sobre los desdichados extranjeros, a quienes condenaron a una multa de nueve mil pesos.

MINAS DE ORO DE TILTIL

El deseo que tenía de ver minas de oro y nuevos lugares, hizo que me dirigiera a Tiltil, desvío que sólo alarga en dos leguas el camino que va a Valparaíso. Esta región es algo menos desierta que la de Zapata; de vez en cuando se ven algunas tierras cultivadas y aunque el camino pasa por una montaña muy abrupta, no tiene esos desfiladeros difíciles de transitar, a través de árboles espinosos, de los que se sale completamente desgarrado. Llegué pues a Tiltil, pequeña aldea situada un poco más arriba de la mitad de la ladera de una alta montaña llena de minas de oro, pero, además de no ser muy ricas, la piedra de mina o mineral que de ellas se extrae es muy dura, y quedan allí pocos obreros desde que se descubrieron otras minas más ricas en otras partes y quizás también porque los molinos carecen de agua durante los cuatro meses de verano. Cuando yo estuve había cinco de esos molinos, que los españoles llaman *trapiches* *; están construidos casi del mismo modo que los que se utilizan en Francia para pisar las manzanas; están compuestos de una solera o gran piedra redonda de cinco a seis pies de diámetro, ahuecada por un canal circular de dieciocho pulgadas de profundidad; esta piedra está agujereada en el centro para que por allí pase la prolongación del eje de una rueda horizontal colocada debajo de la piedra y rodeada por medios cangilones [45] contra los que golpea el agua para hacerla girar; por medio de este procedimiento se hace rodar en el canal circular una muela colocada de canto, que responde al eje de la gran rueda. Esta muela se llama la *volteadora* *; su diámetro corriente es de tres pies y cuatro pulgadas y su espesor de diez a quince pulgadas; está atravesada en el centro por un eje acoplado al gran árbol que, al hacerla girar en forma vertical, tritura la piedra que se extrajo de la mina, y que la gente de la región llama el *metal* * y nosotros, en términos de ferrería [46], el mineral; puede ser blanco, rojizo o negruzco, pero en la mayoría de los casos hay poco o nada de oro a la vista.

Una vez que las piedras han sido algo trituradas, se les echa cierta cantidad de mercurio o de azogue, que se liga al oro que la muela ha separado de la piedra. Mientras tanto, se deja caer en la solera circular un hilo de agua, rápidamente conducido por un pequeño canal, para diluir la tierra que el agua arrastra hacia afuera a través de un agujero hecho expresamente; el oro amalgamado al mercurio cae al fondo y allí queda retenido por su mayor peso. Por día se muele medio *cajón* *, es decir, veinticinco quintales de mineral; cuando se ha terminado la molienda, se junta esa amalgama de oro y mercurio que se encuentra en el fondo, en el lugar más profundo de la solera, se la pone en una muñeca [47] de tela para exprimir el mercurio tanto como se pueda, y luego se la calienta para hacer evaporar lo que de él queda; el resto se llama oro en piña.

[45] *Cangilón:* 'vasija de barro, hecha a modo de orinal, y casi del mismo tamaño, que sirve para sacar agua de los pozos y ríos con el artificio de la noria' (REAL ACADEMIA ESPAÑOLA, *Diccionario de autoridades.* Edición facsímil. Madrid, Gredos, 1963).
[46] *Ferrería:* 'taller donde se beneficia el mineral de hierro, reduciéndolo a metal' (*Acad.*).
[47] *Muñeca:* 'pieza pequeña de trapo que, ceñida con un hilo por las puntas, encierra algún ingrediente' (*Acad.*).

Para separar completamente el oro del mercurio del que todavía está impregnado se debe fundir la piña y sólo entonces se conoce su peso exacto y verdadera ley [48]. Esto no se hace de ninguna otra manera; el peso del oro y la facilidad con que se amalgama al mercurio, hacen que se separe del mineral al instante. Esta ventaja tienen los mineros del oro sobre los de la plata: saben cuánto ganan cada día y aquéllos sólo lo saben después de dos meses, como lo diremos más adelante.

El peso del oro se mide en castellanos; un castellano es la centésima parte de una libra española y se divide en ocho *tomines* *, de manera que seis castellanos y dos tomines hacen una onza. Debe señalarse que las medidas de peso de España son seis y un tercio por ciento menores que nuestros marcos.

La ley del oro se mide en *quilates* *, que se fijan en veinticuatro para la más alta; la de las minas de que hablo oscila entre veinte y veinticinco.

Según la calidad de las minas y la riqueza de las venas, cincuenta quintales de mineral, es decir un cajón, dan cuatro, cinco y seis onzas de oro; cuando no dan más que dos, el minero sólo recupera sus gastos, cosa que sucede bastante a menudo; pero también se resarce a veces, cuando encuentra buenas venas, pues las minas de oro son, entre todas las de metales, las más desparejas; se sigue una vena que se extiende, se estrecha, parece incluso perderse, y todo esto en una pequeña porción de tierra. Esta rareza de la naturaleza hace vivir a los mineros en la esperanza de encontrar lo que llaman la bolsa, que son ciertos extremos de vena tan ricos, que a veces han enriquecido de golpe a un hombre; esa desigualdad también a menudo los arruina [a], de donde resulta más raro encontrar a un minero de oro rico, que a un minero de plata o de otro metal, aunque tenga menos gastos para extraerlo del mineral, tal como lo diremos más adelante; también a esto se debe que los mineros sean privilegiados, pues no pueden ser ejecutados en pleito civil, y que el oro sólo pague al rey la vigésima parte, es decir lo que se llama *covo* *, que proviene del nombre de un particular a quien el rey hizo esta gracia, porque antes se pagaba el quinto como sucede con la plata [49].

Las minas de oro, como todas las otras, de cualquier metal que sean, pertenecen a quien primero las descubre; basta con presentar una solicitud a la justicia para lograr adjudicárselas. Se miden sobre la vena ochenta varas, es decir doscientos cuarenta y seis pies de largo y cuarenta de ancho, para el adjudicatario que elige esa superficie donde mejor le parece; luego se miden otras ochenta varas que pertenecen al rey, el

[48] *Ley*: 'cantidad de oro o plata finos en las ligas de barras, alhajas o monedas de oro o plata' (*Acad.*).

[a] *Multi dati sunt in auri casus, et facta est in specie ipsius perditio illorum.* ECCLI 31, 6 [Muchos dieron en la ruina por amor del oro y cayeron en la desgracia].

[49] Las rebajas en el quinto real, tanto del oro como la plata, son frecuentes desde los momentos iniciales de la conquista de un territorio y particularmente entonces. *Cf.* ISMAEL SÁNCHEZ-BELLA, *La organización financiera de las Indias.* Sevilla, Escuela de Estudios hispanoamericanos de Sevilla, 1968, pp. 235-236.

resto dividido de la misma manera queda para el primer pretendiente, quien dispone de ellas como mejor le parece. Lo perteneciente al rey se vende al mejor postor que quiera comprar una riqueza desconocida e incierta. Por lo demás, quienes quieren trabajar con sus brazos, obtienen sin inconvenientes del minero una vena; les pertenece lo que sacan luego de pagar los derechos del rey y el alquiler del molino que es tan considerable, que existen quienes se contentan con la ganancia que éste les produce, sin hacer trabajar las minas.

Antes, como puede verse en Agrícola [50] l. 4, se procedía de distinta manera y con mayores formalidades en la adjudicación de las minas de Alemania. Quien había hecho un hallazgo lo denunciaba al intendente de minas que se trasladaba al lugar junto con otro funcionario y dos testigos, para interrogar al solicitante en qué lugar se encontraba su mina; éste debía señalarlo con el dedo, mientras juraba que era la suya. Entonces el intendente le otorgaba su parte, cierta extensión que comprendía dos áreas y media según la costumbre del país. Luego medía una para el príncipe, una segunda para la princesa, una tercera para el gran escudero, una cuarta para el copero, una quinta para el chambelán y por último retenía una para sí.

Al salir de Tiltil continué mi camino hacia Valparaíso. Cuando descendíamos la ladera occidental de la montaña, me mostraron una corriente donde hay un rico *lavadero* * de oro; allí se encuentran a menudo pedazos de oro virgen de alrededor de una onza, pero como en verano falta el agua, sólo se puede trabajar durante tres o cuatro meses al año.

El mismo día pasé a Limache, una aldea donde se encontró un árbol cuya figura trae el padre Ovalle en la *Relación de las misiones de Chile* [51]; hay uno similar en Rincán, a dos leguas al ONO de Santiago; es una cruz formada por la naturaleza sobre la cual hay un crucifijo de la misma madera, como si estuviera en bajorrelieve; por haberlo tocado en diversos lugares, los escultores lo han dañado de modo que ya no es posible ver en qué estado estaba cuando se lo encontró.

Don Francisco Antonio de Montalvo [52] menciona un árbol similar encontrado en 1533, en Callacate, en la comarca de Cajamarca en el Perú, el día de la invención de la Santa Cruz; Don Juan Ruiz Bravo que lo descubrió no lo recogió y fue encontrado de nuevo en 1677, el día de la exaltación de la Cruz; si tales circunstancias son reales, tienen algo de milagrosas. Esta cruz tiene veintidós pies de altura y quince de crucero, un tercio del cual corresponde al grosor del árbol; de sus tres extremidades salen ramas que forman aún otras tantas pequeñas cruces.

[50] Georgius Agricola [Georg Bauer], mineralogista alemán de la primera mitad del siglo XVI, cuya obra *De re metallica* se publicó en 1556.
[51] A. DE OVALLE, *Histórica...*, l. 1, c. CXXIII, pp. 79-80.
[52] Francisco Antonio de Montalvo fue el biógrafo de Santo Toribio Alfonso de Mogrovejo, inspirado en sus obras escribió *El sol del Nuevo Mundo*, 1683. También le pertenecen una descripción de Lima, escrita para ser incluida en *Tesoros verdaderos de las Indias*, de Juan Meléndez, 1681-1682, y una *Vida de Pedro José de Betancur*, fundador de la orden de los betlemitas, de 1684.

Finalmente llegué a Valparaíso, cansado de viajar por este país, donde no se encuentran viviendas, víveres, ni lugares donde alojarse de modo que se debe llevar hasta la cama si uno no quiere reducirse a dormir, como la gente de la región, en el suelo, sobre pieles de cordero y al sereno. Es cierto que esta manera de viajar tiene la ventaja de que el cuarto de hora de Rabelais no produce ninguna inquietud [a].

Para resarcirme de no haber visto cómo se molía el mineral en Tiltil, algunos días después de mi regreso, fui a ver cómo se extraía el oro por lavado cerca de la Palma, a cuatro leguas al E $\frac{1}{4}$ SE de Valparaíso, donde los jesuitas hacen trabajar a la gente por su cuenta.

Se cava en el fondo de las quebradas, en los ángulos entrantes que se forman con el correr del tiempo, donde, por ciertas señales, se sospecha que puede haber oro, ya que éste no está a la vista en las tierras que lo contienen. Para facilitar esta excavación se hace correr por allí un arroyo y mientras corre se remueve la tierra para que la corriente la diluya y la arrastre más fácilmente. Por fin, cuando se llega al banco de tierra donde se encuentra el oro, se desvía el arroyo para cavar con los brazos; esta tierra se lleva a lomo de mulas hasta una pequeña fuente que por su forma parece un fuelle de fragua, por el cual se hace correr con rapidez un chorro de agua para diluirla; y para que la empape mejor, y separe el oro que está entremezclado, se la remueve sin cesar con un gancho de hierro que también sirve para recoger las piedras, que se sacan con las manos fuera de la fuente; esta precaución es necesaria para que no detengan el curso del agua que debe arrastrar todo menos el oro que, por su peso, se precipita al fondo de la fuente en medio de una arenilla negra donde queda casi tan oculto como en la tierra si no hay granos grandes, por lo menos del tamaño de una lenteja; a menudo se hallan algunos más grandes, y en el lavadero del que hablo se han extraído hasta de tres marcos; sin embargo estoy seguro de que por ese canal, se cuelan fuera de la fuente muchas pequeñas partículas de oro, cosa que podría ser fácilmente remediada. En Turingia y sobre el Rin, para evitar esa pérdida, se colocan lienzos, telas de lana o cueros de buey o de caballo, sobre el canal para que los pequeños restos de oro queden retenidos allí, luego, para retirarlos, se lavan las pieles. Así lo recogían las gentes de Cólquida, poniendo pieles de animales en el hueco de los recipientes, lo que permitió a los poetas crear el vellocino de oro arrebatado por los argonautas.

Finalmente, después de haber desviado el agua, se recoge la arena que queda en el fondo de la fuente y se la pone en un gran plato de madera, en cuyo centro hay una pequeña ranura de tres o cuatro líneas; se la remueve con la mano, volviéndola en el agua; de tal manera que todo lo que queda de tierra y de arena se vierta por los bordes, sólo el oro, que ese pequeño movimiento de la mano no agita demasiado, queda en el fondo, en granos de tamaño similar a la arenilla y de diversas formas,

[a] Por orden del Rey, las pasturas son públicas a lo largo de los caminos.

puro, limpio y de color natural, sin necesidad de beneficiarlo artificialmente.

Cuando la tierra es medianamente rica, esta manera de extraer el oro es mucho más ventajosa que la de trabajar en las minas; se tienen pocos gastos, no hacen falta molino, ni azogue, ni barretas, ni mazas para romper las venas con mucho trabajo; algunas palas, hechas a menudo de omóplatos de buey, bastan para limpiar la tierra que se está lavando.

En casi todas las quebradas de Chile, se encuentra tierra de la que puede extraerse oro, la diferencia entre una y otra sólo estriba en la cantidad; por lo general es rojiza y fina en la superficie; a una profundidad aproximada a la altura de un hombre, donde comienza la capa de oro, está mezclada con grandes granos de arena y cavando un poco más abajo, se encuentran bancos de fondo pedregoso, algo así como un peñasco carcomido, azulado y mezclado con una gran cantidad de pajas amarillas, que se podrían tomar por oro, pero que en realidad no son más que piritas o marcasitas tan delgadas y livianas que la corriente de agua las arrastra. Debajo de esos bancos de piedra ya no se encuentra más oro; parece que está retenido en la parte superior por haber caído desde más arriba.

Los más sabios del país atribuyen esta mezcla de oro y tierra al diluvio universal que trastornó las montañas y, en consecuencia, quebrantó las minas y separó el oro, que las aguas arrastraron hacia las tierras más bajas donde ha permanecido hasta hoy.

Esta idea, que el señor Wodward ha llevado muy lejos, no está bien fundamentada en la escritura, que en lugar de hablar de esos pretendidos trastornos, parece, por el contrario, enseñarnos que el diluvio provocó pocos cambios sobre la superficie de la tierra, ya que la segunda vez que Noé soltó la paloma, ésta trajo un ramo de olivo. Se dirá quizás que era un pedazo flotante de algún árbol arrancado o roto, puesto que según el relato de los viajeros, no se encuentra olivo alguno en los alrededores del monte Ararat, donde, según la tradición, se detuvo el arca. Aun cuando esto fuera así, es por lo menos verosímil que la tercera vez la paloma encontrara con qué subsistir, ya que no volvió; lo que hizo saber al patriarca que las aguas se habían secado.

Sin remontarse a tiempos tan remotos, me parece que las lluvias de invierno por sí solas pueden haber provocado el mismo efecto; son tan abundantes en Chile durante los meses de mayo, junio, julio y agosto, y las tierras están tan poco afirmadas en la roca, que todos los días se ven formarse y agrandarse nuevas grietas en las laderas de las montañas, las que se hunden a ojos vista en una infinidad de lugares.

Sin duda también los frecuentes terremotos han producido grandes cambios en este país. Acosta [53] nos habla de uno que derribó en Chile

[53] Joseph de Acosta, *Historia natural y moral de las Indias en que se tratan de las cosas notables del cielo, elementos, metales, plantas y animales dellas y los ritos y ceremonias, leyes y gobierno de los indios.* [1590]. Edición preparada

montañas enteras cuyo trastorno detuvo la corriente de los ríos que convirtió en lagos, e hizo que el mar se saliera de su lecho "por algunas leguas", dejando los navíos en seco.

Si este razonamiento no parece adecuado a otras regiones donde se encuentra polvo de oro, como los ríos de Guinea y sus cercanías, puede pensarse con el autor del libro titulado *Curiositates Philosophicae*, Londres, 1713, que las montañas se conmovieron debido a una reacción y que las minas, aún informes, se quebrantaron y corrieron, a través de los tiempos hacia los lugares más bajos, tales como los lechos de los ríos.

Aunque no se esté bien informado acerca del modo como se produjeron los grandes movimientos de tierra, no se puede sin embargo dudar de ellos, si se tienen en cuenta ciertos cuerpos que se encuentran fuera de su lugar natural, especialmente las conchas. Vi un banco de ellas en la isla Quiriquina que tenía de cinco a seis pies de altura, paralelo a la superficie del mar y oculto bajo una eminencia de tierra de más de 200 pies de altura. Ya hace mucho tiempo que se hicieron observaciones similares en Europa, que mucho ocuparon a los sabios, sin que hallasen explicaciones suficientemente satisfactorias.

También se puede pensar, como mucha gente del país, que el oro se forma en la tierra, aun sin ninguna vena de mineral, basándose en el hecho de que varios años más tarde se ha encontrado oro en tierra ya lavada, tal como mucha gente lo refiere acerca de los lavaderos de Andacollo, cerca de Coquimbo. Más adelante examinaremos esta opinión.

Sea como fuere, la verdad es que estos lavaderos son muy frecuentes en Chile y que la indolencia de los españoles y los pocos obreros con que cuentan dejan tesoros inmensos en la tierra, de los que podrían gozar fácilmente, pero como los españoles no se limitan a ganancias mediocres, sólo se dedican a las minas donde pueden obtener considerable ganancia; si se descubre una mina en alguna parte, todo el mundo corre hacia allí, así es como se poblaron súbitamente Copiapó y Lampangui y atrajeron a tantos obreros, que en dos años ya se habían establecido seis molinos en estas minas.

La montaña de San Cristóbal de Lampangui está cerca de la Cordillera, aproximadamente a 31° de latitud y a ochenta leguas de Valparaíso; allí se descubrieron en 1710 muchas minas de todo tipo de metales: oro, plata, hierro, plomo, cobre y estaño; lo que destruye el razonamiento hecho por el autor antes mencionado, quien cree que todos esos metales no pueden encontrarse en un mismo lugar, pero la experiencia prueba lo contrario, pues muy a menudo se hallan oro y plata mezclados en la misma piedra.

El oro de Lampangui es de 21 a 22 quilates; allí es duro, pero dos leguas más allá, en la montaña de Llaon, es blando y casi friable, además

por Edmundo O'Gorman. México-Buenos Aires, Fondo de Cultura Económica, 1940, l. 3, c. 26, pp. 136-137.

el oro es allí un polvo tan fino, que a simple vista no se advierte indicio alguno del mismo.

En general puede decirse que toda la región es muy rica, y que, sin embargo, sus habitantes están muy escasos en metálico, porque en lugar de trabajar en las minas, se contentan con el comercio de cueros, sebo, carne seca, cáñamo y trigo.

El cáñamo viene de los valles de Quillota, Aconcagua, Ligua, Limache y de otros lugares.

El valle de Quillota está situado a nueve leguas al NE$\frac{1}{4}$N de Valparaíso; es uno de los primeros lugares donde los españoles comenzaron a establecerse y a encontrar indios que se oponían a sus conquistas; esa resistencia hizo célebre ese valle y el río Chile [a] que lo cruza; y como los primeros nombres de una región nueva son los que más se señalan, éste fue, en adelante, con una pequeña alteración, el que se aplicó a todo ese gran reino que los españoles llamaron Chile, y nosotros, por corrupción, Chily; esta es, sin duda, la verdadera etimología de ese nombre, aunque algunos historiadores lo hacen derivar de una palabra, según ellos indígena, que significa frío, pero, efectivamente, ese nombre convendría muy mal a una región tan agradable y templada como ésta.

Sea como fuere, el valle de Quillota tenía tal abundancia de oro que el general Valdivia consideró apropiado construir allí una fortaleza para establecerse a salvo y controlar a los indios, a quienes empleaba en su extracción; pero éstos la tomaron valiéndose de una artimaña muy ingeniosa. Uno de ellos llevó cierto día hasta allí una marmita llena de polvo de oro, para excitar la curiosidad y la avidez de los soldados de la guarnición. En efecto, se reunieron inmediatamente alrededor de ese pequeño tesoro y mientras estaban ocupados en discutir sus intereses para hacer el reparto, un asalto de indios emboscados y armados con flechas, cayó sobre ellos y los sorprendió indefensos [54]. Los vencedores destruyeron luego el fuerte, que no se reconstruyó desde entonces, y se dejó de trabajar en la busca del oro. Hoy ese valle sólo tiene importancia por la fertilidad de la tierra. Hay allí una ciudad de alrededor de ciento cincuenta blancos y, posiblemente, trescientos indios y mestizos, que se ocupan en comercial trigo, cáñamo y jarcias [55] que se llevan a Valparaíso para los aparejos y para cargar los navíos españoles, los que a su vez las transportan al Callao y a otros puertos del Perú. Hacen las jarcias blancas,

[a] De donde proviene el nombre de Chile. Véase Herrera, Década 7, libro 1. [...que llaman Chile, y por su propio nombre Chili, por un río que está en el propio valle..., ANTONIO DE HERRERA, *Historia general de los hechos de los castellanos, en las islas y tierra-firme del Mar Occeano*. Prólogo de J. Natalicio González. Buenos Aires, Editorial Guarania, 1944-1947, déc. VII, l. I, c. VI, t. VIII, p. 245].

[54] Noticia tomada de A. DE OVALLE, *Histórica...*, l. V, c. IX, p. 194.

[55] *Jarcias*: 'aparejos y cabos de un buque' (*Acad.*).

sin gualda [56], porque la única que tienen es la que proviene de México y de Guayaquil que quema el cáñamo y sólo es buena para los maderos de los navíos. Por lo demás, la llanura de Quillota es muy agradable en sí misma; estuve allí en época de carnaval que en esa región llega a principios de otoño; estaba encantado de encontrar tanta cantidad de todo tipo de hermosas frutas de Europa, que han sido transplantadas y que prosperan maravillosamente bien, en especial los duraznos, de los que hay bosquecillos no cultivados, donde no se les brinda otro cuidado que hacer correr al pie de los árboles acequias que se sacan del río Chile, para suplir la falta de lluvias durante el verano.

El río Chile se llama también Aconcagua, porque viene del valle de ese nombre, famoso por la prodigiosa cantidad de trigo que en él se cosechaba todos los años. Es de allí, y de los alrededores de Santiago, hacia el lado de la Cordillera de donde proviene todo el que se transporta de Valparaíso a Callao, a Lima y a otros lugares del Perú. A menos que se conozca la calidad de la tierra, que da generalmente sesenta y ochenta por uno, no es posible comprender cómo una región tan desértica, donde sólo se ven tierras cultivadas en algunos valles distanciados unas diez leguas unos de otros, puede proveer tanto cereal, además del necesario para alimentar a sus habitantes.

Durante los ochos meses que permanecimos en Valparaíso salieron treinta navíos cargados de trigo, cada uno de los cuales puede transportar 6.000 fanegas [57], a 3.000 cargas de mula, que es una cantidad suficiente para alimentar a unos sesenta mil hombres por año; a pesar de esa gran exportación, está a muy buen precio; la fanega, es decir, las ciento cincuenta libras, sólo cuestan de dieciocho a veintidós reales, que corresponden a nueve o diez libras de nuestra moneda, suma muy reducida, que en un país donde la moneda más pequeña es una pieza de plata de cuatro sueldos y medio de Francia, se puede comparar a dos ardites, en relación con la división y el valor. Por lo demás, como no llueve durante ocho o nueve meses al año, la tierra sólo puede cultivarse donde hay arroyos.

Sin embargo, las montañas están cubiertas de hierbas, entre las que se encuentran muchas aromáticas y medicinales; de éstas últimas la más renombrada entre los habitantes del país es la *cachinlagua* o centaura menor, considerada un excelente febrífugo, que me pareció más amarga que la de Francia, y en consecuencia, más abundante en sal. La *vira-vira* * es una especie de siempreviva, cuya infusión ha dado muy buen resultado a un cirujano francés para curar la terciana; se encuentra también una especie de sen, que se parece mucho al que nos llega de Saida en el Levante, a falta del cual los boticarios de Santiago se sirven de éste,

[56] *Gualda*: 'hierba de la familia de las rosedáceas. Aunque abunda bastante como planta silvestre, se cultiva para teñir de amarillo dorado con su cocimiento'. (*Acad.*).

[57] *Fanega*: 'medida de capacidad para áridos que, según el marco de Castilla, tiene 12 celemines y equivale a 55 litros' (*Acad.*).

*Santolina foliis viridibus
acutis Vulgo Quinchamali*

*Cytisus arboreus
floribus Spicatis
dilute cœruleis
Vulgo Culen*

N. Guérard le fils fecit

que los indios llaman *uñoperquen*; es algo más pequeño que el *maitén,* árbol de la región.

La albahaquilla, que los indios llaman *culen,* es un arbusto cuya hoja tiene un olor parecido al de la albahaca; contiene un bálsamo muy utilizado para las llagas, y del que vimos un efecto sorprendente, en Lircai, en un indio que tenía en el cuello una úlcera muy avanzada; también lo experimenté en mí mismo; la flor es alargada, formando una espiga de color blanco tirando a violeta y pertenece a esa especie que se ubica entre las leguminosas.

Otro arbusto llamado *harillo,* diferente de la harilla de Tucumán, también se utiliza con el mismo fin; tiene la flor como la retama y la hoja muy pequeña, con un olor fuerte que se parece algo al de la miel; tiene tanto bálsamo que resulta muy pegajoso.

El *paico* es una planta de tamaño mediano, cuya hoja es muy recortada, tiene un fuerte olor a limón podrido, la decocción es sudorífica, muy buena para la pleuresía; también hay mucho romero bastardo, que produce el mismo efecto.

El *palqui* es una especie de yezgo muy hediondo, que tiene la flor amarilla y sirve para curar la tiña. La *tupa* es un arbusto parecido al laurel rosa, cuya flor es alargada, de color dorado y de forma parecida a la de la aristolaquia. El padre Feuillée que da su dibujo, la llama *Rapuntium spicatum foliis acutis* [58]; por las hojas y por la corteza expele una leche amarilla con la que se curan ciertos chancros. Por lo demás, se cree que es venenoso, pero no tan rápidamente como dice el padre Feuillée, pues yo lo toqué y lo olí sin que me produjera ningún malestar. Las biznagas, tan conocidas en España por servir de mondadientes, cubren los valles situados en los alrededoes de Valparaíso; esta planta se parece mucho a la del hinojo.

El *quillay* es un árbol cuya hoja tiene algún parecido con la de la encina verde; su corteza fermenta en el agua como el jabón y la vuelve mejor para lavar los tejidos de lana, pero no la ropa blanca, a la que pone amarilla. Todos los indios lo utilizan para lavarse los cabellos y limpiarse la cabeza, en vez del peine; se cree que es lo que les pone oscuros los cabellos.

El *coco* o el *cocotero,* árbol cuya hoja se parece mucho a las palmas de la datilera, da un racimo de cocos redondos, del tamaño de nueces pequeñas y llenos de una sustancia blanca y oleosa que es comestible. Los alrededores de Quillota los suministran a Lima, donde los utilizan para confitarlos y deleitar a los niños. Este fruto está envuelto por varias cubiertas; la que rodea la cáscara es una corteza como la de las nueces verdes, y los une unos a otros formando como un racimo de uvas. Los recubre totalmente una segunda corteza que se abre, cuando la fruta se pone amarilla y madura en dos grandes hemisferoides de tres pies de largo y uno de ancho, según la cantidad de fruta que contenga. El padre

---

[58] L. FEUILLÉE, *Journal*..., t. II, pp. 739-740 y figura XXIX.

Ovalle [59] dice que estos árboles nunca dan fruto si están solos y que es necesario que cerca del árbol macho haya otro hembra; pero los habitantes me dijeron lo contrario.

Los árboles frutales que se trajeron de Europa prosperan perfectamente bien en esta comarca, el clima es tan fértil, cuando se riega la tierra, que las frutas crecen todo el año. A menudo he visto en un mismo manzano, lo que aquí se ve en los naranjos, quiero decir, fruta de todas las épocas, en flor, fecundadas, manzanas ya formadas, a medio crecer y maduras, todas juntas.

A una legua y media al NE de Valparaíso, hay un pequeño valle llamado Viña del Mar, donde se encuentran árboles no sólo para hacer leña, de la que se aprovisionan los navíos, aunque está un poco lejos, sino también para sacar tablas y forro [60]; y penetrando cuatro o cinco leguas más adelante, se encuentra madera adecuada para la construcción de navíos. Nosotros hicimos tablazón de laurel, cuya madera es blanca y muy liviana; de bellota, otra madera blanca; de *peumo,* muy quebradiza; y de raulí, que es la mejor y la más flexible. Para las curvas [61] se encuentra el *maitén,* que tiene la hoja casi como la del almendro, y cuya madera es dura, rojiza y flexible. Mientras permanecimos allí, Champloret le Brun, capitán del Assomption, hizo construir con estas maderas una barca de treinta y seis pies de quilla.

En estos lugares, también se encuentra el *molle* [62] que los indios llaman *ovighan* o *huiñan;* tiene la hoja casi como la acacia, su fruto es un racimo compuesto de pequeños granos rojos parecidos a las grosellas de Holanda, con la diferencia de que estas últimas se vuelven negras al madurar; tienen gusto a pimienta y a enebro. Los indios hacen con ella una *chicha* tan buena y tan fuerte como el vino, y aún más. La goma del árbol, disuelta, sirve de purgante. De este árbol se saca la miel y también se hace vinagre; al abrir un poco su corteza, destila una leche que cura, según se dice, las manchas que se producen en la córnea del ojo; del corazón de sus brotes se hace un agua que aclara y fortifica la vista; por último, la decocción de su corteza, produce una tintura color café, tirando al rojo, con la que los pescadores de Valparaíso y de Concón tiñen sus redes para que pasen inadvertidas por los peces.

Para echar sus redes en el mar, estos pescadores utilizan *balsas* * (véase figura XVI) en lugar de barcos; son globos llenos de aire, hechos con pieles de lobos marinos, tan bien cosidas que ni siquiera un peso considerable es suficiente para hacer salir el aire, pues en Perú, donde también se hace ese tipo de balsas, llevan hasta doce quintales y medio o cin-

[59] A. DE OVALLE, *Histórica...,* l. I, c. XXII, p. 77.

[60] *Forro:* 'conjunto de tablones con que se cubre el esqueleto del buque interior y exteriormente' (*Acad.*).

[61] *Curva:* 'pieza fuerte de madera, que se aparta de la figura recta y sirve para asegurar dos maderos ligados en ángulo' (*Acad.*).

[62] *Molle: Duvaua dependens* DC; es voz quechua; *huingán* es mapuche (*Friederici*).

N. Guerard fecit

A. Plan d'une Balse faite de peaux de loups marins cousues et pleines d'air.
B. Indien sur une Balse vüe de Coté. C. autre vüe de front
D. Trauerses pour rassembler les deux moitiez de la balse E trou pour
lenfler et la remplir d'air. F. maniere de Coudre les peaux
G. Loup marin a terre H. Pingoüin.

cuenta arrobas. La manera de coserlas es muy particular: atraviesan las dos pieles juntas con una lezna o una espina de *pajegallo* *, y por cada agujero pasan un pedazo de madera o una espina de pescado, sobre los cuales se atraviesan de uno a otro, por arriba y por abajo, unas tripas húmedas, para taponar totalmente las salidas del aire. Se unen dos de esos globos por medio de algunos palos que los cruzan por encima, de manera que en la parte delantera estén más cerca que en la parte de atrás, y con una pagaya o remo con dos palas, un hombre se expone allí arriba, y si el viento le es favorable, coloca una pequeña vela de algodón. Finalmente, para reemplazar el aire que puede escaparse, lleva delante de sí dos tripas por las que sopla en los globos cuando es necesario.

Este tipo de invento no es nuevo en nuestro continente: cuando Alejandro pasó el Oxus y el Tanais, una parte de sus tropas cruzó aquellos ríos sobre pieles llenas de paja [63]; y San Jerónimo en sus *Epístolas,* dice que Malchus escapó sobre pieles de macho cabrío, con las que cruzó un río.

La pesca grande se hace en Concón, aldehuela que queda a dos leguas al N $\frac{1}{4}$ NE de Valparaíso, yendo por mar, donde se encuentra una ensenada en la que desemboca el río Aconcagua o Chile, que pasa por Quillota; allí hay un fondeadero para los navíos, pero el mar casi siempre está bravo. Se pescan corvinas, pez conocido en España, tollos y *pejegallos* * que se secan para enviarlos a Santiago, que también extrae de aquí su pescado fresco.

[El pejegallo] toma su nombre de su forma, porque tiene una especie de cresta o más bien de trompa que lo ha hecho merecedor de tal nombre entre los criollos. Nuestros franceses lo llaman *demoiselle* o *elephant,* por su trompa, el que puede verse aquí (véase figura XVII) tal como lo dibujé del natural; lo señalado con una A es una aleta tan dura que bien puede servir de lezna para agujerear los cueros más secos.

En la rada de Valparaíso se dispone de una abundante pesca de todo tipo de buenos peces: *pejerreyes* *, *trigals* muy delicadas, *lenguados* * de los que ya hablamos, mújoles, etc., sin mencionar una infinidad de peces que llegan en ciertas estaciones, tales como las sardinas y una especie de bacalao que llega a la costa por los meses de octubre, noviembre y diciembre; también alosas, sollos y una especie de anchoa cuya cantidad es a veces tan grande que se los caza a flor de agua en canastos llenos.

He aquí (véase figua XVII) una especie singular de cangrejo, parecida a la que Rondelet, llama Tetis en griego, y Rumphius, en el l. I, c. 4, de su *Historia Natural, Squilla Lutaria,* cuyos colores eran extremadamente vivos y muy hermosos. Las dos aletas ovaladas (A) eran del azul más hermoso que pueda verse, ribeteadas de angostas franjas de color oro, las patas (B) eran similares y las defensas (C) del mismo color azul; (D) son dos aletas transparentes (E), los ojos y (F) dos aletas tirando a verdes, también ribeteadas; la cubierta es de color musco y las

---

[63] *Cf.* Quintus Cursius Rufus, *De rebus gestis...*, l. VII, parágr. V y IX.

116

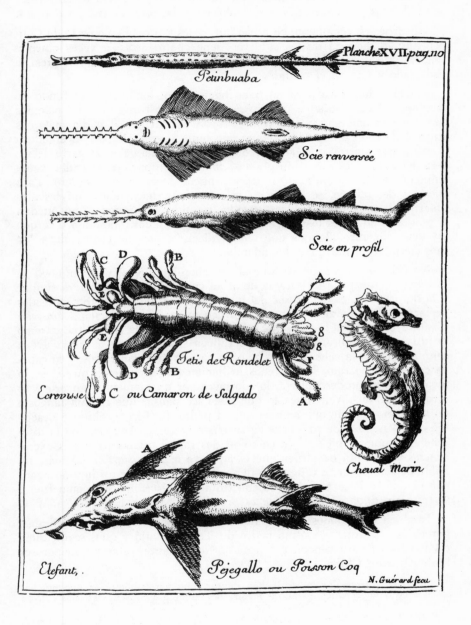

Petinbuaba

Scie renversée

Scie en profil

Tetis de Rondelet

Ecrevisse ou Camaron de Salgado

Cheual Marin

Elefant,   Pejegallo ou Poisson Coq

N. Guérard fecit

ocho extremidades de color carne con el borde blanco; debajo de la cabeza tiene otras seis patas replegadas que no aparecen, y cuyas extremidades son redondas, planas, azules, y rodeadas como las otras de franjas doradas.

La carne, especialmente en el verano, no es tan buena como la de Concepción; la mayoría de los corderos tiene cuatro astas, a veces cinco y seis, vi uno que tenía siete, cuatro de un lado y tres de otro, o tres de cada lado y uno en el medio.

También hay caza pero no tiene buen gusto; aunque en el fondo de las quebradas hay muchas perdices, son secas y casi insípidas; las palomas torcazas son amargas y las tórtolas no son una delicia. Un día matamos un ave de rapiña llamada cóndor, que tenía nueve pies de envergadura y una cresta marrón que no es recortada como la del gallo; la parte delantera del gaznate es roja y sin plumas, como el gallipavo de la India; generalmente es tan grande y fuerte que puede levantar un cordero. Para sacarlos del rebaño, se ponen en círculo y van hacia ellos con las alas abiertas de manera que, al estar todos reunidos y apretados, no puedan defenderse, entonces los eligen y hacen presa de ellos. Garcilaso dice que en Perú encontró algunos que tenían dieciséis pies de envergadura [64] y que cierta tribu de indios los adoraba.

No debo olvidar aquí un animal tan singular que al verlo inmóvil se lo toma por un pedazo de rama de árbol cubierta de una morteza similar a la del castaño; es del grosor del dedo meñique, de seis a siete pulgadas de largo y está dividido en cuatro o cinco nudos o articulaciones que van disminuyendo hacia la cola, que parece, al igual que la cabeza, el extremo de una rama quebrarda. Cuando despliega sus seis patas y las vuelve a reunir cerca de la cabeza, éstas podrían confundirse con raíces, y la cabeza con un nabo roto, los chilenos lo llaman *pulpo*, y dicen que si se lo toca con la mano descubierta, la adormece por un momento, sin provocar otro tipo de inconvenientes; lo que me hace pensar que es una langosta de la misma especie que aquella que el padre du Tertre dibujó y describió con el nombre de *coqsigrue* en su *Historia de las Antillas*, con la diferencia de que yo no noté la cola con dos ramas, ni las pequeñas excrecencias con punta de alfiler que él atribuye a la *coqsigrue*. Además, no habla de una pequeña vejiga que tiene el pulpo, llena de un líquido negro con el que se hace una muy buena tinta para escribir. Sea como fuere, se trata sin duda de la *Arumanzia Brasilia* de Margrave, l. VII, p. 251.

También capturamos en Valparaíso dos arañas monstruosas y velludas, parecidas a las que el mismo padre du Tertre dibujó y que, según dice, están llenas de un veneno peligroso [65]. No obstante, éstas pasan por ser inofensivas en Chile.

[64] "[...] aves que los indios llaman *cúntur,* que son tan grandes que muchas se han visto tener cinco varas de medir, de punta a punta de las alas". INCA GARCILASO DE LA VEGA, *Comentarios*..., l. V, c. XXIII, t. I, p. 273.

[65] DU TERTRE, *Histoire*..., tratado VI, c. IV, parágr. 2-3, t. II, pp. 341-343.

Permanecimos ocho meses en Valparaíso, durante los cuales no sucedió nada muy notable; la tierra tembló varias veces, sobre todo durante los meses de octubre y noviembre, sobre lo que haremos algunas observaciones más adelante.

El comisario general de los franciscanos de las Indias Occidentales, que vino de Europa por Buenos Aires, llegó hacia fines de 1712; a su llegada, la fortaleza lo saludó con tres cañonazos, y con otros tantos a su partida el 10 de enero; cuando se embarcó en la rada para ir a Lima todos los navíos franceses, por orden del gobernador, lo saludaron con siete cañonazos. Se puede juzgar por este hecho el crédito que, entre los españoles, tienen los religiosos, pues aun los que detentan el poder tratan de procurar su amistad.

Algún tiempo después llegaron también de España por Buenos Aires, cuatro capuchinas que se embarcaron el 13 de enero para ir a Lima a establecer y dirigir un convento de religiosas de su orden, que allí se había construido y fundado; la fortaleza, y todos los navíos que estaban en la rada las saludaron con siete cañonazos, época notable para los anales de las hermanas de San Francisco. A su llegada a Lima, toda la ciudad las recibió en procesión y con tanto aparato como se le podrían haber hecho al rey.

El 22 del mismo mes, el Saint-Clement, navío de cincuenta cañones, comandado por el señor Jacinte Gardin, de Saint-Malo, llegó desde Concepción con su pingue [66] de veinte cañones; llevaba pabellón y gallardete españoles, porque, mediante cincuenta mil escudos, había obtenido permiso del rey de España para comerciar en la costa. Traía al oidor don Juan Calvo de la Torre, que se retiraba a Santiago, cansado de tener que combatir siempre con el mal genio de la gente de Concepción, donde era gobernador.

El 8 de abril, el general del Mar del Sur, don Pedro de Miranda, llegó de Buenos Aires para ir a tomar posesión de su cargo en el Callao; la fortaleza lo saludó a su llegada con cinco cañonazos y con otros tantos a su partida. Todos nuestros navíos lo saludaron con siete cañonazos, y los navíos españoles con los cañones que tenían.

Por lo demás, lo único notable que ocurrió en los asuntos de nuestro navío fue el hecho de dar la zambullida a un marinero, por haberse ausentado de abordo durante doce días, a pesar de las prohibiciones publicadas.

El 26 de enero se dio el mismo castigo a otro marinero, convicto de un hurto que confesó; al día siguiente le hicimos una carrera de baquetas, en lugar de hacerlo correr la bolina con cajetas, como se acostumbraba hacer en el mar.

El 6 de ese mes, se carenó el Marie que hacía agua y, a falta de alquitrán sólo se la embreó.

[66] *Pingue:* 'embarcación de carga, cuyas medidas aumentan en la bodega para que quepan más géneros' (*Acad.*).

119

El jueves santo, los agustinos dieron al señor Duchesne la llave del sagrario de su iglesia cuya Santa Hostia allí se colocó. Es una costumbre hábilmente creada por los religiosos para costear los gastos que están obligados a hacer ese día; honran a un laico entregándole esa llave para que la lleve, durante veinticuatro horas, sujeta al cuello por medio de un gran galón de oro; en reconocimiento y como beneficencia, el señor guardián está obligado a obsequiar al convento algunas marquetas de cera; a regalar a los religiosos, sin observar el tiempo de penitencia, y a hacerles además alguna otra dádiva. A la noche del mismo día, luego de un sermón sobre los dolores de María, se representó la ceremonia del descendimiento de la cruz, con un crucifijo construido expresamente para hacerlo así como se haría con un hombre. A media que eran sacados los clavos, la corona y los otros símbolos de la Pasión, el diácono los llevaba a una virgen vestida de negro que, con aparatos, los tomaba entre sus manos y los besaba uno a uno. Finalmente, cuando fue descendido de la cruz, se lo puso, con los brazos recogidos y la cabeza derecha, en un lecho magnífico, en medio de hermosas sábanas blancas adornadas con encajes y bajo una hermosa manta de damasco; el lecho está ornado con una rica escultura dorada y rodeada de bujías .En la mayor parte de las parroquias de Perú y de las iglesias de la Merced, se conservan dichos lechos para esta solemnidad, que se llama *Entierro de Cristo* *. Así se lo lleva por las calles, a la luz de candelas; algunos penitentes, que acompañaban la procesión cubiertos con un saco de tela abierto en la espalda, se disciplinaban de tal manera que se veía correr la sangre por las partes descubiertas, lo que puede llamarse una devoción mal entendida, pues según la opinión de Tertuliano, no se debe mortificar la carne hasta el punto de derramar la sangre. Gerson cita al respecto el versículo I, del c. 14 del Deuteronomio: *Filii estote Domini Dei vestri, non vos incidetis,* y según el texto hebreo, *non vos lacerabitis; hoc autem faciebant idolatrae* [67]. Esa costumbre se había puesto de moda en Francia, pero el parlamento de París prohibió las flagelaciones públicas por un decreto de 1601 [a].

Se dice que en Santiago se pagan consoladores para contener el celo de ese tipo de flagelantes que se azotan a cual mejor, tratando de superar a los demás; otros, que no tenían ganas de herirse de esa manera, acompañaban el cortejo con una pesada pieza de madera sobre el cuello, a lo largo de la cual llevaban los brazos extendidos en cruz, y fuertemente atados; de modo que, al no poder compensar la desigualdad del peso que los tumbaba a veces hacia la derecha y otras hacia la izquierda, era necesario sostenerlos de vez en cuando y regular ese contrapeso: la mayor parte de estos últimos [penitentes] eran mujeres y, como la procesión

---

[67] Hijos sois de Jehová vuestro Dios; no os sajaréis. No os laseraréis; esto en efecto hacían los idólatras.

[a] Véase la *Historia de los flagelantes.*

duraba bastante, a pesar de los auxilios, sucumbían bajo el peso y era necesario desatarlas.

Durante toda la noche los navíos de la rada disparaban un cañonazo cada siete minutos, sin interrupción hasta la mañana siguiente, cuando terminó la ceremonia de la sepultura.

Luego de haber carenado el Marie, se simuló tener intenciones de enviarlo a Perú, para ver si los españoles se decidían a comprar; pero apenas ofrecían el precio corriente en Perú, de modo que permanecimos ocho meses en Valparaíso, vendiendo sólo algunas bagatelas, para obtener los víveres que necesitábamos, con la esperanza de que pronto se haría la paz y de que, al no llegar más navíos de Francia, lograríamos restablecer el comercio y aprovechar la última oportunidad de venir por estos mares; en base a estas vanas ilusiones, los capitanes Gardin, Battas y le Brun firmaron entre sí un tratado por tres meses, por el cual se comprometían, bajo pena de cincuenta mil escudos, a no vender las mercancías sino al precio establecido en el tratado, pero ninguna de esas precauciones conmovió a los comerciantes.

Finalmente, como el invierno comenzaba a traer los vientos del N, comprobamos un día cómo esos vientos, aunque eran suaves, tornaban bravo el mar en la rada; nos imaginamos cómo sería en tempestad y no consideramos apropiado permanecer allí, para evitar riesgos.

PARTIDA DE VALPARAISO

Salimos de Valparaíso el jueves 11 de mayo de 1713, para ir a invernar a Coquimbo, donde se está al reparo de todos los vientos; el buen viento del S que nos había permitido salir, sólo duró veinticuatro horas; luego los del N nos tomaron con tanta fuerza que un día, en ese mar que llaman Pacífico, nos vimos obligados a ponernos a palo seco durante ocho horas, mar bravo, cielo nublado con truenos y rayos; observación que contraría la del padre Ovalle, quien dice que jamás hace ese tiempo en Chile [68]; sin embargo, todos las noches, en forma regular, el tiempo se suavizaba, a veces hasta llegar a la calma; de este modo esa travesía que se hace generalmente en veinticuatro horas, duró en nuestro caso nueve días. Por último, como los vientos volvieron al S, recalamos en la bahía de Tongoi, reconocible por una pequeña montaña llamada *Cerro del Guanaquero* * y por una lengua de tierra baja llamada *Lengua de Vaca* *, que cierra esa bahía por el oeste.

Las tierras de la costa, aunque tienen una altura media [vistas], desde unas veinticinco o treinta leguas mar adentro, parecen sumergidas, cuando por encima de ellas se ven las altas montañas siempre cubiertas de nieve; efecto evidente de la redondez del mar, que se manifiesta considerablemente en una distancia tan pequeña.

[68] A. DE OVALLE, *Histórica...*, l. I, c. I, p. 17.

121

Cuando se reconoce la bahía de Tongoi, se está a ocho leguas al S de Coquimbo; era necesario acercarse a tierra para reconocer la entrada de la bahía, y ganar el viento que siempre reina hacia el S y el SO, excepto durante dos o tres meses de invierno. Antes de llegar a ese lugar, tres cuartos de legua a barlovento, se encuentra la abertura de una pequeña ensenada llamada *La Herradura* *, de alrededor de dos cables de ancho; luego a sotavento se ven tres o cuatro peñascos, el más grande de los cuales, que es el más internado en el mar, llamado *Pájaro Niño* *, está a un tercio de legua al NO $\frac{1}{4}$ N de la punta de la Tortuga, la de tierra firme a estribor que cierra el puerto de Coquimbo. Al S de este primer peñasco, que está a 29° 55′ de latitud, se encuentra un islote algo menor, entre el cual y tierra firme hay un pasaje con diecisiete brazas de profundidad, pero muy angosto, por donde algunos navíos franceses pasaron arriesgándose sin necesidad, pues la abertura de la bahía es de aproximadamente dos leguas y media de ancho, sin ningún riesgo.

DESCRIPCION DE LA BAHIA DE COQUIMBO

Es verdad que como siempre reinan los vientos del S al SO, es bueno acercarse a la punta de estribor y costear de cerca el *Pájaro Niño* *, que es seguro auna la distancia de una chalupa, con el objeto de ganar en menos bordadas, el buen fondeadero llamado el Puerto, que está a medio cable de tierra al O; allí se fondea en seis a diez brazas de profundidad, fondo de arena negra, cerca de un peñasco de diez a doce pies de largo, que sobresale del agua entre cinco y seis pies, con forma de tortuga, de donde toma su nombre. Los navíos se ponen al abrigo de todos los vientos rodeando la punta de estribor o de la Tortuga, por la de babor; de modo que se ve tierra por todos los costados y nunca hay marejada; sólo veinticinco o treinta navíos pueden gozar de esta ventaja, y aunque la bahía es grande y el fondo bueno por doquier, en ninguna parte se está tan cómoda ni tranquilamente, pues del lado de la ciudad hay menos agua y menos reparo que en el puerto.

Si cuando se entra o sale sobreviene la calma, es necesario cuidarse bien de fondear cerca del *Pájaro Niño* * en cuarenta o cuarenta y cinco brazas de profundidad, porque el fondo está cubierto de peñascos que cortan los cables, y aquí las anclas se clavan de tal manera que no se las puede sacar con el orinque. El Solide, navío de cincuenta cañones, comandado por el señor de Ragueine, perdió allí dos en el mes de abril de 1712.

En el puerto se tiene la facilidad, no sólo de fondear muy cerca de tierra tan tranquilamente como en una concha, sino que también, en caso de necesidad, se puede carenar un navío de hasta veinticuatro cañones en el peñasco de la Tortuga, del cual ya hablé, donde hay, en el peor

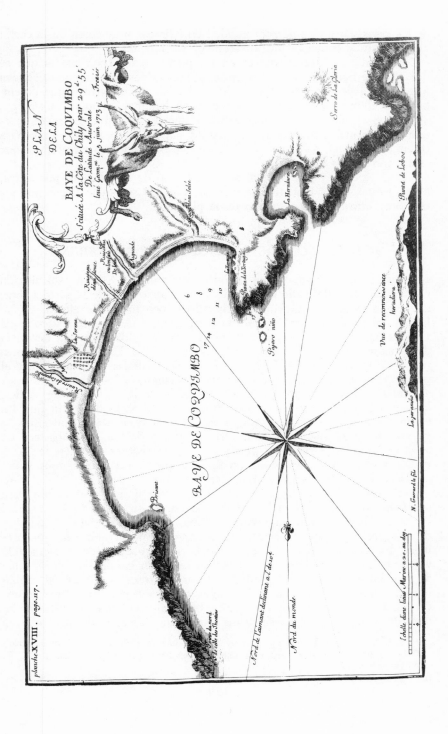

PLAN
DE LA
BAYE DE COQVIMBO
Scitué A la Côte du Chily par 29 d. 55.
De Latitude Australe
levé geom. le 5 Juin 1713. Frezier.

BAYE DE COQVIMBO

Serro de la gloria

P.anta de Lobos

Vue de recconnoissance
heradura

La peraturia

N. Guerard le fils

Nord du monde

Nord de l'aimant declinant a l. d. n.e.

Echelle d'une lieue Marine a 20. au deg.

de los casos, doce pies de profundidad en bajamar muy cerca de la costa; algunos navíos franceses lo utilizaron con ese objeto.

Pero como es raro encontrar en un puerto todas las ventajas que se desean, éste tiene sus imperfecciones: la más importante es que se fondea a una legua de la aguada que se hace al ENE en un arroyo que desemboca en el mar, y aunque se la recoja en bajamar, el agua es siempre algo salobre; no obstante, no se advierte que sea malsana. La segunda es que no hay otra leña que la de algunos matorrales, que sólo sirve para calentar el horno, salvo que uno se interne bien adentro en el valle que está a tres leguas del puerto.

Como tercera, puede mencionarse el hecho de que queda, por tierra, a dos leguas de la ciudad a la que por mar no se puede llegar por ser éste muy bravo en las cercanías de la playa.

DESCRIPCION DE LA CIUDAD DE LA SERENA

La ciudad de Coquimbo, que también se llama La Serena está situada en la parte baja del valle de Coquimbo [a], a un cuarto de legua del mar, sobre una pequeña elevación de cuatro a cinco toesas de altura, donde la naturaleza formó una suerte de terraza regular, que se extiende de norte a sur en línea recta, a lo largo de toda la ciudad, en una distancia de aproximadamente un cuarto de legua. Allí arriba, la primera calle constituye un paseo muy agradable, desde donde se divisa toda la bahía y el paisaje de los alrededores; se continúa al mismo nivel volviendo de oeste a este, a lo largo de un pequeño valle lleno de árboles siempre verdes, la mayor parte de los cuales pertenece a esa especie de mirto que los españoles llaman arrayanes. En medio de esos hermosos bosquecillos se ve serpentear el río Coquimbo, casi siempre vadeable, que abastece de agua a la ciudad y riega los prados de los alrededores después de haber nacido en las montañas donde fertiliza, al pasar, varios hermosos valles cuyas tierras nada niegan al labrador.

Pedro de Valdivia que eligió, en 1544, esta hermosa ubicación para construir una ciudad que le sirviera de escala en su paso de Chile al Perú, encantado por el maravilloso clima, la llamó La Serena, nombre de su suelo natal que, en este caso, se adecuaba mejor que a ningún otro lugar del mundo; en efecto, allí se goza siempre de un cielo agradable y sereno [69]. "Esta región parece haber conservado las delicias de la edad de oro; los inviernos son templados, y los rigurosos aquilones no soplan jamás; el ardor del verano está siempre moderado por los céfiros refrescantes, que vienen a templar el aire hacia el mediodía; de este modo, durante todo el año el clima es un afortunado himeneo de la primavera

[a] El padre Feuillée la ubica a 25° 54′ 10″ de latitud y 73° 35′ 45″ de longitud.
[69] La fuente de Frezier para esta parte es A. DE OVALLE, Histórica..., l. V, c. X, pp. 194-195.

124

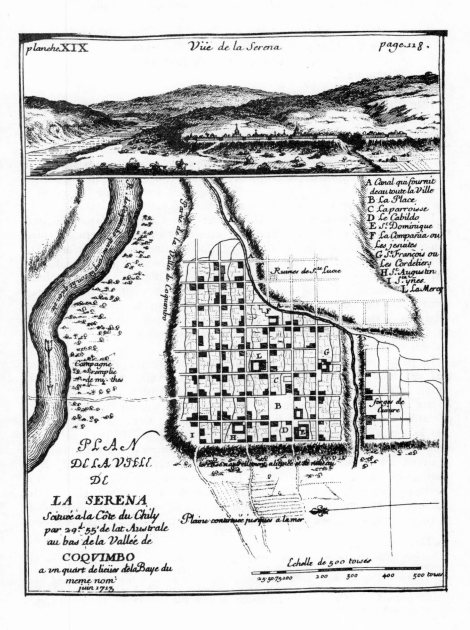

A Canal qui fournit
d'eau toute la Ville
B La Place
C La parroisse
D Le Cabildo
E St Dominique
F La Compañia ou
Les jesuites
G St François ou
Les Cordeliers
H St Augustin
I St Ignes
L La Merce

Ruines des Ste Lucie

Campagne
remplie
de mirthes

forges de
Cuivre

PLAN
DE LA VIELL
DE
LA SERENA
Scituée a la Côte du Chily
par 29d 55′ de lat Australe
au bas de la Vallée de
COQVIMBO
a un quart de lieüe de la Baye du
meme nom
juin 1713

Plaine continuée jusques à la mer

Echelle de 500 toises
25.50.75.100   200   300   400   500 toises

y el otoño, que parecen darse la mano para reinar juntos y unir las flores y los frutos", de modo que puede decirse con mucha más exactitud, lo que Virgilio [a] dijo antiguamente de cierta provincia de Italia.

> Hic ver adsiduum atque alienis mensibus aestas;
> bis gravidae pecudes, bis pomis utilis arbos.
> At rapidae tigres absunt et saeva leonum
> semina [70].

Este último elogio, de estar exento de bestias feroces y venenosas, convendría, según lo que dice la gente de la región, a todo el reino de Chile, donde se puede dormir en pleno campo en todo momento sin temor a veneno alguno. No obstante, diga lo que diga el P. Ovalle, yo he visto escuerzos en Concepción, culebras y arañas monstruosas en Valparaíso, y finalmente, escorpiones blancos en Coquimbo. Aparentemente todos esos animales pertenecen a especies distintas de las europeas pues no se sabe de nadie que haya sido atacado por ellos.

El plano de la ciudad responde bastante bien a las ventajas de la naturaleza, todas las calles son derechas, alineadas de un extremo al otro, como en Santiago, según los cuatro puntos cardinales del horizonte, del levante al poniente, del septentrión al sur. También todas las manzanas formadas son iguales, cada una con su acequia, pero la escasez de habitantes, el desaseo de las calles sin empedrar, la pobreza de las casas construidas de tierra y cubiertas de paja, le dan la apariencia de un suburbio, y sus calles, por otra parte, se asemejan a senderos de jardín; en efecto están bordeadas de higueras, olivos, naranjos, palmeras, etc., que las cubren con un follaje agradable.

La parte más considerable está ocupada por dos plazas y seis conventos: de dominicos, agustinos, franciscanos, mercedarios y jesuitas, sin contar la parroquia y la capilla de Santa Inés. Antiguamente había una iglesia de Santa Lucía sobre una eminencia del mismo nombre, que se adelanta en punta hacia el centro de la ciudad; tiene la misma altura que la terraza anterior y domina toda la ciudad por la poca altura de las casas que sólo tienen una planta. Desde allí como desde un anfiteatro, se divisa un hermoso paisaje que conforma la vista de la ciudad, de la planicie que va hasta el mar, de la bahía y de su abertura. Antes todo el barrio de Santa Lucía estaba poblado, pero desde que los ingleses y los filibusteros saquearon e incendiaron la ciudad, sólo se reconstruyó la parte sur. Estos ataques se dieron dos veces en los últimos cuarenta años.

[a] *Geórgicas*, 1, 2.

[70] Aquí reina la primavera permanente y el verano en meses que no le son propios; dos veces las ovejas quedan grávidas. Faltan, a su vez, los tigres feroces y la raza cruel de los leones. Pasaje que corresponde a los versos 149-152 del libro 2 de las *Geórgicas*, transcripto según el texto citado, p. 25. En los versos 136-176 de este libro, Virgilio alaba las excelencias de la Italia toda, y no de una provincia de ella, como afirma Frezier.

El descubrimiento de las minas de Copiapó y las vejaciones de los corregidores contribuyen a despoblarla cada vez más; aunque esas minas quedan casi a cien leguas de Coquimbo, yendo por tierra, muchas familias fueron a establecerse allí, de modo que hoy no quedan más que doscientos hogares y, cuando mucho, trescientos hombres capaces de tomar las armas, sin contar los vecinos. En esas pocas casas se encuentran mujeres muy hermosas y de un carácter jovial y cariñoso, que mucho contribuyen a hacer gustar los demás atractivos de la belleza del lugar y del clima.

La fertilidad de la tierra retiene a mucha gente en el campo, en los valles de Elque, Sotaqui, Salsipuedes, Andacollo, Limari, etc., de donde se obtiene trigo para cargar cuatro o cinco navíos de aproximadamente cuatrocientas toneladas con destino a Lima. También abastecen a Santiago de mucho vino y aceite el que es considerado el mejor de la costa. Estos productos, junto con algo de cueros, sebo y carne seca, constituyen todo el comercio de este lugar, donde los habitantes son pobres por su holgazanería y por la escasez de indios que tienen a su servicio, pues esta comarca es una de las más ricas del reino en todo tipo de metales.

Haec eadem argenti rivos aerisque metalla
ostendit venis atque auro plurima fluxit [71].

En invierno, cuando las lluvias son bastante abundantes, se encuentra oro en casi todos los arroyos que bajan de las montañas, y se lo extraería todo el año si se dispusiera de esa ayuda. A nueve o diez leguas al este de la ciudad, se encuentran los lavaderos de Andacollo, cuyo oro es de veintitrés quilates; allí se trabaja siempre con mucho provecho, siempre que no falte el agua. Los habitantes aseguran que la tierra es *creadiza* *, es decir, que el oro se forma continuamente, porque, unos sesenta u ochenta años después de haber sido lavada, todavía se encuentra casi tanto oro como antes. En este mismo valle, además de los lavaderos, se encuentra en las montañas una cantidad tan grande de minas de oro y algunas de plata que permitirían ocupar más de cuarenta mil hombres, según me dijo el gobernador de Coquimbo; continuamente se proponen construir molinos, pero faltan los obreros.

También las minas de cobre son frecuentes en los alrededores de Coquimbo, a tres leguas al NE. Se trabaja desde hace mucho tiempo una mina que provee de baterías de cocina a casi toda la costa de Chile y del Perú; aunque utilizan menos las de cobre que las de barro o plata. El cobre en lingotes se paga ocho pesos el quintal, que es una pequeña suma en relación con el valor de la plata en esa región. Los jesuitas poseen otra mina a cinco leguas al norte de la ciudad, en una montaña llamada

[71] Esta misma muestra en sus venas ríos de plata y filones de cobre y derramó gran cantidad de oro. Los versos pertenecen a *Geórgica* II, 165-166 y han sido transcriptos según el texto citado.

Cerro Verde *, que es alta y tiene la forma de un pan de azúcar, de manera que puede servir de señal para el puerto. Por otra parte, hay allí una infinidad de minas que se descuidan por falta de demanda; también aseguran que hay minas de hierro y de azogue.

No debo olvidar aquí algunas características de la región que me refirió el guardián de los franciscanos de Coquimbo. La primera es que, diez leguas al sur de la ciudad, se ve una piedra negruzca de donde mana una fuente, solamente una vez al mes, por una abertura semejante a aquella parte del cuerpo humano cuyas evacuaciones regulares ella imita, y esa agua deja una marca blanca sobre la piedra.

La segunda es que cerca de la *hacienda de la Marquesa* *, a seis leguas al este de la ciudad, se ve una piedra gris, del color de una mina de plomo, lisa como una mesa, sobre la cual están perfectamente bien grabados un escudo y un morrión de color rojo, hendidos muy adentro de la piedra, la que se ha roto expresamente en algunos lugares para poder verlos.

La tercera es que, en un valle, hay una pequeña llanura donde si alguien se duerme, al despertar, se encuentra completamente hinchado, lo que no ocurre a pocos pasos de allí.

Como el puerto de Coquimbo no es un lugar donde se comercien mercancías de Europa, de las que sólo se podrían colocar de doce a quince mil pesos por año, los navíos franceses sólo se detienen allí para reponer víveres y hacerse de aguardiente y vino. La carne vacuna es algo mejor que en Valparaíso y más o menos del mismo precio, cuesta entre ocho y diez pesos; también hay caza de perdices, pero éstas son algo desabridas, las tórtolas, por el contrario, son muy delicadas; en una pequeña laguna, cerca del puerto, hay muchos patos. La pesca es muy abundante en la bahía; hay muchos mújoles, pejerreyes, lenguados y un pez sin espinas, muy delicado, llamado tesón, característico de esta costa; pero no se puede pescar fácilmente con la jábega, porque la orilla está llena de piedras, el mar es bravo y está mezclado con fucos.

En esta comarca las plantas son prácticamente las mismas que en Valparaíso; el *paico* es más chico y más aromático, en consecuencia, más sudorífico. Abunda una especie de cateraque que llaman *doradilla* * cuya hoja es muy rizada; beben su decocción para reponerse de las fatigas de los viajes y es muy usada para purificar la sangre. Hay una especie de calabaza que da todo el año, llamada *cayote;* se la hace trepar por los techos de las casas y se hace con ella una mermelada excelente. Abunda la *algarroba* *, especie de tamarindo que tiene una alubia muy resinosa cuya vaina y grano puestas en infusión sirven para hacer una tinta de escribir muy buena si se le agrega algo de caparrosa; también se la llama *tara* *, por el parecido que tiene con la vaina de esta planta, aunque en realidad difiere en algunos aspectos.

Se empieza a ver en este clima un árbol, llamado *lúcumo* [72], que no crece en el resto de Chile y que es propio del Perú; su hoja se parece un poco a la del naranjo y a la del floripondio, y su fruto se parece mucho al de la pera que encierra la pepita de éste último; cuando está maduro, la corteza es algo amarillenta y la pulpa bien amarilla, y con un gusto y una consistencia similares a las del queso muy fresco; en el centro tiene un hueso muy parecido a una castaña por su color, piel y consistencia, pero es amargo y no sirve para nada.

En los valles cerca de la Cordillera, se encuentra una hierba que, cuando es tierna, se puede comer en ensalada, pero cuando empieza a crecer se transforma en un veneno tan potente para los caballos que tan pronto como la comen enceguecen, se hinchan y mueren en muy poco tiempo.

PARTIDA DE COQUIMBO

CAMBIO DE NAVIO

Las pocas perspectivas de que el señor Duchêne vendiera las mercancías al precio que pedía y el propósito que se había hecho de esperar que se proclamase la paz para ser el último en abandonar la costa, persuadido de que no vendrían más navíos de Francia, me obligaron a tomar medidas para ponerme a las órdenes de Su Majestad, que limitaba a dos años la licencia que había hecho la gracia de acordarme para este viaje, en la seguridad de que el Saint-Joseph se quedaría por lo menos dos años sin recursos y en viaje.

Me embarqué con un navío español, llamado *Jesús-María-José* *, cargado de trigo con destino a Callao, y comandado por don Antonio Alarcón, con la finalidad de alcanzar algunos de los navíos franceses que habían finalizado su comercio y debían, en breve, retornar a Francia; la ocasión era favorable porque debíamos tocar los puertos más frecuentados, llamados *puertos intermedios* *.

El 30 de mayo nos hicimos a la vela para salir de la bahía de Coquimbo, pero como la calma nos tomó afuera, la corriente nos trajo de vuelta y fondeamos en diecisiete brazas, al ESE de *Pájaro Niño* *. Al día siguiente nos ocurrió algo similar y volvimos a fondear.

La salida de esta bahía no es fácil, a menos que se parta con un buen terral, es decir, un viento que viene de tierra, el que generalmente sólo sopla desde la medianoche hasta el amanecer; nadie debe exponerse a que la calma lo tome algo fuera de la entrada, porque las corrientes que llevan al norte, arrojan las naves entre las Islas de Pájaros y la tierra firme que está más allá de la punta de Las Teatinas; estas islas están situadas a siete u ocho leguas al NO del compás, o bien al NO$\frac{1}{4}$N del

---

[72] *Lúcumo: Lucuma mammosa Gaertn.*; voz quechua (*Friederici*).

mundo con respecto a la punta de la Tortuga. Es verdad que con un buen viento sería posible alejarse, porque hay paso; pero además de ser peligroso y poco frecuentado, las mareas avanzan sobre las islas, donde algunas naves españolas han naufragado. Es por eso que si no sopla el terral, sólo se debe salir con la brisa del SSO y correr algunas leguas al ONO para situarse algo más adentro de estas islas, que los pilotos españoles evitan como un escollo en calma, sobre todo porque las mareas no son regulares. No obstante, no pienso lo mismo con respecto al interior de la bahía, pues creo haber notado que la demora no correspondía al pasaje de la luna por el meridiano, sino quizás de un tercio o cuarto de hora. No aseguro nada sobre este asunto, pues tal observación requeriría muchos meses para confirmarla.

Finalmente, el 7 de junio, poco antes de las cuatro de la mañana salimos con los vientos del este; a mediodía tomé la altura al oeste de *Pájaro Niño* *, que encontré en los 29° 55', como ya lo dije antes; al llegar la brisa, pasamos durante la noche cerca de la isla de Choros que está a cuatro leguas al norte de la de los *Pájaros* *, que aun en la oscuridad creímos haber avistado.

A la mañana siguiente nos encontramos a cuatro leguas al NO $\frac{1}{4}$ N de la isla del Chañaral que está unida a tierra firme por un banco de arena que el mar cubre con el viento norte; está a cuatro leguas de la isla de Choros, y a dieciséis leguas de la punta de la Tortuga; esta isla es casi llana y muy pequeña.

Cuatro o cinco leguas más al norte, me hicieron notar una mancha blanca cerca de una corriente llamada *Quebrada Honda* *, sobre la cual se encuentran unas ricas minas de cobre.

Luego, por la noche, reconocimos la bahía de *Guasco* donde hay un buen fondeadero con dieciocho y veinte brazas de profundidad, muy cerca de tierra. Este puerto no es frecuentado porque no existe otro tipo de comercio que el que realiza un particular que hace extraer el cobre; está abierto al norte, es de alrededor de una legua de ancho y allí se encuentra buena agua.

Al día siguiente vimos desde cuatro o cinco leguas mar adentro, la ensenada del *Totoral* * donde hay un fondeadero, sólo se la reconoce por estar situada más o menos a mitad de la distancia que hay entre un cabo negro llamado *Cerro Prieto* * y una punta baja que es la que está al sur de la bahía salada.

El 10 avistamos el morro de *Copiapó,* que desde lejos se parece a una isla porque sólo se une a tierra por medio de una lengua muy baja, por la que, además, es muy reconocible; esta punta o morro, situada a 27° de latitud, está por debajo de la altura media; se la compara con la punta de Santa Helena en el Perú. Se muestra así (véase figura XX) desde el sur y con pocas diferencias desde el norte o a sotavento.

A medida que uno se acerca, se ve una pequeña isla baja de, aproximadamente, un cuarto de legua de diámetro. Se dice que entre ésta y tierra firme se puede fondear al abrigo del viento del norte, hacia el fondo de la ensenada donde desemboca el río Copiapó.

Frente a esta ensenada nos encontramos con la oposición de los vientos del norte y el mar en calma permitió notar que las corrientes llevaban hacia el sur; esto confirma lo que dicen los pilotos españoles, que, cuando sopla el viento norte, van como el viento.

Finalmente, al volver el viento sur, fuimos por la noche a fondear en una ensenada llamada *Puerto del Inglés* * porque un corsario de esta nacionalidad fue el primero en fondear allí; estábamos en treinta y seis brazas de profundidad, fondo de arena y conchillas, al NE $\frac{1}{4}$ N del morro de Copiapó y al S $\frac{1}{4}$ SE de la punta de estribor de *La Caldera* *, la más próxima. Al día siguiente, fui a fondear a esa ensenada y encontré fondo de peñascos del lado del morro y mucha profundidad; por el contrario, fondo de arena y menos profundidad por el norte. No hay agua ni leña.

DESCRIPCION DEL PUERTO DE LA CALDERA

El martes 13 salimos de allí para fondear en el puerto de La Caldera (véase figura XX) que está separado por una punta de tierra, delante de la cual hay una rompiente que costeamos al alcance de un tiro de pistola y continuamos, del mismo modo, a lo largo de la costa de estribor que es muy segura, para ganar el viento e ir a fondear sin voltejear. Efectivamente, fondeamos en esa misma bordada en diez brazas de profundidad, al SE $\frac{1}{4}$ E de la tierra más cercana a estribor, encontrándose la punta baja del norte a tres leguas al N $\frac{1}{4}$ NE. Allí descargamos un poco de trigo para la ciudad de Copiapó y cargamos azufre que encontramos a orillas del mar, adonde había sido llevado para nuestra recalada.

Este puerto se encuentra al abrigo de los vientos del sur; pero en invierno, aunque los vientos del norte ya no tengan fuerza en esta latitud, se dice que hay mucha marejada; es el más cercano a Copiapó pero poco frecuentado, porque no tiene ninguna comodidad; la leña es muy difícil de encontrar y para obtenerla hay que internarse cinco o seis leguas en el valle donde pasa el río. La aguada es mala, se la hace en un pozo a unos cincuenta pasos de la orilla del fondo de la rada donde se junta un poco de agua salobre. La única vivienda que se encuentra en los alrededores es una cabaña de pescador al fondo de la ensenada del NE; la ciudad está situada a catorce leguas al E, por el camino de montaña, que es el más corto, y a veinte leguas por el camino natural que sigue el curso del río, cuya desembocadura, como ya lo mencioné, queda a cinco leguas al sur de La Caldera.

Toda la playa de La Caldera está cubierta de conchas, especialmente de las de aquellos moluscos que se llaman *locos* [73]. Por consiguiente, Dampier se equivoca al decir que no hay moluscos en toda esta costa.

[73] *Loco: Concholepas peruana Gay;* voz mapuche (*Friederici*).

Copiapó es una aldea donde las casas se hallan dispersas, por doquier, sin orden alguno; las minas de oro descubiertas hace seis años atrajeron alguna gente, de modo que, en la actualidad, puede haber entre ochocientas y novecientas almas. Este aumento de españoles ocasionó una orden de reparto de las tierras, por la cual se quita a los pobres indios no sólo sus tierras sino también sus casas, que luego el corregidor vende a los recién venidos por cuenta del rey, o, para decirlo mejor, por cuenta de sus funcionarios, con el pretexto de facilitar el establecimiento de quienes valorizan las minas. Existen minas en las alturas situadas exactamente sobre la ciudad, otras a dos o tres leguas, desde donde se trae el mineral a lomo de mulas, a los molinos que están en la misma ciudad; en 1713 había seis de los llamados *trapiches* * y se estaba construyendo un séptimo de los llamados *ingenios reales* * o a mazo, de los que hablaremos más adelante, que podrá moler doce veces más que los trapiches, es decir seis cajones por día; el cajón rinde hasta doce onzas aproximadamente, es necesario que rinda dos para cubrir los gastos; la onza de oro fundida se vende a doce y trece pesos.

Además de las minas de oro, en los alrededores de Copiapó, se encuentran muchas minas de hierro, cobre, estaño, plomo, que no se dignan explotar; también hay muchas de imán y lapislázuli, que los lugareños no consideran de valor; éstas se encuentran a catorce o quince leguas de Copiapó, cerca de un lugar donde hay muchas minas de plomo. Finalmente, toda la tierra está llena de minas de sal gema, de donde resulta que el agua dulce sea muy rara, el salitre no es menos común, se lo ve en los valles, sobre la tierra, con un dedo de espesor.

En las altas montañas de la cordillera, a cuarenta leguas al ESE del puerto, se encuentran las minas del más lindo azufre que se pueda ver; se lo extrae puro de una vena de alrededor de dos pies de ancho, sin que sea necesario purificarlo. Vale tres pesos el quintal puesto en puerto, desde donde se lo transporta a Lima.

En Copiapó también se hace un pequeño comercio de betún, especie de resina que se obtiene de un arbusto cuya hoja se parece a la del romero; se saca de las ramas y de la semilla y se la funde en grandes panes paralelepípedos de dos pies de largo, y de diez a doce pulgadas de espesor; es muy seca y sólo se la utiliza para suplir el barniz de los *botijos* * o vasos de barro, donde se coloca el vino y el aguardiente; vale cinco pesos el quintal puesto en puerto. Por lo demás, la región es muy estéril apenas provee lo necesario para alimentar a los habitantes que obtienen las provisiones de los alrededores de Coquimbo.

En las montañas de esta comarca hay muchos guanacos, especie de camellos o de corzos, en cuyos cuerpos se encuentran las piedras de bezoar, tan estimadas antiguamente en medicina que valían su peso en plata; pero hoy, cuando se ha descubierto que los ojos de cangrejo y otros álcalis pueden suplir su falta, han perdido mucho su valor en

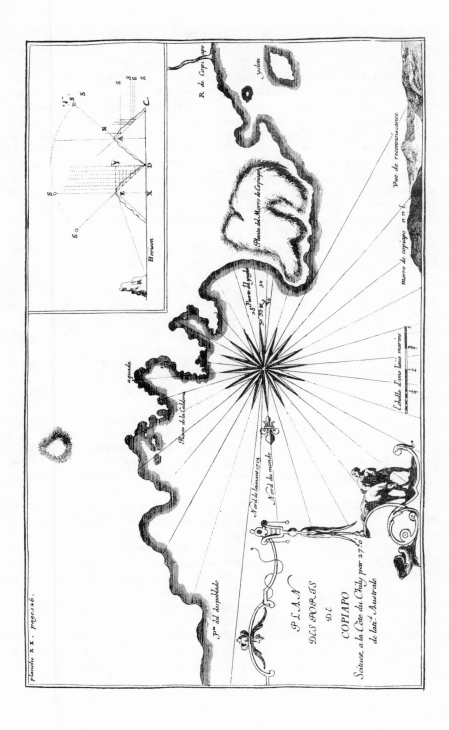

PLAN
DES PORTS
DE
COPIAPO
Scituez à la Côte du Chily par 27.o
de latit. Australe.

Francia, sin embargo los españoles siempre las compran a muy buen precio.

Desde Copiapó hasta Coquimbo, a lo largo de un camino de cien leguas, no hay ciudades ni pueblos, sólo se encuentran tres o cuatro caseríos; y desde Copiapó hasta Atacama, en Perú, la región es tan horrible y desierta, que las mulas se mueren por falta de pastos y de agua. A lo largo de ochenta leguas, no hay más que un río que corre desde la salida del Sol y hasta su puesta, posiblemente porque este astro derrite la nieve que de nuevo se hiela durante la noche; los indios lo llaman *Anchallulac,* es decir, hipócrita. Son montañas formidables que separan a Chile de Perú, donde el frío a veces es tan intenso que uno muere congelado, con el gesto de un hombre que ríe; de aquí, según algunos historiadores, proviene el nombre de Chile, que quiere decir frío. Aunque detrás de esas montañas el país es muy templado, se lee en la historia de la conquista de Chile [74] que los primeros españoles que las cruzaron murieron congelados, de pie, junto con sus mulas. En la actualidad se ha descubierto un camino mucho mejor, siguiendo la costa del mar.

Una vez embarcado el azufre que debíamos transportar, el domingo 18 de junio nos hicimos a la vela para ir a Arica, pero las calmas y los vientos del norte nos retuvieron a vista de tierra durante algunos días. El *dueño* * o propietario de la nave y el capitán español, afligidos por esta demora, seguidos por la tripulación, encabezaron una novena a San Francisco Javier de quien esperaban un milagro que no ocurrió en el tiempo pedido; estaban tan irritados que decían en alta voz que dejarían de rezar a los santos puesto que éstos no se dignaban oírlos. El capitán se dirigía luego a una pequeña imagen de la Virgen que había colgado del palo de mesana, diciéndole a menudo: "Mi buena amiga, no te sacaré de allí si no nos das buen viento"; y si Nuestra Señora de *Belén* * no lo escuchaba, colocaba a Nuestra Señora del Monte Carmelo, del Rosario o de la *Soledad* *, de lo cual puede inferirse de qué manera la mayor parte de los españoles honra las imágenes y qué confianza tienen en ellas.

Finalmente, un buen viento del SSE nos llevó hasta los 22° 25' de latitud, que es la de Cobija, puerto de la ciudad de Atacama, la cual está a cuarenta leguas de la costa. Cobija se reconoce porque desde el *morro Moreno* *, situado a diez leguas a barlovento, la montaña se viene elevando hasta alcanzar su máxima altura exactamente encima de su ensenada, desde allí comienza a descender suavemente, de suerte que este lugar, aunque poco, es el más elevado de la costa. Este modo de reconocimiento es más seguro que por las manchas blancas que allí se ven, ya que hay muchas en toda la costa.

Aunque nosotros no estuvimos allí, no dejaré de mencionar lo que supe por los franceses que fondearon en este lugar; dicen que no es más

[74] A. DE OVALLE, *Histórica...,* l. I, c. XI, p. 50 y l. IV, c. XVI, p. 167.

que una pequeña ensenada de un tercio de legua de largo, donde hay dieciocho o quince brazas de profundidad y fondo de arena; allí se está poco al abrigo de los vientos del sur y del sudoeste, que son los más frecuentes en la costa.

Para llegar a tierra es necesario desembarcar entre piedras, que forman un pequeño canal hacia el sur, que es el único que las chalupas pueden abordar sin peligro.

La aldea está compuesta por unas cincuenta casas de indios hechas con pieles de lobos marinos. Como la tierra es estéril, generalmente los habitantes sólo se alimentan de pescado, de un poco de maíz y de tupinambo o *papa* * que se trae de Atacama a cambio de pescado. En la aldea no hay más que un hilo de agua algo salada y como únicos árboles, se ven cuatro palmeras y dos higueras que pueden servir de señal para fondear; no hay pastos para el ganado, de manera que se ven obligados a enviar los corderos a una corriente, en lo alto de la montaña, donde encuentran algunas briznas para subsistir.

Como este puerto está desprovisto de todo, sólo lo frecuentaban los franceses, quienes para atraer a los comerciantes, buscaron los lugares más cercanos a las minas y más alejados de los oficiales reales, para facilitar el comercio y el transporte de la plata y de las mercancías. Es el puerto más cercano a Lipes y Potosí, que, sin embargo, queda a más de cien leguas, por una región desértica, cuya ruta es ésta. Desde Cobija es necesario hacer una primera jornada de veintidós leguas a través de una región sin agua y sin leña, para llegar al pequeño río Chacanza, cuyas aguas, además, son muy saladas. Desde allí deben hacerse siete leguas para encontrar otras de la misma calidad; se trata, en efecto, del mismo río con diferente nombre.

Luego, nueve leguas para llegar a Calama, aldea de diez o doce indios; dos leguas antes de llegar a ese lugar, se pasa por un bosque de algarrobos, especie de tamarindo.

De Calama a Chiuchiu o Atacama la Baja, seis leguas; es una aldea de ocho a diez indios a diecisiete leguas al sur de Atacama, donde vive el corregidor de Cobija.

De Chiuchiu a Lipes hay alrededor de setenta leguas que se recorren en siete u ocho jornadas, sin encontrar vivienda alguna, y se cruza una montaña de doce leguas, carente de agua y de árboles.

Lipes es un *asiento de minas* * que durante mucho tiempo han producido mucha plata; hay ocho molinos que trabajan, sin contar los de las pequeñas minas de los alrededores, como *Escala* * *Taquehua* * y *San Cristóbal* *, donde hay seis. Lipes está dividida en dos partes, situadas a menos de un cuarto de leguas una de la otra, una llamada Lipes y la otra Guaico. En estos dos lugares, incluida la gente que trabaja al pie de la colina donde se encuentran las minas de plata, puede haber aproximadamente ochocientas personas de toda clase; esta colina se encuentra entre Guaico y Lipes, totalmente perforada por las bocas de las minas, una de las cuales es tan profunda que llega hasta el fin de la roca, debajo de la cual hay arena y agua, lo que llamaron las Antípodas.

De Lipes a Potosí hay alrededor de setenta leguas que se recorren en seis o siete días; a lo largo de todo este trayecto sólo se encuentran dos o tres cabañas de indios.

Potosí es aquella ciudad tan famosa en todo el mundo por las inmensas riquezas que antes se han extraído y que aún se extraen de la montaña, a cuyo pie ha sido construida. Hay allí más de sesenta mil indios y diez mil españoles o blancos; el rey obliga a las parroquias circunvecinas a enviar allí, todos los años, un cierto número de indios para trabajar en las minas, lo que se llama *la Mita* *. Los corregidores los hacen partir el día de Corpus, la mayor parte de ellos lleva consigo a sus mujeres e hijos, y se los ve acudir a esa servidumbre con lágrimas en los ojos y con repugnancia; pero, después de un año de obligación, hay muchos que olvidan sus viviendas y se acostumbran a vivir en Potosí, de donde resulta que esta ciudad esté tan poblada.

Las minas han disminuido mucho su rendimiento y la Casa de la Moneda no acuña ahora ni la cuarta parte de lo que antes acuñaba. Hubo hasta ciento veinte molinos; hoy no hay más que cuarenta, y muy a menudo no hay con qué abastecer ni siquiera la mitad de ellos.

Se dice que este lugar es tan frío que, antiguamente, las mujeres españolas no podían dar a luz y se veían obligadas a alejarse unas veinte o treinta leguas para no exponer su vida y la de su hijo, pero hoy algunas dan a luz allí. Esta consecuencia de su debilidad era considerada un castigo del cielo, puesto que las indias no padecen este inconveniente; el resto de las características de esta ciudad aparece en numerosas relaciones.

Luego de haber cruzado Cobija, nos encontramos en calma a 21° de latitud, en las cercanías del pequeño islote llamado el Pabellón porque tiene la forma de una tienda de campaña, la mitad superior negra y la de abajo blanca. Detrás de este islote, en tierra firme, hay una pequeña ensenada donde no pueden abrigar las chalupas. En esta costa hay unos animales que la gente de la región llama leones, aunque son muy distintos de los de Africa. He visto sus pieles llenas de paja, y la cabeza tiene algo del lobo y del tigre, pero la cola es más corta que la de éstos; son animales no temibles, huyen de los hombres y sólo atacan los rebaños. Permanecimos dos días en calma cerca del Pabellón, sin advertir ninguna corriente.

Algunas suaves ventolinas nos llevaron cerca del morro de Carapucho, a cuyo pie se encuentra la isla de Iqueique, en una ensenada donde hay fondeadero; pero no hay agua, los indios que viven en tierra firme se ven obligados a ir a buscarla a diez leguas de este lugar, en el pequeño río Pisagua, con una barca que tienen expresamente para ello; pero como a veces sucede que los vientos contrarios la retienen, se ven obligados a ir a buscarla por tierra, a cinco leguas de distancia, al arroyo Pica.

136

La isla de Iqueique también está habitada por indios y negros, a quienes se hace trabajar en la extracción del *guano,* que es una tierra amarillenta constituida, según se cree, por excrementos de aves, porque, además de tener la hediondez de los excrementos de los cormoranes marinos, se han encontrado plumas de aves muy adentro de esta tierra. No obstante, es difícil comprender cómo se pudo acumular una cantidad tan grande, pues desde hace más de cien años se cargan todos los años diez o doce navíos para abonar las tierras, como diré más adelante, y apenas se advierte que de la isla haya disminuido la altura, a pesar de que es pequeña, de alrededor de tres cuartos de legua de circunferencia y de que, además de lo que se saca por mar, se cargan muchas mulas para los viñedos y las tierras cultivadas de Tarapacá, Pica, y otros lugares circunvecinos, lo que hace pensar a algunas personas que se trata de una calidad de tierra especial. Yo, por mi parte, no soy de esa opinión pues realmente las aves marinas son tan numerosas que podría decirse, sin exagerar, que a veces oscurecen el aire; se las ve en la bahía de Arica, en bandadas infinitas, reunirse todas las mañanas a eso de las diez y todas las tardes a eso de las seis para sacar los peces que en esas horas están a flor de agua, donde practican una especie de pesca regular.

A doce leguas de Iqueique, en 1713, se descubrieron minas de plata que se proponían explotar ininterrumpidamente; se espera que sean ricas según las apariencias.

Desde Iqueique hasta Arica, la costa es siempre muy escarpada y muy sana; es necesario costearla de cerca, para que las corrientes que en verano conducen al N y al NO, no lleven los navíos mar adentro. Si bien es cierto que en invierno a veces llevan al S, como nosotros y muchos otros lo hemos comprobado.

Después del río Pisagua, se encuentra el de Camarones que es más ancho; y a cuatro leguas a barlovento de Arica, la de Vitor, donde hay agua dulce y madera; es el único lugar donde los navíos, fondeados en Arica, pueden obtenerlas.

Cuando se está a una legua de la *quebrada* de Camarones, se empieza a vislumbrar el morro de Arica que parece una isla porque es mucho más bajo que la costa del lado del viento; pero cuando uno se acerca a tres o cuatro leguas, se lo reconoce por una pequeña isla baja que se encuentra adelante como si se tratara de una rompiente, y por su aspecto escarpado que resulta inconfundible, porque más allá la costa es baja; está situado a 18° 20′ de latitud.

El lado oeste de este morro es completamente blanco a causa del excremento de las aves marinas llamadas cormoranes, que se concentran en tan grandes cantidades que el morro se encuentra totalmente cubierto por ellas. Este es el lugar más reconocible de la costa. Cuando está despejado, se ve, muy adentro en la tierra, la montaña de Tacora que parece elevarse hasta las nubes; forma dos cabezas en su cima, cerca de las cuales corre el camino que conduce a La Paz; el aire es muy distinto al que se respira abajo, y quienes no están habituados a cruzarla padecen las mismas náuseas y dolores de cabeza que en el mar.

DESCRIPCION DE LA RADA DE ARICA

Al entrar en la rada de Arica (véase figura XXI), se puede costear, a un cable de distancia, la isla de Guano que está al pie del morro, e ir a fondear al $N\frac{1}{4}NE$ de esta isla, y al NO del campanario de San Juan de Dios, que se distingue por su altura entre todos los edificios de la ciudad. Allí hay nueve brazas de profundidad, fondo de lodo duro, lejos del peligro de los peñascos del fondo que en varios lugares de la rada corroen los cables. Si bien no se está al reparo de los vientos del S y del SO, la isla de Guano detiene un poco la marea.

Si esta isla es útil en este sentido, resulta muy incómoda por la hediondez de los excrementos de las aves que la cubren, tanto más cuanto que se encuentra a barlovento de los navíos; también se cree que en verano el puerto se vuelve malsano, pero parece más probable que las enfermedades de esta estación sean una consecuencia de los grandes calores que el viento no puede moderar, porque el flujo del aire es detenido por la costa del norte que forma un callejón sin salida de arena y peñascos siempre calientes.

No obstante el agua que se saca para los navíos es bastante buena, aunque se obtiene de una manera singular. Cuando el mar baja se hace un pozo de aproximadamente medio pie de profundidad en la arena de la costa, en el lugar donde se ha retirado el mar, y de esos hoyos tan poco profundos se saca un agua dulce y buena que se conserva bien en alta mar.

Como la orilla está siempre cubierta de grandes piedras, tiene poca agua y el mar está siempre bravo; el desembarco de las chalupas sólo puede hacerse en tres pequeñas caletas, la mejor de las cuales es la que está al pie del morro. Para penetrar allí es necesario pasar entre dos rompientes y, entre fucos[75], costear de cerca la rompiente de estribor. Queda en descubierto en bajamar y apenas se la ve en pleamar. Una vez que se la ha pasado, se vira rápidamente a babor, dirigiéndose directamente hacia las primeras casas, y de esta manera se emboca la gran caleta, donde el fondo es casi horizontal, y donde hay tan poca agua en bajamar que las canoas no pueden flotar y las chalupas cargadas tocan aun en pleamar, de modo que, para evitar que se destruyan, es necesario armar la quilla con varaderas de hierro.

Para impedir que las naciones enemigas puedan tocar tierra por este lugar, los españoles habían hecho atrincheramientos de adobe, y una batería con forma de fuerte pequeño, que flanquea las tres caletas; pero fue construida en forma tan lamentable, que actualmente todo está en ruinas;

---

[75] *Fuco:* 'alga de color aceitunado y cubierta de manchones blancos' (*Acad.*).

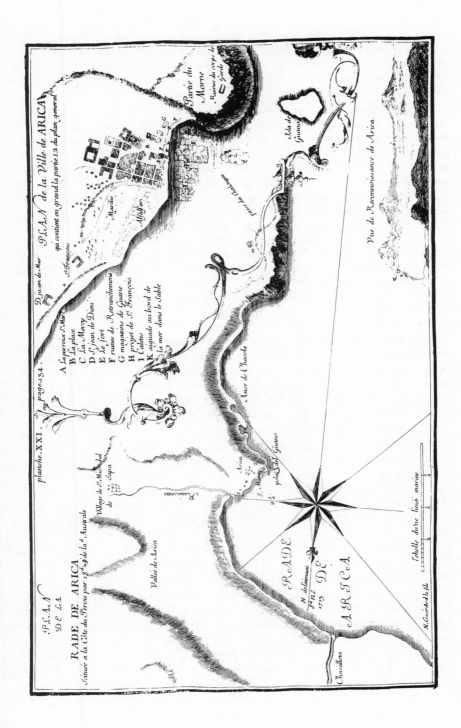

PLAN
DE LA

RADE DE ARICA
Située a la Côte du Perou par 18.ª 29.ª de la.ª Australe

planche.XXI.   page.134.   D'un de Mar   PLAN de la Ville de ARICA
qui contient en grand la partie 1.2 du plan general

A La paroisse S.ᵗ Marc
B La place
C La Merci
D S.ᵗ Jean de Dieu
E Le fort
F ruines de Retranchemens
G magazins de Guane
H projet de S.ᵗ François
I Caletes
K aiguade au bord de
  la mer dans le Sable

Partie du
Morne
Ruine du corps de
garde

Isla de
Guane

Vue de Reconnoissance de Arica

Anse de Chacota

Vallée de Arica

Village de S.ᵗ Michel
de Sapa

Ruisseau

Arica
R. Morne
yslas del Guane

RADE   DE   ARICA

N delaman
par. 1763

Chacalluta

Echelle d'une lieus marine

N. Guerard le fils

es así que esta aldea nada merece menos que el nombre de plaza fuerte que le da Dampier, sólo porque fue rechazado allí en 1680. Los ingleses, prevenidos de la dificultad de tomar tierra frente a la ciudad, desembarcaron en la ensenada de Chacota, que está del lado sur del morro, desde donde a través de la montaña, vinieron a saquear Arica.

Estos estragos y los terremotos que allí son frecuentes, destruyeron finalmente esta ciudad, que hoy sólo es una aldea (véase figura XXI) de aproximadamente ciento cincuenta familias, la mayor parte negros, mulatos e indios, pocos blancos. En 1605, el 26 de noviembre, el mar, conmovido por un temblor, la inundó súbitamente y destruyó la mayor parte de ella; todavía se ven los vestigios de las calles que se extienden a casi un cuarto de legua del lugar donde hoy está situada. Lo que queda de la ciudad no está expuesto a una catástrofe semejante por estar situada sobre una pequeña eminencia al pie del morro. La mayoría de las casas sólo están hechas de haces de una especie de espadaña llamada totora, colocados verticalmente unos contra otros y atados con tiras de cuero a cañas que sirven de travesaños, o bien están hechas de cañas fijadas verticalmente cuyos intersticios se rellenan con barro. El uso del adobe está reservado para las más espléndidas y para las iglesias. Como nunca llueve, su único techo es una estera, lo que da a las casas una apariencia de ruina cuando se las mira desde afuera.

La parroquia es bastante limpia y está dedicada a San Marcos; hay un convento de la Merced con siete u ocho religiosos, un hospital de los hermanos de San Juan de Dios y un convento de los franciscanos que vinieron a establecerse en la ciudad después de la destrucción del antiguo convento que tenían a medio cuarto de legua de allí, aunque estaba situado en el lugar más hermoso del valle, y cerca del mar.

A orillas del mar, el valle de Arica tiene aproximadamente una legua de ancho; toda la región es árida, salvo el lugar donde estaba situada la antigua ciudad que tiene pequeñas praderas cultivadas con *alfalfa*, algunas cañas de azúcar, olivos y algodoneros mezclados, pantanos llenos de esas espadañas con las que se construyen las casas; luego se prolonga y se estrecha hacia el E. Una legua hacia adentro se encuentra la aldea de San Miguel de Sapa, donde se comienza a cultivar el *ají*, es decir el pimiento, que se cultiva en todo el resto del valle, que está cubierto de chacras dedicadas exclusivamente a esta hortaliza. En esta pequeña franja del valle, que es muy angosta y no tiene más de seis leguas de largo, se venden todos los años ajíes por más de ochenta mil escudos.

El gusto de los españoles del Perú por esta especie, es tan difundido que no pueden dejar de utilizarla en ningún guiso, aunque es tan picante que, a menos que uno esté habituado, es imposible saborearla; y como no puede crecer en la *puna*, es decir en las montañas, todos los años bajan muchos comerciantes que se llevan todo el pimiento que se cultiva en los valles de Arica, Sama, Tacna, Locumba y otros, situados a diez leguas

a la redonda, de donde se calcula que sale por valor de más de seis
mil pesos, aunque se vende a bajo precio.

Es difícil creerlo, cuando se ve lo reducido de los lugares de ᵕ
se sacan cantidades tan enormes, pues fuera de los valles, la región tiene
una temperatura tan elevada que no es posible cultivar ninguna verdura.
Ese prodigio se debe a ese excremento o *guano* que se trae, como dije,
de Iqueique, y que fertiliza la tierra de manera tal que rinde cuatrocientos y quinientos por uno de todo tipo de granos, trigo, maíz, etc., pero
especialmente de ají, cuando se sabe utilizarlo como se debe.

Una vez que el grano ha germinado y se encuentra en condiciones de
ser trasplantado, se colocan las plantas en filas sinuosas, de manera que
la misma disposición de los canales de riego conduzca el agua suavemente al pie de las plantas; entonces, en cada pie de pimiento se pone
tanto *guano* como cabe en el hueco de la mano. Cuando sale la flor, se
agrega un poco más; por último, cuando ya se ha formado el fruto, se
pone un buen puñado cuidando siempre de regar la planta, porque en
esa región no llueve jamás y sin agua las sales que contiene el guano,
al no estar diluidas, quemarían las plantas, tal como lo demuestra la
experiencia. Por esta razón se lo pone varias veces, teniendo ciertos cuidados cuya necesidad ha revelado la práctica, dadas las diferencias que se
presentan a lo largo de las distintas cosechas.

Para transportar el *guano* a las tierras, en Arica, muy a menudo se
utiliza esa especie de pequeños camellos que los indios del Perú llaman
llamas; los de Chile, *chilehueque,* y los españoles *carneros de la tierra.*
Tienen la cabeza pequeña en relación con el cuerpo, de alguna manera
parecida a la de los caballos y a la de los corderos; el labio superior, como
el de la liebre, está hendido en el centro, por aquí escupen hasta una
distancia de diez pasos a quienes las molestan; y si esa escupida cae en
la cara, produce una mancha rosácea que a menudo se transforma en
un sarpullido. Tienen, como los camellos, el cuello largo, curvado en
su parte inferior, en el nacimiento del cuerpo, y a ellos se parecerían
mucho si tuvieran una joroba en la espalda. El dibujo que inserto aquí
puede ayudar a comprender lo que falta en esta descripción; su altura
es de aproximadamente cuatro a cuatro pies y medio (véase figura XXII).

Generalmente no llevan más de cien libras de peso y caminan con la
cabeza levantada, con una gravedad y una majestuosidad admirables, con
un paso tan regular que ni aun los golpes pueden hacérselo cambiar. Es
imposible hacerlas caminar cargadas durante la noche; se acuestan hasta
que se les quita la carga y entonces van a buscar un lugar donde pastar.
El alimento habitual es una hierba que se parece mucho al junquillo, salvo
que ésta es algo más delgada y tiene una punta hiriente en el extremo,
se la llama *icho* [76]; todas las montañas de la *puna* están cubiertas por
esta hierba; comen poco y jamás se les da de beber, de modo que este
animal requiere poco sustento. Aunque tienen la pata hendida como los

---

[76] *Icho: Stipa icho L.;* voz quechua y aimará (*Friederici*).

N. Guérard le fils fecit

A Llamas ou moutons du Perou   E Plan de la desazogadera
B Trapiche ou moulin a minerai   F Profil de la desazogadera
C Buiteron ou cour ou lon petri le minerai   G La pigne
D Bassins a lauer   HFourneau atirer le vifargent

corderos, se utilizan en las minas para llevar el mineral al molino; una vez cargadas, van sin necesidad de ser guiadas hasta el lugar donde se las ha acostumbrado a descargarlas. Sobre la pezuña tienen un espolón que las ayuda a afirmarse en los peñascos, pues les sirve para agarrarse. Su lana tiene un olor fuerte e inclusive desagradable; es larga, blanca, gris y rojiza en manchas, y bastante hermosa, aunque muy inferior a la de las *vicuñas*.

Las *vicuñas* son casi iguales a las llamas, con la diferencia de que son más pequeñas y más vivaces. Como su lana es muy fina y muy apreciada, algunas veces se las caza de una forma que merece ser contada. Algunos indios se reúnen para ahuyentarlas y meterlas en algún paso angosto donde se han tendido cuerdas a tres o cuatro pies de altura, a lo largo de las cuales se han colgado pedazos de lana y de paño. Las *vicuñas,* cuando tratan de pasar, se asustan de tal manera con los movimientos de esos trozos de lana, que no se atreven a cruzar, de modo que se aglomeran en tropel, y entonces los indios las matan con piedras amarradas al extremo de lazos de cuero; si por azar, entre ellas, se encuentran algunos *guanacos,* éstos saltan por sobre las cuerdas y, entonces, todas las *vicuñas* los siguen. Los *guanacos* son más grandes y más pesados, se los llama también *vizcachas*.

Hay otra especie de animal negro parecido a las llamas, llamado *alpaca,* cuya lana es muy fina; pero tiene las patas más cortas, y el hocico replegado, de manera que tiene algún parecido con el rostro humano. Los indios utilizan estos animales en distintas actividades, los cargan con un peso de alrededor de un quintal; su lana sirve para hacer telas, cuerdas y sacos, y sus huesos sirven para hacer los utensilios de los tejedores; finalmente, su excremento sirve para hacer fuego en la cocina y para calentarse.

Antes de estas últimas guerras, la *armadilla* *, pequeña flota compuesta de algunos buques del rey y de particulares, venía anualmente a Arica para traer mercancías de Europa y azogue para las minas de La Paz, Oruro, La Plata o Chuquisaca, Potosí y Lipes, y luego llevar a Lima la plata que se debe al rey por el quinto de los metales que extraen de las minas; pero desde que no llegan más galeones a Portobelo [77] y los franceses comenzaron a comerciar, este puerto se convirtió en la escala más importante de toda la costa, adonde bajan los comerciantes de las cinco ciudades que acabo de nombrar, que son las más ricas en minas. Es muy cierto que el puerto de Cobija está más cerca de Lipes y de Potosí que Arica, pero como es tan desierto y tan árido que ni los hombres ni las

[77] El sistema de flotas, que había languidecido durante el reinado de Carlos II, cesó completamente durante los primeros años de la guerra de sucesión española, 1701-1706; desde esta última fecha y hasta 1713 sólo cuatro pequeños convoyes lograron llegar a Veracruz y uno al istmo de Panamá, todos escoltados por barcos de guerra franceses. Cf. J. H. PARRY, *El imperio español de ultramar*. Introducción de J. H. Plumb. Traducción del inglés por Ildefonso Echevarría. Madrid, Aguilar, 1970, c. 14, pp. 258-259.

mulas tienen allí con qué alimentarse, prefieren hacer algunas leguas de más y asegurarse lo que necesitan. Por otra parte no les resulta difícil llevar a escondidas su plata en piña, y arreglarse con los corregidores, para eludir el pago del quinto real.

COMO SE EXTRAE LA PLATA DE LAS MINAS

MANIPULACION DEL MINERAL PARA HACER LAS PIÑAS

Se llama *piñas* * a masas de plata porosas y livianas, hechas con una pasta endurecida que se forma al mezclar el mercurio con el polvo de plata extraído de las minas, tal como voy a relatarlo.

Después de haber triturado la piedra que se extrae de la vena metalífera, se la muele en aquellos molinos a muela que ya mencionamos, o en los *ingenios reales* * que están compuestos de mazos, como nuestros molinos de yeso. Generalmente consisten en una rueda de veinticinco a treinta pies de diámetro cuyo eje, que se prolonga, está provisto de triángulos embotados, que al girar enganchan los brazos de los mazos de hierro, y en cada una de las revoluciones los levantan hasta cierta altura, desde donde se sueltan de un solo golpe, y como generalmente pesan alrededor de doscientas libras, caen tan violentamente que con su solo peso trituran y reducen a polvo la piedra más dura; luego se tamiza ese polvo a través de cribas de hierro o de cobre, para retirar el polvo más fino y volver a colocar el grueso en el molino. Cuando el mineral está mezclado con ciertos metales, como el cobre, que le impiden pulverizarse, se lo coloca en el horno para que se calcine y luego se lo muele nuevamente.

En las minas pequeñas donde solamente se utilizan molinos a muela, generalmente se muele el mineral con agua, lo que forma un lodo líquido que se vacía en un tanque; mientras que cuando se lo muele en seco es necesario humedecerlo luego y amasarlo bien con los pies durante mucho tiempo.

Con este fin, en un patio construido o expresamente llamado *buitrón* *, se coloca este lodo en capas de alrededor de un pie de espesor, cada una de las cuales contiene medio cajón o veinticinco quintales de mineral, lo que se llama *cuerpo* *; sobre cada uno de ellos se echan, más o menos doscientas libras de sal marina, según la calidad del mineral, que se amasa y se incorpora al lodo durante dos o tres días. A continuación se echa cierta cantidad de azogue, exprimiendo con la mano una bolsa de piel donde se lo ha colocado, de manera tal que sólo salgan algunas gotas con las que se rocía el *cuerpo* * en forma pareja; según la calidad y la abundancia del mineral, se agregan a cada capa diez, quince o veinte libras, pues cuanto más rico es, más mercurio se necesita para recoger la plata que contiene; sólo se conoce la dosis después de una larga experiencia. Se pone a un indio a amasar una de esas capas ocho veces por día, de manera que el mercurio pueda incorporarse a la plata; para esto, a menudo se le agrega cal, cuando el mineral es arcilloso, pero en esto es necesario tomar ciertas precauciones, pues se dice que a veces se calienta de tal manera que desaparecen tanto el mercurio como la plata, lo que parece increíble. A veces se le agrega plomo o estaño para facilitar la amalgama, la cual se hace más lentamente en las épocas de grandes fríos que en épocas templadas, de donde surge que en Potosí y en Lipes a menudo se debe amasar el mineral durante un mes o un mes y medio, pero en las regiones más templadas éste se amalgama en ocho o diez días.

Para facilitar la amalgama, en algunos lugares, como en Puno y otros, se construyen *buitrones* * abovedados por dabajo, de cuyo solado de ladrillo se hace fuego para calentar el polvo de mineral durante las veinticuatro horas.

Cuando se cree que el mercurio ha recogido toda la plata, el *ensayador* * toma de cada *cuerpo* * un poco de tierra, que lava en un plato de barro o en un recipiente de madera, y por el color del mercurio que se halla en el fondo de ese recipiente, se sabe si ha surtido su efecto, pues cuando es negruzco, el mineral está demasiado calentado y se le pone de nuevo sal u otra droga; dicen entonces que el azogue *dispara* *. Si el azogue es blanco, se coloca una gota en el pulgar y al apretarla rápidamente toda la plata que en ella hay queda adherida al dedo, y el mercurio se escurre en pequeñas gotas. Por último, cuando se estima que se ha recogido toda la plata, se transporta la tierra a un recipiente donde cae un chorro de agua para lavarla (véase figura XXII), con un procedimiento similar al que he descrito para el lavado del oro, salvo que, como se trata de un lodo sin piedras, en lugar de removerlo con una azada para diluirlo, basta que un indio lo remueva con los pies. Del primer recipiente cae a un segundo, donde hay otro indio que vuelve a removerlo para diluirlo completamente y separar la plata; de este segundo recipiente pasa a un tercero, donde se hace exactamente lo mismo, para que lo que no haya caído al fondo del primero o del segundo recipiente, no escape del tercero.

Después de haber lavado todo, y cuando el agua sale clara, en el fondo de los recipientes que están guarnecidos de cueros, se encuentra el mercurio incorporado a la plata, esto es lo que se llama la *pella* *; se la coloca en una manga de lana de vicuña suspendida para que cuele una parte del azogue; se la ata, se la golpea y se la aprieta todo lo que se puede colocándole encima unos trozos de madera plana; y cuando se ha extraído todo lo que es posible, se coloca esa pasta en un molde hecho con láminas de madera encastradas que generalmente forman una pirámide octogonal truncada, cuya base es una plancha de cobre atravesada por pequeños agujeros; allí dentro se la comprime para endurecerla, y cuando se quieren hacer varias piñas de distintos pesos, se las separa con pequeñas capas de tierra que impiden la continuidad; para esto es necesario pasar la pella y deducirle dos tercios que es el peso de su con-

145

tenido de mercurio, así se sabe aproximadamente cuánto quedará de plata neta.

Luego se saca el molde y se coloca la piña con su base de cobre sobre un candelabro o trébedes, apoyado sobre un gran vaso de barro lleno de agua, y se lo encierra bajo una caperuza de barro que se cubre con carbones, con los que se alimenta el fuego durante algunas horas, para que la piña se caliente bien y evapore el mercurio que contiene; pero como este vapor no tiene salida, circula en el vacío que está entre la piña y la caperuza, y encontrándose con el agua que está por debajo, se condensa, y cae al fondo, transformándose nuevamente en mercurio. De esta manera es poco lo que se pierde, y se puede volver a utilizarlo varias veces pero es necesario aumentar la dosis porque se debilita; no obstante, antiguamente, se consumían en Potosí de seis a siete mil quintales de azogue por año, tal como lo refiere Acosta [78], de donde se puede estimar la cantidad de plata que se extraía.

Como en la mayor parte del Perú no hay madera ni carbón, y sólo se encuentra la hierba llamada icho, de la que ya hablé anteriormente, se calientan las piñas por medio de un horno que se coloca cerca de la *desazogadera* *, es decir la máquina que sirve para secar la plata y purgarla del mercurio y se comunica el calor por medio de un canal adonde está metida, como puede verse en la figura XXII.

Cuando el mercurio se ha evaporado, sólo queda un resto de granos de plata unidos, muy liviano y casi friable, llamado piña que es una mercancía de contrabando fuera de las minas porque, según las leyes del reino, es obligación llevarlas a las casas de fundición o de moneda para pagar al rey el quinto. Allí se las funde para convertir esta plata en lingotes, sobre los que se imprimen las armas de la corona, las del lugar donde se hicieron, su peso y calidad, con la ley de la plata, para hacer de ella la medida de todas las cosas, según la expresión de un antiguo filósofo [79].

Siempre se tiene la seguridad de que los lingotes quintados no están falsificados, pero no sucede lo mismo con las piñas; quienes las obtienen a menudo colocan en su interior, hierro, arena u otras cosas para aumentar su peso, de manera que es prudente hacerlas abrir y ponerlas al rojo para cerciorarse de su calidad, pues si está falsificada con el fuego se ennegrece, amarillea o funde más fácilmente. Esta prueba sirve no sólo para extraer la humedad que adquieren en los lugares en donde se las guarda expresamente para aumentar su peso; en efecto, éste puede aumentarse en un tercio, templándolas en agua mientras están al rojo, sino también para purgarlas del mercurio, con el que siempre está más impregnada la parte inferior que la parte superior de la piña. Puede ocurrir también que la misma piña esté compuesta de plata de distintas leyes.

[78] J. DE ACOSTA, *Historia...*, l. IV, c. 12, p. 163.
[79] Protágoras (c. 480-410) en *Acerca de la verdad* enuncia que el hombre es la medida de todas las cosas.

Las piedras de las minas, el mineral, o para utilizar el idioma del Perú, el *metal* * de donde se extrae la plata, no es siempre de la misma calidad, consistencia y color; hay uno blanco y gris, salpicado de manchas rojizas o azuladas, se lo llama *plata blanca* *; la mayoría de las minas de Lipes son de esta calidad. Generalmente se distinguen a primera vista algunos granos de plata y a menudo también pequeñas ramificaciones sobre las capas de la piedra.

Hay, por el contrario, otro, negro como la escoria de hierro, en el que la plata no se ve, llamado *negrillo* *; a veces es negro plomizo por lo que se lo llama *plomo ronco* *; la plata aparece al rasparlo con algo duro, generalmente es el más rico y el que produce a menor gasto, porque en lugar de amasarlo con mercurio, se lo funde en hornillos en los que el plomo se evapora con el calor del fuego, y deja la plata pura y neta. Es de este tipo de minas de donde los indios extraían su plata, porque al no utilizar el mercurio, como los europeos, sólo trabajaban aquéllas en las que el mineral podía fundirse, y como tenían poca leña, alimentaban los hornillos con *icho* y con estiércol de llamas u otros animales y los exponían sobre las montañas para que el viento mantuviese vivo el fuego; he aquí todo el secreto del que las Historias del Perú [80] hablan como si se tratara de una cosa maravillosa. Hay otro tipo de mineral semejante a éste, también negro, y en el que la plata no se ve de ninguna manera; por el contrario, al mojarlo y frotarlo con hierro se enrojece, por lo que es llamado rosicler, es muy rico y da plata de la más alta. Hay otro que brilla como el talco, es generalmente malo y da poca plata, se lo llama *soroche* *. El *paco* * de un rojo amarillento, es muy blando y se encuentra quebrado en trozos; pero rara vez es rico y sólo se trabajan sus minas por la facilidad con que se saca este mineral. Hay otro verde, llamado *cobrizo* * que es casi tan duro como éste; es muy raro, sin embargo, aunque tiene la plata a la vista y es casi friable, es el más difícil de beneficiar, es decir, de extraerle la plata; a veces, después de molido, es necesario fundirlo y emplear varios métodos para separarlo, sin duda, porque está mezclado con cobre. Por último, hay otro tipo de mineral, muy poco frecuente, que se encontró en Potosí sólo en la mina de Cotamito; se trata de hilos de plata pura enredados como hilos de galón quemados en conjunto, tan delgados que se los llama *araña* *, por su parecido con la tela de araña.

Las venas de las minas, sea cual fuere su calidad, generalmente son más ricas en el centro que en los bordes; y cuando dos venas se cruzan, siempre es muy rico el lugar donde ambas se confunden. También se

---

[80] Cf. PEDRO CIEZA DE LEÓN, *La crónica del Perú*. Segunda edición Buenos Aires-México, Espasa-Calpe Argentina, 1945, c. CIX; A. DE ZÁRATE, *Historia...*, l. I, c. VIII; J. DE ACOSTA, *Historia...*, l. IV, c. IX; INCA GARCILASO DE LA VEGA, *Comentarios...*, l. VIII, c. XXV. Todos se refieren a la *guaira* 'hornillo de barro en que los indios del Perú funden los minerales de plata, encendido con carbón y estiércol de llamas, que obraba con la fuerza del aire, sin otro instrumento ninguno' (*Friederici*).

advierte que las venas que corren de norte a sur son más ricas que las que tienen una dirección diferente. Las que están cerca de los lugares donde pueden construirse molinos, y que se trabajan más fácilmente, por lo general se prefieren a otras más ricas, que requieren mayores gastos; de donde resulta que en Lipes y en Potosí sea necesario que el cajón rinda alrededor de diez marcos de plata para cubrir los gastos; y en las de la provincia de Tarama se cubren con cinco.

Cuando son ricas y profundas están sujetas a inundaciones y entonces es necesario recurrir a las bombas y máquinas, o sangrarlas por medio de minas perdidas que se llaman *socavones* * los que generalmente arruinan a los mineros por los gastos excesivos a que este tipo de trabajos los va comprometiendo insensiblemente.

Hay otras formas de separar la plata de la piedra que la encierra, y de los otros metales con los que aparece mezclada: por medio del fuego y de agua fuerte o fundente, que se utilizan en algunas minas donde yo no estuve y donde se hace cierto tipo de lingotes llamados *bollos* *, pero, como la forma más general y más usada es la de hacer piñas, ya sea por la facilidad o bien por el ahorro de fuego y de ingredientes, se puede remitir a los curiosos al *Traité des Métaux de Agricola* [a], donde se describe el método de las minas de plata de Alemania.

Cuando se examina cómo se mezcla la plata con la piedra, en granos o en hilos separados por grandes intervalos de piedra pura, o en polvo sutil confundido con la piedra misma, parece que la naturaleza ha formado una y otra, simultáneamente, como cree mucha gente. No obstante, si se cree en esto a los españoles, la plata se vuelve a formar todos los días en ciertos lugares de las minas, no sólo en la piedra viva, sino también en los cuerpos extraños allí metidos desde hace mucho tiempo. La experiencia ha comprobado esta opinión en la montaña de Potosí, tan horadada en tantos lugares que muchas minas se han derrumbado y han sepultado a los indios que allí trabajaban, con sus utensilios y los puntales. Con el correr del tiempo se han vuelto a excavar las mismas minas y se han encontrado en la madera, en los cráneos y en los huesos, hilos de plata que los penetraban como en la vena misma sucede.

Este hecho ha sido relatado por tanta gente que no se lo puede considerar una fábula. El señor Chambon [81], en su *Traité des Métaux*, narra un hecho muy semejante a éste, que, sin embargo, puede considerarse un poco exagerado. Dice que en una mina de oro y de plata, probablemente en Hungría, le aseguraron que se habían encontrado tres figuras humanas, del mismo material de que están constituidos los filones de la mina, y que aunque los martillos y los escoplos habían quebrado esas figuras, el ensamble que hicieron de los trozos que habían sido extraídos

[a] Véase también CESALPIN, CESIUS, KENTMANT, [LAZARUS] ERCKER, [*Beschreibung Allerfürmensten mineralischen Erzt und Bergwecks,* 1574], EUCELIUS, VANHERLMONT y QUERCETAN.

[81] CHAMBON, *Traité des Métaux.*

fue tan perfecto que no hubo lugar a dudas de que habían sido hombres, que esas figuras tenían filones propios, que el interior de la cabeza y todos los huesos eran de oro puro y que esa era la causa por la que esas figuras habían sido destruidas.

Palissy [82] en su *Traité des Métaux* nos habla de un fenómeno semejante; asegura haber visto "una piedra de mineral de bronce donde había un pez del mismo material" y agrega que "en la región de Mansfeld se encuentran grandes cantidades de peces convertidos en metal".

De todos modos es un hecho indudable que se ha encontrado mucha plata en las minas de Lipes, en lugares en donde mucho tiempo antes ya se la había extraído. Sé que a eso se responde que antiguamente eran tan ricas que se despreciaban las pequeñas cantidades, pero yo no creo que cuando no cuesta más trabajo, se pierda voluntariamente lo que se tiene. Si a estos hechos agregamos lo dicho sobre los lavaderos de Andacollo y sobre la montaña de San José donde se forma el cobre, ya no se dudará de que la plata y los otros metales se forman diariamente en ciertos lugares [a]; la experiencia lo prueba en forma evidente en el caso del azogue, si es verdad, como lo asegura el mismo señor Chambon, que se engendra en la tierra o en una cueva, al colocar allí una mezcla de azufre y de salitre.

Por otra parte, tampoco faltan los físicos que incluyen los metales entre los vegetales y que pretenden que éstos provienen de un huevo; opinión que no comparte todo el mundo y en favor de la cual se citan hechos [b] que mucho tienen de maravilloso para que no cueste creerlos.

Los antiguos filósofos, y también algunos modernos, han atribuido al sol la formación de los metales; pero, además de ser inconcebible que su calor pueda penetrar hasta profundidades infinitas, es posible desengañarse de esta idea reflexionando sobre un hecho indiscutible que aquí expongo.

Hace unos treinta años [83] cayó un rayo en el monte Ilimani, cerca de La Paz, también llamada Chuquiavo, ciudad del Perú, situada a ochenta leguas de Arica; derribó un pedazo cuyos fragmentos que se encontraron esparcidos por la ciudad y sus alrededores, estaban llenos de oro; sin embargo, este monte, desde tiempo inmemorial estuvo siempre cubierto

[82] Bernard Palissy (¿1510?-1589), sabio, artífice y escritor de amplios intereses teóricos y prácticos, renovador de la cerámica en Francia; autor, entre otras obras, de *Discours admirables de la nature des eaux et fontaines, tant naturelles qu'artificielles, des métaux, des sels et salines, des pierres, des terres, du feu et des émaux, avec plusieurs autres excelents secrets des choses naturelles* (París, 1580), recopilación de diversos tratados que incluye, indudablemente, el citado por Frezier.

[a] Job 18.

[b] Teofrasto [c. 372-287 a.C.] asegura que en la isla de Chipre crece una especie de cobre que mucho se parece al oro y que, sembrado en parcelas, crece como una planta. Palissy dice que en Hungría se ha visto oro muy fino que envolvía en forma de hilillos una planta y crecía de tanto en tanto. Véase JOHN WEBSTER, *Metallographia*. London.

[83] En 1681. *Cf.* A. DE ALCEDO, *Diccionario...*, s. v. *Ilimani*.

de nieve; entonces el calor del sol que no tuvo fuerza suficiente para derretir la nieve, tampoco debe haberla tenido para formar el oro que estaba debajo de éste, permanentemente cubierto por la nieve.

Este hecho prueba una vez más que se está mal informado sobre la región de las minas, pues Vallemon en su *Philosophie occulte* dice "que se conocen las minas cuando hay escarcha sobre la tierra y que no la hay sobre las venas de metal, porque éstas exhalan unos vapores secos y calientes que impiden que allí hiele; que es por la misma razón por la que la nieve casi no se conserva". Si esto es cierto para algunos lugares, no lo es para las minas del Perú, ni para las minas de plata de San Juan de Chile, que están cubiertas de nieve durante ocho meses al año.

Yo, que no admito conjeturas, salvo aquéllas que están basadas en la experiencia, atribuiría la formación de los metales más bien a los fuegos subterráneos; y sin enredarme en el tema del fuego central de ciertos filósofos, no me faltan pruebas para demostrar que toda esta parte de América está llena de esos fuegos, tal como se manifiesta a través de los volcanes que se ven estallar y arder de cuando en cuando; un ejemplo son los de Arequipa, Quito y Chile, que están en la región de las minas. Tampoco es imposible que los de México, aunque aparentemente un poco alejados, tengan alguna influencia, ya que nada impide comparar la tierra con un horno de carbón, donde un orificio basta para dar aire y conservar el fuego en el lado opuesto.

Comprobada la existencia de este calor, debe poner en movimiento las sales, los azufres y los demás principios que la tierra encierra, y que pueden entrar en la composición de los metales, cuando, activados y enrarecidos como un vapor, se infiltran en los poros de la piedra y, especialmente, en esos bancos [84] de roca que, como una plancha o un cuerpo extraño, están encerrados en masas heterogéneas. Allí esa exhalación cuaja y se condensa como la cera, por la disposición de los poros adonde es impulsada. Nosotros tenemos una experiencia sensible con el mercurio, que se volatiliza en vapor, como ya lo mencionamos, y se condensa de nuevo cuando se encuentra con el agua. Si este metal puede tomar la consistencia de otros, como lo pretenden los alquimistas [a], la conjetura se halla bien fundada.

No caeré aquí en las visiones de esos buscadores de la piedra filosofal; incluso quiero creer, a pesar de todo lo muy convincente [b] que se nos

[84] *Banco:* 'estrato de grande espesor' (*Acad.*).

[a] Paracelso dice que el oro es un mercurio coagulado. El Elector de Sajonia llamado Cristián I convertía mercurio, cobre y los otros metales en oro verdadero y plata, y el príncipe Augusto, alrededor del año 1590, convirtió, con una parte de cierta tintura, mil seiscientas cuatro partes de mercurio en oro, que sometió a todo tipo de pruebas. JOANNIS KUNKELI, *Ogservationes*. London.

[b] Zwelfer, en su libro *Pharmacopea Regia,* part. I, cap. I, dice que el emperador Fernando III, que hizo con sus propias manos dos libras y media de buen oro con tres libras de mercurio común, por medio de cierta tintura de los filósofos, mandó acuñar con ese oro una medalla que de un lado tenía un Apolo con una inscripción que certificaba esa metamorfosis, y en el reverso ofrecía a Dios

dice sobre las experiencias que se han visto hacer, que sólo son trucos que han dado crédito a esa vana ocupación; pero aunque no hayan alcanzado el grado de perfección del oro, no deja de ser cierto que lo han imitado muy bien con el mercurio. Esto es suficiente para establecer mi opinión sobre la formación de los metales. ¿No se puede inferir de esto que la mecánica de la naturaleza en las producciones sólo difiere de ésta porque es más perfecta? Debo ese parecer únicamente a la atención que he puesto en los distintos tipos de minerales que me han caído en las manos, aunque en el fondo tenga cierta similitud con el de Vossius y Vallemont, que consideran los fuegos subterráneos como el principio fundamental de la formación de los metales.

Sea como fuere, es cierto que continuamente salen de las minas fuertes exhalaciones; los españoles que viven sobre ellas se ven obligados a beber muy frecuentemente la yerba del Paraguay o mate, para humedecerse el pecho, sin lo cual padecen una especie de sofocación. Incluso las mulas que pasan por esos lugares, aunque los mismos son mucho menos penosos y montuosos que otros por los que van corriendo, se ven obligados a descansar a cada momento para retomar el aliento. Pero estas exhalaciones son mucho más apreciables en el interior de las minas, donde producen un efecto tal en los organismos no habituados que un hombre que entra allí por un instante, sale como tullido, sintiendo en todos los miembros un dolor tal que no le es posible moverse; a menudo [este malestar] dura más de un día, y entonces el remedio consiste en llevar al enfermo de nuevo a la mina. Los españoles llaman *quebrantahuesos* *

---

acciones de gracia por haber transmitido a los hombres una parte de su sabiduría divina; lo que puede verse mejor en su original latino, cuya disposición doy a continuación.

Alrededor del Apolo:	*En el reverso:*
DIVINA METAMORPHOSIS	RARIS HAEC VT HOMINIBUS NOTA
luego:	EST ARS ITA RARO IN LVCEM PRODIT
EXIBITA PRAGAE XV IAN. A'O MDCXLVIII IN PRAESENTIA SAC. CAES. MAIESTAT FERDINANDI TERTII	LAVDETVR DEVS IN AETERNVM QVI PARTEM INFINITAE SVAE SCIENTIAE ABIEC TISSIMIS SVIS CREATV RIS COMMVNI CAT
[Metamorfosis divina manifestada en Praga el 15 de enero de 1648 ante Su Sacra y Cesárea Majestad, Fernando III].	[Así como este es un arte conocido por pocos hombres, así pocas veces se muestra en la realidad. Alábese eternamente a Dios que comunica una parte de su infinita sabiduría a sus criaturas].

El mismo Zwelfer se ocupa de señalar que ese oro era muy bueno, *minime sophistico*, y que el Emperador era un hombre demasiado hábil para dejarse engañar con una buena imitación del oro natural, en lugar del que él hacía.

a este mal. Los indios, aunque están habituados, se ven obligados a relevarse en forma alternada casi todos los días.

También ha sucedido algunas veces que al trabajar en ciertas partes de las minas, salieron exhalaciones malsanas que mataron a los obreros al instante, de modo que fue preciso abandonarlos. Por la misma razón en esas minas de oro y de plata de Hungría, donde, por ser tan arcillosas y viscosas es necesario hacer grandes fuegos para secarlas, los trabajadores están obligados a salir en seguida. Estas minas arcillosas son aparentemente muy raras en el Perú, pues nunca oí hablar de ellas.

Para protegerse del mal aire que se respira en las minas, los indios mascan *coca,* una especie de betel, y pretenden que sin eso, no podrían trabajar allí. Las minas que actualmente dan más plata, son las de Oruro, pequeña ciudad situada a ochenta leguas de Arica. En el año 1712 en Ollachea cerca de Cuzco, se descubrió una tan abundante que llegó a dar hasta dos mil quinientos marcos por cajón, es decir cerca de un quinto; pero ha disminuido mucho y hoy sólo se la ubica a la altura de las corrientes. Después de éstas están las de Lipes que corrieron la misma suerte. Finalmente, las de Potosí dan poco y ocasionan muchos gastos debidos a su gran profundidad.

Respecto de las minas de oro, éstas son muy raras en la parte sur del Perú, sólo las hay en la provincia de Guanaco del lado de Lima, en la de Chichas donde está la ciudad de Tarija, en Chuquiaguillo a dos leguas de La Paz y en otros alrededores de esta ciudad que por este motivo los indios llaman Chuquiago, es decir casa o granero del oro. Efectivamente, hay lavaderos muy abundantes donde se han encontrado *pepitas* *, o granos de oro virgen, de un tamaño prodigioso; entre otras [mencionaremos] dos, una de las cuales, que pesaba sesenta y cuatro marcos y algunas onzas, fue comprada por el conde de la Moncloa [85], virrey del Perú, para hacer un presente; la otra cayó en manos de don Juan de Mur, en 1710, mientras era corregidor de Arica. Esta última tiene la forma de un corazón de buey pequeño, pesa cuarenta y cinco marcos y es de tres leyes diferentes, por lo que puedo recordar, de once, dieciocho y veintiún quilates, lo que es notable en una misma masa.

Todas las zonas mineras que acabo de mencionar son tan frías y estériles que sus habitantes están obligados a ir a buscar los víveres a la costa. La razón de tal esterilidad resulta patente, si se recuerdan las malas exhalaciones que, como ya lo hemos señalado, continuamente salen de las minas, y que sin duda contienen azufres y sales nocivas para las plantas.

Si estos lugares están poblados, lo están debido a sus grandes riquezas, que atraen todas las cosas necesarias para la subsistencia; sin embargo, no faltan minas hacia el lado de la costa, en lugares más templados,

[85] Melchor Portocarrero, Conde de la Moncloa, antes Virrey de la Nueva España, fue Virrey del Perú entre 1688 y 1705. *Cf.* Ernesto Schäfer, *El Consejo Real y Supremo de las Indias. Su historia, organización y labor administrativa hasta la terminación de la Casa de Austria.* Sevilla, 1935-1947, t. II, p. 442.

como la que se acaba de descubrir en Iqueique; se cree que también las hay en todas las montañas de los alrededores de Arica pero que no son suficientemente ricas como para justificar los gastos que este trabajo implica.

CAMBIO DE NAVIO

Después de haber esperado en Arica durante más de un mes una oportunidad para proseguir mi viaje, me embarqué el 8 de agosto en un pequeño navío de ciento cincuenta toneladas, comandado por el señor de Ruffy, que debía ir a Ilo y de allí al Callao para reunirse con su navío comandante, el gran Saint-Esprit.

El mismo día se publicaron una tregua de cuatro meses entre las coronas de Europa y una orden dada a todos los corregidores para que embargasen y confiscasen los bienes de los franceses que se encontraran en Perú o en Chile, y los obligasen a embarcarse para regresar a Francia.

También supimos por el mismo correo, que un corsario inglés había capturado un navío español cargado de azúcar cerca de Guayaquil, que había armado su presa, en la que había embarcado a la mitad de su gente, con veinticuatro cañones, según se decía. El virrey [86] envió a buscarlo a de Saint-Joan, capitán del Santa Rosa; pero como el navío se había perdido en la costa, sólo encontró dos o tres de sus hombres.

PARTIDA DE ARICA

El 10 de agosto salimos por la mañana con un viento suave del NE, viento terral, que generalmente se espera para salir de la ensenada de Arica, donde, cuando hay calma, a menudo las mareas retienen y abaten los navíos durante varios días hacia el fondo de La Quiaca, ya que esa es su dirección permanente. Casi todos experimentan la dificultad de esa salida, porque al viento terral, que sopla desde la medianoche hasta el amanecer, le sigue la brisa [87] del SO, que lleva demasiado cerca del cabo o morro de Sama, situado al ONO del de Arica e impide doblarlo, tanto mas cuando las mareas tiran notablemente hacia él; tan difícil es doblarlo que en nuestras cartas se lo llama Morro de los Diablos; por fortuna el viento terral nos llevó suficientemente mar adentro como para no temer nada durante los cinco días subsiguientes que fueron de calma, ya

[86] Don Diego Ladrón de Guevara, obispo de Quito y antes de Panamá, fue Virrey del Perú entre 1710 y 1716. En la Corte fue acusado de permitir el comercio con los navíos franceses que habían pasado al Mar del Sur, pero salió absuelto en el juicio de residencia. Cf. A. DE ALCEDO, Diccionario..., t. III, p. 183 y CAYETANO ALCÁZAR MOLINA, Los virreinatos en el siglo XVIII. Segunda edición. Barcelona, Salvat Editores, 1959, pp. 377-379.

[87] Brisa: en el original bise 'cierzo, norte', aparentemente por brise.

que durante los mismos las mareas no fueron muy apreciables. En el caso de que fuéramos demasiado abatidos hacia tierra, y que no pudiéramos retornar la dirección, teníamos el recurso de poder fondear a una legua hacia el sur de La Quiaca, a treinta o cuarenta brazas de agua, fondo de lama verdosa, semejante al color del olivo, mezclado con arena en algunas partes.

Finalmente, después de ocho días de travesía, que fue el tiempo que empleamos para recorrer treinta leguas, llegamos a Ilo el 18 de agosto. Esta rada es reconocible del lado del viento, por una lengua de tierra llana y baja en comparación con las altas montañas; desde cinco a seis leguas mar adentro, casi podría tomársela por una isla; se la llama la punta de Coles, en cuyo extremo se encuentra un peñasco muy bajo como si se tratara de una rompiente, que parece aumentar de altura a medida que uno se acerca.

DESCRIPCION DE LA RADA DE ILO

Como la rada casi no es más que una costa recta (véase figura XXIII) desde afuera se perciben los navíos que en ella están fondeados; y también ésta debe ser la razón por la que en su interior hay marejada en todas direcciones. En efecto, sólo se puede desembarcar en un lugar, entre los peñascos que se ven a la entrada del valle al E $\frac{1}{4}$ NE o ENE del fondeadero, cuando se está a quince o doce brazas de profundidad, fondo de arena fina algo cenagoso, y al norte del islote que está en la punta de Coles.

El arrecife que cubre la caleta donde se desembarca con las chalupas está cortado en dos; la segunda parte hace a estribor una pequeña ensenada, donde, a pesar de la protección de los peñascos, el mar es generalmente bravo e impracticable en la rada cuando las aguas están algo crecidas. Es necesario precaverse de que, al costear las primeras rompientes, hay un arricete que no sobresale del mar y que está al NO de otro que sobresale y siempre se deja ver; es posible evitarlo costeando el peñasco más cercano en dirección a una tierra roja que se encuentra en la costa, a media legua hacia el S de ese pasaje; allí también se halla un desembarcadero donde se descarga el guano, pero es tan pequeño que sólo hay lugar para una canoa o una chalupa.

El valle de Ilo, al entrar en la rada, parece sólo una pequeña grieta que se ve abrirse poco a poco, a medida que uno se acerca, hasta que se descubre la iglesia y una cincuentena de cabañas construidas con ramas de árboles, dispersas aquí y allá cerca del arroyo que serpentea en medio del valle; en esto consiste la aldea de Ilo, casi toda construida y habitada por franceses. Por cierto, sería hacerle demasiado honor llamarla una pequeña ciudad, como lo hace Dampier.

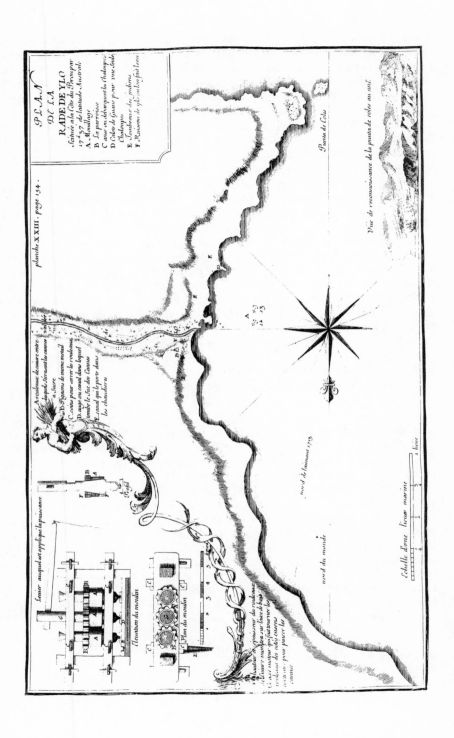

PLAN
DE LA
RADE DE YLO
Située à la Côte du Perou par
17.ᵈ 37.ᵐ de latitude Austral.

A. Mouillage
B. La paroisse
C. anse ou débarquent les Chaloupes
D. Caves de guano pour une seule
Chaloupe
E. Tombeaux des indiens
F. Ruisseau qui coulant fait l'eau

Lieur auquel est appliqué la puissance

Profil

Elevation du moulin

Plan du moulin

A. rouleaux de cuivre entre
lesquels s'écrasent les cannes
à sucre
B. Pignons de même métail
C. corise pour serrer les rouleaux
D. auge ou canal dans lequel
tombe le suc des Cannes
E. canal qui le porte dans
les chaudieres

hauteur et grosseur des rouleaux
à sucre marqués au haut de bois
C. axe moteur qui fait tourner les
rouleaux du coté oposé
les trous pour passer le
canal

nord du monde

nord de l'ammant 1713

Vûe de reconnoissance de la pointe de colis au nil.

Punta de Colis

Echelle d'une lieue marine

1   ½   3   ½   une lieue

El arroyo donde se hace aguada para los navíos, a veces se muestra propenso a secarse durante los seis meses en que el Sol está en la parte del sur, cuando el invierno no ha sido lluvioso en las altas montañas. Se padeció esta sequía en 1713 y fue necesario enterrar barricas en la arena para recoger el goteo de las tierras, de las que se escurre un agua mala y malsana; a ella se le atribuyeron las graves enfermedades que ese año diezmaron a más de la mitad de la tripulación de los navíos franceses que allí se encontraban; pero ésta fue una especie de peste que se hizo sentir a dieciocho leguas de allí, en Moquehua, y también en Arequipa, situada a cuarenta leguas.

Es mucho más fácil abastecerse de madera que de agua, porque el valle está cubierto de árboles; pero desde hace catorce años los franceses han talado tal cantidad que los bosques se han alejado a una legua del mar. Además de los bosques destinados para leña, muchos lugares de este valle están poblados de hermosas calles de olivos, de los que se extrae el mejor aceite del Perú y de muchos árboles frutales, naranjos, limoneros, higueras, guayabos, bananos y lúcumos de los que ya hablamos. También se encuentra esa especie de frutas que en el Perú llaman *paltas* y aguacates [88] en las Antillas; tienen la forma de una pera grande que contiene un hueso redondo algo aguzado, con la consistencia y tamaño de una castaña, que sólo sirve para hacer tintura de color musco; la sustancia que lo envuelve es verdosa y blanda casi como la mantequilla; cuando se la come con sal, también su gusto se parece en algo a ésta, mezclado con el de la avellana.

La mejor manera de comerla es batiéndola con azúcar y jugo de limón; esta fruta es muy sana y muy provechosa, se dice que incita al amor.

Vi un árbol llamado *pacay* * (véase figura XXIV), cuyas hojas son similares a las del nogal pero de tamaños desiguales. Están distribuidas en pares sobre una misma rama, de modo que van aumentando a medida que se alejan del tallo. Las flores son casi iguales a las del inga de Pison y del padre Plumier, pero sus frutos son diferentes. La vaina que este padre nos ha dibujado es un hexágono, y la del pacay tiene sólo cuatro caras, de las cuales las dos grandes tienen de dieciseis a dieciocho líneas de ancho y las pequeñas de siete a ocho; su largo es muy desigual, hay vainas de cuatro pulgadas y otras que tienen más de un pie de largo. En su interior están divididas en varias celdillas pequeñas, cada una de las cuales encierra un grano semejante a un haba chata, envuelto por una sustancia blanca y filamentosa que podría tomarse por algodón; pero se trata de un aceite cristalizado que se come como refresco y que deja en la boca un suave gusto a almizcle muy agradable, lo que ha hecho que entre los franceses sea llamado *pois sucrin*. . .

[88] *Palta: Persea gratissima Gaertn.,* voz quechua; *aguacate,* voz náhuatl para designar el mismo vegetal (*Friederici*).

[89] *Pacay: Inga Feuillei DC.,* voz quechua (*Friederici*).

156

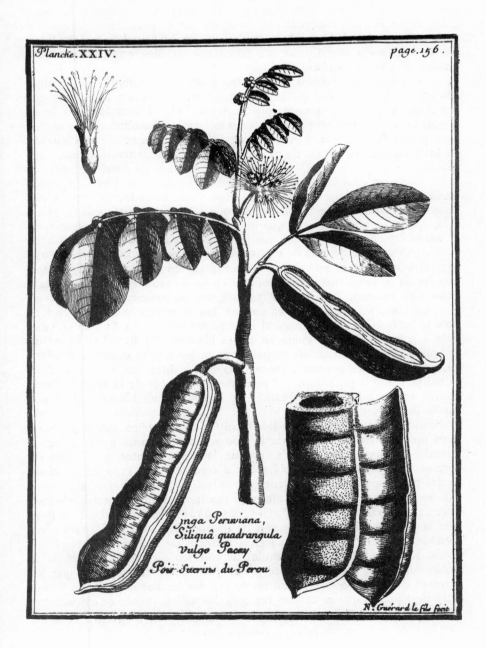

Inga Peruviana,
Siliquâ quadrangula
Vulgo Pacay
Pois sucrins du Perou

N. Guérard le fils fecit

En el mismo valle también pueden encontrarse algunos de esos árboles que tienen *cañafístula* *. Su fruto, tan conocido en medicina como purgante suave, es una vaina redonda, de doce a quince pulgadas de largo, que nace de un gran árbol cuya hoja es similar a la del laurel fino. Está lleno de una sustancia amarillenta que rodea sus semillas y que al madurar ennegrece y se torna viscosa.

En el mismo lugar donde se encontraba este árbol, también vi un ingenio azucarero. Las cañas de las que se exprime el zumo para obtener esa agradable sustancia son muy conocidas por todo el mundo y no lo es menos la manera de hacerlo; pero como la forma del molino que se utiliza para prensarlas me resultó en cierto modo nueva, y como el conocimiento de las máquinas es asunto de mi competencia, quise tener su plano. Este molino (véase figura XXIII) consiste en tres rodillos de cobre amarillo; el del medio hace girar los otros dos por medio de piñones de hierro incluidos en la misma pieza, que engranan unos con otros. Estos rodillos, que giran en sentido contrario, toman las cañas que se colocan entre dos de ellos, y las atraen al mismo tiempo que las prensan, de modo que extraen todo el zumo, que cae en un canal que lo lleva a las calderas; allí se lo hace hervir tres veces, cuidando de espumarle y agregarle jugo de limón y otros ingredientes; cuando está suficientemente cocido se lo vierte en vasijas con forma de cono truncado, donde se cuaja en grumos de un color marrón muy intenso. Para refinar y blanquear el azúcar se la cubre con cuatro o cinco pulgadas de tierra mojada, que se mantiene húmeda rociándola todos los días. Esta humedad hace filtrar el jugo [90] más fino que cae gota a gota y el resto [91] cuaja en panes blancos. En Brasil se la refina del mismo modo, con arcilla mojada, que mejor resulta cuanto más blanca, pero, antes, es necesario raspar una costra dura que se forma sobre la vasija y que impediría que el agua pasase a través de la misma; finalmente, en las refinerías de Francia, se la vuelve más blanca y dura por medio de cal y de alumbre.

Por lo demás, en el valle de Ilo se cultiva algo de trigo y de legumbres, pero mucho más de alfalfa, de la que se consume una gran cantidad, cuando hay navíos en la rada, porque los comerciantes que llegan de lugares muy lejanos se ven obligados a conducir una gran cantidad de mulas para reponer las que vienen cargadas, por temor a que, si se cansan en lugares desiertos, mueran en el camino, ya que no pueden seguir al resto. Se dividen las *recuas* *, en varias *piaras* * de diez mulas cada una, que se colocan bajo la conducción de dos hombres; y como a veces hay jornadas de treinta y cuarenta leguas a través de altas y abruptas montañas, sin agua ni pastos, las mulas de refresco ascienden a menudo al doble de piaras; a pesar de esta precaución muere tal cantidad que los caminos del Perú no se conocen mejor por sus huellas que por los esqueletos de aquéllas que se cansan fuera de los valles, donde no encuentran

[90] *Jugo:* en el original *sucre,* corregido por *suc* en *Fautes à corriger.*
[91] *El resto:* palabras agregadas en *Fautes à corriger.*

con qué subsistir, ya que casi nunca hay agua ni hierbas. Por esta razón es necesario traer todos los años ochenta o cien mil mulas del Tucumán y de Chile para reemplazar esa continua pérdida.

No obstante, a pesar de las penurias que se deben padecer al viajar por lugares tan desiertos, la gente de la región no se horroriza de un recorrido de doscientas o trescientas leguas. Los comerciantes llegan a Ilo desde Cuzco, Puno, Chucuito, Arequipa y Moquehua, pues éste es el puerto más cercano; y si no hay navíos en Arica, también vienen de La Paz, Oruro, La Plata, Potosí y Lipes, de modo que este puerto resulta, entonces, el mejor de toda la costa para el comercio de las mercancías europeas.

Después de Potosí, la ciudad de Cuzco es una de las que más consume estas mercancías, pueden sumarse más de treinta mil comulgantes de los cuales las tres cuartas partes son indios. Sus fábricas de bayeta y de telas de algodón perjudican, en alguna medida, el comercio de las de Europa. Se hacen también todo tipo de trabajos en cuero, tanto para uso de los pobladores como para los arneses de los caballos y de las mulas. Esta ciudad también es renombrada por la gran cantidad de cuadros y de pinturas que hacen los indios, y aunque son feos, satisfacen con ellos a todo el reino; situada a una distancia de setenta leguas de Ilo, en una región fría, donde las estaciones son tan desordenadas que todas se sufren en un mismo día.

Puno es una pequeña ciudad de unas ciento ochenta familias, a setenta leguas de Cuzco, y a setenta y seis de Ilo, sobre el mismo camino; es importante por la cantidad de minas de plata que se encuentran en los alrededores. En 1713 abastecían tres molinos a muela y tres a mazo. El clima es malo.

Arequipa, una ciudad de aproximadamente seiscientas familias españolas que se ocupan del comercio de vino y aguardiente, sólo dista veinticuatro leguas del mar; pero como el puerto de Quilca casi no es frecuentado, porque es malo, los comerciantes vienen a hacer sus compras a Illo. Esta ciudad está al pie de un volcán que ya no arroja más fuego, pero que, antiguamente, lo arrojó en tal cantidad que las cenizas fueron lanzadas a casi veinte leguas a la redonda, donde aún hoy se las ve.

Moquehua es una pequeña ciudad de ciento cincuenta familias, en cuya jurisdicción puede haber cuatro mil hombres en condiciones de tomar las armas. Allí se realiza un importante comercio de vino y de aguardiente que se transportan a la *puna,* es decir, a las montañas. Resulta increíble que en un terreno tan reducido como éste, se cosechen todos los años alrededor de cien mil botijas, que llegan a tres millones doscientas mil pintas de París, las cuales, a veinte reales la botija, dan cuatrocientos mil pesos, es decir, al cambio actual, un millón seiscientas mil libras de las nuestras. Una nación de indios amigos y libres, llamados chunchos, que viven en la ladera oriental de la Cordillera, viene todos los años a Moquehua a hacer las compras que luego llevan a su región.

159

Al pasar por Potosí venden trabajos realizados con plumas de avestruz, como parasoles, mosqueadores, etc. También traen el fruto de la *quina-quina* [92]. que se parece a una almendra y se emplea para combatir muchas enfermedades, y otros productos que se consumen en esta región; con la plata que obtienen de ello, se proveen de vino y de algunas mercancías europeas, adecuadas a sus necesidades.

A cuarenta leguas de Moquehua y a cinco de Cailloma, se descubrieron las minas de San Antonio, que prometen mucho y cuya plata es de la más alta ley del Perú. En 1713 se trabajaba en la construcción de molinos que valorizarán aún más el puerto de Ilo.

Si bien su cercanía a muchas minas convierte al puerto de Ilo en una buena salida para tales productos, por otra parte resulta muy malo para las necesidades de la vida: el agua, como ya dije, tiende a faltar porque se consume mucha en el riego de los viñedos de Moquehua. El ganado vacuno es escaso y su carne mala, salvo en invierno, cuando las nieblas que reinan en esta estación refrescan y humedecen la parte alta de la montaña, lo que permite que crescan algunos pastos. Finalmente, los demás víveres también faltan a menudo, incluso a sus mismos habitantes. Prácticamente no hay caza, excepto una especie de pequeños ciervos llamados *venados* *, que se encuentran en las quebradas de las montañas. La pesca no falta en la rada, pero el mar es tan bravo en la orilla, que no se puede pescar con jábega en ninguna parte.

El valle de Ilo, que hoy sólo está ocupado por tres o cuatro haciendas, abasteció antiguamente toda una ciudad de indios, cuyos vestigios aún se encuentran hasta dos leguas del mar; las casas, que estaban construidas de caña, aparecen arrasadas a nivel del suelo, triste consecuencia de los estragos hechos por los españoles entre los indios.

En las cercanías de Arica, al norte de la iglesia de Ilo y a lo largo de toda la costa, hasta la punta de Coles, se ven huellas aún más conmovedoras de las desgracias de esta pobre nación; se trata de una infinidad de tumbas en las que se han enterrado vivos, con sus familias y sus bienes; de allí que al excavar, aún hoy se encuentran cuerpos casi completos, con sus vestimentas y, a menudo, con vasos de oro y plata. Las tumbas que vi estaban excavadas en la arena, tenían la profundidad de la altura de un hombre y estaban rodeadas por un muro de piedra seca [93]. Las recubrían con un enrejado de cañas que sostenía una capa de tierra y arena, para que nadie descubriese el lugar donde se encontraban.

Aunque los españoles admiten bastante fácilmente las crueldades que hacían a los indios en tiempos de la conquista, existen sin embargo quienes no atribuyen al terror de esos pueblos la invención de tales tumbas; dicen que, como adoraban al sol, lo seguían a lo largo de su trayectoria, con la esperanza de poder acercársele, y que, detenidos finalmente por el mar que los limitaba al poniente, se enterraban a su orilla para verlo,

[92] *Quinaquina: quina,* voz quechua (*Friederici*).
[93] *Piedra seca:* 'la que se emplea en mampostería en seco' (*Acad.*).

antes de morir, hasta el momento en que parece esconderse en las aguas. La costumbre de los grandes, que ordenaban que al morir los llevasen a orrillas del mar, es una prueba de esta creencia; pero la opinión más corriente es que estaban tan espantados, que todos sintieron llegar su fin cuando supieron que los conquistadores ni siquiera habían perdonado a su rey Atahualpa, a quien consideraban el hijo del sol. Para escapar de las manos de los españoles, se retiraron tanto como pudieron hacia el poniente, pero al ser detenidos por el mar, se escondieron en sus orillas para implorar misericordia al sol que creían haber ofendido mucho, puesto que les enviaba tan crueles y poderosos enemigos, los que también se decían sus descendientes.

Es necesario establecer aquí una gran diferencia entre estos enterramientos voluntarios y las tumbas que levantaban para la gente de consideración; éstas últimas están fuera de la tierra, construidas de adobe y en círculo, como pequeños palomares, de cinco a seis pies de diámetro, de doce a catorce de altura, y con bóveda esférica; en ellas se ubicaba al muerto sentado y luego se las clausuraba con un muro. Al viajar por estas tierras se encuentran muchas, que perduran incluso desde antes de la conquista de los españoles.

CAMBIO DE NAVIO

En Ilo se encontraban dos navíos franceses llegados de China hacía seis meses; uno, de cuarenta y cuatro cañones, comandado por el teniente de navío Ragueine Mareüil, quien había comprado sedas en Cantón; el otro, de dieciséis cañones, comandado por el señor Bocage, de Le Havre, quien había cargado las mismas mercancías en Amoy. El primero se encontraba maltrecho por haber soportado muchas tormentas y porque necesitaba ser carenado; pero como el puerto de Ilo no es adecuado para realizar esta maniobra y como las prohibiciones del comercio con China son rigurosas en el Callao, que es el mejor puerto para carenar [su comandante], juzgó conveniente comprar el San Carlos y cargarlo con sus mercancías, con el objeto de estar en condiciones de sobrellevar la visita. Esta venta me obligó a aprovechar la honestidad del señor Ragueine, quien me concedió pasaje para ir al Callao.

PARTIDA DE ILO

El 5 de setiembre salimos de la rada de Ilo acompañados por una nave española que nos había solicitado escolta por temor al corsario inglés. Nos vimos favorecidos por un buen viento del ESE, que en cuatro días nos llevó cerca del *morro Quemado* *. Antes de llegar a este lugar, reconocimos la *Mesa de doña María* *, que es una montaña de cima plana como una mesa, de donde proviene su nombre.

Ocho leguas más al N se encuentra la isla de *Lobos* *, situada a una legua y media al NO del *morro Quemado* *; es de altura media y su diámetro mayor, que va del SE al NO, tiene aproximadamente tres cuartos de legua. Entre esta isla y el morro se encuentran peñascos llanos y muy a flor de agua, que se prolongan hacia la tierra firme desde el medio del canal y dejan un paso por donde han entrado varios navíos, al confundirlo con el que se encuentra entre la isla de San Gallán y la tierra de Paracas, aunque es fácil reconocerlo porque en éste no hay peñascos a flor de agua, como al pie de la isla de Lobos, y su rompiente tiene forma de pan de azúcar. Además la tierra de Paracas tiene una altura constante, mientras que la de *morro Quemado* * viene bajando desde el norte hasta una pequeña ensenada donde hay un fondeadero a estribor. Si se avanza por ese paso es necesario tener cuidado, al salir por el norte de la isla de Lobos, con un arricete que se encuentra a un tercio del canal, del lado de tierra firme. También me enteré por quienes entraron a esa bahía equivocadamente, que en el norte de la isla hay un banco de guijarros que forma una ensenada donde el mar es tan tranquilo que las naves pueden fondear en ocho brazas de profundidad e incluso, si es necesario, carenar con toda seguridad.

Ya seguros, por haber avistado la isla de Lobos, de la distancia que nos separaba de la de San Gallán, pasamos la noche al pairo y al día siguiente navegamos entre esta isla y la tierra de Paracas, que costeamos a un cuarto de legua, es decir a un tercio del canal, por temor a un arricete situado a media legua al SSE de la isla.

RADA DE PISCO

Costeamos, a una distancia de dos cables, una pequeña ensenada llamada *ensenada del Viejo* * (véase figura XXV), donde algunos navíos franceses han fondeado en diez y doce brazas para descargar subrepticiamente sus mercancías. Luego, tomados por la calma a un cable de la punta del norte de esta ensenada, encontramos quince brazas de profundidad, fondo de arena y conchillas; de allí fuimos a fondear a la ensenada de Paracas, en cinco brazas de profundidad, fondo de arena limoso, al NO de la *Bodega* *; son seis o siete casas destinadas a la descarga de los navíos, que prefieren fondear allí, aunque están a dos leguas de Pisco, que ir al encuentro de la ciudad, porque el mar es tan bravo en la orilla, que es casi imposible desembarcar durante el día; no obstante a veces se puede llegar a tierra por la mañana con un buen calabrote y una buena ancla, pero siempre con mucha dificultad y mucho riesgo. Los navíos que fondean delante de la ciudad, se proveen de leña y de agua, media legua más al N, en la quebrada por donde pasa el río Pisco; y los que fondean en Paracas, lo hacen, como en Arica, media legua al SE de las casas.

La rada de Pisco tiene una capacidad suficiente como para poder recibir toda una armada naval; está abierta hacia el norte, desde donde, a esa latitud, no sopla ningún viento peligroso, y en ella se está a cubierto de los vientos habituales que reinan desde el SSO, al SE. Si se quiere carenar, se puede entrar al fondo de la ensenada de Paracas, donde no hay marea, y en todas partes hay fondeadero, entre once y cinco brazas de profundidad. Por el oeste, hay varias islas pequeñas completamente seguras, y entre las cuales se puede pasar sin temor; pero generalmente más conviene pasar por dentro de la de San Gallán y costear la tierra de Paracas para ganar el viento. Luego se viene a fondear hacia el lado de las casas, en cuatro o cinco brazas de profundidad. Entre esas pequeñas islas hay una que está abierta de lado a lado en dos lugares, de manera que desde el fondeadero parece un puente.

Entre las casas de Paracas y la ciudad, hay dos leguas de planicie arenosa y árida.

DESCRIPCION DE LA CIUDAD DE PISCO

Esta ciudad, que antes se encontraba a la orilla del mar, actualmente se encuentra a un cuarto de legua; este cambio tuvo lugar en 1682, el 19 de octubre, como consecuencia de un terremoto tan violento que el mar se retiró media legua y luego subió con tal violencia que inundó casi tanto terreno como el que había descubierto, de modo que arrasó la ciudad de Pisco, cuyas ruinas todavía hoy se extienden desde la costa hasta la nueva ciudad. Algunos curiosos que siguieron el mar a medida que se retiraba, fueron tragados cuando éste regresó; desde entonces se reconstruyó la ciudad, en un lugar donde no llegan las inundaciones.

Está dividida en manzanas regulares, como puede verse en el plano que presento (véase figura XXV); la iglesia parroquial de San Clemente está en el centro de la ciudad, junto a una plaza que ocupa una manzana. Detrás de esta iglesia, se encuentra la de los jesuitas; más hacia el E la de San Francisco, pequeña pero muy limpia. Al N está el hospital de San Juan de Dios, y al S de la plaza, la Magdalena, capilla de los indios, delante de la cual hay una pequeña plaza.

Alrededor de trescientas familias componen la ciudad, en su mayor parte mestizos, mulatos y negros; los blancos son los menos. Hay un corregidor y un cabildo para administrar justicia, y muy a menudo un juez para impedir el comercio de los franceses y el contrabando de las piñas que se sacan de las minas.

Cuando los franceses no tenían la facilidad de ir a negociar al Callao, este puerto era uno de los mejores para el comercio, porque constituye

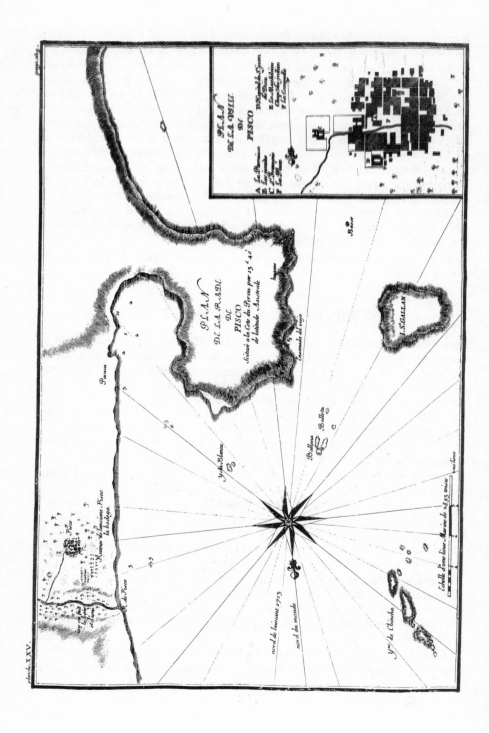

PLAN
DE LA RADE
DE
PISCO
Situés a la Cote du Perou par 13° 46'
de latitude Australe.

PLAN
DE LA VILLE
DE
PISCO

A La Paroisse
B La [...]
C La [...]
P La Place

D D'Augustins, E Jesuites
N Dieu.
K La Magdeleine
L La Conception
F La Compagnie

I. S. GALLAN

Planche XXV.

la salida natural de las ciudades de Ica, Guancavélica, Guamanga y Andahuailas, y de todas las que responden a Lima en la parte norte.

Ica es una ciudad tres veces más poblada que Pisco; comercia el vidirio que allí se fabrica con salitre; es verde, sucio y está mal trabajado; también extrae cantidades de vinos y de aguardiente.

Guancavélica es una pequeña ciudad de aproximadamente cien familias, situada a sesenta leguas de Pisco; es rica y famosa por la gran cantidad de azogue que se extrae de una mina que tiene cuarenta varas de frente y que por sí sola abastece a todos los molinos de oro y de plata del reino. En ella los particulares trabajan por su cuenta y están obligados a entregar al rey todo lo que extraen, so pena, a los infractores, de confiscación de todos sus bienes, de exilio y de esclavitud perpetua en Valdivia. Su Majestad lo abona a un determinado precio fijo, que actuamente es de sesenta pesos el quintal, en el lugar, y lo vende a ochenta en las minas alejadas. Cuando se ha extraído una cantidad suficiente de azogue, el rey hace cerrar la entrada de la mina y nadie puede conseguir otro que no sea el de sus comercios.

La tierra que contiene el azogue es de un color rojo blancuzco, como los ladrillos mal cocidos; se machaca y se la mete en un horno de tierra, cuya montera es una bóveda de cascarón algo esferoidal; allí se la extiende sobre una grilla de hierro cubierta de tierra, debajo de la cual se alimenta un pequeño fuego con la hierba llamada *icho,* que es más adecuada para este fin que cualquier otro material combustible, motivo por el cual está prohibido cortarla en veinte leguas a la redonda; el calor se transmite a través de la tierra y tanto calienta el mineral machacado que el azogue sale volatilizado; pero como la montera está abovedada en forma exacta, sólo encuentra salida por un pequeño agujero que se comunica con una serie de retortas de barro, redondas y encajadas por su cuello unas dentro de otras; allí ese vapor circula y se condensa con la ayuda de un poco de agua que hay en el fondo de cada retorta, donde el azogue cae condensado y en forma bien líquida; en las primeras retortas, se forma menos que en las últimas; y como se calientan tanto que podrían romperse, se tiene la precaución de refrescarlas con agua por fuera.

En esta ciudad se observa otra característica: un manantial donde el agua se petrifica tan fácil y tan rápidamente, que la mayor parte de las casas de la ciudad están construidas con ella. Vi algunas de esas piedras en Lima, adonde han sido transportadas; son blancas, algo amarillentas, livianas y bastante duras.

Guamanga es una ciudad episcopal, a ochenta leguas de Pisco, que, según se dice, encierra alrededor de diez mil comulgantes; su principal comercio consiste en cueros y en cajas de dulces, en masas, mermeladas, jaleas, carne de membrillo, y otros [productos] que están entre los más estimados de este reino, donde se consumen en forma considerable. Allí se hacen también pabellones que sirven de cortinas para las camas, de las que hay una manufactura célebre y varios tipos de trabajos en cueros

165

estampados y dorados. Está situada al pie de una alta montaña, en una región llana, muy segura y fértil para todo tipo de productos.

No hablo aquí de las aldeas de Abancay y de Andahuailas, que son pequeños lugares de sesenta a ochenta familias; no obstante aunque no son notables por el número de habitantes, si lo son por la cantidad de azúcar que de allí se saca, que es el mejor del Perú.

Cerca de Andahuailas se ve el famoso puente de Apurímac, del que me hablaron como de algo maravilloso. Se dice que en una montaña se encuentra una cortadura de aproximadamente ciento veinte brazas de ancho y de una profundidad horrorosa, que la naturaleza talló a plomo en el peñasco para dar paso a un río; y como este río agita sus aguas con tanta violencia que arrastra piedras muy grandes, sólo se lo puede vadear a veinticinco o treinta leguas de allí. El ancho y la profundidad de esta brecha, y la necesidad de pasar por este lugar, hicieron que se construyera un puente de unos seis pies de ancho, construido con cuerdas hechas de corteza de árboles y entrelazadas con travesaños de madera, sobre los que se pasa, incluso con la carga de las mulas, aunque no sin temor, pues en el centro se experimenta un balanceo capaz de producir vértigo; pero como sería necesario hacer un rodeo de seis o siete jornadas para pasar de otra manera, todos los productos y mercancías que circulan de Lima a Cuzco y al alto Perú, pasan por sobre este puente. Para mantenerlo, se exigen cuatro reales por cada carga de mula, lo que produce al rey sumas inmensas, fuera de lo que cuesta su mantenimiento.

El comercio de mercancías europeas no es la única razón por la que los navíos se dirigen a Pisco, sino también llegan para abastecerse de vino y de aguardiente que allí se encuentran a mejor precio y en mayor cantidad que en puerto alguno; porque, además de los que se producen en el territorio, vienen, como he dicho, de Ica, de Chincha, a seis leguas al norte de Pisco, donde antes de la conquista de los españoles había un templo del sol, y finalmente vienen de Lanasque, a veinte leguas al SE, cuyos vinos se consideran los mejores del Perú, pero todos ellos son extremadamente fuertes y poco saludables, motivo por el cual los españoles casi no los beben; en realidad sólo los consumen los negros, los indios, los mulatos y otra gente semejante. Por una curiosa prevención, en lugar de vino muchos españoles beben aguardiente.

Las viñas de los alrededores de Pisco, que no se pueden regar fácilmente por medio de canales, están plantadas de manera tal que no es preciso hacerlo, aunque allí jamás llueve. Cada cepa está en un hoyo de cuatro a cinco pies de profundidad, donde reina una humedad general que la naturaleza ha distribuido por la tierra para suplir la falta de agua de río o de lluvia, ya que esta región es desierta y tan árida que sólo son habitables unas pocas llanuras y los valles donde se encuentra este recurso; incluso el suelo es casi de sal pura, de donde ese gusto salado que tiene la mayor parte de los vinos del terruño.

166

En los alrededores de Pisco también se encuentran frutas de toda clase: manzanas, peras, naranjas, limones, guayabas, bananas, dátiles, etc. Muchos han creído notar que cuando la datilera está sola, no da fruto, a menos que se encuentre cerca de otra llamada datilera hembra; sin embargo no todo el mundo está de acuerdo, pues algunos habitantes me dijeron que tal observación es errónea. Hay una especie de cohombro que proviene de una planta que el padre Feuillée llama *Melongena laurifolia fructu turbinato variegato* [94] y la gente de la región *pepo* * o *pepino* *; es muy refrescante y tiene cierto gusto o melón, pero soso. Los *camotes* [95], o batatas, no son tan buenos como en el Brasil; los hay rojos, amarillos y blancos.

También se recoge una fruta que se forma en una vaina que no sale de tierra, en la que hay algunos granos como los frijoles redondos que, tostados en el horno, dentro de su misma vaina, tienen un agradable gusto a avellanas tostadas. Se comen mucho, aunque acaloran de manera extraordinaria e incitan al amor. Aparentemente se trata de la Araquidna de algunos botánicos; sus habitantes la llaman *maní* [96].

La abundancia de víveres de la región unida a un buen comercio, vuelve satisfechos a sus pobladores, de modo que a menudo se diiverten con espectáculos públicos, corridas de toros, comedias y mascaradas.

Yo me encontraba allí cuando los mulatos hicieron una fiesta en honor de Nuestra Señora del Carmen. Esta pobre gente, como todos los demás criollos españoles, están tan obsesionados por mil apariciones, sean éstas reales o imaginarias [a], que hacen de ellas el principal objeto de su devoción. La causa de este abuso proviene de la ignorancia de los religiosos que, por carecer de literatura y de crítica para discernir lo verdadero de lo falso, se entregan a una tradición y a usos establecidos con anterioridad a ellos por integrantes de su orden, en interés propio. Como no hay carmelitas en todo el Perú ni en Chile, los padres de la Merced se atribuyeron la dirección de la cofradía del Escapulario, y como carecen de convento en Pisco viene uno de Lima para asistir a esta fiesta.

El jueves 14 de setiembre al atardecer, los mulatos comenzaron la solemnidad con la comedia *El príncipe poderoso* *, escrita por un poeta

[94] L. FEUILLÉE, *Journal...*, t. II, pp. 735-736 y figura XXVI.
[95] *Camote:* voz náhuatl (*Friederici*).
[96] *Maní: Arachis hypogaea L.,* voz de los indios de la isla Española (*Friederici*).
[a] Véase el tratado del señor DE LAUNOY, *De visione Simonis Stokii et origine scapularii,* donde se muestra que, mucho tiempo después de la muerte de Simón Stok, a dos carmelitas, llamados uno *Gregorius a Sancto Basilio,* y el otro *Marcus-Antonius de Cazamate,* se les había ocurrido basar el escapulario en una aparición de la Virgen a Simón y en dos bulas, una de Juan XXII, citada en sus escritos de una manera tan diferente, no sólo en lo que se refiere a los términos, sino también por la diferencia en la longitud del discurso, que, sin mencionar otras razones que así lo indican, resulta evidente que es imaginaria; la segunda, de Urbano V, fechada en Roma, donde ese papa, que murió en Florencia, nunca estuvo desde el momento de su coronación.

167

español de Europa [97]. Como esta nación tiene el gusto depravado de mezclar en sus espectáculos lo sagrado con lo profano, sólo señalaré que en este caso se abandonaron a su genio natural más allá de los límites del sentido común y del decoro; en efecto, aunque no podría imaginarse nada más ridículo que la decoración del fondo del teatro cuyo punto de perspectiva estaba rematado por un altar sobre el cual se veía una imagen de Nuestra Señora del Monte Carmelo rodeada de cirios encendidos y donde todos los actores comenzaron su prólogo de rodillas, dedicando la pieza a la virgen. Por esa piadosa invocación se podría haber creído que la comedia resultaría edificante para los espectadores; pero mucho me desengañé cuando vi sobre el escenario el contraste entre la piedad de Segismundo abrazando a un crucifijo a quien se dirigía ante una adversidad, y la licencia de los bufones de la obra y de los entremeses que se le mezclaban, cuyos parlamentos no eran sino una sarta de obcenidades groseras o poco disimuladas.

Al día siguiente se brindó el espectáculo de una corrida de toros, la que no valía más que la de Valparaíso de la que ya he hablado; espectáculo tan poco adecuado para honrar a la Virgen como el de las comedias, puesto que está prohibido por las leyes eclesiásticas, debido al peligro de muerte a que se expone un hombre sin necesidad, como en efecto sucede todos los días; poco faltó precisamente en este caso para que la triste experiencia se hiciera con un negro, ya que el toro lo dejó en la plaza tan maltratado, que se dudaba que pudiera sobrevivir.

La noche del sábado se hizo una mascarada de gente que corría por las calles a la luz de candelas, como se hace en Francia durante el carnaval. Los principales actores iban en carreta, precedidos por otros que los acompañaban a caballo; sobre esa carreta divisé a un hombre vestido como los religiosos de San Juan de Dios, que, según me aseguraron, era realmente un religioso; pero no pude convencerme de que no era un disfrazado pues, de pie, allí arriba, bailaba con las mujeres una danza con movimientos tales como las de los negros de las islas en su calenda [98]; con esto está todo dicho respecto del pudor. Sea como fuere el nombre de *Nuestra Señora del Carmen* * resonaba a menudo en sus gritos extravagantes en medio de las injurias y los disparates más infames con los que

[97] Aparentemente se trata de *El príncipe prodigioso*, también conocida como *El príncipe prodigioso y defensor de la fe* y *Defensa de la fe y príncipe prodigioso*, de Juan de Matos Fragoso y Agustín Moreto Cabaña, publicada en Alcalá, en 1651, que Fernández-Guerra califica de "engendro miserable" y en la cual la mano de Moreto sólo se advertiría en la tercera jornada. Cf. LUIS FERNÁNDEZ-GUERRA Y ORBE, *Catálogo razonado, por orden alfabético de las comedias de don Agustín Moreto y Cabaña, con expresión de las que han solido atribuírsele y de aquellas en que tomó parte*, pp. XL-XLI (en: AGUSTÍN MORETO Y CABAÑA, *Comedias escogidas*. Madrid, Biblioteca de autores españoles, Rivadeneyra, 1873) y GUILLERMO LOHMANN VILLENA, *El arte dramático en Lima durante el virreinato*. Madrid, Consejo Superior de Investigaciones Científicas, 1945, p. 369, quien no fundamenta su atribución.

[98] *Calenda*: en el original *bangala*, corregido en *Fautes à corriger*.

atacaban a la gente que pasaba, al tiempo que del otro lado se hacía la procesión del Rosario. Por muy ridícula que parezca esta costumbre, puede decirse que en Francia se han visto hechos tan extravagantes como éste, en la fiesta de los locos: "los sacerdotes y los clérigos iban a la iglesia con máscaras, y al salir de allí se paseaban en carros por las calles y subían a los tablados, cantando las canciones más despreciables y haciendo los gestos y las bufonadas más desvergonzadas, con las que los saltimbanquis solían divertir al tonto populacho". Esta fiesta perduró en Francia durante más de ciento cincuenta años, desde el siglo doce hasta el siglo quince (*Mez. Phil. II*).

El domingo al atardecer se representó la comedia *La vida de San Alejo* [99], de Moreto, que luego encontré en la décima parte de una recopilación de comedias españolas, impresa en Madrid, con aprobación, en 1658, bajo el nombre de *Nuevo teatro de comedias varias de diferentes autores* *. Me resultó muy extraño ver en la primera jornada (el acto de los españoles) al ángel guardián de San Alejo y al diablo disputarse el derecho de incitarlo a abandonar a su mujer o a permanecer con ella. En la segunda, el demonio se disfrazó de pobre y en la tercera, de marinero, y hacia el final de la segunda, un coro de ángeles encerrado en una ermita, canta dos veces el principio del *Te Deum*, al son de las campanas. Lo curioso de estas ficciones y de los personajes que el poeta pone en escena, era para nosotros, los franceses, que asistíamos a ese espectáculo, un tema de broma tanto más pesado cuanto que estábamos acostumbrados a obras censuradas, y en las cuales la veneración que se tiene por las cosas santas, no admite en modo alguno la mezcla de lo sagrado con lo profano, como sucede en esta de la que estoy hablando, donde lo licencioso de los entremeses hacía caer nuevamente en lo ridículo. No relato esto como si se tratara de algo extraordinario o nuevo para Europa; ninguno de los que han viajado a España ignora el gusto de sus dramas, donde los temas de devoción siempre tienen algún lugar; de modo que todavía se observa allí lo que ocurría en época de nacimiento de nuestro teatro francés, tal como lo cuenta uno de nuestros poetas:

> *Chez nos dévots aieux le théâtre abhorré*
> *Fut longtemps dans la France un plaisir ignoré.*
> *De pèlerins, dit-on, une troupe grossière,*
> *En public, à Paris, y monta la première;*
> *Et, sottement zélée en sa simplicité,*
> *Joua les saints, la Vierge et Dieu, par piété.*

[99] *La vida de San Alejo* o *San Alejo*, aparentemente editada por primera vez en la décima parte de la colección que menciona Frezier, pertenece efectivamente a Moreto, aunque Fernández-Guerra la califica de "poema vulgar". *Cf.* L. FERNÁNDEZ-GUERRA Y ORBE, *Catálogo...*, p. XLIV.

Le savoir, à la fin dissipant lí ignorance,
Fit voir de ce projet la dévote imprudence [100].

Despréaux, L'Art poétique, III.

En cuanto a las imperfecciones propias de la obra, la falta de unidad de tiempo y lugar es chocante. En las jornadas primera y última San Alejo se encuentra en Roma, y durante la segunda pasa varios años recorriendo Tierra Santa; sin embargo esta diversidad no es considerada una imperfección entre los españoles, tal como lo hace notar Despréaux en su *L'Art poétique* [a]. Pero en todas partes debe ser reprensible la conducta de San Alejo sea la de un santo de pocos escrúpulos para mentir, pues el autor lo presenta con restricciones mentales que bien equivalen a una mentira, como en la segunda y tercera jornada cuando quiere esconderse de un hombre que lo busca de parte de su padre; dice entonces, hablando de sí mismo, que conoce a San Alejo [b] pero que éste está muy lejos de allí.

Por lo demás, en una ciudad tan pequeña no se podía esperar una decoración mejor del teatro, que era, en pequeño, como los nuestros, y puede decirse que los actores, por ser gente de la hez del pueblo (ya que todos eran mulatos) y no comediantes de profesión, representaban sus papeles bastante bien, dentro del gusto español. En los entremeses noté la afectación de introducir doctores vestidos con traje de ceremonia, haciendo extravagancias. No sé cómo los eclesiásticos, que prácticamente son los únicos doctores con título que poseen el título de doctor, se avienen a esos juegos; pues si se debe hacer alguna impertinencia los bonetes siempre son de la partida.

[100] [Entre nuestros devotos antepasados el teatro fue aborrecido y, durante mucho tiempo en Francia, un placer ignorado. Se dice que una grosera compañía de peregrinos montó en París la primera representación pública y que los cómicos, con tonto celo debido a su simplicidad, representaron, llevados por su piedad, a los santos, a la Virgen y a Dios. Por último el saber, al disipar la ignorancia, mostró la devota imprudencia de ese proyecto]. Los versos citados por Frezier, 81-88 del canto tercero, han sido transcriptos según el texto de Boileau [Despréaux], *L'art poétique*. Edición de Guillaume Picot. París, Bordas, 1972.

[a] *Un rimeur, sans péril, delà les Pyrénées,*
Sur la scène en un jour renferme des années.
Là, souvent, le héros d'un spectacle grossier,
Enfant au premier acte, est barbon au dernier.
Mais nous, que la raison à ses règles engage,
Nous voulons qu'avec art l'action se ménage;
Qu'en un lieu, qu'en un jour, un seul fait accompli
Tienne jusqu'à la fin le théâtre rempli.
[cant. III, v. 39-48: Un rimador de más allá de los Pirineos, sobre la escena encierra sin peligro, años en un día. Allí a menudo el héroe de un espectáculo grosero, niño en el primer acto, tiene barba en el último. Pero nosotros, a quienes la razón compromete a sus reglas, nosotros queremos que la acción se desarrolle con arte; que en un lugar, que en un día, un hecho solo y completo mantenga el teatro lleno hasta el fin].

[b] Conozco ese caballero
porque he venido con él,
y me contó su suceso,
mas va ya muy adelante. [En castellano en el original].

Luego de la comedia de San Alejo, representaron Segismundo, e hicieron otras corridas y mascaradas hasta finalizar la octava, que no pude ver terminar, porque el tiempo nos apremiaba para partir.

Dejamos en la rada el Princesse, comandado por Martín, que venía de Amoy, en la China, y el Marguerite, de Saint-Malo, que venía de Francia.

El jueves 21 de setiembre nos hicimos a la vela para ir al Callao, favorecidos por un buen viento del SE; al día siguiente avistamos la isla de Asia; el sábado las calmas nos retuvieron a vista del *morro Solar* * y de la isla San Lorenzo, que se nos mostraban así (véase figura XXVI) hacia el N.

Esta isla se reconoce porque tiene una altura media, por estar separada de la pequeña isla del Callao y porque en el canal hay dos islotes o pequeños peñascos; se divisa un tercero muy a flora de agua, que se encuentra media legua mar adentro, hacia el SSE de la punta del NO de la isla de San Lorenzo. Fondeamos a unos dos cables de esa punta y encontramos sesenta brazas de profundidad, fondo de lama. Finalmente fondeamos a una legua al O del Callao en catorce brazas de profundidad, fondo de lama color oliva.

Ragueine permaneció mar adentro, en la boca de la rada, hasta que obtuvo permiso del virrey para fondear bajo el cañón de la ciudad con el objeto de carenar, el que fue acordado sin dificultad. Entonces se acercó y saludó a la ciudad con nueve cañonazos, y no se le contestó con ninguno, aunque se sabía que era funcionario del rey. Dos navíos franceses de Saint-Malo y el Marianne de Marsella, que estaban en la rada, hicieron el honor que correspondía a su dignidad, cada uno lo saludó con siete cañonazos, que Ragueine contestó a cada una en particular. Además de esos tres navíos había dieciocho españoles, entre otros la Encarnación, presa portuguesa de tres puentes, que Brignon, de Saint-Malo, acababa de vender al virrey en diez mil pesos por cuenta del rey. Su Excelencia en persona vino a tomar posesión del mismo el 30 de setiembre; a su llegada al Callao fue saludado con toda la artillería montada en el baluarte de la ciudad; y cuando salió de la rada, cada navío francés lo saludó con trece cañonazos. Llamará la atención que se haya vendido un navío de ese tamaño a un precio tan bajo, en una región donde los de cuatrocientas toneladas valen cuatro veces más. Esta fue una astucia del virrey quien renovó las prohibiciones a los españoles de comprar navíos franceses, con el objeto de conseguir un precio tan bajo como quería.

Finalmente el virrey retornó a Lima ese mismo día; al salir del Callao fue saludado nuevamente con diez cañonazos. El séquito consistía en algunos guardias a caballo, y su cortejo nada tenía que diese la idea de la dignidad virreinal. En realidad se trataba del obispo de Quito, Don Pedro Ladrón y Guevara, que ocupaba el cargo interinamente, aguardando que la corte de España lo proveyese.

DESCRIPCION DE LA RADA DEL CALLAO

La rada del Callao (véase figura XXVI) es, sin lugar a dudas, la más grande, la más hermosa y la más segura de todo el Mar del Sur. Se puede fondear en todas partes en tanta agua como se quiera, sobre un fondo de lama de color oliva, sin temor a arricetes ni a peñascos; sólo hay uno que está a tres cables de tierra, aproximadamente frente a la parte central de la costa de la isla San Lorenzo, del otro lado de la Galera. El mar está siempre tan tranquilo que los navíos carenan allí en cualquier época, sin temor a ser sorprendidos por una ráfaga de viento; aunque [la rada] está abierta desde el O hasta el NNO, esos vientos casi nunca soplan con mayor fuerza que una suave brisa de bonanza, que no produce en el mar crecidas molestas. La isla de San Lorenzo detiene la crecida que viene desde el SO al SE; esta isla, que no tiene defensa, en 1624 sirvió de refugio a Jacobo Heremite [Clerk] quien se fortificó en ella para tomar el Callao, pero como no logró su propósito, incendió más de treinta navíos que estaban en la rada. También es el lugar de exilio para los negros y mulatos, condenados, por ciertos crímenes, a extraer canto rodado para los edificios públicos, e, indirectamente, para los de los particulares. Como esta pena es comparable a la de galeras en Europa, se da ese nombre a la punta de la isla del lado oeste. Antes dijimos que la Galera de los blancos consistía en ser exiliados a Valdivia.

El fondeadero habitual de la rada se encuentra al E $\frac{1}{4}$ NE de la punta de la Galera, a dos o tres cables de la ciudad. Allí todavía se está al abrigo de los vientos del sur debido a la punta del Callao, que es una lengua de tierra baja, entre la cual y la isla del Callao, hay un canal angosto y algo peligroso; no obstante se pasa costeando de cerca la isla en cuatro o cinco brazas de profundidad. Del lado de tierra firme hay un banco que se prolonga desde la punta hasta un arricete en que se ve romper el mar desde lejos.

En el puerto del Callao se encuentra todo lo necesario para la navegación; la aguada se hace con facilidad en el pequeño río Lima, que desagua en el mar al pie de las murallas del Callao; la madera, que es algo más difícil, se va a buscar a *Bocanegra* *, que queda media legua al norte, donde se la corta media legua tierra adentro y se le pagan a los jesuitas veinticinco y treinta pesos por cada chalupa cargada. Al pie de las murallas hay tres escalas de madera para desembarcar desde las chalupas y un muelle de piedra destinado a la descarga de cañones, anclas y otros objetos pesados, los que se levantan con una especie de grúa. Este muelle no va a durar mucho tiempo pues el mar lo derriba de día en día.

DESCRIPCION DE LA CIUDAD DEL CALLAO

La ciudad del Callao (véase figura XXVII) está construida sobre una lengua de tierra baja y llana a orillas del mar, a 12° 10′ de latitud

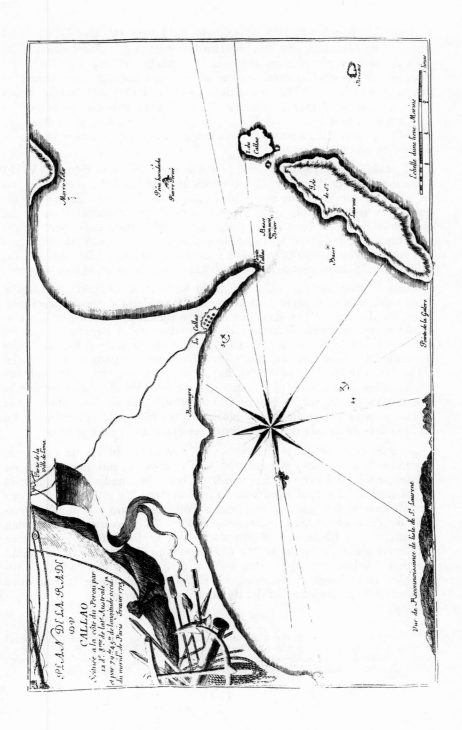

PLAN DE LA RADE
de
CALLAO

Scituée a la côte du Perou par
12 d.º 9 m.te de lat.tde Australe m.
et par 79 d.º 45 m.te de longitude occid.e
du merid.n de Paris Frazier 1713

Morro Solar

Prise hondada
Pierre Ferrei

Isle de Callao

Isle de S.t Laurent

Bazei
quarment. D.rier

Roüte
de Callao

Bazei

Bazei

Baxodal

Pointe de la
ville de Lima

Le Callao

Boxamora

Pointe de la Galere

Eschelle d'une lieue Marine

Vue de Reconnoissance de l'Isle de S.t Laurent

austral; fue fortificada bajo el reinado de Felipe IV, siendo virrey el Marqués de Mancera, con una muralla flanqueada por diez bastiones del lado de tierra y por algunos redientes y bastiones chatos a la orilla del mar, donde se establecieron cuatro baterías de cañones para cubrir el puerto y la rada; en 1713 esta última parte estaba en mal estado: había cinco brechas y el mar derriba de día en día la muralla desde que se construyó un muelle de piedra, que por su ubicación, detiene la marejada del SO y produce un retorno de marea por el norte que socava las murallas de la ciudad.

El ancho del terraplén (véase la parte superior de la figura XXVII) tiene dos perfiles diferentes, las cortinas sólo miden ocho pies de ancho en su parte superior, dos y medio de tierra maciza, otro tanto de banqueta [101] y tres de canto rodado para mortero, cal y arena; el resto del espesor es de adobe, con un pequeño muro de canto rodado por dentro; el terraplén de los gastiones tiene cinco toesas de tierra maciza recubierta con piedras con junturas irregulares para que sirva de plataforma a los cañones, todo de mampostería poco sólida debido a su mala construcción.

Cada bastión está abovedado y tiene su arsenal de pólvora, balas y otros elementos necesarios para abastecer la artillería de la que está provisto. Por lo general hay dos, tres o cuatro piezas de hierro permanentemente montadas sobre cada uno de ellos; durante el tiempo en que yo estuve allí, había cuarenta y una en todo el contorno, y debía haber setenta de diferentes calibres, desde doce hasta veinticuatro libras de bala, según las medidas de peso de España, lo que para nosotros serían calibres inadecuados. Entre esas piezas, hay diez culebrinas de diecisiete a dieciocho pies de largo, de calibre veinticuatro, ocho de las cuales están montadas para cubrir la rada y alcanzan, según se dice hasta la punta de la Galera en la isla de San Lorenzo, es decir cerca de dos leguas.

Además de la artillería del terraplén, hay nueve piezas de campaña, montadas y listas para ser utilizadas. También se ven más de ciento veinte piezas de hierro de diferentes calibres, destinadas al armamento de los navíos del rey, el *Almirante* *, *La Capitana* * y el *Gobierno* *, que servían cuando los galeones llegaban a Portobelo, para escoltar la *armadilla de Panamá* * y para transportar al Perú las mercancías que venían de Europa, y a Chile, el *real situado* * y los auxilios de gente que eran necesarios antes de lograr la paz con los indios. Hoy, esos navíos están tan descuidados, que no podrían salir al mar sin una carenadura considerable; sin embargo el rey mantiene siempre las tropas de marina cuyo estado indico a continuación del de las tropas de tierra.

---

[101] *Banqueta:* 'obra de tierra o mampostería, a modo de banco corrido, al cual se sube por una rampa desde el interior de una fortificación, y tiene amplitud bastante para que los soldados se coloquen sobre él en dos filas, resguardados detrás de pared, parapeto o muralla hasta la altura de los hombros' (*Acad.*).

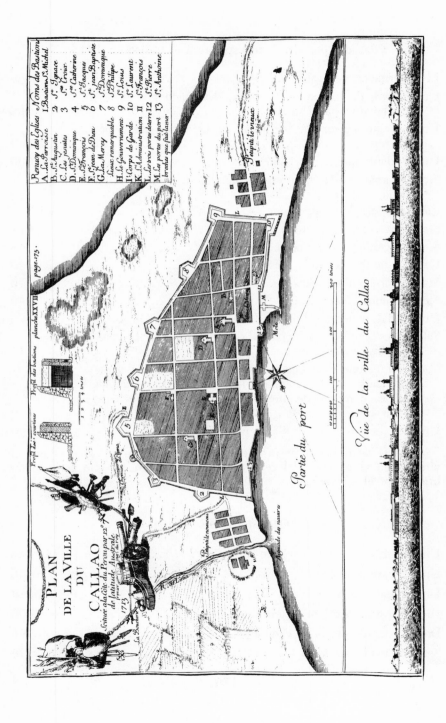

ESTADO DE LAS TROPAS DE TIERRA

(Pagadas por el rey de España en el Callao en 1713)

El gobernador general .... 7.000 pesos

Un maestre de campo de la plaza, designado por el rey; recibe una paga anual .... 3.217 pesos 4 reales

Un sargento mayor de la plaza, también designado por el rey 1.200

Un ayudante-mayor, por año 600

Siete compañías de infantería española, de cien hombres cada una

Cada capitán tiene, por año 1.800

Siete alfereces, cada uno 672

Siete sargentos, cada uno 348

Catorce tambores, cada uno 240

Siete abanderados, *idem* 240

Siete pífanos, *idem* 240

Un oficial ayudante 396

Seiscientos hombres de infantería, que componen la guarnición, cada uno 240

Cada compañía tiene cuatro jefes de brigada, que generalmente son los soldados más antiguos, dos de los cuales marchan delante de la bandera y dos detrás; cada uno, por mes 20

Un tambor mayor de la plaza, por año 240

(Todos los oficiales hasta aquí mencionados, son designados por el virrey, con el acuerdo del rey, salvo los tres primeros que están nombrados por el mismo rey).

ARTILLERIA DE TIERRA

Un teniente general, por año .... 1.944 pesos

Un maestre artillero 486

Un capitán de artillería .... 606, 1 real

Diez maestres artilleros, cada uno 400

Dos ayudantes mayores, cada uno 396

Setenta artilleros, *idem* 396

TROPAS DE MARINA QUE SE CONSERVAN

El general del mar, por año	3.600
(Tiene los mismos honores y privilegios que el general de los galeones)	
El almirante, también designado por el rey	2.200
Dos primeros pilotos, cada uno	1.200
Cuatro maestres de navío, cada uno	540
Cuatro segundos maestres, cada uno	396
Cuatro maestres artilleros, cada uno	444
Cinco capellanes, uno de los cuales sirve en la capilla de la isla del Callao, cada uno	396
Cuatro comisarios principales, cada uno	600
Cuatro escribientes, cada uno	396
Cuatro dispenseros, *idem*	396
Cuatro maestres carpinteros, *idem*	396
Cuatro maestres calafates, *idem*	396
Cuatro buzos, *idem*	396
Veinticuatro artilleros, *idem*	396
Un mayor de la marina	600
Dos ayudantes mayores, o suboficiales, cada uno	396
Veinticuatro oficiales marineros, cada uno	240
Cuarenta marineros, cada uno	180
Dieciséis grumetes, cada uno	180

TROPAS DE LA MARINA PARA SERVIR EN DOS PEQUEÑAS FRAGATAS

Dos capitanes, cada uno de los cuales debe tener su fragata, cada uno	600
Cuatro oficiales marineros, cada uno	244
Ocho marineros, cada uno	180

(Todos los oficiales y marineros, además de su paga, tienen sus raciones según su rango).

MILICIAS

En la plaza del Callao, hay tres compañías que no perciben sueldo. La primera está compuesta por gente de mar. La segunda, por burgueses

y comerciantes de la ciudad. La tercera, por maestres carpinteros, cala-
fates y otros obreros de estas dos especialidades, donde entran también
los mulatos y los negros libres, que trabajan en los talleres del rey.

Más cuatro compañías de indios con sus oficiales también indios, una
de las cuales está integrada por los de la ciudad y otra por los de los
suburbios de Petipite y las otras dos por los de Magdalena, Miraflores,
Chorrillos y otras haciendas circunvecinas. Estos últimos están obligados
a acudir a la ciudad a la señal dada con un cañonazo y su función es
transportar las municiones de boca y de guerra; estas compañías tienen,
además de los oficiales con que cuentan las otras, un mayor. Estas son
las fuerzas de hombres, veamos ahora la situación del lugar.

El nivel del terreno de la ciudad sólo está elevado de nueve a diez
pies por sobre la marea más alta que, aunque no marne más de cuatro
a cinco pies, algunas veces supera esta altura de manera que inunda las
afueras de la ciudad y la convierte en una isla, como sucedió en 1713,
en el mes de setiembre; de modo que hay razón para pensar que algún
día pueda destruirla.

Aunque en su interior no esté dividida en manzanas de las medidas
habituales de una *cuadra* *, las calles están bien alineadas; pero con tal
suciedad debida al polvo, como sólo podría soportarse en una aldea.

A orillas del mar están la casa del gobernador y el palacio del virrey
que constituyen dos de los lados de una plaza cuyo tercer lado está formado por la iglesia parroquial, mientras que una batería de ocho cañones
constituye el cuarto; el cuerpo de la guardia y la sala de armas también
se encuentran agrupados cerca de la residencia del virrey. En el lado
norte de la misma calle, están los comercios de las mercancías que los
navíos españoles traen de Chile, Perú y México.

De Chile llegan jarcias, cueros, sebos, carnes secas y trigo; de Chiloé,
planchas de alerce, madera muy liviana de la que ya hablamos, tejidos
de lana y, sobre todo, tapices al estilo de Turquía, para colocar sobre los
estrados.

Del Perú, azúcar, de Andahuailas, de Guayaquil y de otros lugares;
vinos y aguardiente de Lanasque y de Pisco; palos, jarcias, tablas y cacao
de Guayaquil, y, de sus alrededores, tabaco y algo de miel de caña. El
cacao se transporta luego a México.

De México, como de Sonsonate, de Realejo, de Guatemala, brea y la
gualda que sólo es buena para la madera, ya que quema las jarcias;
maderas para las tinturas, azufre y bálsamo que, aunque lleva el nombre
de bálsamo del Perú, en realidad casi todo proviene de Guatemala. Hay
de dos tipos, blanco y marrón; este último es el más estimado, cuando
tiene la consistencia de la greda se lo coloca en cocos, pero generalmente
viene líquido, en vasos de barro, de manera que es posible falsificarlo
y mezclarlo con aceite para aumentar su volumen; de esos mismos lugares se traen trabajos realizados en carey, y, por Acapulco, aunque de
contrabando, mercancías de China.

178

Además de estos comercios, hay otro para el depósito de las mercancías europeas, que llaman administración; los navíos franceses, que habían obtenido permiso para negociar en el Callao, fueron obligados a colocar allí todo lo que tenían a bordo. Se exige el trece por ciento sobre el precio de venta a los que arriban con toda la carga, y algunas veces hasta el dieciséis a los que han vendido mucho en otros puertos de la costa, y además el tres por mil, por otros derechos reales y de consulado, sin mencionar los presentes que hay que hacer secretamente al virrey y a los funcionarios reales que no en balde contravienen las leyes del reino, en un lugar donde tienen toda la fuerza en sus manos. No debe sorprender que se corrompa a esos funcionarios ávidos de riquezas, que sólo compran los cargos para enriquecerse y que poco se inquietan por los intereses del Estado cuando pueden sacar provecho. Es verdad que parece bien que fuese permitido el comercio francés en estos últimos tiempos de guerra, en consideración a las necesidades de mercancías que tenía la región a causa de la destrucción del comercio de los galeones; pero también debe admitirse que los españoles lo toleraron sin discreción, con una facilidad que dañó a unos y a otros, porque los franceses, por haberse lanzado a él con los ojos cerrados, trajeron muchas más mercancías de las que la región podía consumir; esta abundancia los obligó a venderlas a precios muy bajos y arruinó a los comerciantes españoles y, en consecuencia, a los franceses por varios años. Tres navíos anuales de alrededor de un millón en mercancías cada uno, habrían sido suficientes en el Perú, pues Chile no puede gastar más de cuatrocientos mil pesos; los comerciantes habrían comprado con más seguridad de ganar y un navío francés habría obtenido más provecho que tres, y aún más; pero es demasiado detenerse en una reflexión inútil.

Después de los edificios públicos que acabo de mencionar, lo único digno de mención son las iglesias, que aunque están construidas de *cañasta* *, es decir de un armazón de cañas recubierto con barro o madera pintados de blanco, son no obstante muy limpias. Hay cinco conventos de religiosos, dominicos, franciscanos, agustinos, mercedarios, jesuitas, y un hospital de San Juan de Dios; el número de habitantes no pasa las cuatrocientas familias, aunque se calculan seiscientas.

Si bien el rey de España asigna fondos por doscientos noventa y dos mil ciento setenta y un pesos anuales para mantener la guarnición del Callao, apenas hay soldados para montar guardia en la plaza de armas.

El gobernador, que la corte de España releva cada cinco años, es, generalmente, un hombre de consideración en Europa. Su Majestad Católica también mantiene un ingeniero que sirve a todas las plazas de la América Meridional, que son Valdivia, Valparaíso, el Callao, Lima y Trujillo.

Desde la muerte del ingeniero francés Rossemin [102], el cuidado de las fortificaciones fue encargado a Peralta [103], criollo de Lima, astrólogo y astrónomo de la ciudad; pero aunque el rey provee treinta mil pesos, asignados sobre la sisa, para el mantenimiento de las murallas del Callao, del lado del mar se los deja convertir en ruinas, de modo que será necesario reconstruir casi la mitad de las mismas.

Fuera de las murallas del Callao se encuentran dos arrabales de indios llamados petipite, que se distinguen por los nombres de viejo y nuevo; el primero está al sur, el otro al norte, por donde pasa el pequeño río Rimac o de Lima.

Por este lado se encuentra la salida para ir a Lima, que dista sólo dos leguas de buen camino, a través de una hermosa planicie. A mitad de camino hay una capilla de San Juan de Dios, llamada la *Legua* *. Un cuarto de legua más adelante el camino se divide en dos, el de la izquierda lleva a la Puerta Real de Lima y el otro a la de San Juan Simón que conduce al centro de la ciudad y, en consecuencia, es más frecuentado que el otro.

Por allí entré yo el 2 de octubre de 1713, para permanecer en Lima a la espera de la partida de un buque hacia Francia. Dos días después de mi llegada se celebró la fiesta de San Francisco de Asís, que no es una de las menores del año; pues los españoles obsesionados y ofuscados por los religiosos, especialmente por los franciscanos y dominicos, consideran a los fundadores de estas dos órdenes los mayores santos del paraíso; la especial veneración que tienen por ellos se extiende hasta los hábitos de esas órdenes que es mucho mayor que la que sienten por otros hábitos monásticos.

Sobre todo creen ganar grandes indulgencias al besar el de San Francisco. Los franciscanos, para mantener esta situación, envían a sus monjes a las iglesias más frecuentadas para dar a besar la manga a quienes escuchan misa. Esto no se produce hasta que los hermanos limosneros interrumpen a los asistentes para que se les rinda tal honor. Pero para mantener con brillo la estima general que se tiene por su orden, y hacer sentir públicamente su grandeza, el día de la fiesta del fundador, hacen fuegos artificiales y magníficas procesiones y embellecen sus claustros por dentro y por fuera con lo más rico que puedan encontrar. Así deslumbran a un pueblo sensual que se contenta con esas hermosas apariencias, y en cierto modo los aparta de la verdadera vida religiosa.

La fiesta comenzó al atardecer de la víspera, con una procesión de los dominicos en la que diez hombres llevaban la imagen de Santo Domingo

---

[102] Jean Baptiste de Rosmain, "Ingeniero Mayor del Reino", fue, entre 1707 y 1711, inspector de las fortificaciones del Callao, según lo recuerda Guillermo Lohmann Villena, en *Las defensas militares de Lima y Callao,* obra citada en el prólogo de esta edición.

[103] Pedro Peralta Barnuevo Benavides, el polígrafo autor de *Lima fundada* [...], Lima, 1732, de quien se da una prolija noticia en el prólogo de la presente edición.

que iba a visitar a su amigo San Francisco; estaba engalanado con ricas telas de oro, y resplandeciente debido a pequeñas estrellas de oropel que lo salpicaban para que se lo percibiese desde lejos.

San Francisco, enterado del honor que su amigo venía a hacerle, avanzó a su encuentro hasta la plaza que está aproximadamente a mitad de camino. Delante de la puerta del palacio se cumplimentaron a través de las voces de sus hijos, pues, aunque gesticulaban, no tenían, sin embargo, el uso de la palabra. Este, más modesto que el primero, estaba vestido con la túnica de los franciscanos; pero su pobreza estaba rodeada por un arco de rayos de plata y tenía a sus pies tantos vasos y otros adornos de oro y de plata, que dieciocho hombres se encorvaban bajo el peso de esas riquezas.

Ambos fueron recibidos a la entrada de la iglesia de San Francisco por cuatro gigantes de todos los colores de piel: blanco, negro, mulato e indio, que vinieron a la plaza a bailar delante de la procesión; eran armazones cubiertos de papel pintado, y por sus rostros, máscaras, sombreros y pelucas, resultaban verdaderos espantapájaros. En medio de los gigantes estaba la tarasca, esa bestia quimérica conocida en algunas provincias de Francia, llevando sobre sus espaldas una canasta de donde salía una marioneta que bailaba y saltaba para divertir a los que pasaban. Finalmente entraron en la iglesia en medio de numerosos cirios y de pequeños ángeles de dos a tres pies de altura colocados sobre mesas como si fueran muñecos y entremezclados con grandes candelabros de seis a siete pies de altura.

Al cerrar la noche se hicieron fuegos artificiales en la plaza, al frente de la iglesia, que consistían en tres castillos, de ocho a nueve pies de ancho cada uno y de quince a dieciséis de alto. En la cúspide de uno de ellos se veía un toro y en la de otro un león. Los campanarios de la iglesia estaban adornados con pabellones y estandartes de todos los colores e iluminados con lámparas. Se comenzó lanzando algunos cohetes voladores, pequeños y mal hechos; se soltaron luego los cohetes corredores, uno de los cuales se separó en tres girándulas [104] que ocuparon el centro [a] y los dos extremos de la cuerda, dejando en los intervalos dos pequeños globos de fuego claro; éste fue el único fuego artificial que mereció ser visto. Por último, un caballero descendió de un campanario por una cuerda para combatir, en el aire, contra uno de los castillos; allí se les prendió el fuego y ardieron sucesivamente con los gigantes, la tarasca y todo quedó reducido a cenizas.

Al día siguiente, prolongada predicación y música, donde se cantaron motetes en español. El claustro se abrió a las mujeres, y al atardecer otra procesión llevó de regreso a Santo Domingo. Entonces, aunque era de día, se hicieron otros fuegos artificiales, donde un gigante descendió

---

[104] *Girándula:* 'rueda llena de cohetes que gira despidiéndolos' (*Acad.*).
[a] Puede verse en mi *Traité des feux d'artifices* cómo se hace esto.

por una cuerda para combatir contra un castillo y una serpiente de tres cabezas.

Esta fiesta, aunque de gran costo, resultó, según parece, muy inferior a las precedentes, que a veces eran tan magníficas que fue necesario limitarlas; de donde puede inferirse qué crédito tienen estos religiosos, puesto que sus alforjas no sólo proveen alimentos en cuatro conventos para más de mil quinientas personas, entre religiosos y domésticos, y construyen edificios suntuosos para la región, ya que el convento de San Francisco es el más hermoso y el más grande de todos los de Lima, sino que todavía les queda para hacer gastos de pura ostentación, los que han llegado a veces hasta cincuenta mil pesos para el bien de los pobres, de los que no hay menos en esta ciudad que en otras partes. Efectivamente, si lo superfluo de los seculares les pertenece, con más razón lo de esos religiosos, quienes por propia voluntad hacen votos de pobreza con tanto rigor que ni siquiera pretenden tener derecho sobre el pan que comen diariamente, como se sabe por esa entretenida página de historia tan conocida por una bula del Papa Juan XXII [105].

No tienen por qué sorprender estos gastos si se pone atención al producto extraordinario de la colecta puesto que sólo el gran convento tiene veinticuatro limosneros en Lima, uno de los cuales, que murió en 1708, había reunido en veinte años trescientos cincuenta mil pesos; por otra parte es muy corriente entre los españoles frustrar a sus parientes más próximos en sumas considerables, y aun en su herencia legítima, en favor de la iglesia y de los conventos; lo que en el país se llama *dejar su alma heredera* *.

En segundo lugar puede notarse qué poco gusto y talento hay entre ellos, puesto que en sus espectáculos no hay armonía, ni intención, ni tema. Pero es demasiado detenerse en una fiesta que no vale la pena; es tiempo, en cambio, de hablar de lo importante que he visto en Lima, durante mi estada allí.

DESCRIPCION DE LA CIUDAD DE LIMA

La ciudad de Lima, capital del Perú, está situada a dos leguas del puerto del Callao, a 12° 6′ 28″ de latitud austral [a] y 79° 45′ de longitud occidental, o diferencia del meridiano de París. Se levanta sobre una hermosa llanura, en lo bajo de un valle que antiguamente se llamaba Rimac, por

---

[105] Jacques Duèse, francés, obispo de Avignon, para entre 1316 y 1334, quiso retomar la conducción moral de la cristiandad. En la querella entre los *conventuales,* que practicaban una disciplina menos rígida, y los *espirituales,* que practicaban una pobreza absoluta y pretendían una restauración del misticismo, querella que dividía la orden franciscana, se pronunció por los conventuales. Más tarde apoyó a los dominicos frente a los franciscanos, adversarios de la propiedad. Cf. CHARLES BÉMONT Y ROGER DOUCET, *Histoire de l'Europe au moyen-age.* París, Félix Alcan, 1931, pp. 364-365.

[a] Según Peralta y el padre Feuillée, a 12° 1′ 15″ de latitud y 79° 9′ 30″ de longitud. [L. FEUILLÉE, *Journal...,* t. I, p. 494 da 12° 0′ 57″ de latitud].

PLAN
DE LA VILE DE
LIMA
Capitale du Perou
Grand Par 12. 6. 18. de Lat. Australe
12 a 2 lieues du Port de Callao
Frezier 1713.

RENVOIS
Des Lieux Remarquables.

A. La Place Royale
B. Palais du Viceroy
C. Audiance Royale
D. l'Evêché
E. Pont de pierre
F. Place de l'Inquisition
G. l'Inquisition et sa Chapelle
H. l'Université et sa Chapelle
I. la Monoye
K. la Carniceria ou Boucherie
L. Bastille et sa Chapelle marché

PORTES
M. Porte Royale du Callao
N. P.te des Juifs Serena
O. Porte de Mastemadenga
P. Porte de Ste Catharine
Q. Porte de Pico
R. Porte de Cocoardo
S. P.te du Cercado
T.T.T Porte Chaude ou fausses
portes
V. Moulin a poudre établi
X. Marteau à battre le Cuivre

RENVOIS
DES
Eglises et Chapelles

LA CATHEDRALE
1. S. Dominique
2. S. Augustin
3. S. Pierre la Ville
4. S. Marcel les Peres
5. l'hopital de S. Marcel
6. S. SEBASTIEN Parroisse

Fonbonne Sculpsit

el nombre de un famoso ídolo de los indios que daba grandes oráculos; de allí, por corrupción y por la dificultad que esos pueblos tienen de pronunciar la *r* tan dura como los españoles, surgió el nombre de Lima, que es diferente del que su fundador le dio cuando la fundó, pues Francisco Pizarro, que la comenzó bajo el reinado de *Don Carlos* * (Carlos Quinto) y de *Doña Juana* *, su madre, quienes reinaron juntos en el reino de Castilla, la llamó ciudad de *Los Reyes* *; tal vez también, como muchos lo pretenden, porque los españoles conquistaron este valle el día de Reyes. El escudo de armas de la ciudad parece favorecer tanto a una como a otra suposición; se ven en él tres coronas de oro, dos y una, en campo de azur, con una estrella radiante en la parte superior; algunos hacen entrar en el escudo las dos columnas de Hércules, pero en muchos lugares éstas aparecen sólo como soporte, con estas dos palabras: *plus ultra,* y las dos letras I y K para expresar los nombres de *Juana* y *Carlos* *, de los que son iniciales (véase figura XXVIII). Sea como fuere, lo cierto es que tal nombre no le viene por haber sido fundada el día de la Epifanía, como dice el padre Feuillée según Garcilaso de la Vega [106], y en el año 1534, sino el 18 de enero de 1535, día de la fiesta de la cátedra de San Pedro, como lo relata Francisco Antonio de Montalvo en la vida del bienaventurado Toribio, Obispo de Lima, publicada con el título de *El sol del Nuevo Mundo,* bajo el cuidado de D. J. Fr. de Valladolid, maestrescuela de la Iglesia Metropolitana de esta ciudad y procurador general en Roma para la canonización de dicho prelado. Esta circunstancia y el detalle del nombre de los comisarios diputados para elegir el asiento de la ciudad y de los primeros habitantes, constituyen fuertes argumentos contra Garcilaso. Es verdad que Herrera [107] conviene con él en el día de la fundación, pero coincide con Montalvo en cuanto al año 1535.

Esta época se ve también confirmada por las razones que tenía Pizarro para construir una ciudad en el lugar donde hoy se halla Lima, pues el mismo Herrera nos informa que, habiendo venido el *adelantado* * don Pedro de Alvarado de Guatemala al Perú con un buen ejército, con el designio de adueñarse de él, Pizarro acudió a fundar un establecimiento en el valle de Lima, cerca del puerto del Callao, que es el mejor de la costa, con el fin de impedirle llegar por mar, mientras que don Diego Almagro iba a enfrentarlo en la provincia de Quito.

Los españoles, que por un loable sentimiento están siempre atentos a los deberes exteriores de la religión, antes de levantar ningún edificio, echaron los cimientos de la iglesia aproximadamente en el centro de la ciudad; después Pizarro trazó las calles, distribuyó las islas de casas en

---

[106] INCA GARCILASO DE LA VEGA, *Historia general del Perú.* (*Segunda parte de los Comentarios Reales de los Incas*). Edición al cuidado de Ángel Rosenblat. Elogio del autor y examen de la Segunda parte de los Comentarios Reales por José de la Riva Agüero. Buenos Aires, Emecé, 1944, l. II, c. XVII, t. I, p. 152. *Cf.* L. FEUILLÉE, *Journal...,* t. I, p. 494.

[107] A. DE HERRERA, *Historia...,* déc. V, l. VI, c. XII, t. VI, pp. 391-392.

cuadrados de 150 varas, o 64 toesas, de lado, como ya lo dijimos de Santiago. Doce españoles, los primeros ciudadanos bajo sus órdenes, comenzaron a habitar en ella; después treinta hombres de San Gallán y algunos otros que estaban en Xauxa vinieron a unirse a ellos y formaron en total setenta habitantes, que se acrecentaron considerablemente puesto que hoy es la ciudad más populosa de toda la América meridional.

La distribución del plano es muy bella; las calles están perfectamente bien alineadas y son de cómoda anchura. En el centro de la ciudad está la plaza real, donde se hallan reunidos todos los edificios públicos. El lado oriental está ocupado por la catedral y el arzobispado; el del norte por el palacio del virrey; el occidental por la casa del cabildo, la justicia, la prisión y la sala de armas, con una serie de pórticos uniformes; en fin, el lado del mediodía está como éste ornado de pórticos y de tiendas de comerciantes.

En medio de la plaza hay una fuente de bronce adornada por una hermosa estatua de la Fama y por ocho leones del mismo material, que arrojan agua todo alrededor. Esta fuente está también ornamentada por cuatro pequeños pilones de metal muy trabajados.

Aproximadamente a una cuadra de la plaza real, del lado del norte, pasa el río de Lima, que es casi siempre vadeable, excepto en verano, en la época de las lluvias de la montaña y del derretimiento de las nieves; se lo sangra en varios lugares para regar los campos, las calles y los jardines de la ciudad, adonde se la conduce casi como en Santiago, pero por canales cubiertos.

La parte de la ciudad que este río deja del lado del norte, se comunica con el grueso de la misma por un puente de piedra compuesto de cinco arcos de bastante buena construcción, que fue levantado bajo el virreinato de Montesclaros [108]; la calle que él enfila conduce directamente a la iglesia de San Lázaro, parroquia de un barrio llamado Malambo, y termina cerca de la *Alameda* *, que es un paseo de cinco avenidas de naranjos de unas doscientas toesas de largo, la más ancha de las cuales está adornada por tres estanques de piedra para las fuentes. La belleza de estos árboles siempre verdes, los suaves aromas que sus flores expanden casi todo el año, y los colores de las calesas que allí se reúnen todos los días a la hora del paseo, hacen de esa alameda un lugar delicioso a eso de las cinco de la tarde.

Hacia el centro se halla una capilla llamada Santa Liberata, que se construyó en 1711, en el lugar donde fueron encontradas las hostias del Santo Copón de la Catedral, que habían sido robadas y enterradas al pie de un árbol. Este caminito lleva al pie de la montaña, donde hay un convento de observantes reformados por San Francisco Solano [109],

[108] Don Juan de Mendoza y Luna, marqués de Montesclaros, antes virrey de la Nueva España. Virrey del Perú entre 1606 y 1614. *Cf.* ERNESTO SCHÄFER, *El Consejo...*, t. II, p. 441.
[109] San Francisco Solano, 1549-1610, apóstol de la conquista en América meridional. *Cf.* PACÍFICO OTERO, *Dos héroes de la conquista.* Buenos Aires, 1905.

nativo del Paraguay. Más hacia el este hay otra montaña contigua a ésta, donde se halla la ermita de San Cristóbal, cuyo nombre lleva y a cuyo pie corre un brazo del río, cuyo caudal sirve para impulsar varios molinos de trigo y uno de pólvora, y que se utiliza como baño público.

Los terremotos, que son muy frecuentes en el Perú, han dañado mucho a esta ciudad e inquietan todos los días a los habitantes; se produjo uno el 17 de junio de 1678 que arruinó gran parte de ella y, particularmente, las iglesias dedicadas a la Virgen. Montalvo, que hizo esta observación en su vida del bienaventurado Toribio, dice que parece que Dios Hijo fue impulsado a ello por su Madre [a]; pero el de 1682 resultó tan violento que demolió la ciudad casi por completo, de modo que se puso en deliberación si no se debía trasplantarla a un emplazamiento más ventajoso; la memoria de este espantoso terremoto se renueva aún todos los años, el 19 de octubre, mediante plegarias públicas. Si se cree en la opinión más difundida, fue pronosticado por un religioso de la Merced, quien varios días antes corrió por las calles como un nuevo Jonás, gritando: haced penitencia. En efecto, llegó el día en que la tierra tembló tan extraordinariamente, que cada medio cuarto de hora dio horribles sacudidas, al punto que en veinticuatro horas se contaron más de doscientos.

Por espantoso que fuera este terremoto, ocurrió uno mucho más inusitado en 1692, en la provincia de Quito, en las ciudades de Ambato, Tacunga y Riobamba; de tal modo conmovió la tierra que separó grandes porciones de ella, las que corrieron enteras hasta tres o cuatro leguas del lugar donde se encontraban y transportó del mismo modo los campos, con los árboles y casas en pie, lo que dio ocasión a los procesos más extraordinarios del mundo, que fueron ventilados en Lima, para saber a quién pertenecían esos bienes; los unos decían, están en mi dominio, y los otros decían, yo estoy sobre mis tierras.

Un caso parecido había sucedido en 1581 cerca de Chuquiavo, o La Paz, según informe de Acosta, l.3, c.27 [110]. La aldea denominada Angoango, habitada por indios, cayó inesperadamente en ruinas y la tierra corrió y se deslizó por la región, por espacio de legua y media, como si hubiese sido agua o cera derretida [b], de modo tal que obstruyó y rellenó un lago, y permaneció así extendida por esa comarca [c].

No se puede prestar atención a fenómenos tan extraordinarios sin que la natural curiosidad nos lleva a buscar la razón de los mismos; la que

[a] "Parece que Dios Hijo se había levantado por su Madre". [En castellano en el original].

[110] J. DE ACOSTA, Historia..., l. III, c. XXVII, p. 138.

[b] Montes sicut cera fluxerunt a fecie Domini [...] Ps 96 /5/. [Los montes se derritieron como cera delante de Jehová].

[c] Ocurrió uno mucho más sorprendente en Canadá, que comenzó el 5 de febrero de 1663 y que duró hasta el mes de julio del mismo año; produjo cambios increíbles sobre la superficie de la tierra en más de cuatrocientas leguas del país. Véase la Vie de la venerable mère Marie de l'Incarnation, Ursuline de la Nouvelle France. París, 1677.

los físicos dan ordinariamente de los terremotos no siempre parece satisfactoria; se los atribuye a los vientos y a los fuegos subterráneos; pero parece que mejor se los debe considerar un efecto de las aguas con que la tierra es regada por dentro, así como los cuerpos animados lo están por las venas. No hace falta sino cavar y se ve casi por doquier la verdad de esta suposición; ahora bien las aguas pueden causar los terremotos de muchas maneras, ya sea diluyendo las sales esparcidas en la tierra, ya sea penetrando en tierras porosas y mezcladas con piedras que arrancan insensiblemente, y cuya caída o remoción debe causar una percusión y una sacudida tal como se lo siente en los terremotos. En fin, el agua, al penetrar en ciertos cuerpos sulfurosos debe causar una fermentación, y entonces el calor produce vientos y rudas exhalaciones que infectan el aire cuando abren la tierra, de allí que, después de los grandes terremotos, muera infinidad de gente, como lo hemos referido en relación con Santiago y Lima. La facilidad de esta fermentación se prueba con el ejemplo de la cal y con un curioso experimento de M. Lemery, detallado en las *Memoires* de la Académie des Sciences del año 1700.

Si tras haber mezclado con agua partes iguales de limaduras de hierro y de azufre, en cierta cantidad, unas treinta o cuarenta libras, se hunde esta pasta en la tierra a un pie de profundidad, al cabo de ocho o nueve horas se ve a ésta inflarse, entreabrirse, arrojar vapores calientes y después llamaradas.

Ahora bien, en Perú y Chile toda la tierra está llena de minas de sales, de azufre y de metales; agreguemos a esto que se encuentran volcanes que calcinan las piedras y dilatan los azufres; por lo tanto los terremotos deben ser allí muy frecuentes y, particularmente, a lo largo de las costas que están más regadas de agua que la parte alta de la cordillera, lo cual concuerda muy bien con la experiencia, pues existen lugares, como Cuzco, Guamanga y otros, donde son muy raros, por la misma razón que son más frecuentes en Italia que hacia los Alpes. En fin, no puede dejarse de reconocer que el agua tiene mucha participación en los terremotos, cuando se ven los campos deslizarse como cera fundida y se ven formarse lagos súbitamente en los lugares que se hunden, porque la tierra, al desplomarse en el agua, la obliga a elevarse, si su cantidad es considerable, o a correr como arena cuando la base es desleída y se halla sobre un plano inclinado.

Sin embargo, el temor de los frecuentes terremotos no ha impedido, que se hayan levantado en Lima muchas hermosas iglesias y de elevados campanarios. Cierto es que la mayoría de las bóvedas no son sino madera blanqueada, o *cañasta* *, pero tan bien trabajada que, a menos de estar bien informado es imposible advertirlo. Los muros de los grandes edificios son de ladrillos cocidos, y los de los pequeños, de *adobes* *, o ladrillos crudos. Las casas consisten sólo de una planta baja, sobre la cual se ve a veces un primer piso construido de cañas para hacerlo liviano, en fin, todas carecen de techo, ya que no llueve jamás.

Fenómeno tan contrario a lo que vemos en nuestros climas, plantea dos preguntas.

La primera, cómo la tierra puede producir sin lluvia.

La segunda, a qué se debe que no llueve jamás a lo largo de la costa, aunque llueva a quince o veinte leguas del mar tierra adentro.

Para contestar a la primera, diré que esta falta de lluvia vuelve efectivamente infértil casi todo el país en las alturas, y solamente en los valles, por donde corren algunos arroyos procedentes de las montañas donde llueve y nieva, se puede obtener alguna cosecha y por consiguiente pueden ser habitados; pero en esos lugares la tierra es tan fértil y, por otra parte, el país se halla tan poco poblado, que esos valles bastan, y aun proveen abundantemente a la alimentación de los habitantes. Los antiguos indios en extremo hábiles para conducir las aguas de los ríos hasta sus viviendas; aún se ven en muchos lugares acueductos de tierra y de piedra seca llevados y desviados muy ingeniosamente a lo largo de las laderas por una infinidad de repliegues, lo que permite comprobar que esos pueblos, por más toscos que fuesen, entendían muy bien el arte de nivelar. Por lo que se refiere a las montañas de la costa, se encuentra hierba en ellas en ciertos lugares poco expuestos al ardor del sol, porque las nubes bajan en invierno hasta su cima y la humedecen lo suficiente como para proveer el líquido necesario a las plantas.

En cuanto a la segunda pregunta, Zárate, en la *Conquista del Perú*, intentó explicar la eterna sequedad que se observa en esta costa: "...la razón natural, dice, que hallan los que con diligencia lo han inquirido es, que en todos estos llanos y costa de la mar corre todo el año un solo viento, que los marineros llaman sudoeste, que viene prolongando la costa, tan impetuoso, que no deja parar ni levantar las nubes o vapores de la tierra ni de la mar a que lleguen a congelarse a la región del aire; y de las altas sierras, agrega, que exceden estos vapores o nubes se ven abajo, que parece que son otro cielo, y sobre ellos está muy claro, sin ningún nublado [111]...".

Este razonamiento nada tiene de verosímil, pues no es cierto que los vientos del sudoeste impidan que los vapores se eleven, puesto que se ven nubes agitadas por ese viento a una altura muy grande. Y aun cuando conviniésemos en ello, esos vientos no impedirían que los vapores se transformasen en lluvia, pues la experiencia nos prueba con evidencia, en los Alpes, que las nubes bajas la dan tan bien como las más altas; con mucha frecuencia se ve el cielo sereno sobre la cumbre mientras llueve copiosamente al pie de la misma montaña. Por el contrario, ellas deberían producirla más naturalmente, puesto que, por ser más bajas, se tornan más pesadas y, por consiguiente, están compuestas de gotas de agua de un volumen mayor que las de las nubes más altas.

---

[111] A. DE ZÁRATE, *Historia*..., c. VII, p. 467.

Me parece entrever una razón mejor, fundada en los diferentes grados de calor de la costa y del interior de las tierras. Sabemos, por experiencia, que el calor que el sol comunica a la tierra resulta en lluvia y tanto más atrae las nubes, cuanto más vivamente es calentada. Explicaré cómo se produce esta atracción. En Francia se observa que, aunque [en verano] no llueve sino muy raramente, durante los meses de julio y agosto llueve tanto, es decir cae tanta agua y aún más, como durante los restantes meses del año, debido a que las gotas de agua son entonces de un volumen mucho mayor que en invierno. Esta observación se ve confirmada por la gran abundancia de lluvia que cae en la zona tórrida durante ciertos meses del año, después que la tierra ha sido caldeada por los rayos menos oblicuos. Ahora bien, se sabe que la parte interior del Perú, que se halla casi toda en esta zona, es muy caliente en los valles, que reciben durante todo el día rayos casi perpendiculares, cuya acción es aumentada todavía por la gran cantidad de rocas áridas que los rodean, que hacen reflejar esos rayos por todos lados, y, finalmente, que este calor no es atemperado por los vientos. Se sabe también que las altas montañas de la Cordillera y de los Andes, casi siempre cubiertas de nieve, hacen al país extremadamente frío en ciertos lugares, de modo que a muy poca distancia se encuentran los dos extremos contrarios. El sol causa pues, por su presencia, una violenta dilatación y un calor ardiente en los valles durante el día, es decir la mitad del tiempo, y durante la noche, o sea la otra mitad, las nieves circunvencinas enfrían súbitamente el aire, que se condensa de nuevo. Es a esta vicisitud de condensación y de rarefacción a la que debe atribuirse, como primer principio, la desigualdad de tiempo que se observa en Cuzco, en Puno, en La Paz y en otros lugares, donde se experimentan casi a diario todas las variaciones de tiempo: truenos, lluvias, relámpagos, tiempo sereno y nublado, frío y calor; pero en otros lugares hace calor durante largo tiempo sin interrupción y luego les llega el turno a las lluvias.

No ocurre lo mismo en la costa, donde soplan regularmente los vientos del SO y del SSO, los cuales, por venir de los climas fríos del polo austral, refrescan continuamente el aire y lo mantiene siempre casi en el mismo grado de condensación. Más aún, deben además traer partículas salinas que recogen de la espuma del mar, de las que el aire debe llenarse y espesarse casi tanto como lo está la salmuera, debido a la sal que contiene. Este aire tiene pues más fuerza para soportar las nubes pero no es lo bastante cálido, ni está en movimiento suficientemente grande como para agitar las partes de las nubes y, por consiguiente, para reunir las gotitas de agua y formar con ellas otras más grandes que el volumen del aire al cual ellas responden, y aunque esas nubes se acerquen mucho a la tierra en la estación en que son menos atraídas por el sol, no se resuelven por ello en lluvia; así en Lima el tiempo está casi siempre cubierto, pero no llueve jamás.

Si ahora fuese necesario explicar por qué las tierras más cálidas atraen la lluvia, podría servirme de las conjeturas de algunos filósofos modernos [a] que piensan que las nubes son vapores helados o una especie de hielo muy esparcido, como la nieve. Según esta idea es evidente que cuando el calor de la tierra caldea lo bastante el aire como para comunicarse hasta la altura de las nubes; éstas deben entonces fundirse y caer en lluvia; pero este raciocinio, que creo justo muchas veces, no lo es siempre, como puedo asegurarlo por mi propia experiencia, al haberme hallado sobre altas montañas donde, al mismo tiempo que veía flotar nubes por debajo y por encima de mí también me hallaba envuetlo por otras medianas que en verdad me parecían muy frías, pero que por lo demás en nada diferían de la niebla que vemos arrastrarse sobre la tierra. Con escaso fundamento distinguen, entonces, esas nubes de las nieblas.

Sea como fuere, el calor puede también atraer la lluvia al dar a las partículas del aire un movimiento espiral que puede reunir muchas gotitas de agua en una sola más grande. Este movimiento es fácil de concebir a partir del que se observa en la corriente de los ríos o, si se quiere, del de un tornillo de Arquímedes; si es así como el sol atrae los vapores, no hay que asombrarse de que la tierra caliente atraiga las nubes.

En fin, podría aun comprobar esta atracción por un experimento que nos hace ver que el fuego necesita del flujo del aire para subsistir. Si en una botella se introduce un carbón caliente y se la tapa perfectamente, al punto se lo ve extinguirse. Razonando de lo más a lo menos, puede compararse un cuerpo muy caldeado a un carbón y pensar que ese calor no puede subsistir sin un flujo de aire circunvecino, el cual, por estar más condensado, se mueve y se pone del lado del fuego, tal como se ve el aire exterior entrar en una habitación a través de pequeños agujeros con más rapidez cuando la misma está caldeada que cuando no tiene fuego.

Por lo demás, dejo a los filósofos el cuidado de proporcionar razones más convincentes de esta sequedad; le basta a un viajero, cuando expone hechos, explicarlos ligeramente, para hallar crédito y preparar al lector para lo que dice de extraordinario. Así, como nunca llueve en Lima, las casas sólo están cubiertas por una simple estera colocada a nivel, con un dedo de ceniza por encima para absorber la humedad de la neblina, y hasta las más bellas sólo están construidas de adobes, es decir, de tierra amasada con un poco de paja y secada simplemente al sol, lo cual sin embargo dura siglos por cuanto la lluvia no la disuelve jamás.

Los muros de la ciudad, que deben ser una obra eterna, no están construidos de otro material, y tienen de diociocho a veinte pies de altura y nueve de espesor en el cordón, de modo que en todo el contorno de la plaza no existe un solo lugar lo bastante ancho como para emplazar allí un cañón, lo cual me hace creer que sólo fueron construidos para poner a la ciudad a

[a] Regis. [Se trata de Sylvain Leroy, llamado Régis, 1632-1707, filósofo cartesiano francés, miembro de la Académie des Sciencies].

cubierto de los ataques que pudieran llevar los indios. La muralla está flanqueada por bastiones de quince toesas de flanco, perpendicular a la cortina, y de aproximadamente treinta toesas de lado, que hacen el ángulo del flanco de 130 grados, de lo que resulta una defensa tan lateral que los dos tercios de la cortina están en segundo flanco y que los ángulos flanqueados son a menudo demasiado agudos; como las cortinas son de ochenta toesas, la gran línea de defensa es de alrededor de ciento diez. Por lo demás, no existe foso ni exterior. Estas fortificaciones fueron construidas así en torno del año 1685, bajo el virreinato del duque de la Palata [112], por un sacerdote flamenco llamado Jean Ramond.

El número de familias españolas de Lima puede ascender a ocho o nueve mil blancos; el resto se compone sólo de mestizos, mulatos, negros y algunos indios, lo que hace que en total haya cerca de veinticinco a veintiocho mil almas, comprendidos los religiosos y las religiosas, que ocupan por lo menos un cuarto de la ciudad.

Como se cuentan las carrozas en las ciudades de Europa para señalar su magnificencia, del mismo modo se cuentan en Lima cuatro mil calesas, coche usual del país, tirado por mulas; pero para dar una idea de la opulencia de esta ciudad basta con indicar las riquezas que los comerciantes ostentaron alrededor de 1682, a la entrada del duque de la Palata, cuando éste vino a tomar posesión de la ciudad; hicieron pavimentar a lo largo de dos manzanas las calles de la *Merced** y *de los Mercaderes**, por donde aquél debía entrar en la plaza real, donde se halla el palacio, con lingotes de plata quintados que por lo común pesan unos doscientos marcos, y tienen de doce a quince pulgadas de largo, cuatro o cinco de ancho y dos o tres de espesor, lo que pudo ascender a ocho millones de escudos, aproximadamente trescientos veinte millones de libras de nuestra moneda al valor que ésta tiene al presente; verdad es que Lima constituye en cierto modo el depósito de los tesoros del Perú, del que es la capital. Se calculó hace algunos años que en ella se gastaban más de seis millones de escudos; es preciso disminuir mucho esta cifra hoy cuando el comercio de los franceses ha aportado mercancías de Europa a buen precio, y que el que ellos hacen en Arica, Ilo y Pisco desvía el dinero que afluía antes a Lima, de donde resulta que actualmente la ciudad es pobre en comparación con lo que fue antiguamente.

Hombres y mujeres son igualmente dados a mostrarse magníficos en su atavío; las mujeres, no contentas con la riqueza de las más hermosas telas, las adornan a su manera con una prodigiosa cantidad de puntillas, y son insaciables con las perlas y las pedrerías, con los brazaletes, zarcillos y otros accesorios, que cuestan mucho y arruinan a los maridos y a los galanes. Hemos visto damas que llevaban sesenta mil pesos en joyas sobre su cuerpo, es decir, más de doscientas cuarenta mil libras. En términos generales son bastante hermosas, de un aire más vivo y atractivo

[112] Melchor de Navarra y Rocafull, Duque de la Palata, Príncipe de Masa, Virrey del Perú entre 1680 y 1689. *Cf.* E. SCHÄFER, *El Consejo...*, t. II, p. 442.

que en otras partes, tal vez deban algo de su belleza al contraste con las mulatas, negras, indias y otros rostros horrorosos que constituyen el mayor número en todo el país.

La ciudad de Lima es la sede ordinaria del virrey del Perú, que es tan absoluto como el propio rey aun en las audiencias de Lima, Chuquisaca, Quito, Panamá, Chile y Tierra Firme, en calidad de gobernador [a] y capitán general de todos los reinos y provincias de este nuevo mundo, tal como consta en sus títulos. Tiene cuarenta mil pesos de sueldo anual, sin hablar de otros gajes extraordinarios como cuando sale a visitar algunas provincias, entonces se le asignan diez mil pesos y tres mil sólo para ir al Callao que no dista de Lima más que dos leguas. Nombra a más de cien *corregimientos* *, o gobiernos; en fin, es árbitro de todos los empleos trienales, tanto en lo civil como en lo militar.

Es preciso señalar que la mayoría de los cargos se otorgan o se venden sólo por un cierto tiempo.

Los virreyes y los presidentes los ejercen ordinariamente durante siete años; algunos *corregidores* * o gobernadores los tienen por cinco y la mayoría solamente por tres; es fácil descubrir la intención de este reglamento; sin duda es para evitar que tengan tiempo de hacerse de seguidores y de formar partidos contra un rey que está tan alejado de ellos que se necesitan años para recibir sus órdenes; pero también es preciso convenir en que esta política tiene muchos inconvenientes inevitables, que son a mí parecer la causa principal del mal gobierno de la colonia y del poco provecho que ella produce al rey de España, pues los oficiales consideran el tiempo de su cargo como un jubileo que no les debe llegar más que una vez en la vida, al final de la cual serían objeto de burla si no hubiesen hecho su fortuna; y como es difícil no sucumbir a la tentación de tolerar en secreto, por dinero, ciertos abusos erigidos en costumbre por un largo uso, aun las personas más honestas siguen las huellas de sus predecesores, prevenidos de que, cualquiera sea la forma en que obren, no se dejará quizás de acusarlos de mala administración; para redimirse de tal cargo el único medio es apaciguar a sus jueces mediante presentes, cediéndoles parte de lo que ellos han robado al rey

[a] Estos dos títulos corresponden a la misma persona y no a dos como afirma el pretendido manuscrito de Oexmelin. Véase la *Histoire des Flibustiers* [Alexander Olivier Exquemelin, apellido trocado por los ingleses en Esquemeling y por los franceses en Oexmelin. Su verdadero nombre era Henrick Smeeks. Después de vivir diez años en las Indias Orientales Holandesas, se empleó en la Compañía Francesa de las Indias Occidentales. En 1666 fue a Tortuga en calidad de *engagé* y luego se incorporó a los filibusteros, como cirujano barbero. Al regresar a Europa publicó un relato de las aventuras en que había tomado parte y de las que tenía noticia directa. Su historia constituye la crónica más antigua y esmerada que existe sobre las costumbres y los hechos de los filibusteros. La primera edición de la misma, en holandés, apareció en Amsterdam en 1678. La primera edición en francés es de 1884. *Cf.* C. H. HARING, *Los bucaneros de las Indias Occidentales en el siglo XVII.* Segunda edición, París-Brujas, Academia Nacional de la Historia (Caracas, Venezuela), 1939, pp. 266-270].

y a sus súbditos [a]. Tengo esta información de buena fuente y no la doy aquí como una simple conjetura.

De allí que tantas piñas salgan de las minas, atraviesen vastas regiones y pasen por último a las naves que comercian en la costa sin pagar el quinto al rey; porque los mercaderes pagan al gobernador un tanto por ciento, el corregidor le paga al *juez de descamino* *, y éste quizás también a la gente del virrey.

De allí que casi ninguno de ellos se tome a pecho el bien público, advertido de que pronto será relevado y estará imposibilitado de continuar el buen orden que hubiere establecido, el que un nuevo sucesor desbaratará tal vez a su llegada.

De allí, finalmente, que las órdenes de la corte de España no sean ejecutadas o lo sean muy mal; se contentan con publicarlas tan sólo para cumplir con la formalidad [b] ya que no los aguijonea el temor de perder por desobediencia un cargo del que se debe gozar toda la vida, pues están seguros de perderlo al cabo de poco tiempo; y por otra parte poco les cuesta justificarse ante el virrey, que razona como ellos aunque tenga autoridad soberana y la fuerza en sus manos.

La guardia usual del virrey se compone de tres compañías, de las cuales hay una de cuarenta alabarderos, una de cien caballos y una de cien hombres de infantería; estas dos últimas son pagadas por el rey y la de los alabarderos es mantenida con los fondos que dejó al morir una dama de Lima que era muy rica; hay una cuarta compañía constituida por cincuenta personas escogidas, todas ellas de consideración, que marchan a su lado cuando hace su entrada.

Existe en su palacio una capilla real compuesta de seis capellanes, un sacristán, y un coro de músicos asalariados por el rey.

La guarnición de Lima sólo se compone de tropas de milicias burguesas, que no tienen salario alguno del rey, excepto los oficiales generales y los sargentos de las compañías de infantería. He aquí el detalle:

Catorce compañías de infantería española y burguesa.

Siete compañías del cuerpo del comercio, que tienen de más que las precedentes, un sargento mayor y dos edecanes.

Ocho compañías de indios nativos de Lima, los cuales, además de los oficiales ordinarios tienen un maestre de campo, un mayor y ayudante mayor.

Seis compañías de mulatos y de negros libres, que tienen un mayor, dos ayudantes mayores y un teniente general.

[a] *Munera, crede mihi, capiunt hominesque deosque.* [Los regalos, créeme, conquistan a los hombres y a los dioses. Esta cita corresponde a OVIDIUS, *Ars amatoria*, III, 653, transcripta según el texto de OVIDE, *L'art d'aimer*. Texte établi par Henri Bornecque. Paris, Societé d'édition, "Les belles lettres", 1924, p. 83. En la versión de Frezier aparece *placant* por *capiunt*, variante que, por no estar registrada en ninguno de los códices, indica que el autor la cita de memoria].

[b] Se obedece la orden y no se cumple. [En castellano en el original].

Todas las compañías antes citadas son de cien hombres cada una y sus únicos oficiales son un capitán, un alférez y un sargento.

Diez compañías de caballería española, de cincuenta hombre cada una, de las cuales hay seis en la ciudad y cuatro en las casas de campo o haciendas circunvecinas.

Cada compañía tiene un capitán, un teniente y un corneta.

OFICIALES GENERALES A SUELDO DEL REY

El capitán general y virrey tiene, por año . . . . 40.000 pesos
El gobernador general 7.000
El teniente general de la caballería 1.500
El comisario general de la caballería 1.500
El teniente del maestre de campo 1.200
El teniente del capitán general 1.200

OTROS OFICIALES NOMBRADOS POR EL VIRREY

El capitán de la sala de armas 1.200
Un teniente de artillería 1.200
Dos ayudantes de artillería, cada uno 300
Cuatro maestros cañoneros, que tienen cada uno 544
Un armero principal 1.500
Cuatro armeros, que tienen cada uno 600
Un maestro carpintero 1.000

Se dice que en caso de necesidad el virrey puede poner en pie cien mil hombres de infantería y veinte mil caballos, en toda la extensión del reino; pero es seguro que no tendría con qué armar más de la quinta parte, por lo que he podido saber de gente que ha recorrido algo el interior del Perú.

Después de la autoridad del virrey, el gobierno del reino recae en el de la audiencia real, la que él preside para los asuntos de importancia. Este tribunal, que en cierto modo puede compararse a un parlamento, está compuesto por dieciseis *oidores* * o alguaciles, cuatro alcaldes de corte, dos fiscales, un *alguacil mayor* * y un protector general de los indios; cada uno de estos cargos tiene tres mil pesos y trece reales de sueldo anual, pero los oidores tienen además otros gajes anejos a las cámaras donde están empleados. Este cuerpo tiene también oficiales titulares, como abogados, procuradores, notarios, sargentos, etc.

La real audiencia está subdividida en una cámara de justicia, una cámara criminal, una cámara de cuentas y dos cámaras del tesoro, una de las cuales está encargada de las rentas que los indios ricos dejaron al morir para subvenir a las necesidades de los pobres de su nación. Por último, comprende la cancillería, que se compone de sólo un oidor y de un canciller a quien se da ese título y muy poco sueldo, porque el gran canciller está siempre en España.

El *cabildo* * sigue después de la audiencia real. Tiene más *regidores* * que los de las otras ciudades.

Hay además un *alguacil mayor* *, para los asuntos de guerra un *alcalde de la hermandad* *, que puede condenar a muerte en pleno campo.

El tribunal de la tesorería real está establecido para la caja de los dineros reales, como el quinto de la plata que se extrae de las minas, el derecho de *alcabala* *, que es del cuatro por ciento sobre toda clase de mercancías y de granos, y otros derechos que en esta colonia no son muchos; tiene jueces *contadores* *, secretarios, etc.

También hay una cámara de la moneda que tiene sus tesoreros, controladores, directores, guardias, escribanos, etc., y además un *oidor* *, que cobra sueldo independientemente de los de la real audiencia.

El comercio tiene por tribunal el consulado, donde preside un prior y dos cónsules, que se eligen entre los mercaderes más inteligentes en el comercio.

Y para que nada falte a esta ciudad de todo cuanto puede conservar su buen orden y hacerlo florecer, se han establecido varios tribunales de jurisdicciones eclesiásticas.

El primero es el del arzobispado, que está compuesto por el capítulo de la catedral, y de la oficialidad; tiene por oficiales un fiscal, un procurador, un alguacil y notarios.

El segundo y más temible de todos los tribunales es el de la Inquisición, cuyo solo nombre expande el terror por doquier, por cuanto: primero, el delator es considerado testigo; segundo, no se da ningún conocimiento a los acusados de aquellos que los acusan; tercero, no hay ninguna confrontación de testigos. Así todos los días se detienen inocentes cuyo único crimen consiste en tener personas interesadas en su pérdida. Sin embargo, se dice en Lima que no hay motivo para quejarse de los inquisidores, tal vez porque el virrey y el arzobispo están a la cabeza de este cuerpo.

La Inquisición fue establecida en Lima en 1569, con todos los ministros consejeros, *calificadores* * y familiares, secretarios y su *alguacil mayor* *, como en España. Hay tres jueces superiores cada uno de los cuales tiene tres mil pesos de renta; su jurisdicción se extiende a toda la América meridional española.

El tercer tribunal eclesiástico es el de la cruzada, que en cierto modo forma parte de la real audiencia, por cuanto entra en ella un oidor de la cámara de justicia; fue establecido en Lima en 1603, bajo la dirección de un comisario general que celebra las audiencias en su casa, donde

195

juzga asistido por un juez conservador, un secretario, un contador, un tesorero y otros oficiales necesarios para la distribución de las bulas, examen de jubileo o indulgencias. Su sueldo es de sólo mil pesos, y aun es demasiado para empleo tan inútil.

En fin, existe un cuarto tribunal para los testamentos y últimas voluntades de los difuntos; hace rendir cuentas a los *albaceas* *, se ocupa de las capellanías y de sus títulos, para lo cual existen varios oficiales.

Para proporcionar buenos sujetos a tantos tribunales, Carlos V fundó en Lima, en 1545, una universidad bajo el título de San Marcos, y le acordó muchos privilegios los que fueron confirmados por Pablo III y Pío V, quien la incorporó en 1572 a la de Salamanca para hacerla gozar de las mismas exenciones y prerrogativas. Está gobernada por un rector que se elige todos los años; se cuentan en ella aproximadamente ciento ochenta doctores en teología, en los derechos civil y canónico, facultad de medicina y de artes, y, por lo común, casi dos mil estudiantes. Se forman allí muy buenos sujetos para la escolástica y los enredos de esa escuela, pero muy poco para lo positivo.

En la universidad hay tres colegios reales con veinte cátedras bien rentadas. El primero fue fundado por don Francisco de Toledo [113], virrey del Perú, bajo el título de San Felipe y de San Marcos. El segundo por el virrey don Martín Henríquez [114], para el mantenimiento de ochenta colegiales o escolares de humanidades, jurisprudencia y teología, los jesuitas son sus rectores y profesores; se lo llama San Martín. El tercero, por el arzobispo Toribio Alfonso Mogrovejo [115], bajo el título de Santo Toribio obispo, para la enseñanza de veinticuatro colegiales que sirven en el coro de la catedral; llevan un hábito gris con una banda violeta que les cuelga en doble por detrás; estudian las ciencias eclesiásticas bajo un sacerdote que es el rector. El colegio mantiene también diez niños del coro, bajo la dirección del maestro de la capilla y del vicario o subdiácono que allí vive. Este colegio tiene más de catorce mil pesos de renta.

El *cabildo* * de la iglesia metropolitana se compone de decano, archidecano, chantre, maestrescuela, tesorero y diez canónigos, de los cuales se ha suprimido uno para entregar su renta a la Inquisición; cada una de esas dignidades tiene siete mil pesos y los canónigos cinco mil; cada uno de los seis *racioneros* * tiene tres mil, y seiscientos cada uno de los treinta capellanes, sin mencionar los músicos y los niños del coro.

Esta iglesia, que fue el primer edificio de Lima, fue puesta por Francisco Pizarro bajo la advocación de la Asunción, pero al erigirla Pablo

[113] Francisco de Toledo, virrey del Perú entre 1568 y 1580. *Cf.* E. SCHÄFER, *El Consejo...*, t. II, p. 441.

[114] Martín Enríquez de Almansa, era virrey de la Nueva España cuando fue llamado para desempeñarse como virrey del Perú, lo que hizo entre 1580 y 1583, fecha de su muerte. *Cf.* A. DE ALCEDO, *Diccionario...*, t. III, p. 180.

[115] Toribio Alfonso Mogrovejo, tercer arzobispo de Lima. Estuvo al frente de su diócesis entre 1579 y 1606, fecha de su muerte. Fue beatificado en 1679 y canonizado en 1727. *Cf.* A. DE ALCEDO, *Diccionario...*, t. II, p. 313 y E. SCHÄFER, *El Consejo...*, t. II, p. 580.

III en catedral en 1541, le dio el nombre de San Juan Evangelista, para distinguirla de la de Cuzco, que tenía ya ese nombre. Fue sufragánea de Sevilla hasta 1546, cuando ese mismo papa la erigió en metropolitana, a la cual se le han dado por sufragáneos los obispados de Panamá, Quito, Trujillo, Guamanga, Arequipa, Cuzco, Santiago y Concepción de Chile.

El primer arzobispo fue don fray Jerónimo de Loaisa [116], dominico, quien reunió dos concilios provinciales, el primero el 4 de octubre de 1551 donde no se encontró ningún sufragáneo sino tan sólo los procuradores de los obispos de Panamá, Quito y Cuzco; el segundo se abrió el 2 de marzo de 1567 y a él asistieron los obispos de La Plata, Quito e Imperial, con los procuradores de los restantes *cabildos* *. Restauró la iglesia arruinada y la llenó de mangles.

El tercer arzobispo, don Toribio, tiene reputación de bienaventurado.

El noveno, don Melchor de Liñán y Cisneros [117], a la muerte del marqués de Malagón fue nombrado virrey, gobernador y capitán general de las provincias del Perú. Fue el primero en quien se vieron reunidas esas dos dignidades, que no parecen compatibles en una misma persona.

La ciudad de Lima abarca ocho parroquias: la primera es la catedral, donde hay cuatro curas y dos vicarios, lo que está contra las leyes canónicas, que prescriben sólo un cura por iglesia, por cuanto un cuerpo no debe tener más que una cabeza; la iglesia es bastante hermosa, está bien construida y tiene tres naves iguales; en ella se conserva un trozo de madera de la verdadera cruz.

La segunda es la de Santa Ana, que tiene dos curas y un vicario.

La tercera, San Sebastián, que también tiene dos.

La cuarta, San Marcelo, un cura.

La quinta, San Lázaro, un cura vicario de la catedral.

La sexta es *Nuestra Señora de Antocha* *, anexa y dependiente de la catedral; se la llama *Los Huérfanos* *.

La séptima es el *Cercado* *, que era parroquia de un barrio de indios que quedó incluido en la ciudad después que se construyeron las murallas; sus curas son jesuitas.

La octava se halla establecida desde hace pocos años; se la llama *San Salvador* *.

Hay varios hospitales para los enfermos y pobres de la ciudad. El primero, llamado San Andrés, es de fundación real para los españoles, es decir, los blancos; está servido por los comerciantes y tiene cuatro sacerdotes.

[116] Fray Jerónimo de Loaisa, O.P., obispo de Lima desde 1541 y arzobispo desde 1547, fecha en que dicha sede fue erigida en arzobispado, hasta 1575, cuando murió. *Cf.* E. SCHÄFER, *El Consejo...*, t. II, p. 580.

[117] Melchor de Liñán y Cisneros, arzobispo de Lima entre 1678 y 1704. Cuando en 1678, Baltasar de la Cueva Henríquez y Saavedra, conde del Castellar, y marqués de Malagón, virrey del Perú desde 1674, debió entregar el mando por orden del Rey, se hizo cargo interinamente del virreinato hasta 1681. *Cf.* A. DE ALCEDO, *Diccionario...*, t. III, p. 182.

El de San Diego está destinado a quienes salen en convalecencia del San Andrés; está servido por los hermanos de San Juan de Dios.

El de San Pedro fue fundado únicamente para los sacerdotes por el arzobispo Toribio, de quien ya hemos hablado.

El del Espíritu Santo, para gente de mar, es mantenido por sus contribuciones y limosnas, tomadas de las naves de carga.

El de San Bartolomé fue fundado para los negros por el padre Bartolomé de Vadillo.

En el de San Lorenzo se cuida a los leprosos y sifilíticos; es una fundación real que sirve a quienes sufren de epilepsia y a los locos.

Hay una casa para niños expósitos contigua a Nuestra Señora de Antocha, llamada *Los Huérfanos* *.

El hospital de San Cosme y San Damián fue fundado por los habitantes de Lima para las mujeres españolas.

El de Santa Ana fue fundado por el primer arzobispo, Jerónimo de Loaisa, para los indios; el rey costea hoy los gastos.

Hay uno para los incurables, servido por los betlemitas.

Otro para los indios convalecientes, fuera de la ciudad, donde son recibidos quienes salen del Santa Ana y de otros hospitales.

Existen también oficiales para disponer de las fundaciones que los indios más ricos hicieron para los pobres de su nación, como ya dije.

En fin, hay uno fundado por un sacerdote para los sacerdotes convalecientes.

Además de los hospitales de enfermos existe una Casa de la Caridad en la Plaza de la Inquisición para las mujeres pobres. Allí se casa a las muchachas o se las hace religiosas.

En el colegio de *Santa Cruz de las Niñas* * se educa a cierto número de niñas expósitas, a quienes los inquisidores dotan cuando ellas se casan.

Un sacerdote dejó también una fundación de más de seiscientos mil pesos bajo la dirección del deán de la Catedral y del prior de Santo Domingo, para casar a veinte muchachas y darles quinientos pesos a cada una.

La cofradía de la Concepción casa a unas cuarenta, con cuatrocientos cincuenta pesos de dote.

Existe una fundación, llamada Nuestra Señora de Cocharcas, para las hijas pobres de los caciques, y un colegio para educar a los jóvenes, donde hay toda clase de maestros.

El estado monástico, que ha inundado toda Europa, se extendió también más allá de los vastos mares, en las colonias más alejadas, donde llena hasta los últimos rincones habitados por cristianos; en Lima, sobre todo, hay legiones de religiosos cuyas casas han acaparado la parte más bella y más grande de la ciudad.

Los dominicos tienen cuatro conventos: el principal es el del Rosario, después, la Recolección de la Magdalena, Santo Tomás de Aquino, donde hacen sus estudios y Santa Rosa de Lima.

Los franciscanos tienen cuatro: el de Jesús o Gran Convento, que también se llama San Francisco, encierra más de setecientos hombres, entre religiosos y domésticos; ocupa el espacio de cuatro manzanas y es el más bello de la ciudad. El segundo es el de recoletos de Santa María de los Angeles, o Guadalupe, y el tercero es el colegio de San Buenaventura. El convento de los descalzos de San Diego es el cuarto.

Los agustinos tienen también cuatro, que albergan más de quinientos religiosos, San Agustín, Nuestra Señora de Copacabana, el colegio de San Ildefonso y el Noviciado, que está fuera de la ciudad, o reformatorio de Nuestra Señora de Guía.

La orden de la Merced tiene tres, la Merced, la Recolección de Nuestra Señora de Belén y el colegio de San Pedro Nolasco.

Los jesuitas tienen cinco: San Pablo, San Martín, el Noviciado o San Antonio, el Cercado, llamado Santiago, de donde son curas, y *los Desamparados* * o Nuestra Señora del Dolor, que es su Casa Profesa.

Los benedictinos tienen el de Nuestra Señora de Montserrat.

Los mínimos ocupan desde hace poco la iglesia de Nuestra Señora del Socorro, que también lleva el nombre de San Francisco de Paula, y la capilla de *Nuestra Señora de la Victoria* *, donde se hallaba el Gran Convento llamado con el nombre de su Patriarca.

Los hermanos de San Juan de Dios tienen la dirección del hospital de San Diego. Los Betlemitas tienen dos, el de los incurables y el de Nuestra Señora del Carmelo, que está fuera de la ciudad. Estos monjes salieron hace poco de la ciudad de Guatemala, en México, donde el venerable hermano Pedro José de Betencourt [a] los instituyó para servir a los pobres.

Inocencio XI aprobó su regla en 1697. Tienen ya nueve conventos en el Perú. Estos religiosos, aunque de exterior muy sencillo, tienen fama de ser finos políticos, como se puede juzgar por el nombre de quintaesencia de carmelitas y de jesuitas que se les da en el mundo; son todos hermanos. Eligen como limosnero a un sacerdote seglar que está con ellos a sueldo y que no tiene voz alguna en el capítulo. Visten como los capuchinos, con la sola diferencia que bajo la barba tienen un babero en punta de un cuarto de ana [118] de largo. Su fundador, según dicen estos buenos hermanos, fue acompañado durante once años de Nuestro Señor llevando visiblemente su cruz. Las otras apariciones y revelaciones que le atribuyen, y que publican de viva voz y por medio de pinturas, son de la misma fuerza.

En Lima el número de religiosas es un poco menor que el de religiosos, pues sólo se cuentan doce conventos. 1) El de la Encarnación, de

[a] Es quizás uno de los descendientes de un gentilhombre francés llamado Betencourt que, habiendo raptado a una joven, se retiró a la isla de Madera, donde fue el primero en establecer una colonia cristiana. El padre Du Tertre, p. 59, dice que él vio en 1642, en esa isla, a un franciscano que se decía de esta familia.

[118] *Ana*: 'medida de longitud, aproximadamente de un metro, y que según las regiones es más o menos larga' (*Acad.*).

canonesas regulares de San Agustín. 2) La Concepción, orden de la misma regla. 3) La Trinidad, de la orden de San Bernardo. 4) San José de la Concepción, más austera que la anterior, encierra a las descalzas de la regla de San Agustín. 5) Santa Clara, fundada por Toribio [Alfonso Mogrovejo], conserva el corazón de su fundador; tiene más de trescientos jóvenes de la orden de San Francisco. 6) Santa Catalina de Siena, de la orden de Santo Domingo. 7) Santa Rosa de *Santa María* *, de la misma orden. 8) El que llaman *del Prado* * está poblado de agustinas recoletas. 9) Santa Teresa, del Instituto del Carmelo. 10) Santa Rosa de Viterbo. 11) Las Trinitarias. 12) Y el Jesús María de las capuchinas establecidas en 1713 por cuatro religiosas venidas de España por Buenos Aires, de las que ya hablamos en otro lugar. En fin, hay más de cuatro mil monjas, entre las que se cuentan cuatro o cinco conventos de religiosas bastante numerosos.

Se podría agregar aquí una casa fundada por Toribio [Alfonso Mogrovejo] para las mujeres que se divorcian. Es increíble a qué excesos se lleva este abuso, pues todos los días se ven personas descasarse con tanta facilidad como si el matrimonio fuese tan sólo un contrato civil, basándose en simples quejas de desinteligencia, de poca salud o satisfacción; y, lo que es más asombroso aún, las mismas personas vuelven a casarse después con otras.

Este abuso vino de España cuando se estableció esta colonia. El comercio que se había tenido con los moros lo había vuelto tan común, que el cardenal Jiménez [119] se creyó obligado a buscarle remedio, y como el pretexto de la afinidad espiritual autorizaba a menudo los divorcios, el Concilio de Toledo, que él reunió en 1497, ordenó que en los bautismos se tuviese el cuidado de anotar el nombre de los padrinos y madrinas, a fin de que se conociese la verdad.

Las muchachas arrepentidas tienen también un retiro, que no creo muy poblado, debido a los escasos escrúpulos que se tienen en este país por el libertinaje y el poco cuidado que se pone en reprimirlo; se las llama las *Amparadas de la Concepción* *.

De la enumeración de tantos conventos y casas religiosas de ambos sexos, parecería conjeturable que Lima es una ciudad donde reina gran devoción, pero falta mucho para que ese hermoso exterior sea sostenido por la piedad de quienes los habitan, pues la mayoría de los religiosos llevan una vida tan licenciosa que hasta los superiores y los provinciales sacan de los conventos de su dependencia sumas considerables para atender no sólo los gastos de una vida mundana, sino también, a veces, libertinajes tan poco disimulados, que no tienen dificultad en aceptar los hijos que de ellos resultan, y en tener junto a ellos a estos testigos irrecusables de su desenfreno, a los cuales muy a menudo dejan como herencia el há-

---

[119] Francisco Jiménez de Cisneros, vivió entre 1436 y 1517 y fue arzobispo de Toledo desde 1495 hasta su muerte.

bito con que están vestidos; lo que se extiende a veces a más de una generación, si debo creer lo que se me ha dicho en el lugar.

Las religiosas, con excepción de tres o cuatro conventos, tienen también sólo una apariencia de regularidad que deben exclusivamente a la clausura; pues en lugar de vivir en comunidad y en la pobreza, de la que hacen voto, viven como particulares y a su costa, con un gran séquito de domésticas y de esclavas negras y mulatas, a las que convierten en agentes de la galantería que mantienen en el locutorio.

No se puede hablar de la vida de uno y otro sexo sin aplicarles estas palabras de San Pablo: *Tollens ergo membra Christi, faciam membra meretricis* [a].

Por el ejemplo de las personas que por su estado deben edificar a los seglares, fácil es adivinar cuál es la pasión dominante en este país. Su fertilidad, la abundancia de todas las cosas y la muelle tranquilidad de la que se goza perpetuamente no contribuyen en poco el temperamento amoroso que allí reina. Jamás se experimenta la inclemencia del aire, que conserva siempre un justo medio entre el frío de la noche y el calor del día. Las nubes cubren generalmente el cielo, para preservar ese feliz clima de los rayos que el sol lanzaría perpendicularmente; y esas nubes jamás transforman en lluvia que pueda turbar el paseo, ni los placeres de la vida; sólo descienden a veces en forma de neblina para refrescar la superficie de la tierra, de modo que siempre se está seguro del tiempo que hará al día siguiente, y si el placer de vivir en un aire siempre igualmente atemperado no fuese turbado por los frecuentes terremotos, no creo que existiera lugar más apropiado que éste para darnos una idea del paraíso terrenal, pues la tierra también es fértil en toda clase de frutas.

Además de las que se han traído de Europa, como peras, manzanas, hibos, uvas, olivas, etc., se encuentran las de las islas Antillas, como ananás, guayabas, patatas, bananas, sandías, melones, y otras que son propias del Perú; de estas últimas las más estimadas son las *chirimoyas* [120], que se parecen en pequeño al ananás y a la piña; están llenas de una substancia blanca y firme, mezclada con semillas tan gruesas como habichuelas; la hoja se parece algo a la del moral y la madera a la del avellano.

Las *granadillas* * son una especie de granadas llenas de granos negruzcos, que nadan en una substancia viscosa, del mismo color que la clara de huevo; es muy refrescante y de gusto bastante agradable; las hojas se asemejan algo a las del tilo y la imaginación de los españoles halla en sus flores todos los elementos de la pasión. El padre Feuillée, que dibujó esa fruta, la llama *Granadilla Pomifera Tiliae folio*.

Los *higos de tuna* *, son el fruto de una especie de chumbera o de euforbia, del tamaño de una nuez verde, cubierta de espinas casi tan

[a] Cor 6 [15: Quitaré, pues, los miembros de Cristo y los haré miembros de una ramera].
[120] *Chirimoya: Anona muricata* L.; voz del quiché de Guatemala (*Friederici*).

duras como las de la cáscara de la castaña; se lo considera agradable y saludable. Las *lúcumas* [121], *pacayes,* pepinos, ciruelas como azufaifas se encuentran en gran cantidad.

En Lima se goza de la siguiente comodidad: durante todo el año hay toda clase de frutas, porque tan pronto comienzan a faltar en el llano, maduran en las montañas vecinas, de donde se las trae en invierno; esta es otra particularidad que debe señalarse: que las estaciones son tan desiguales en la misma latitud que en las montañas las que corresponden a la latitud austral, se dan allí en el tiempo de las de la latitud septentrional.

Muchas personas me han preguntado cómo puede ocurrir esto y por qué esta zona tórrida, que los antiguos filósofos y hasta grandes hombres como San Agustín y Santo Tomás creyeron inhabitable por el exceso de calor, lo sea en muchos lugares pero por un frío insoportable, aunque se esté directamente bajo el sol.

No se debe exigir de un viajero que explique los fenómenos de que habla, y yo hubiera remitido a los lectores no iniciados en física a la *Historia de las Antillas* del padre du Tertre, si las tres razones que él da para la temperatura de esta zona [122] pudiesen aplicarse al país del cual hablo; pero hay dos que no le convienen en absoluto, pues los vientos alisios no soplan en toda la zona y las tierras que están en el interior de la América meridional no son refrescadas por la vecindad del mar.

No existe pues otra razón general que la que se funda en la igualdad del tiempo, en la presencia y la ausencia del sol y en la oblicuidad de sus rayos durante algunas horas, a su salida y a su puesta; pero si bien ella prueba mucho, no basta para Lima, si se compara el poco calor que allí hace con el que se siente en la bahía de Todos los Santos, que está aproximadamente en el mismo paralelo y al borde del mar. Es preciso pues agregar que la vecindad de las montañas que atraviesan el Perú contribuye en mucho a atemperar el aire que allí se respira.

Pero se insiste, y se pregunta por qué esas montañas son tan frías como en nuestros climas. A lo que respondo que, además de las razones generales que pueden darse, la situación de las montañas de la Cordillera de los Andes constituye una nueva causa: pues ellas corren generalmente de norte a sur, de donde se sigue:

1º Que si se encuentran rocas, R (véase figura XX), a plomo como una muralla, es evidente que las caras expuestas al levante y al poniente, sólo recibirán el sol durante seis horas, tal como si estuviesen en medio de una llanura, y si hubiera alguna montaña delante, recibirían mucho menos, es decir menos de la mitad de los rayos que recibe el llano, y sólo aproximadamente durante un cuarto del día natural.

[121] *Lúcumo: Lucuma mammosa Gaertn.,* voz quechua (*Friederici*).
[122] DU TERTRE, *Histoire . . .,* segunda parte, tratado II, c. II, parágr. 1, t. II, pp. 65-66.

2º   Pero para formular una suposición sobre la que se pueda razonar en general, daremos a la pendiente de nuestras montañas un ángulo de 45 grados, que puede considerarse un justo medio entre las más empinadas y las más acostadas. Entonces se comprobará que las que no resultan oscurecidas por otras montañas, como puede serlo AC, deben ser iluminadas durante los tres cuartos del día. Pero se sabe que desde la salida del sol hasta las nueve horas más o menos la oblicuidad de sus rayos sobre la superficie general y la resistencia de un aire condensado por el frío de quince horas de ausencia de esos rayos sobre el cual es preciso que actúen para ponerlo en movimiento, tornan su acción poco sensible hasta que el sol se eleve hasta una cierta altura; pues según algunos buenos físicos, el frío consiste en una cesación de movimiento.

3º   Si una montaña está contigua a otra, es evidente que se verá cubierta hasta que el sol haya alcanzado la altura del ángulo TDC, que forma el horizonte con la línea trazada desde el pie de una montaña por la cúspide de la otra; por lo tanto el sol no actuará sobre toda la superficie ED sino durante seis horas, y aunque actúe sobre la cumbre durante largo tiempo, no por eso será más calentada, porque los rayos se reflejan hacia arriba como SA en N y su acción se ve interrumpida por el flujo continuo del aire, cuya violenta agitación en línea recta es contraria al calor, como lo prueba la experiencia en el caso del viento o, si se quiere, en el de un soplo lanzado con fuerza, cerrando los labios, el cual refresca la mano que lo recibe.

Finalmente, cuando el sol, ya en el cenit, calienta violentamente el llano, no calienta sino a medias la montaña, como resulta evidente para quienes saben algo de geometría, puesto que, suponiendo los rayos del sol paralelos, la superficie ED no recibe más que la perpendicular EY, igual a XD, que se puede considerar en la llanura, aunque la línea ED sea mucho más larga; pero como el triángulo es rectángulo e isósceles, los cuadrados de esas líneas, que expresan las superificies semejantes, al ser entre ellos como 25 es a 49, es decir casi como 1 es a 2, se verá que la montaña recibe la mitad menos de rayos que la llanura, lo que equivale a un cuarto del día natural como en el primer caso; por lo tanto el sol empleará, para hacer que la tierra sea capaz de producir en la montaña, una mitad más del tiempo que necesita en la llanura; por consiguiente la cosecha debe hacerse mucho tiempo después y no es sorprendente que esta diferencia pueda llegar a seis meses.

No me detendré en las objeciones que puedan hacerse, ni en la aplicación de este razonamiento a los valles y a las montañas que corren de este a oeste; no deseo decir más al respecto; pasaré a otra observación sobre el valle de Lima.

Desde el terremoto de 1678, la tierra no produce trigo como antes, por cuya razón resulta más barato hacerlo venir de Chile, de donde se saca con qué alimentar todos los años cincuenta o sesenta mil hombres, como he calculado en otra parte; la montaña y el resto del país basta para alimentar a los habitantes.

En cuanto a las flores de jardín, no he visto ninguna peculiar de este país, con excepción de los *ñorbos*[123], que se parecen un poco a la flor del naranjo; el olor es menos fuerte, pero más suave.

No debo olvidar aquí las particularidades de algunas plantas del país de las cuales he oído hablar a personas dignas de fe. Hay una hierba llamada *carapullo,* que crece como una planta de grama y de una espiga cuyo cocimiento hace caer en delirio durante algunos días a quienes lo beben. Los indios la utilizan para conocer la naturaleza de sus hijos. Durante el tiempo que produce su efecto, colocan cerca de ellos los instrumentos de todos los oficios que pueden abrazar; por ejemplo, a una niña una rueca, lana, tijeras, tela, baterías de cocina, y a un muchacho un arnés de caballo, leznas, martillos, etc., y aquél de todos esos útiles al que más se aferran en su delirio, resulta la señal segura del oficio para el que son aptos, como me lo aseguró un cirujano francés que fue testigo de tal rareza.

En las llanuras de Trujillo se encuentra un árbol que da veinte o treinta flores todas diferentes y de distintos colores, reunidas como un racimo de dátiles; se lo llama *flor del paraíso* *.

En los alrededores de Cajatambo y de San Mateo, ciudad de la región de Lima, al pie de las montañas, se encuentran ciertos arbustos que dan flores azules, cada una de las cuales, al transformarse en frutos, produce una cruz tan bien hecha, que con escuadra y compás no podría hacerse mejor.

En la provincia de los Charcas, a orillas del gran río de Mizque, crecen grandes árboles que tienen las hojas como el arrayán o el mirto, cuyo fruto es un racimo de corazones verdes, un poco más pequeño que la palma de la mano, los cuales, al abrirse, descubren muchas telillas blancas, como las hojas de un libro, y en cada hoja hay un corazón, en cuyo centro se ve una cruz con tres clavos al pie. No dudo de que la imaginación española tenga buena parte en estas descripciones.

En la misma provincia se encuentra una hierba llamada *pito real* *, la cual, reducida a polvo, disuelve el hierro y el acero; se la llama así por el nombre de un pájaro que con ella se purga; éste es verde, casi pequeño como un loro, excepto que tiene una especie de corona y el pico largo. Se dice que en México, para obtener esta hierba, se tapa con alambres el abujero de sus nidos, que hacen en los árboles, y que el pájaro corta esos alambres, mediante esta hierba, de la que trae las hojas, que se recogen en el nido. Hasta se agrega que hubo prisioneros que escaparon por ese medio, cortando las rejas. Esto parece un poco sospechoso.

Se encuentra también el *maguey*[124], del que se saca miel, vinagre y una bebida; los tallos y las hojas son buenas para comer; se las puede

[123] *Ñorbo: Passiflora calrulea (Malaret,* 3ª ed.).
[124] *Maguey: Agave americana* L. *(Friederici).*

también trabajar como el cáñamo; se saca de él el hilo que llaman *pita;* la madera verde sirve para cubrir las casas, las espinas sirven de agujas y el fruto de jabón para los indios.

La zarzaparilla, la *quinaquina,* árbol cuyo fruto es parecido a una almendra; la quesnoa o quiuna, pequeña semilla blanca semejante a la mostaza, pero desigual, que se utiliza para las caídas y para una enfermedad que ellos llaman *pasmos* *, cuyos accidentes consisten en convulsiones; la sangre de dragón, un poco de ruibarbo, el tamarindo, el aceite de camina y la alamaca se encuentran también en el Perú; el bálsamo que lleva su nombre sólo se da en pequeña cantidad y se lo trae de México, como ya dije.

Resta aún hablar aquí de un animalito muy molesto al que llaman *pico* [125]; penetra insensiblemente en los pies, entre piel y carne, donde se nutre y engorda como un guisante; roe luego esa parte si no se tiene el cuidado de extraerlo, y como está lleno de huevecillos del tamaño de liendres, si se lo revienta al extraerlo, esos huevos se diseminan en la herida, engendrando otros tantos nuevos animales; para matarlos se coloca allí tabaco o sebo.

COSTUMBRES DE LOS ESPAÑOLES DEL PERU

Antes de abandonar el Perú, es bueno decir aquí algo de lo que pude observar de las costumbres de los españoles criollos de este país. Comenzando por la religión, diré que, igual que los de Europa, se jactan de ser los mejores cristianos de todas las naciones; hasta pretenden distinguirse de nosotros por esa cualidad; así, entre ellos, decir un cristiano y un francés es una manera de hablar muy usual que significa un español y un francés. Pero sin profundizar en el interior de unos y otros, ellos nada tienen, en el ejercicio exterior de la disciplina eclesiástica, que los haga merecer ese título por preeminencia. La abstinencia de carnes es muy transgredida entre ellos por el consumo de la *grosura* *, que consiste en lenguas, cabezas, entrañas, pies y extremidades de los animales, que comen los días de vigilia, sin hablar del uso de la *manteca* *, o grasa de cerdo y de vaca, que utilizan en vez de aceite y de mantequilla. Excepto a misa, no es costumbre asistir a ningún otro oficio divino; quienes están a más de tres leguas de la iglesia parroquial, y para los indios cristianos, a una legua solamente, quedan dispensados de oír misa los días de precepto; en Lima hasta se dispensa de ir a la iglesia de la parroquia, por cuanto hay pocas buenas casas que no tengan su oratorio, es decir una capilla donde se oficia la misa para comodidad de los burgueses, lo que mantiene su pereza y los aparta de su deber de feligreses.

[125] *Pico: pique, piqui,* voz quechua que significa lo que *nigua,* voz de los indios de la isla Española (*Friederici*).

En fin, examinando bien su devoción particular, parece que todo se reduce a la del rosario; se lo reza en todas las ciudades y pueblos dos o tres veces a la semana, en las procesiones que se celebran de noche, en familia, o bien cada uno en particular al menos todas las tardes, al anochecer. Los religiosos lo llevan colgado del cuello y los seglares debajo de sus ropas; la confianza que tienen en esa piadosa invención de Santo Domingo de Guzmán, que creen bajada del cielo, es tan fuerte que fundan en ella su salvación, y esperan de él nada menos que milagros, engañados como están por el relato fabuloso que de ellos se les ofrece todos los días y por la idea del buen éxito que cada uno atribuye a esta devoción en el transcurso de sus negocios. Pero, cosa que costará creer, he observado a menudo que cuentan también con él para el éxito de sus intrigas amorosas.

Después del rosario sigue la devoción del Monte Carmelo, de la cual los monjes de la Merced sacan la misma ventaja que los dominicos de la precedente.

La de la Inmaculada Concepción viene después; franciscanos y jesuitas tanto la han acreditado, que se la nombra al comenzar todas las acciones, incluso las más indiferentes. "Loada sea dicen al comienzo de un sermón, en las gracias, y a la noche, al encender las velas en la casa—, loado sea el Santísimo Sacramento del Altar y la Virgen María Nuestra Señora sin mancha concebida ni pecado original *desde el primer instante de su ser natural*" *; se agrega a las letanías *absque labe concepta* [126]. En fin, esta cuestión mezclada por doquier, no puede servir ni a la instrucción ni a la edificación de los fieles, y las expresiones de los himnos que cantan en honor de esta creencia son tan singulares, que no molestará ver aquí transcriptas algunas estrofas.

Se observará una aplicación del quinto versículo del salmo 18, según la Vulgata: "Dios ha puesto su tienda en el sol [a]", por la que se reconoce que el autor de este himno no era muy versado en la lengua de la Sagrada Escritura, que los españoles estudian raramente, pues si hubiera consultado el hebreo habría sin duda reconocido que el sentido de ese pasaje es que Dios ha puesto el trono del sol en los cielos, *Soli posuit solium suum in eis,* id est coelis [127]; lo que nada conviene al asunto.

[126] Sin mácula concebida.

[a] *In sole posuit tabernaculum suum,* Ps 18 [6: En ellos puso tabernáculo para el sol].

[127] Puso para el sol su solio en ellos, es decir en los cielos.

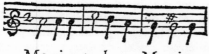

Ma ri a todo es Ma ri a,

Marie, tout est Marie,

Má ri a todo es à vos :

Marie, tout est à vous :

Toda la noche y el di a

Toute la nuit & le jour

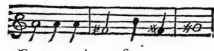

Se me voi penſar en vos.

Je ne fais que penser à vous.

Toda vos resplandecéis
Con soberano arrebol,
Y vuestra casa en el sol
Dice David que tenéis.

Aunque le pese al Demonio,
Y reviente Satanás,
Alabemos a María
Sin pecado original.

Vuestro calzado es la luna,
Vuestra vestidura el sol,
Manto bordado de estrellas,
Por corona el mismo Dios.

El Demonio está muy mal,
Y no tiene mejoría,
Porque no puede desturbar
La devoción de María.

Este fragmento de poesía también puede servir para hacer conocer el gusto de la nación española, que no ama sino las metáforas y las comparaciones extraordinarias sacadas del sol, la luna, las estrellas o de las piedras preciosas, lo cual les hace caer a menudo en un ridículo y en un extravío que toman por algo sublime; es así como en este himno el poeta atribuye a la virgen, la luna por escabel, las estrellas por orla de su manto, el tiempo que pone su casa en el sol, que debe por consiguiente encerrar todo eso; pero si le ha faltado juicio en su entusiasmo poético, puede decirse que se ha equivocado mucho cuando dice que el diablo revienta en su piel al ver la devoción a la Virgen acreditada en el Perú. Esta devoción está ciertamente demasiado mezclada con vicios y sensualidad como para hacernos pensar que sea muy meritoria; sé bien que ponen sumo cuidado en recitar varios rosarios por día, pero en eso puede decirse que son verdaderos fariseos [a], y que creen que la plegaria consiste en hablar mucho, aunque con la punta de los labios y prestando tan poca atención que a menudo incluso mascullan su rosario mientras conversan de cosas en nada compatibles con los piadosos ejercicios. Por lo demás, viven todos en un fuerte convencimiento de su salvación, fundado en la protección de la Virgen y los santos, que creen merecer por algunos ejercicios de cofradía, a los cuales los monjes los han asociado, sin hacerles observar que la primera devoción consiste en la reforma del corazón y en la práctica de las buenas costumbres; al contrario, por las revelaciones y los milagros poco comprobados que les endilgan continuamente desde el púlpito, en sus predicaciones, parece que quieren abusar de la sorprendente facilidad con la que esos pueblos creen las cosas más ridículas y contrarias a la buena moral, lo cual es sin duda muy pernicioso para la pureza de la religión y muy prohibido por una constitución de León X, dada en 1516. Podría citar algunos ejemplos, si lo grosero de esas ficciones no me volviese sospechoso de querer embaucar; de allí que esas gentes no saben casi lo que es rogar a Dios, sino que sólo se dirigen a la Virgen y a los santos; de este modo lo accesorio de la religión ahoga en ellos lo principal.

Este pueblo no sólo es crédulo hasta el extremo, sino también supersticioso; unen al Rosario que llevan colgado al cuello, *habillas* *, una especie de castañas de agua, y otro fruto de igual naturaleza, casi en forma de pera, llamado *chonta* *, con nueces moscadas y otras cosas semejantes, para protegerse de las brujas y del mal aire. Las damas llevan alrededor del cuello amuletos, que son medallas lisas y una pequeña mano de azabache o de madera de higuera, llamada *higa* *, de tres líneas de largo, cerrada con excepción del pulgar, que está levantado. La idea de la virtud que ellos atribuyen a estos amuletos es la de proteger del mal que se imaginan que pueden causarles quienes envidian su belleza, a lo cual ellas llaman mal de ojo; se hacen amuletos de un tamaño mayor para los niños. Esta superstición es común a las damas y al pueblo, pero existe otra casi general y de gran efecto para evitar las penas de la otra vida, que es la de tener el cuidado de proveerse durante ésta, de un hábito de monje, que compran para cuando mueran con el objeto de hacerse enterrar con él, persuadidos de que revestidos de tal librea, tan respetada aquí abajo, serán admitidos sin dificultad en la gloria y no podrán ser arrojados a las *tinieblas exteriores,* tal como los monjes lo hacen entender. No hay que sorpenderse de ello; se sabe que esta devoción, que comenzó en Francia en el siglo doce, para provecho de las comunidades, hizo decir a los franciscanos [b] que San Francisco realizaba regularmente

[a] *Putant enim quod in multiloquio suo exaudiantur,* Mт 6 [7: Piensan que por su palabrería serán oídos].

[b] *Morientes in professione et habitu Ordinis Minorum ultra annum, non passuros in poenis Purgatorii, quoniam S. Franciscus ex divino privilegio quotannis ad*

208

todos los años un descenso al purgatorio, y sacaban de éste a todos aquellos que habían muerto con el hábito de su orden, y algunas otras quimeras que fueron condenadas por el Concilio de Basilea en el siglo quince, de lo cual estos religiosos hacen poco caso en el Perú y en lo que yo he visto de las colonias portuguesas, pues sus iglesias todavía están llenas de pinturas que representan este descenso anual de San Francisco al purgatorio; las demás órdenes no dicen menos de su patriarca.

Todavía han encontrado otro medio, abusando de la credulidad de los ricos, de apropiarse de alguna parte de sus tesoros: persuadirlos de que cuanto más cerca del altar se hagan enterrar, más participarán de los sufragios de las plegarias de los fieles, y hay víctimas tan tontas que lo creen y se jactan tácitamente de que habrá "preferencia de personas por parte de Dios" [a]; así sucedió con dos particulares que, algunos días antes de que yo saliese del Perú, habían dado cada uno seis mil pesos, es decir más de catorce mil francos, para ser enterrados en el osario de los agustinos de esta ciudad.

Como la experiencia demuestra que esos honores y ventajas imaginarias terminan con la solemnidad del entierro, a pesar de las considerables sumas que costaron, se recurre a legados piadosos para la fundación de misas u otras plegarias; no existe moribundo al que no se lo persuada de la necesidad de hacerlo para evitar las penas de la otra vida; tanto se les exagera el mérito de esas donaciones, que todo el mundo quiere de este modo redimir sus pecados contra los intereses de lo que la caridad y los sentimientos naturales exigen con respecto a los parientes cercanos, los acreedores y los pobres, bajo cuya guía debemos redimirlos, según el precepto de la Escritura [b]; pero por cuanto el bien que se les hace a unos y otros es muy pronto sepultado en el olvido, el amor propio, que deja todavía en el corazón un deseo de eternizarse cuando uno se ve eliminado del número de los hombres, hace preferir las fundaciones a las otras buenas obras, porque se adaptan mejor a ese fin, o, quizás también, porque se las cree más eficaces. En una palabra, sea por el temor a las penas, que los acucia muy vivamente, o por el amor a Dios y a sí mismo, la costumbre es tan general y ha enriquecido de tal modo a los conventos de Lima y de algunas otras ciudades, desde hace un centenar de años, que a los laicos casi no les queda caudal en dinero; la naturaleza de sus bienes está reducida a efectos mobiliarios, y escasean los que no son feudatarios de la iglesia, ya sea por su vivienda, ya sea

Purgatorem descendit suosque omnes ad Coelum deducit. Spond. an. 1443. [Los que mueren en el culto y con el hábito de la orden de los mínimos no pasarán más de un año en las penas del purgatorio ya que San Francisco, por privilegio divino, desciende todos los años al purgatorio y conduce al cielo a todos los suyos].

[a] *Non enim est acceptio personarum apud Deum,* ROM 2 [11: Porque no hay acepción de personas con Dios].

[b] *Et peccata tua eleemosynis redime, et iniquitates tuas misericordiis pauperum,* DAN 4 [24: Tus pecados redime con justicia y tus iniquidades haciendo misericordias para con los oprimidos].

por sus haciendas. Para bien de la colonia convendría que se estableciera el mismo reglamento que los venecianos hicieron en 1605, que prohíbe la alienación de los bienes en efectivo a favor de la Iglesia o de manos muertas, sin el consentimiento de la República, a imitación de algunos emperadores [a] y reyes [b] de Francia. Pero la corte de Roma, alarmada, hizo suspender por un tiempo ese decreto en un país donde tiene menos crédito que en España; así, este abuso, según todas las apariencias, perdurará, y al cabo de poco tiempo los seglares se hallarán más dependientes de las comunidades en lo temporal de lo que lo están en lo espiritual.

Nada diré aquí de la manera como honran a las imágenes; al ver el cuidado que ponen en adornarlas en sus casas y en quemar incienso delante de ellas, no se si no se podría sospechar que llevan ese culto muy cerca de la idolatría. Los limosneros, personas atentas a aprovecharse de los prejuicios del pueblo para atraerse las limosnas, las llevan por las calles, a pie y a caballo, colocadas en grandes marcos bajo un vidrio, y las dan a besar retribución mediante. Es verdad que tanto en Europa como en América, se ve bastante comúnmente abusar de las mejores cosas, lo cual obligó a los obispos de Francia a pedir al Concilio de Trento una reforma sobre este artículo.

Por interés y por ignorancia, el clero y los religiosos se toman poco trabajo en desengañarlos y en enseñarles a adorar a Dios en espíritu y en verdad, a temer sus juicios, y a no contar con la protección de la Virgen y de los santos a menos que imiten sus virtudes; por el contrario, si hacen panegíricos, los exaltan sin discreción y nunca mezclan en ellos rasgo alguno de moral, de suerte que esos sermones, que son los más frecuentes durante el año, les resultan infructuosos y los mantienen en sus presunciones habituales.

Por otra parte, aun cuando tales gentes predicaran de palabra las virtudes cristianas ¿qué fruto podrían obtener cuando dan tan malos ejemplos? ¿Será mediante la modestia y la dulzura? Son en extremo descarados, osaré decir que la mayoría va siempre armada con un puñal; no se debe pensar que sea para degollar, pero sí, al menos, para resistir a quien quisiera oponerse a sus placeres o causarles molestias. ¿Será mediante la pobreza y el desprecio de las riquezas? Los más moderados comercian y tienen esclavos de ambos sexos; muchos eclesiásticos hacen incluso ostentación de hábitos de color adornados con dorados, bajo su hábito ordinario. ¿Será mediante su humildad? Son de un orgullo insoportable, verdadera imagen de los fariseos que pretendían presidir por doquier [c] y ser saludados en la plaza pública. En efecto, no contentos

[a] Valentiniano, Carlomagno y Carlos V.
[b] Desde San Luis hasta Enrique III.
[c] *Amant autem primos recubitus in coenis, et primas cathedras in synagogis et salutationes in foro et vocari ab hominibus Rabbi*, Mt 23 [6-7: y aman los primeros asientos en las cenas, y las primeras sillas en las sinagogas, y las salutaciones en las plazas, y que los hombres lo llamen: Rabí, Rabí].

con las profundas reverencias que se les hacen, presentan sus mangas para que se las besen en plena calle y en las iglesias, a donde van expresamente a interrumpir a los fieles atentos al sacrificio, para hacerles rendir homenaje a su pretendida dignidad; bien alejados en esto de los sentimientos del primero de los monjes de occidente, San Benito, quien escogió para sus religiosos el hábito de los pobres de su tiempo, y de los de San Francisco que eligió un hábito ridículo para tornarse despreciable a ojos de los hombres. Por lo demás, se sabe que para impedirles que se mezclaran en los negocios del mundo, fue preciso antaño que el rey de España [a] se sirviera de su autoridad, y aun así no lo logró del todo. En fin ¿predicarán con el ejemplo en cuanto a continencia? Este es aquí el vicio general, que casi no tiene excepción entre quienes la edad no se lo ha abolido. Incluso tienen poca reserva en este respecto, y se excusan de la necesidad de tener una amiga que cuide de ellos, porque, con excepción del alimento, los conventos nada les proveen; de donde también resulta que están obligados a intrigar para sostenerse con ellas, mezclándose en negocios y a veces en artimañas que a menudo han enseñado a nuestros franceses comerciantes en la costa a desconfiar de ellos como de gente muy hábil. El capitán del Marianne, al que pasé, tuvo una dura experiencia: uno de ellos le sustrajo una bolsa de ochocientos pesos de su toldilla,

Esta disipación es también la causa de que no estudien casi nada; fuera de las grandes ciudades con frecuencia se encuentra quienes apenas saben leer el latín de la misa. Hasta conocí a un profesor de teología, en su convento, que se las arreglaba muy mal con él. Después de todo, es evidente que la mayoría se convierte en religiosos sólo para llevar una vida más cómoda y honorable. Se dice que el rey de España conoce este mal y regula, en consecuencia, el número de comunidades.

Como debo este testimonio a la verdad, deseo que estas observaciones no alcancen para nada a los jesuitas, que estudian, predican, catequizan, hasta en las plazas públicas, con mucho celo, y creo que sin ellos los fieles apenas estarían informados de los principales artículos de fe.

También debo respetar aquí la probidad y buenas costumbres de los obispos, a quienes no se debe imputar en absoluto la mala conducta de su grey que por una vieja costumbre se hallan en cierto modo en condiciones de vivir de una manera un tanto licenciosa, particularmente los religiosos, que son los pastores, y no reconocen otra jurisdicción eclesiástica que la de sus superiores, pretendiendo que sólo dependen de éstos y, en última instancia, del Papa; monstruosa independencia que,

[a] "También le encargó mucho [el Rey al nuevo Virrey de México, Luis de Velasco], que procurase, que los prelados y religiosos estuviesen en los límites de sus oficios, sin entremeterse en los ajenos, como lo habían hecho algunas veces, porque esto tocaba al Rey, y a sus lugartenientes". Herrera, an. 1551. [Cita transcripta de: A. DE HERRERA, Historia..., déc. VIII, l. VII, c. XIV, t. X, p. 202].

según el ingenioso razonamiento de San Bernardo [a], es como si se arrancara un dedo de la mano para unirlo inmediatamente a la cabeza.

Descuidé comparar los monjes a los fariseos cuando, según la institución de su estado, habría debido ponerlos en paralelo con los esenios; pero muy lejos de hacer ver que su justicia abunda más que la de esos judíos, hubiese mostrado virtudes que confundirían la presunta perfección de ciertas comunidades cristianas [b]. Ellos no tomaban niños consigo a causa de la inconstancia de la edad. No habitaban en las ciudades, persuadidos de que la excesiva frecuentación del mundo era para el alma lo que un arie contagioso es para el cuerpo. No llevaban puñal. No ejercían ninguna de esas artes que hacen fácilmente tropezar la rectitud del corazón, como puede ser el comercio. No tenían esclavos; sino que, como todos los hombres han nacido libres, se servían los unos a los otros, reconociendo que somos todos hijos de la naturaleza, nuestra madre común, y que aun cuando no se nos llama hermanos, sin embargo lo somos en efecto.

Por lo demás, no pretendo con lo que acabo de decir, excluir a las personas de bien y de letras del Perú y de Chile; sé que las hay en todos los Estados y los hubo de una piedad eminente y la Iglesia los recibió en el catálogo de los santos. Lima vio nacer en su jurisdicción a Santa Rosa de Santa María de la Tercera Orden de Santo Domingo; a su obispo Toribio, europeo, se lo beatificó allí, y allí se honra también al bienaventurado Francisco Solano, nativo del Paraguay; pero después de todo yo estoy muy lejos del sentimiento del autor de la vida del bienaventurado Toribio, que dice que, "tiene traza el Perú de dar más santos al cielo que ha dado plata a la tierra". Hasta me parece que la virtud es más común entre los laicos que entre los religiosos y sacerdotes. No tengo empacho en decirlo, sería una falsa delicadeza exceptuar personas

[a] Lib. 3, Consid., c. 4. *Monstrum facis, si manui submovens digitum, facis pendere de capite, superiorem menui brachi collateralem; tale est si in Christi corpore, membra aliter locas quam disposuit ipse.* [Haces una monstruosidad si, removiendo un dedo de la mano, lo haces pender de la cabeza, por encima de la mano y colateral al brazo; lo mismo sucede si en el cuerpo de Cristo colocas los miembros en lugares distintos a los que él mismo dispuso].

[b] Euseb., lib. 8, *Evang. Praepar. Nemo inter eos puer nemo adolescens propter instabilitatem aetatis, se viri omnes aut senes sunt. In civitatibus non habitant existimantes ut contagionem aëris corporibus, sic conversationem vulgi animo nocere. Nemo eorum belli instrumenta factitat, sed nec eas artes excercent, quibus facile omnes in improbitatem labuntur: nulla mercatura, nullus cauponatus, nulla eis cognoscitur navigatio; non servus apud eos, sed quum universi sint liberi alteri alteris serviunt, omnes enim aiunt quasi mater eadem natura genuit, quare quamvis non vocemur, sumus tamen reipsa fratres.* [Ningún niño, ningún adolescente hay entre ellos, debido a la inestabilidad propia de la edad, todos son adultos o viejos. No habitan en ciudad pues consideran que el contagio del aire daña a los cuerpos tanto como la frecuentación del vulgo al ánimo. Ninguno de ellos tiene la costumbre de los instrumentos de guerra y ni siquiera ejercen esas artes con las que fácilmente todos caen en la maldad: entre ellos no se conoce ningún comercio, tráfico o navegación; no hay esclavos entre ellos pero, aunque todos son libres, se sirven unos a otros, en efecto, a todos, dicen, engendró la misma naturaleza como una madre, por lo cual, aunque no somos llamados hermanos, sin embargo en realidad lo somos].

que deshonran su estado impunemente, so pretexto de que están consagrados a Dios mediante votos solemnes.

Omne animi vitium tanto conspectius in se
crimen habet, quanto maior qui peccat habetur [128].

Juvenal.

Creo repetible, como viajero que observa lo que pasa en el país donde se encuentra y que saca una consecuencia de la conducta de tales personas, que albergan poca religión en el corazón, a pesar de su fasto y afectación exterior.

Si examinamos a continuación el carácter y las inclinaciones de los criollos laicos, encontraremos, como entre las demás naciones, una mezcla de bueno y de malo. Se dice que los habitantes de la *puna,* es decir de las montañas del Perú, son de bastante buen trato, y que hay entre ellos personas honestas, generosas, dispuestas a prestar servicios, especialmente si de ello pueden envanecerse y hacer brillar su grandeza de alma, cosa que se llama en el país el *punto* * o el punto de honor [129], del cual la mayoría se envanece como de una cualidad que los pone por encima de las demás naciones, que es una prueba de pureza de sangre española y de la nobleza de la que todos los blancos se jactan. Ni el más pordiosero y miserable de los europeos deja de tornarse gentilhombre en cuanto se ve trasplantado entre los indios, negros, mulatos, mestizos y otras sangres mezcladas. Esta nobleza imaginaria los lleva a ejecutar gran parte de sus buenas acciones. Encontré en Chile que se practica mucho la hospitalidad, particularmente en el campo, donde reciben muy generosamente a los extranjeros y sin interés los albergan durante largo tiempo en sus casas. Es así como los pequeños mercaderes vizcaínos y de otras regiones de España hacen largos viajes con poco gasto.

En las grandes ciudades y en la costa encontramos hoy que los criollos han perdido esas buenas cualidades que nuestros primeros franceses les habían encontrado y que todo el mundo alababa; tal vez la antipatía natural que tienen por nuestra nación se acrecentó con el mal éxito del comercio que hicieron con nosotros. Esta antipatía llega a disminuir el afecto que deben tener por su rey [130], ya que él es francés. En los comienzos, por su candidatura, Lima se vio dividida en dos partidos y, en las montañas, el clero y los religiosos rogaron descaradamente por su

[128] Toda perversión del ánimo comporta una culpabilidad tanto más notable cuanto más grande se considera a quien peca. JUVENALIS, *Saturae* VIII, 140-141, transcriptos según el texto de JUVENAL, *Satires.* Texte établi et traduit par Pierre de Labriolle et François Villeneuve. Paris, Société d'édition "Les belles lettres", 1964, p. 107.
[129] *Punto:* 'vale también lo mismo que pundonor, y se suele añadir la expresión, diciendo *punto de honra' (Aut.).*
[130] Felipe V, inicialmente duque de Anjou, nieto de Luis XIV, reinó entre 1700 y 1746.

213

rival; pero los vizcaínos dispersos por el país, y la mayoría de los españoles europeos, informados del valor y la virtud de Felipe V, le han demostrado siempre su fidelidad; de modo que los criollos, vueltos del error de sus prejuicios, comienzan a cobrar apego por el santo rey, tal como lo llaman, y aun cuando quedaran aún algunos pertinaces, se tornarán más discretos al ver afirmada la Corona por el consentimiento unánime de todas las naciones. Son temerosos, fáciles de gobernar, aunque dispersos y apartados de los superiores, y aunque tengan mil refugios de desiertos y de campos para huir del castigo y aunque, por otra parte, no haya país donde la justicia sea menos severa, pues no se castiga a casi nadie con la muerte, sin embargo, temen a los oficiales reales; cuatro soldados de *a caballo* *, que pueden compararse a los que llamamos *hoquetons,* por venir de parte del virrey, hacen temblar a todo el mundo a cuatrocientas leguas de él.

Por lo que se refiere al espíritu en general, los criollos de Lima no carecen de él, tienen vivacidad y disposición para las ciencias; y algo menos los de la sierra; pero unos y otros se tienen en mucho o más que los españoles europeos, a quienes tratan entre ellos de *caballos* *, es decir, bestias; tal vez sea éste un efecto de la antipatía que reina entre ellos, aunque sean súbditos del mismo monarca. Creo que una de las principales razones de esta aversión es la de ver siempre a estos extranjeros ocupar los primeros cargos del Estado y sacar la mejor parte de su comercio, en lo cual consiste la única ocupación de los blancos, que desdeñan dedicarse a las artes, para las cuales no tienen afición.

Por lo demás son poco amigos de la guerra; la muelle tranquilidad en que viven les hace temer la pérdida del reposo; soportan, sin embargo, la fatiga de los largos viajes por tierra con suma facilidad, cuatrocientas y quinientas leguas de camino por desiertos y rudas montañas no les espantan como tampoco la mala comida de las travesías; de donde se puede concluir que son buenos para el país que habitan.

En cuanto al comercio son, al igual que los europeos, astutos y finos conocedores; pero como son muelles y perezosos, y no se dignan mezclarse en él si no median beneficios considerables, los vizcaínos y demás españoles de Europa, que son más laboriosos, se enriquecen más pronto. Hasta los obreros, que sólo viven del trabajo de sus manos, son tan indolentes que no se privan del sueño de la *siesta* * hasta el mediodía; de donde resulta que, perdiendo la mejor parte de la jornada, no hacen ni la mitad de lo que podrían hacer y así encarecen excesivamente todos los trabajos.

Parece que la molicie y la haraganería están apegadas al país, quizás porque éste es demasiado bueno; pues se observa que quienes fueron educados para el trabajo en Europa, se tornan flojos en poco tiempo, como los criollos. Efectivamente, en un país árido los hombres son mucho más robustos y laboriosos que en los países fértiles. Por esta razón Ciro no quiso jamás permitir a los persas que abandonaran el país áspero,

214

montañoso y estéril que habitaban, para buscar uno mejor; decía que las costumbres del hombre se relajan y se corrompen por la belleza de la morada en que viven ᵃ. En efecto, la fuerza se mantiene con el ejercicio del cuerpo, la comodidad lo ablanda por demasiada inacción y lo enerva por los placeres.

En general, los criollos tienen un aire afectado y no salen de esa gravedad que les es natural. Son sobrios para el vino, pero comen ávida y groseramente, a veces todos de un mismo plato, por lo general en ración como los monjes. En una comida de aparato, se hacen pasar sucesivamente delante de cada convidado platillos de diferentes guisos, y cada uno de ellos los da después a sus domésticos y a los asistentes que no están a la mesa, a fin, dicen, de que todo el mundo participe de la buena comida. Cuando los criollos venían a comer en nuestros barcos, donde se servía a la francesa, en grandes platos dispuestos con arte y simetría, los arrebataban para dárselos a sus esclavos, a veces antes de que se los hubiese tocado; pero cuando los capitanes no osaban hacerles notar esta descortesía, nuestros cocineros, celosos de su trabajo, no dejaban de reprocharles que desbarataran el hermoso orden del festín. Como no usan el tenedor, se ven obligados a lavarse al final de la comida, lo cual hacen todos en un mismo recipiente; y con estas lavazas comunes y asquerosas se lavan los labios. Las carnes que comen están sazonadas con mucho *ají* o pimiento, especie ésta de la que ya hemos hablado y que es tan picante que a los extranjeros les es casi imposible gustarla; pero las vuelve todavía peores el gusto a sebo que la grasa da a todos sus guisos; por lo demás, no entienden el arte de asar grandes piezas, porque no las hacen girar continuamente como nosotros; éste es el que más admiran de todos nuestros platos. Tienen dos comidas, una a las diez de la mañana, la otra a las cuatro de la tarde, que, en Lima, hace las veces de cena, y una colación a media noche; en otros sitios se come como en Francia.

Durante el día usan mucho la hierba del Paraguay, que algunos llaman hierba de San Bartolomé [131], el cual ellos pretenden que vino a estas provincias, donde él la tornó saludable y benéfica, de venenosa que antes era; como no la traen sino seca y casi en polvo, no puedo describirla. En vez de beber la infusión separadamente, como nosotros bebemos la del té, ellos ponen la hierba en una copa hecha de una calabaza, ornada de plata, que llaman *mate* * (véase figura XXIX) [132]; le agregan azúcar y vierten encima agua caliente, la que beben inmediatamente, sin darle tiempo de convertirse en infusión, porque se ennegrece como la tinta. Para no beber la hierba que sobrenada, se sirven de un tubo de plata en cuyo extremo hay una ampolla llena de agujeritos; así el líquido que

ᵃ Plutarchus, *De dictis regum*.

[131] En América meridional la denominación más común del *Ilex* es *yerba,* pero según Malaret (3ª edición) "En el Perú no se llama *yerba* a la *yerba mate* ni a la bebida que con ella se hace".

[132] En el original la figura XXIX lleva, erróneamente, el número XXXVI.

se succiona por el otro extremo se desprende por completo de la hierba; se bebe en rueda, con el mismo tubo, volviendo a echar agua caliente sobre la misma hierba a medida que se la bebe. En vez de tubo o *bombilla* *, algunos apartan la hierba con *apartados* * de plata lleno de agujeritos. La repugnancia que los franceses han mostrado a beber con toda clase de personas, en un país donde son muchos los sifilíticos, ha hecho inventar el uso de pequeños tubos de vidrio que comienzan a usarse en Lima. Para mi gusto esta bebida es mejor que el té; tiene un olor de hierba bastante agradable; la gente del país está tan acostumbrada a él que hasta los más pobres lo toman por lo menos una vez al día, al levantarse.

El comercio de la hierba del Paraguay se hace en *Santa Fe**, adonde llega por el río de la *Plata* * y por carretas. La hay de dos clases, una que llaman hierba de palos, y la otra, más fina y de mejor calidad, hierba de Camini; esta última se produce en las tierras de los jesuitas y su gran consumo se produce desde La Paz hasta Cuzco, donde vale la mitad más que la otra, que se expende desde Potosí hasta La Paz. Salen todos los años del Paraguay para el Perú más de cincuenta mil arrobas, es decir, un millón doscientas cincuenta mil [libras] de peso, de una y otra hierba, un tercio de lo cual de Camini, sin contar unas veinticinco mil arrobas de la de palos para Chile. Se pagan por paquete, que contiene seis o siete arrobas, cuatro reales de derecho de alcabala, y los gastos de acarreo de más de seiscientas leguas, hacen duplicar el precio de la primera compra, que es de alrededor de dos pesos; de modo que resulta en Potosí a cinco pesos la arroba o las veinticinco libras. Este acarreo se hace habitualmente por carretas, que llevan ciento cincuenta arrobas, desde Santa Fe hasta Jujuy, última villa del Tucumán, y de allí hasta Potosí, que está a cien leguas de distancia, se la transporta sobre mulas.

Señalé en otro lugar que el uso de esta hierba era necesario en la región de las minas y en las montañas del Perú, donde los blancos creen pernicioso el uso del vino; prefieren beber sólo aguardiente y dejan el vino a los indios y a los negros, con el que éstos se arreglan muy bien.

Si bien los españoles son sobrios para el vino, son muy poco moderados en cuanto la continencia; en cosas de amor no le ceden a nación alguna; sacrifican a esta pasión la mayor parte de su riqueza, y aunque bastante avaros en toda otra ocasión, son generosos sin medida para las mujeres. Para añadir a sus placeres el de la libertad y no mitigarlos por la dura necesidad de estar atado a una misma persona para siempre, rara vez se casan frente a la iglesia; pero, para servirme de sus palabras, se casan generalmente todos *detrás de la iglesia* *, es decir que están todos comprometidos en un honesto concubinato, que entre ellos nada tiene de escandaloso; muy lejos de ello, es una vergüenza no estar *amancebado* *, es decir, unido a una amante a la que mantienen, a condición de que sea únicamente de ellos; ellas están obligadas a guardarles fidelidad, tan exactamente como las esposas a sus maridos en Europa. Hasta es bastante común ver hombres casados dejar a sus esposas para juntarse con mulatas y aun con negras, lo cual causa a menudo desórdenes en las familias; así todavía subsisten en este país las dos viejas maneras de casarse, la del *amancebamiento* * conviene muy bien a la que se llamaba *usu*, y de la otra se ve un resto en la ceremonia de su boda; el esposo deposita en la mano de la esposa trece monedas, que ella después deja caer en la del cura; así en el matrimonio *per coemptionem*, el esposo y la esposa se daban una moneda de plata, lo que se llama *convenire in manum*.

Los sacerdotes y los religiosos, como dije antes, no se hacen problemas al respecto, y el público no se escandaliza mientras no se mezcle la envidia, por cuanto aquéllos tienen a menudo a sus amantes en mejores condiciones que ellos mismos, en lo cual las mulatas a menudo se destacan [a]. Para detener este abuso, muchos obispos excomulgan todos los años para Pascua, a quienes están comprometidos en concubinato, pero como el mal es universal y los confesores son parte interesada, no son severos en este particular, de donde estos pueblos, que en otros casos fácilmente se atemorizan con los anatemas, no los temen.

Los religiosos eluden los golpes porque al no estar libres, se considera que no están completamente amancebados, y que, por lo demás, no tienen intención de estarlo; graciosa escapatoria! cuya invención sin duda debe atribuirse a algún astuto casuista, fundado en el código Justiano, el que torna inválidos los contratos que no se celebran entre personas libres, y en la sabia máxima, explicada por esos casuitas tan desacreditados en Francia: "la intención regula la calidad de la acción". En fin, esta moda se halla tan bien establecida, es tan cómoda y tan generalmente aceptada, que dudo de que se la pueda abolir jamás; las leyes del reino parecen autorizarla, pues los bastardos heredan casi como los hijos legítimos, en cuanto son reconocidos por el padre, y este nacimiento no importa vergüenza, como ocurre entre nosotros, donde, indebidamente, se imputa el crimen al inocente, con respecto a lo cual, tal vez, se fuese más indulgente, si cada uno estuviese bien informado de su origen.

Aunque las mujeres no sean celadas como las españolas de Europa, no es habitual que salgan de día; pero a la entrada de la noche tienen libertad para ir a hacer sus visitas, lo más frecuentemente adonde menos se lo espera, pues las más tímidas en pleno día son las más audaces de noche; entonces, cubierto el rostro con el rebozo o el manto, de modo que no se las pueda reconocer, dan los pasos que dan los hombres en Francia.

La actitud que ellas tienen en su casa es la de estar sentadas sobre almohadones, a lo largo de la pared, con las piernas cruzadas sobre un

---

[a] *Est etiam in fusco grata colore venus*, Ovidius, *Amores* II [4, 40: También en un color oscuro se complace el amor. Transcripto según el texto de Ovide, *Les amours.*/Texte établie et traduit par Henri Bornecque. Paris, Société d'édition "Les belles lettres, 1930, p. 46].

estrado cubierto con una alfombra a la turca. Pasan así jornadas enteras casi sin cambiar de postura, ni siquiera para comer, porque se les sirve aparte sobre unos cofrecillos (véase figura XXIX) que ellas siempre tienen delante de sí para guardar las labores en las que se ocupan; de allí que tengan un andar pesado, carente de la gracia del de nuestras francesas.

Lo que se llama estrado es, como en España, una grada de seis a siete pulgadas de alto y cinco o seis pies de ancho, que corre generalmente a todo un costado de la sala de recibo; los hombres, por el contrario, se sientan en sillones, y sólo una gran familiaridad les permite hacerlo en el estrado. Por lo demás, se ve a las mujeres en su casa con tanta libertad como en Francia; reciben compañía de buena gana y se complacen en distraerla tocando el arpa o la guitarra, a las que acompañan con la voz, y si se les ruega que bailen, lo hacen con mucha satisfacción y cortesía.

Su manera de bailar es casi totalmente diferente de la nuestra en la que se valora el movimiento de los brazos y a veces el de la cabeza. En la mayoría de sus danzas mantienen los brazos colgando o doblados bajo un manto en el que están envueltas; de manera que sólo se ven las inflexiones del cuerpo y la agilidad de los pies. Tienen muchas danzas con figuras, en las que se quitan el manto, pero los adornos que mezclan en ellas son más bien acciones que gestos.

Los hombres bailan casi en el mismo estilo, sin quitarse sus largas espadas, cuya punta mantienen hacia adelante para no ser estorbados en sus saltos y en sus flexiones, que a veces son tan pronunciadas que se las tomaría por genuflexiones. Mucho hubiese deseado saber coreografía, para describir algunos de sus bailes; de todas maneras, pondré aquí el aire [133] de uno de los que son tan comunes entre ellos como lo es el minúe en Francia: se lo llama *zapateo* *, porque se lo baila golpeando alternativamente con el talón y la punta de pie, y dando algunos pasos y reverencias, sin cambiar mucho de lugar. Se verá por este fragmento de música, el gusto seco que reina en el punteo del arpa, de la vihuela y de la bandola [134], que son casi los únicos instrumentos usados en el país. Estos dos últimos son una especie de guitarra, pero la bandola tiene un sonido mucho más agudo y más fuerte. Hay que señalar que el bajo [135] ha sido hecho en Francia, a la manera del arpa.

[133] Según Carlos Vega (*El malambo*. Buenos Aires, Editorial Julio Korn, 1953, p. 22) esta transcripción es "cronológicamente la primera notación de un baile criollo".

[134] *Bandola:* 'instrumento músico pequeño, cuyo cuerpo es combado, y como el del laúd' (*Aut.*).

[135] *Bajo:* 'nota que sirve de base a un acorde' (*Acad.*).

SAPATEO, danſe du Perou & du Chily.

Estos atractivos que la educación da a las españolas son tanto más turbadores cuanto que generalmente van acompañados de un hermoso porte. Son generalmente bastante simpáticas; tienen una tez hermosa, pero de poca duración, por el gran uso que hacen del afeite llamado *solimán* [a], que es un sublimado preparado. Tienen los ojos vivos, el lenguaje jovial; gustan de una galantería libre, a la que responden con ingenio y a menudo con un matiz que huele un poco a libertinaje, según

[a] Lo que es contrario a lo que dice Oexmelin, *Histoire des Filibustiers*. El sublimado, dice, también está adaptado, aunque su uso no sea tan grande en América, pues las mujeres no se maquillan.

219

nuestras maneras. Las proposiciones que un amante no osaría hacer en Francia sin merecer la indignación de una mujer honesta, muy lejos de escandalizarlas les causan placer, aun cuando estén muy lejos de consentir en ellas; persuadidas de que es la mayor muestra de amor que se les pueda dar, las agradecen cual si fuese un honor que se les hace en vez de enfadarse como de una mala opinión que se tiene de su virtud. Se reconoce en estas maneras simples y naturales el placer y el secreto contento que sentimos cuando nos vemos buscar. Este efecto del amor propio que es el origen del afecto recíproco, lo es después del desarreglo, cuando la decencia y la religión no detienen su curso; pero sin prestar atención a los deberes esenciales, la sola prudencia humana debería bastar para impedir a un hombre caer en las trampas de las coquetas de este país; pues sus maneras incitantes son generalmente un efecto de su codicia más que muestra de su inclinación. Ellas entienden perfectamente el arte de abusar de la debilidad que se tiene por ellas [a], y de poner a un hombre en gastos continuos y sin discreción; hasta parece que es una gloria para ellas haber arruinado a muchos amantes, como lo es para un guerrero haber derrotado a muchos enemigos. Esta desgracia no es el único castigo de quienes se dejan atrapar; a menudo pierden el tesoro inestimable de la salud, que rara vez recobran, no sólo porque en estos climas templados se hace poco caso de las enfermedades venéreas, a pesar de las cuales se alcanza la más prolongada vejez, sino también porque la escasez de médicos que no se encuentran sino en tres o cuatro grandes ciudades, no les permite curarse; sólo algunas mujeres mitigan los males con la zarzaparrilla, las tisanas de malva y otras hierbas del país, pero especialmente por medio de cauterios, que se consideran como específicos, de los que ambos sexos están igualmente provistos y de los cuales las mujeres se ocultan tan poco, que aun las visitas serias se preguntan por sus *fuentes* *, las que se venden recíprocamente; de suerte que se les puede aplicar este pasaje de la Escritura: *Divitiae vestrae putrefactae sunt* ... *Aurum et argentum vestrum aeruginavit et aerugo eorum*... *manducabit carnes vestras sicut ignis* [b], pues ellos se arruinan en libertinaje con las mujeres, y ellos mismos observan que, ya sea porque Dios los castiga por esos gastos criminales, ya sea, como piensan otros, porque los bienes que poseen están injustamente usurpados a los indios, casi nunca se ve que esos bienes pasen a la

[a] *Et inveni amariorem morte mulierem,*
Quae laqueus venatorum est,
Et sagena cor eius,
Vincula sunt manus illius.
Qui placet Deo effugiet illam;
Qui autem peccator est capietur ab illa. ECCL. 7, 27.
[Y he hallado más amarga que la muerte a la mujer cuyo corazón es lazos y redes, y sus manos ligaduras. El que agrada a Dios escapará de ella; mas el pecador quedará en ella preso].

[b] IAC 5 [2-3: Vuestras riquezas están podridas... vuestro oro y plata están enmohecidos y su moho... devorará del todo vuestras carnes como fuego].

220

tercera generación; lo que el padre amasa con trabajo, a menudo con mucha injusticia en la administración de los gobiernos, los hijos no dejan de disiparlo, de modo que los nietos de los más poderosos son a menudo los más pobres [a], ellos mismos están tan profundamente convencidos de esta verdad, que se ha convertido en proverbio en España, donde dicen: *No se logra más que hacienda de las Indias* *.

Las mujeres, como ya dije, son la principal causa de esta situación; su vanidad y su sensualidad las vuelve insaciables en materia de adornos y de buena mesa. Aunque la manera de vestirse sea por sí misma bastante sencilla y poco sujeta al cambio de modas, gustan mostrarse magníficas a cualquier precio que sea, aun en los lugares más ocultos. Hasta las camisas y unas enaguas de tela llamada *fustán* *, están cargadas de puntillas; la prodigalidad llega hasta ponerlas en zapatillas y en sábanas. La falda, llamada *faldellín* (véase figura XXIX), que llevan habitualmente, está abierta por delante y bordeada por una triple hilera de puntillas, de las cuales las del centro son de oro y plata; extraordinariamente anchas, y están cosidas sobre galones de seda que terminan los bordes. En Francia, las mujeres de la época de Enrique IV llevaban también faldas abiertas que se cruzaban por delante. Su jubón, que ellas llaman *chupón* *, es de una rica tela de oro o, cuando hace calor, de tela delgada cubierta de gran cantidad de puntillas confusamente dispuestas; las mangas son grandes y tienen un bolsillo que cae hasta las rodillas como los de los mínimas; a veces están abiertas, como esos largos vuelillos que se llevaban también en tiempo de Enrique IV. Pero en Chile comienzan a suprimir el bolsillo y las cortan en puños más lisos. Cuando llevan un pequeño *delantal* * se trata de dos o tres bandas de tela de oro y plata cosidas con puntillas. En las regiones frías se cubren siempre con un *rebozo* que no es otra cosa que un trozo de *bayeta* [b], sin hechura, un tercio más ancho que largo, uno de cuyos picos les cae en punta sobre los talones (véase figura XXX)[136]. Los suntuosos son de ricas telas, cubiertos de cuatro o cinco hileras de puntillas anchas y rara vez finas. Por lo demás, sus vestidos de ceremonia son iguales que los de las españolas de Europa, es decir, el mantón de tafetán negro que las cubre de pies a cabeza. Para vestirse más modestamente se sirven de la *mantilla* * en lugar del rebozo. Es una especie de manto redondeado por la parte baja, de color oscuro y orillado de tafetán negro. Su atuendo de gala consiste en llevar manto de tafetán negro y *saya,* que es una falda cerrada de color pardo con florecillas, bajo la cual hay otra falda cerrada de tela de color, llamada *pollera.*

[a] *Pereunt enim in afflictione pessima:*
   Generavit filium qui in summa egestate erit. Eccl 5, 13.
[Se pierden en malas ocupaciones, y a los hijos que engendraron, nada les queda en la mano].
[b] Especie de franela.
[136] En el original la figura XXX lleva, erróneamente, el número XXIX.

A Espagnole du perou en Chupon et faldellin B, autre en Montera et gregorillo C autre
assise tenant un chalumeau d'argent pour sucer la teinture de l'herbe du
paroguay D   Maté ou Coupe de Calebasse armée d'argent E pot d'argent
pour Chaufer l'eau au milieu de la quelle est le feu dans un reservoir G

Así vestidas van a las iglesias con paso grave, y el rostro velado, de manera que casi nunca se les ve más que un ojo. Con este aspecto se las tomaría por vestales [a], aunque, por lo general, se equivocaría uno mucho. Por lo demás, no llevan adornos en la cabeza; sus cabellos cuelgan en trenzas por detrás; a veces se rodean la cabeza con cintas de oro y plata, que llaman *valaca* en el Perú y *haque* en Chile; cuando la cinta es ancha, adornada con puntillas y cubre la frente con dos vueltas, se llama *vincha*. Llevan el seno y los hombros medio desnudos, a menos que los cubran con un pañolón que les cae por la espalda hasta la mitad de las piernas, que sirve en el Perú de mantillo y al que llaman *gregorillo*. Por otra parte, no pecan contra la decencia cuando se descubren el seno, que los españoles miran con indiferencia; pero por una ridícula extravagancia, gustan mucho de los pies pequeños, de los cuales hacen mucho caso, y por esta razón ellas toman gran cuidado en ocultarlos, de modo que es un favor mostrarlos, cosa que hacen con habilidad.

No hablo de los adornos extraordinarios de pedrerías y de perlas; muchos aretes, brazaletes, collares y anillos hacen falta para llenar la grandeza del porte, que es aproximadamente el mismo que en la antigua moda de Francia.

En cuanto a los hombres, se visten hoy a la francesa, pero, por lo general, con trajes de seda, con una extravagante mezcla de colores vivos. Por una vanidad propia de su nación, no quieren aceptar que han tomado esa moda de nosotros, aunque no esté en uso entre ellos desde el reinado de Felipe V; prefieren calificarlo de traje de guerra.

La gente de toga, salvo los oidores y presidentes, lleva la *golilla* y la espada como en España.

El traje de viaje del Perú es una chupa abierta bajo los brazos en ambos lados, que tiene las mangas con ojales arriba y debajo; se llama *capotillo de dos faldas*.

La vivienda de los españoles del Perú no responde en absoluto a la magnificencia de sus ropas; fuera de Lima, donde las casas son bastante hermosas, nada es más pobre que sus casas, que consisten en una planta baja de catorce a quince pies de altura. La distribución de las más ricas comprende un patio a la entrada adornado con pórticos de madera a lo largo del cuerpo de edificio. Este cuerpo es siempre muy reducido en Chile, debido a la superficie que habría que dar a la techumbre; pero en la costa del Perú se los hace tan grandes como se quiere, pues cuando no se puede dar paso a la luz por las paredes se le da por los techos, puesto que no hay lluvia que temer. La primera habitación es una gran

[a] Semejantes a esas cortesanas romanas
Quae dum foris sunt, nihil videtur mundius
Nec magis compositum quicquam nec magis elegans. TERENTIUS, *Eunuchus*, v, 4 [934-935: Que, mientras están afuera, dan la impresión de que nada hay más cuidado ni más compuesto ni más elegante que ellas. Transcriptos según el texto de TERENCE, *Andrienne-Eunnuque*. Texte établi et traduit par J. Marouzeau. Paris, Société d'édition "Les belles lettres", 1947, p. 297].

A. Espagnole envelopée de Sa mantille ayant le visage a moitié Couvert
B. autre en Revos bordé de dentelles
C. Creole du Perou en habit de Voyage

sala de unos diecinueve pies de ancho y entre treinta y cuarenta de largo, desde donde se pasa a dos o tres cuartos seguidos; el primero es el de recibo, donde se halla el estrado y el lecho, situado en un rincón en forma de alcoba, ésta es espaciosa interiormente y cuya principal comodidad es una puerta falsa para recibir o despedir compañía, sin que nadie pueda advertirlo al entrar, ni aun por sorpresa. Hay pocas de esas camas en las casas, porque los criados se acuestan en el suelo, sobre pieles de carnero.

La altura y la superficie de las habitaciones les daría, sin embargo, un aire de grandeza si supieran practicarles las aberturas necesarias, pero hay tan pocas ventanas que siempre tienen una apariencia oscura y melancólica; y como no usan vidrios, las cierran con rejas de madera torneada que disminuyen aún más la luz. Los muebles no corrigen la mala disposición de los edificios; sólo el estrado está cubierto de alfombras y de almohadones de terciopelo para que se sienten las mujeres. Las sillas para los hombres están tapizadas de cuero estampado en medio relieve. La única tapicería es una gran cantidad de malos cuadros que hacen los indios del Cuzco. En fin, por lo general, no se ven cielorrasos ni embaldosados, lo cual hace las casas muy húmedas, sobre todo en Chile, donde llueve mucho en invierno.

Los materiales corrientes de los edificios particulares son los *adobes,* es decir, grandes ladrillos de unos dos pies de largo, uno de ancho, y cuatro pulgadas de alto en Chile, y algo menores en el Perú, porque allí jamás llueve; o bien se trata de muros de tierra apisonada entre dos planchas, lo que llaman *tapias.* Esta manera de construir era usada por los romanos, como puede verse en Vitruvio; requiere poco gasto, porque la tierra es por doquier adecuada para hacer esos ladrillos, y sin embargo dura siglos, como puede verse por las ruinas de edificios y fortalezas construidas por los indios, las que subsisten por lo menos desde hace doscientos años. Por cierto no sucede lo mismo cuando están expuestos a la lluvia, por lo tanto se ven obligados, en invierno, a taparlos del lado norte con cubiertas de paja o planchas. Así se las conserva en Chile. Los edificios públicos son casi siempre de ladrillos cocidos y de piedra tallada; en Concepción los hay de esa piedra que se llama asperón, propia de amoladores; en Santiago los hay de buen granito que se extrae a media legua al noroeste de la ciudad; en Coquimbo tienen una piedra blanca y ligera como toba [137]. En el Callao y en Lima tienen un granito que traen, por tierra, de una distancia de doce leguas; está lleno de un salitre que hace que se corroa, aunque por otra parte es muy duro; el malecón del puerto, hecho en 1694, está construido con él. Existen en las montañas canteras de yeso, que sólo se emplea para hacer jabón

---

[137] *Toba:* 'piedra caliza, muy porosa y ligera, formada por la cal que llevan en disolución las aguas de ciertos manantiales y que van depositándola en el suelo o sobre las plantas u otras cosas que hallan a su paso' (*Acad.*).

y tapar las vasijas de barro; la cal se hace solamente de conchillas, de allí que no sirva sino para blanquear las paredes.

Por lo demás, en lo que se refiere a su gusto en arquitectura, debo confesar que las iglesias de Lima sólo tienen muy bien diseñada la nave, que está bien proporcionada, revestida de pilastras generalmente enlucidas con molduras y capiteles sin tallar sobre los que se ven bellas cornisas y hermosas bóvedas de gran cintra [138] y con lunetos [139]; pero en la decoración de los altares, todo es tan confuso, recargado y de mal gusto, que no se puede dejar de lamentar las inmensas sumas que gastan en esos galimatías dorados.

LOS INDIOS DEL PERU

Tras haber hablado de los españoles criollos del Perú, conviene decir aquí algo de los naturales del país, a quienes se distingue con el nombre de indios, y cuyas costumbres son muy diferentes de las de los naturales de Chile, de los cuales ya hemos hablado; lo que tienen de común con ellos es que no son menos borrachos ni mujeriegos y que tampoco ambicionan riquezas; pero difieren de ellos por entero en lo que se refiere a bravura e intrepidez: son tímidos y sin ánimo; por lo demás son listos, disimulados y socarrones; tienen ingenio para las artes, son grandes imitadores de lo que ven pero muy limitados en su inventiva.

La religión cristiana, que se les hizo abrazar, todavía no ha arraigado bien en el corazón de la mayoría de ellos, donde conservan una marcada inclinación por su antigua idolatría; con frecuencia se descubre que aún adoran a la divinidad de sus mayores, es decir, el sol; sin embargo, son naturalmente dóciles y capaces de aprender lo bueno en cuanto a costumbres y religión, si tuviesen buenos ejemplos ante sus ojos; pero como se los instruye mal y como, por otra parte, ven generalmente que quienes les enseñan desmienten con sus actos lo que dicen por la boca, no saben qué deben creer. En efecto, cuando se les prohíben las mujeres y ven que el cura tiene dos o tres, deben sacar como consecuencia natural, o bien que éste no cree lo que dice, o bien que transgredir la ley es un pequeñísimo pecado.

Por otra parte el cura se comporta con ellos, no ya como un pastor que los cuida y trata de aliviarlos sino como un tirano que va a la par de los gobernadores españoles en el hecho de agotarlos y sacar de ellos todo lo posible, que los hace trabajar por su cuenta sin recompensarlos de sus penurias, y más aún, que al menor descontento los muele a bastonazos. Hay ciertos días de la semana en que, por ordenanza real, los indios están obligados a asistir al catecismo; si les ocurre llegar un poco

[138] *Cintra:* 'curvatura de una bóveda o de un arco' (*Acad.*).
[139] *Luneto:* 'bovedilla en forma de media luna, abierta en la bóveda principal para dar luz a ésta' (*Acad.*).

tarde, la fraternal corrección del cura es una tunda de bastonazos, aplicados sin respeto en la misma iglesia; de modo que para hacerse propicio al cura, cada cual aporta su presente, ya sea maíz para las mulas, ya sea frutas, legumbres o leña para la casa.

Si se trata de enterrar a los muertos o de administrar los sacramentos, poseen muchos recursos para aumentar sus derechos, como andar las estaciones, o algunas ceremonias a las que fijan cierto precio. Y así sucede hasta con los restos de idolatría que han conservado, tal es su vieja costumbre de poner comida y bebida para el difunto sobre su tumba; así su superstición sólo ha cambiado de fisonomía, tornándose una ceremonia útil para los curas.

Si los religiosos van por los campos a hacer la colecta para su convento, la hacen a la manera de los soldados del ejército; comienzan a apoderarse de lo que les place y, si el indio propietario no quiere soltar de buen grado esta limosna arrebatada, cambian su actitud de la plegaria a la injuria, que tienen buen cuidado de acompañar con fuertes golpes, a fin de obligar al indio a entregarla.

En sus Misiones los jesuitas proceden más sabia y diestramente; conocen el arte de hacerse amos de los indios, y con sus buenas maneras hallan el secreto de someterlos a tal punto que disponen de ellos a su antojo, y como son de bastante buen ejemplo, estos pueblos aman el yugo y muchos se hacen cristianos. Estos misioneros serían en verdad dignos de elogio, si no fuesen acusados de no trabajar sino para ellos, como lo hicieron cerca de La Paz, entre los yungas y los mojos, donde logran algunas conversiones a la fe y muchos súbditos para la Compañía; de modo que ellos no soportan más a ningún español, como sucedió en el Paraguay; pero pueden verse sus razones en las *Lettres édifiantes et curieuses*, t. 8: "Como, por una larga experiencia, se ha reconocido que el comercio de los españoles es muy perjudicial para los indios, sea porque los tratan con excesiva dureza aplicándolos a trabajos penosos, sea porque los escandalizan con su vida licenciosa y desordenada; se ha obtenido un decreto de Su Majestad Católica que prohíba a todos los españoles entrar en esta misión de los mojos, y tener comunicación alguna con los indios que la componen; de modo que, si por necesidad, o por azar, algún español viene a esta comarca, el padre misionero, después de haberlo recibido con caridad y haber ejercido con él los deberes de la hospitalidad cristiana, lo despide después a las tierras de los españoles" [140]. Este pretexto es especioso, pero el ejemplo del Paraguay parece descubrir otro fin, pues se sabe que esta Compañía se ha hecho soberana de un gran reino situado entre el Brasil y el Río de la Plata, donde han establecido un gobierno tan bueno, que los españoles jamás han podido penetrar en él, aunque los gobernadores de Buenos Aires hayan hecho

[140] *Lettre du P. Nyel, missionaire de la compagnie de Jesus, au Réverend P. Dez, de la même compagnie, recteur du Collège de Strasbourg.* (En: *Lettres édifiantes et curieuses* [...]. Paris, Société du Panthéun Littéraire, 1841, t. II, p. 86.

muchas tentativas por orden de la corte de España. En efecto, además de la buena disciplina, han introducido entre ellos obreros europeos para las armas y toda suerte de oficios necesarios a una república, los cuales han formado a otros originarios del país. Educan a la juventud como en Europa, haciéndolos aprender, tal como lo he sabido de buena fuente, latín, música, danza y otros ejercicios que le convienen. No entro en el detalle de ese gobierno, porque no puedo hablar sino por referencias de otros, y para no apartarme de mi tema.

Sin embargo, los curas no constituyen más que la mitad de la desgracia de los indios del Perú: los *corregidores* * o gobernadores los tratan de la manera más dura del mundo, como siempre lo hicieron a pesar de las prohibiciones ª del rey de España. Los hacen trabajar para ellos y servir al comercio que hacen, sin proveerlos de nada, ni siquiera de que vivir; es así como hacen venir del Tucumán y de Chile cantidades prodigiosas de mulas, las que se atribuyen de tal modo el derecho de vender que nadie osaría adquirirlas a otros, aunque las vendan a un precio excesivo a los indios de su departamento, a quienes hacen comprar su propio esfuerzo. El derecho que el rey les concede de ser, en su jurisdicción, los únicos vendedores de las mercancías europeas que los indios necesitan, les proporciona otro factor de vejaciones; así, cuando no tienen dinero contante y sonante obtienen mercancías a crédito de sus amigos, quienes se las venden al triple de lo que valen, basados en el principio de que en caso de muerte se corre el riesgo de perder la deuda, como ocurre casi siempre en este país; se puede imaginar cómo las encarecen luego a los indios, y puesto que se trata de surtidos de mercancías, es preciso que el pobre indio se cargue de un tisú o de objetos semejantes, con las que nada puede hacer, pues mal que le pese es menester comprar aquello a que está obligado.

Los gobernadores no son los únicos que se encargan de saquear a los indios; los mercaderes y los españoles que viajan los despojan audazmente, y casi siempre sin pagar, de lo que les place, sin que el propietario se atreva a decir palabra, a menos que quiera exponerse a ser pagado con golpes; es costumbre muy antigua, que no por estar prohibida ᵇ es menos frecuente, de manera que en muchos lugares esos pueblos, hartos de tantas vejaciones, no conservan absolutamente nada en su casa, ni siquiera alimentos; sólo siembran maíz en la cantidad necesaria para su familia y esconden en algunas grutas la cantidad que por experiencia saben que necesitarán durante un año. La dividen en cincuenta y dos partes, para otras tantas semanas que componen el año, y el padre

ª Mandó el Rey... que ningún Visorey, ni Oidor, ni Ministro se sirviese de indios si no fuesse pagándoles sus salarios. Herrera, ann. 1551. [En castellano en el original].

ᵇ [...] y que nadie que pasase por las estancias y pueblos de indios, pudiese recibir de ellos mantenimientos, sino dándoselos de su voluntad o pagando el valor de ellos. Herrera, *Década* IV, l. 4. [En castellano en el original. Cita transcripta de: A. DE HERRERA, *Historia...*, déc. IV, l. IV, c. III, t. V, p. 222].

y la madre, únicos que conocen el secreto, van semanalmente a sacar una parte para el consumo inmediato. Está fuera de duda que esos pueblos, desesperados por la dureza de la dominación española, no aspiran sino al momento de poder sacudirla. "No te imagines —decían los escitas a Alejandro— que aquellos a quienes hayas vencido puedan amarte; jamás existe amistad entre el amo y el esclavo, en medio de la paz el derecho de hacer la guerra subsiste siempre". De tanto en tanto hacen algunas tentativas en Cuzco, donde componen el grueso de la ciudad, pero como les está expresamente prohibido portar armas sin un permiso expreso [a], y como además son poco valientes, los españoles saben apaciguarlos mediante amenazas y entretenerlos con bellas promesas.

Por otra parte, el partido de los españoles se ve también algo reforzado por la gran cantidad de negros esclavos que traen todos los años de Guinea y de Angola por Portobelo y Panamá, donde están las oficinas de la Compañía del Asiento. He aquí la razón: como les está prohibido tener a los indios como esclavos, tienen con ellos menos miramientos que con los negros, que les cuestan mucho dinero y cuyo número constituye la parte mayor de su riqueza y de su magnificencia; éstos, sabedores del afecto de sus amos, imitan su conducta para con los indios y toman sobre ellos un ascendiente que alimenta un odio implacable entre esas dos naciones. Las leyes [b] del Reino, han tomado precauciones para impedir que se establezca vínculo alguno entre unos y otros, pues les está expresamente prohibido a los negros y a las negras tener relación personal con los indios y las indias, bajo pena, a los varones, de mutilarles las partes, y a las negras, de ser rigurosamente azotadas, de manera que los negros esclavos, que en las otras colonias son enemigos de los blancos, aquí son partidarios de sus amos; empero, no les está permitido [c] portar armas, por cuanto podrían abusar de ellas, como se ha visto algunas veces.

El odio implacable de los indios que esta bárbara conducta les ha valido a los españoles, es causa de que los tesoros ocultos y las ricas minas, cuyo conocimiento se comunican entre sí, permanezcan desconocidos e inútiles tanto para unos como para otros; pues los indios no se sirven de ellas ni siquiera para sí, contentos de vivir probremente de su trabajo y en la última miseria. Los españoles creen que los indios hechizan las minas, y relatan muchos cuentos de muerte sorprendentes ocurri-

[a] Mandóse que ningún indio pudiese traer armas y que si algún principal las trajese fuese con licencia, y esto se entendía espada y daga, porque a causa de su ordinaria embriaguez muchos se mataban y herían sin ninguna rienda en gran daño su[y]o. Herrera, 1551. [En castellano en el original].

[b] Se mandó que para delante ningún negro ni negra se pudiese servir de indio, so pena que al negro que se sirviese de india se le cortasen los genitales, y si se sirviese de indio cien azotes para la primera vez. Herrera, 1551. [En castellano en el original].

[c] Y que ningún negro, ni loro, horro, ni esclavo trajese armas por los inconvenientes que de habérsele consentidos [sic] se habían seguido. [En castellano en el original].

das a quienes quisieron descubrirlas, según estos relatos se los encontró súbitamente muertos y estrangulados o fueron envueltos por nieblas, relámpagos y truenos; pero no se debe hacer mucho caso de los prodigios que ellos cuentan, pues en materia de credulidad son como niños. Es cierto, por lo demás, que los indios conocen muchas minas ricas que no quieren declarar, por miedo a que se los haga trabajar en ellas y para que los españoles no las aprovechen; esto se ha visto muchas veces, pero especialmente en la famosa mina de Salcedo, a un cuarto de legua de Puno, en el monte de Hijacota, donde se cortaba con tijeras la plata maciza y en plancha, mina que le fue descubierta por una amante india que lo amaba perdidamente. Como la codicia y la envidia de los españoles suscitara acusaciones contra Salcedo, lo hicieron condenar a muerte por una falsa sospecha de rebelión, por cuanto se tornaba demasiado poderoso, y provocaron guerras civiles, hace unos 50 años, para dirimir quién heredaría esos inmensos tesoros; pero durante esos debates la mina se anegó tanto que, desde entonces, no se la ha podido desagotar, cosa que los españoles miran como un castigo del cielo. Cuando el rey de España reconoció la inocencia de Salcedo, devolvió la mina a su hijo con algunos otros cargos.

No debe parecer extraño que los indios guarden tan estrictamente el secreto sobre las minas que conocen, puesto que sobre ellos recae el trabajo de extraer los metales de las mismas, y no sacan absolutamente ningún provecho. Hay que confesar que sólo ellos son aptos para esa faena, en la que no puede emplearse a los negros [a], por cuanto éstos mueren todos; los indios son robustos e infinitamente más duros para el trabajo que los españoles, que consideran los trabajos físicos como algo vergonzoso para un hombre blanco; ser *hombre de cara blanca* * es una dignidad que dispensa a los europeos del trabajo manual; pero pueden, sin rubor, ser modestos merceros o cargar fardos por las calles.

Se pretende que el uso de la *coca,* esa hierba tan renombrada en las historias del Perú, aumenta mucho la fuerza de los indios. Otros aseguran que hacen sortilegios con ella; cuando, por ejemplo, la veta de la mina es demasiado dura, arrojan sobre ella un puñado de esta hierba masticada y al instante extraen el mineral con más facilidad y en mayor cantidad. Los pescadores también ponen esta hierba masticada en su anzuelo cuando no pueden pescar y se dice que al instante cobran mejor pesca. En fin, la emplean para tantos usos diferentes, la mayoría malos, que los españoles creen comúnmente que la coca posee esos efectos en virtud de un pacto que los indios tienen con el diablo. Por esta razón su uso está prohibido en el norte del Perú y en el sur se lo permite sólo a los que trabajan en las minas, quienes no pueden prescindir de ella.

[a] El autor de la *Geografía blaviana* se equivoca cuando dice (tomo X) que es preciso que los españoles se sirvan, para las minas, de los negros de Africa o de otros esclavos de las Indias Orientales que allí llevan; nada más alejado de la verdad que este comercio de esclavos de las Indias Orientales.

Estos presuntos sortilegios o quizás con más razón, las virtudes de esta hoja, son causa de que la Inquisición castigue a los infractores de esas prohibiciones.

Esta hoja es algo más lisa y menos nervada que la del peral, pero en lo demás se le parece mucho. Otros la comparan con la del madroño, pero es mucho más delgada; el arbusto que la produce no se levanta más de cuatro o cinco pies. La gran cosecha se hace a treinta leguas de Cicasica en Las Yuñas, sobre la frontera de los yungas. Su gusto es de una aspereza tal que hace pelar la lengua a quienes no están acostumbrados a ella; hace arrojar una espuma repugnante y torna a los indios, que la mastican continuamente, de una hediondez insoportable. Se dice que suple al alimento y que con ella se puede permanecer algunos días sin comer y sin debilitarse sensiblemente. Sin embargo, los indios son flojos en el trabajo y perezosos, quizás a causa de que esta hierba, que al quitarles el apetito, hace que no se alimenten suficientemente. Se dice que afirma los dientes y alivia sus dolores. Otros sostienen que es buena para las heridas. Sea como fuere, en rigor sólo sirve a los indios como el tabaco a quienes tienen la costumbre de mascarlo sin tragarlo.

Las vestimentas de los naturales del Perú son poco diferentes de los de Chile, excepto que las mujeres llevan una pieza más de tela del país abigarrada de vivos colores, que se ponen a veces plegada sobre la cabeza, otras sobre los hombros como un amito [141], pero en la costa generalmente sobre el brazo, tal como los canónigos llevan la muceta [142] (véase lámina XXXI). Los hombres, en vez de poncho usan un gabán hecho como un saco, cuyas mangas sólo llegan hasta arriba del codo. Estas fueron agregadas hace algún tiempo, pues antiguamente tenía simplemente agujeros para pasar los brazos, como puede verse en una figura de los antiguos incas que dibujé de un cuadro hecho por los indios del Cuzco; era el primero de una serie de otros doce de tamaño natural, que representaban a los doce emperadores que hubo desde que Manco Cápac convirtió en reino el *Tauantinsuyu* (que así se llamaba el Perú antes de la conquista de los españoles) y que les dio leyes y estableció entre ellos el culto del sol, de quien se decía hijo. Sobre lo cual haré aquí esta observación: la tradición de los indios no concuerda con la que Garcilaso nos ha dejado por escrito. Según su *Historia* y la de Montalvo, no se deberían contar más que ocho incas, y según la tradición de los cuadros se cuentan doce [143], cuyos nombres pongo aquí junto con los de sus mujeres en el orden en que los he visto.

[141] *Amito:* 'lienzo fino, cuadrado y con una cruz en medio, que el preste, el diácono y el subdiácono se ponen sobre la espalda y los hombros para celebrar algunos oficios divinos' (*Acad.*).
[142] *Muceta:* 'esclavina que cubre el pecho y la espalda, y que, abotonada por delante, usan como señal de su dignidad los prelados, doctores, licenciados y ciertos eclesiásticos' (*Acad.*).
[143] A pesar de que afirma lo contrario, la lista de incas que Frezier dice tomar de los cuadros, coincide con la que el Inca Garcilaso de la Vega historia a lo

A Jncas, ou Roy du Perou. B Coia ou Reine. ces deux figures ont été dessinices
dâpres vn tableau fait par les jndiens du Cusco
C jndien du Perou D jndienne portant la mantilla E leurs maisons
F moitié du plan de la Bicharra ou fourneau abruler de l'herbe Icho G profil de Bicharra
H differentes formes de vases trouvés dans les tombeaux des anciens jndiens

Nombre de los Incas	Nombre de sus mujeres
1. Manco Cápac	Mama Ocllo Huaco
2. Sinchi Roca	Cora
3. Lloque Yupanqui	Anavarqui [Mama Cava]
4. Maita Cápac	Yachi [Cuca]
5. Cápac Yupanqui	Clava [Curííllpay]
6. Inca Roca	Micay
7. Yáhuar Huácac	Chicya
8. Inca Viracocha	Runtu
9. Pachacútec	Anahuarque
10. Inca Yupanqui	Chinipa [Chimpu] Ocllo
11. Túpac Inca Yupanqui	Mama Ocllo
12. Huaina Cápac	Coya Pillcu Huaco

Nombres de los Incas según los historiadores

1. Mangocapa
2. Ingaroca
3. Yaguarguaque
4. Viracocha
5. Pachacuti Inga Yupangui
6. Topa Inga Yupangui
7. Guaynacapa
8. Guascar y Atahualpa

La marca real era un copo (*borla* *) de lana roja que les colgaba en medio de la frente (véase figura XXXI). El día que la tomaban se hacían entre ellos grandes fiestas, como las hacemos en Europa para la consagración de los reyes, con una cantidad de sacrificios durante los cuales se exhibía una infinidad de vasos de oro y de plata, y pequeñas figuras de flores y de diferentes animales, particularmente de esos carneros del país de los que ya hablamos. Aun se encuentran restos de ellos en las tumbas o *huacas* que se descubren de tanto en tanto.

A pesar de las guerras y la destrucción de los indios, queda todavía una familia de la raza de los incas que vive en Lima, cuyo jefe, llamado Ampuero, es reconocido por el rey de España como descendiente de los

largo de sus *Comentarios*... Se transcribe respetando la grafía de la edición citada, que muy poco difiere de la utilizada por Frezier. En la lista de mujeres se sigue el mismo criterio en lo que respecta a las grafías, y se agrega, entre corchetes, el nombre que proporciona el Inca Garcilaso, cuando éste difiere del consignado por Frezier. La lista que se dice basada en historiadores está tomada del libro V, capítulos 20 a 22 de la *Historia*... del padre José Acosta, y se transcribe con la grafía de la edición que hemos venido citando.

emperadores del Perú. En esta calidad Su Majestad Católica le da el título de primo y ordena al virrey, que a su entrada en Lima, le rinda una especie de homenaje en público. Ampuero se ubica en un balcón bajo un dosel con su mujer, y el virrey, montado en un caballo adiestrado para esta ceremonia, le hace hacer tres genuflexiones, como otras tantas reverencias que él le hace; así, en todos los cambios de virrey se honra todavía, mediante esta ficción, la memoria de la soberanía de este emperador a quien se despojó injustamente de sus estados, y la de la muerte de Atahualpa, a quien, como se sabe, Francisco Pizarro hizo degollar cruelmente. Los indios no lo han olvidado; el amor que tenían por sus reyes naturales los hace aún suspirar por aquel tiempo que sólo conocen por el relato de sus padres. En la mayoría de las grandes ciudades de tierra adentro celebran la memoria de esta muerte con una especie de tragedia que representan en las calles, el día de la natividad de la Virgen. Se visten a la antigua y llevan aún las imágenes del sol, su divinidad, de la luna y demás símbolos de su idolatría, como bonetes en forma de águila o de cóndor, o vestidos de plumas y alas tan bien dispuestas, que desde lejos semejan pájaros. Esos días beben mucho y tienen en cierto modo toda clase de libertades. Como son muy diestros en arrojar piedras con la mano y la honda, ¡pobre de quien caiga bajo sus golpes en esas fiestas! y durante su embriaguez. Los españoles, tan respetados entre ellos, no se hallan entonces seguros; los más prudentes se encierran en sus casas, porque los finales siempre son funestos para algunos de ellos. Se trata siempre de suprimir esas fiestas y desde hace algunos años se les ha suprimido el teatro donde representaban la muerte del Inca.

La manera como se alojan los indios en la región de las montañas es muy singular, hacen sus casas en redondo, como un cono, o más bien como se hacen las neveras, con una puerta tan baja que sólo se puede entrar encorvándose hasta el suelo, para estar más calientes. Como la leña es muy rara, sólo queman estiércol de mulas, guanacos y llamas, cuando tienen bastantes rebaños como para proveerse de él. Los recogen sin trabajo, porque estos animales tienen el instinto de ir a evacuar a un mismo sitio, cerca del lugar donde pastan. A falta de boñiga queman *icho,* pero como esta hierba se consume rápidamente, tienen hornos de tierra llamados *bicharras,* hechos de tal modo que con algunos puñados que pongan de tanto en tanto, hacen hervir varios cacharros a la vez, como puede verse por los planos y perfiles que inserto aquí, a la manera de la provincia de Tarama, donde se ve que cuando quieren hacer hervir el tercero solamente, deben llenar de agua el primero y el segundo, para que la llama, al encontrar tapadas las salidas más próximas, esté obligada a extenderse hasta el tercer cacharro (véanse los dibujos F y G de la figura XXXI).

Se sirven habitualmente de vajilla de barro, según su vieja costumbre, como parece por la que se encuentra en las tumbas de los antiguos. Me han caído entre manos muchos de sus vasos, que pueden verse en la figura XXX, y entre otras una que está en el gabinete de Monsieur de la Falaise Chappedelaine, de Saint-Malo, que recogió todos los vasos de terracota y de plata, todos los cuadros de indios y otras curiosidades que pudo hallar provenientes del país donde él mismo estuvo. Ese vaso está compuesto de dos botellas acopladas, de unas seis pulgadas de alto cada una, que tienen un orificio de comunicación por debajo; una está abierta y la otra tiene su orificio adornado con un animalito semejante a un mono comiendo una vaina, debajo del cual hay un agujero que produce un silbido cuando se vierte agua por el cuello de la otra botella, o tan sólo al mover la que se ha puesto en ella, porque el aire comprimido, al seguir la superficie del vientre de una y otra botella, se ve forzado a salir impetuosamente por ese agujerito; de donde he concluido que ese podía ser uno de sus instrumentos [144], puesto que la pequeñez y la forma de ese vaso no lo hacían ni cómodo ni suficiente para contener líquidos para beber; ese animal muy bien podría ser una especie de mono que ellos llaman *carachupa* *, que tiene la cola pelada, los dientes continuos, sin división, y dos pieles que le cubren el estómago y el vientre como una chaqueta, en las que colocan a sus crías cuando huyen. No se los ve en la costa; estos animales son comunes en el Mississipi y se los llama ratas salvajes.

El número de habitantes de este gran imperio del Perú, que los historiadores cuentan por millones, disminuyó considerablemente después de la conquista de los españoles; el trabajo de las minas ha contribuido mucho a ello, particularmente el de las de Huancavélica, porque en cuanto han permanecido algún tiempo allí el azogue los penetra de tal modo que casi todos se tornan temblorosos y mueren embrutecidos.

Las crueldades de los corregidores y de los curas también han inducido a muchos a ir a reunirse con las naciones vecinas de indios aún no conquistados, por no poder soportar más la tiránica dominación de los españoles.

CAMBIO DE NAVIO

Como era mi deber tratar de regresar a Francia lo más pronto que me fuera posible, porque el tiempo de mi licencia se acercaba a su término, traté de pasar al navío que debía salir primero de retorno; era el Mariane, de Marsella, del que ya hablé antes, comandada por Pisson, de los estados de Saboya, quien tuvo a bien recibirme a su bordo, y de quien recibí tantas cortesías durante el viaje que no puedo alabar lo suficiente a este gentilhombre, como tampoco al señor Roux, propietario del mismo barco.

[144] Se trataba, en efecto, de un instrumento, el cántaro-silbato o silbador. *Cf.* Curt Sachs, *Historia universal de los instrumentos musicales*. Traducción inicial por María Luisa Roth. Versión definitiva por Dora Berdichevsky y Daniel Devoto. Buenos Aires, Centurión, 1947, p. 189.

Me embarqué el lunes 9 de octubre, y el día siguiente, 10, hacia el mediodía nos hicimos a la vela para ir a Concepción a cargar los víveres y las provisiones necesarias para la travesía, porque allí son mejores y más baratos que en el Callao.

El 14 del mismo mes se nos murió un marinero de un absceso en el estómago, que lo ahogó. El 15, tras haber navegado catorce [sic] días sin observar la latitud, nos encontramos a uno y hasta, según algunos, dos grados más al sur de nuestra estima, a los 17 grados; de donde concluimos que era un efecto de las corrientes. Las tres naves que salieron después de nosotros encontraron aproximadamente el mismo error.

Se comprende fácilmente la causa de esas corrientes, tan pronto se está informado de que a lo largo de la costa del Perú, el mar corre siempre hacia el norte; ese flujo continuo en la misma dirección no puede mantenerse sino por un movimiento en torbellino; es menester pues que en alta mar las aguas fluyan hacia el sur, para suceder a las que corren a lo largo de la costa hacia el norte. Zárate, en su *Historia de la conquista del Perú* [145], atribuye esta corriente del norte a los vientos del SO, que soplan a lo largo de la costa durante todo el año; y él agrega que las aguas del mar del Norte, pasando por el estrecho de Magallanes con gran ímpetu, impulsan a las de la costa del Perú del lado del norte, siguiendo su dirección. Este último razonamiento hecho cuando aún no se había descubierto que había un pasaje más grande más allá de la Tierra del Fuego, hubiese podido tener alguna verosimilitud si se observara la misma corriente en la parte sur de Chile; pero el tiempo, que descubre toda las cosas, hizo ver que no sólo el mar del Norte no penetra en el del Sur, sino que hay más bien motivo para creer que el del Sur entra en el del Norte, puesto que en el cabo de Hornos las corrientes llevan generalmente hacia el este, lo cual han comprobado evidentemente muchos navíos, no sólo por la estima y por las cartas con las cuales no hay que contar, sino a vista de tierra, según los mejores diarios.

Los vientos habituales que soplan desde el ESE al SE nos acompañaron hasta el 37° de latitud con un buen viento, y nos obligaron a internarnos unas doscientas leguas en alta mar; después cambiaron al S, SSO y OSO. Al dirigirnos a tierra en esa latitud, percibimos un cambio en las aguas, cuando aún estábamos a más de sesenta leguas de la costa; esto se observa, generalmente, en estos parajes, hasta a ochenta leguas lejos de tierra.

La regularidad de los vientos de ESE, SE y de las brisas del SO, a lo largo de las costas del Perú, tornaba la navegación tan prolongada, antes de que se hubiese advertido que es necesario internarse mucho, que los navíos no tardaban menos de seis o siete meses para ir de Lima

[145] A. DE ZÁRATE, *Historia...*, c. VII, p. 467.

a Concepción, porque sólo avanzaban a favor de algunos breves vientos del norte y de los vientos frescos provenientes de tierra durante la noche y gran parte de la mañana. Esto prueba que la ignorancia de la física entre la gente de mar, es un mal mayor de lo que se piensa; pues, en fin, me parece que con solo razonar se podría haber hecho este descubrimiento que quizás se deba únicamente al azar.

El flujo del aire que en la zona tórrida proviene continuamente del E sobre el mar y no sobre la tierra, donde esos vientos no son regulares, debe ser reemplazado por otro aire procedente también de sobre el mar; por consiguiente, más allá de esta zona el aire debe soplar en sentido contrario. Por lo tanto hacia los trópicos los vientos deben provenir del O y mucho del S, a medida que se aproxima uno a la tierra, que corre casi en dirección N y S desde el estrecho de Magallanes hasta Arica, o los 18° de latitud sur.

Que los vientos soplan siempre del este en los vastos mares, a lo largo de la zona tórrida, es de seguro una consecuencia del movimiento diario de la tierra de occidente a oriente, porque esta zona, al comprender los grandes círculos de la esfera, es arrastrado con más rapidez que los otros que se acercan a los polos, y como la tierra posee más masa, tiene también más velocidad que la atmósfera de aire que la envuelve; se debe pues sentir la resistencia, como si el aire soplara sobre un cuerpo inmóvil, y el viento hace esta resistencia sobre el mar, y no sobre la tierra, porque la desigualdad de su superficie salpicada de cavidades encerradas entre las montañas, arrastra la parte más baja que nosotros respiramos.

La experiencia prueba todas las circunstancias de este razonamiento, pues como el mar del Sur es el más grande, es también en él donde esos vientos son los más regulares. Se navega desde la costa del Perú hacia la China, se encuentran siempre vientos del E. En el mar de las Indias también se los encuentra, teniendo de cada lado otros vientos de una dirección opuesta, es decir, vientos del Oeste más al Norte, o más al Sur, según que la disposición de las tierras los rechace, y según la estación; detalle éste al que es inútil referirse aquí.

En fin, es evidente también que entre los vientos opuestos, debe de haber calmas e irregularidades causadas por los torbellinos de aire que se chocan, lo cual lo experimentamos también por los 30 grados sur.

Tras un poco de calma aterramos en la punta de Lavapié justamente y en el momento preciso según mi estima, sirviéndome de la carta manuscrita que mencioné, sin prestar atención a su longitud sino solamente a la diferencia del meridiano de Lima, transportando paralelamente toda la costa al oeste, según la observación de don Pedro Peralta, un grado 45 minutos más occidental que la que estaba marcada en la *Connoissance des temps* de París del año 1712. Alexandre François, residente en Lima, que lo observó separadamente, y con Peralta, por los eclipses de los satélites de Júpiter, la colocaba aun 30′ más al oeste, es decir, a 80° 15′ o 5 horas 21′ de diferencia con el meridiano de París, según las *Tablas* de Cassini [146]; pero el padre Feuillée, basándose en una observación de Alexandre Durand, sólo la ubica a 79° 9' 30".

Quienes se habían servido de las *Cartas* grabadas de Pieter Goos, Van Keulen y Edmond Halley [147], navegaron en las tierras 70, 80 y hasta más de 110 leguas sobre las de este último, que para el mar del Sur son las peores, aunque son las más nuevas y para las costas del Brasil están corregidas en base a observaciones astronómicas. Todos los barcos franceses que remontan del Callao a Concepción hallan los mismos errores; por lo tanto es preciso concluir que se encuentra aproximadamente 5 grados más al este que Lima y, en consiguiente, yo había estimado que su longitud, por poca diferencia, debía ser de 75° 15' o de 5 horas 1 minuto de diferencia occidental del meridiano de París, que equivale a los 303° 51' de Tenerife; también esta estima es confirmada por la situación de la costa, muy conocida en muchos lugares, lo que sería inútil y demasiado largo de detallar; pero, en fin, a mi regreso la encontré rectificada por la observación del padre Feuillée, que sitúa Concepción a 65° 32'.

Al día siguiente de nuestra aterrada, 13 de noviembre de 1713, fuimos a fondear al Irequin, en la bahía de Concepción, donde encontramos tres navíos franceses, el Saint-Joan-Baptiste, el François y el Pierre, cargados de mercancías y comandados por gente de Saint-Malo. Quince días después de nuestra llegada carenamos en Talcaguana, sobre un navío español. El lunes 25 de noviembre el San Miguel, navío español que venía del Callao para cargar trigo, nos trajo la noticia de la paz entre todas las coronas de Europa, excepto la del Imperio, que debía concertarse en pocos días. Esta noticia fue confirmada por el Berger, que llegó algunos días después procedente del mismo puerto.

El 8 de diciembre, día de la Concepción, vimos solemnizar esta fiesta patronal de la ciudad, con una reunión de tropas, que consistían en cuatro compañías de piqueros a caballo y una de infantes, que por el mal estado de sus viejos mosquetes de horquilla y de algunos fusiles que tenían, mostraron la escasez de armas en el país.

No hablo aquí de la ceremonia de la recepción de un nuevo *alférez* * o abanderado; nada había de notable excepto la manera como el cortejo hacía marchar a pasitos a los caballos, y la agradable decoración de su caballo cubierto hasta el suelo de cintas de variados y subidos colores; para hacer juego con esta magnificencia iba precedido por dos cuerpos de timbales de madera y dos timbaleros de librea con las piernas desnudas.

Al día siguiente se publicó una orden del presidente [de Chile] de expulsar a todos los franceses del reino y obligarlos a embarcarse en dos

---

[146] Juan Domingo Casini publicó en 1665 sus *Tablas cotidianas de las revoluciones de las manchas de Júpiter. Cf.* A. DE LEÓN PINELO y A. GONZÁLEZ DE BARCIA, *Epítome...*, col. 1011 y 1012.

[147] Edmond Halley, autor, entre muchas obras cartográficas, de un *Catálogo de las estrellas australes,* impreso en francés en 1679. *Cf.* A. DE LEÓN PINELO y A. GONZÁLEZ DE BARCIA, *Epítome...*, col. 684.

días, con prohibición de proveerlos de víveres o alojarlos en la ciudad o alquilarles caballos, so pena de 500 pesos de multa; pero estas prohibiciones eran aún más expresas para siete navíos que debían haber sido armados en Marsella por cuenta de los genoveses y haber venido a estos países a comerciar, como estaba especificado en la cédula real.

Sin embargo, después de esta publicación se vieron llegar, durante los meses de diciembre y enero, siete navíos franceses, casi todos comandados por gente de Saint-Malo; el primero fue el Martial, de cincuenta cañones, el Chancelier, el Mariane, el Flute a las órdenes del Chancelier, el Bien-aimée cuyo capitán y cuyo dueño habían sido detenidos en Buenos Aires; pero el primero que halló el modo de evadirse, llegó por tierra a reunirse con su navío en Concepción; el Poisson Volant que, después de haber permanecido ocho días en rada, se fue a Valparaíso, donde se le rehusó el acceso al puerto, de modo que se vio obligado a ir a Quintero y unirse al Assomption, que estaba en la misma situación.

Además de esos barcos llegados de Europa, estaban reunidos otros que se hallaban en la costa; el Saint-Esprit y el Prince des Asturies llegaron del Callao, el Marguerite de Pisco, el Tartane y el Sainte Barbe de Valparaíso, y del mismo lugar el Concorde, que traía plata para enviar a Francia; de modo que se reunieron en Concepción quince barcos franceses, tanto pequeños como grandes, y dos mil seiscientos hombres aproximadamente.

Aunque el *corregidor* *, enemigo mortal de nuestra nación, trató por todos los medios de perjudicar a los franceses, no pudo sin embargo hacer ejecutar las órdenes publicadas, sea porque estuviera retenido por su propio interés, buscando arrancarles algunas contribuciones, sea porque esa multitud lo atemorizara un poco, sea porque los habitantes de la ciudad lo disuadieran secretamente con el objeto de deshacerse provechosamente de los mercancías. Se contentaba sólo con hacerles todas las afrentas posibles a los tripulantes y oficiales, como ordenárseles cortaran los jarretes a sus caballos cuando iban a pasear fuera de la ciudad, apresarlos con el menor pretexto policial, y hablar de ellos en público en los términos de la canalla y con injurias de las más ultrajantes. Este mal hombre, modesto tendero investido de un cargo, se vanagloriaba en todo momento de haber hecho colgar a un francés de los pies cuando sólo era teniente general, y agregaba descaradamente en plena calle, que no moriría contento si no hacía colgar a otro por donde el pudor no permite agarrarlo. La casualidad que le había proporcionado a su mal corazón la ocasión de hacer sufrir esta infamia, bajo un ligero pretexto de insulto, al sobrino de un capitán de barco de la Compañía de Indias que se hallaba en la rada en 1712, le proporcionó también la de ejercer una parte de ese negro designio.

Un capitán de armas del navío Saint-Esprit, mató a un español de una estocada en un altercado que tuvo con él; al instante lo hizo poner en el cepo y lo condenó a muerte; por muchos ofrecimientos que se le hicieron no se lo pudo apaciguar ni hacer doblegar este rigor extraordinario, en un país donde ni siquiera se hace justicia en los crímenes más escandalosos; pero como estábamos en vísperas de nuestra partida, Grout, capitán del navío, dejó a ese hombre expuesto a la ira de Juan Antonio, el corregidor, ya sea por prudencia, ya sea quizás por timidez, pues podía pedírselo para hacerlo juzgar en Francia. Sea como fuere, supimos después que, dinero mediante, había sido liberado por hombres disfrazados de monjes que forzaron a los guardias.

Ese mismo día, 17 de febrero, vimos llegar al Cesar, barco de Marsella, que venía de Francia a comerciar en la costa.

Finalmente, después de tres meses de escala forzosa, el 19 de febrero nos hicimos a la vela para regresar a Francia en compañía del Berger, del Prince des Asturies y del Saint-Esprit, al que se reconoció como jefe de ruta, con el propósito de hacer todos escala en la bahía de Todos los Santos.

TERCERA PARTE,

QUE CONTIENE EL REGRESO DEL MAR DEL SUR A FRANCIA

PARTIDA DE CONCEPCION

Zarpamos cuatro navíos juntos el 19 de febrero de 1714, con un buen viento del SO y SSO que nos puso a 39° de latitud y ochenta leguas mar adentro, donde encontramos los vientos del O y del NO buenos, y el tiempo brumoso, y luego fuerte viento. Como no éramos tan buenos veleros como nuestros camaradas, al forzar la vela para seguirlos rompimos nuestra verga grande en el racamento [1].

El 9 de marzo, a 57° de latitud y 74° 30′ de longitud, les hicimos señal de peligro y se estuvieron a la capa para esperarnos.

Aparejamos en seguida una mesana en el lugar de la vela mayor para hacerles perder el menor tiempo posible. Al día siguiente la verga fue arreglada y puesta en su lugar.

Los mismos esfuerzos que hacíamos para seguirlos nos hicieron perder al día siguiente el estay [2] de una vela mayor.

Nuestros camaradas, al vernos dañados en nuestra vela mayor, tomaron la decisión de abandonarnos; en lo que resultaron poco escrupulosos y fieles a la palabra de honor que habían dado de escoltarnos hasta Francia, aunque estaban prevenidos de que seríamos menos veleros que ellos y habían visto que con esa esperanza los habíamos aguardado más de un mes. En efecto temíamos encontrar barcos piratas, que, según se decía, estaban en la costa del Brasil, que es la escala habitual de los navíos que regresan, y entre otros uno de trescientos hombres de tripulación, que debía haberse armado en Jamaica para venir al Mar del Sur; sin hablar aquí de algunas obligaciones particulares que los principales de ellos tenían con el señor Pisson; todas estas consideraciones no los detuvieron en absoluto, pues la deshonestidad original prevaleció. El 12

---

[1] *Racamento*: 'guarnecimiento, especie de anillo que sujeta las vergas a sus palos o masteleros respectivos, para que puedan correr fácilmente a lo largo de ellos' (*Acad.*).

[2] *Estay*: 'cabo que sujeta la cabeza de un mástil al pie del más inmediato, para impedir que caiga hacia la popa' (*Acad.*).

de marzo puntearon [3] el viento todo lo que pudieron y así se apartaron de nosotros ayudados por la niebla; de manera que a las cinco de la tarde los perdimos de vista. Por más que pusimos fanales durante la noche, no respondieron, y fue en vano que al día siguiente, al amanecer, disparáramos algunos cañonazos.

No nos afectó mucho perder la compañía de navíos de Saint-Malo, con la cual se puede contar tan poco, que entre las gentes de la propia región resulta proverbial; pero teníamos motivos para estar disgustados por haberlos seguido en la más tonta navegación del mundo, que nos había puesto en la latitud de 58° 40', cuando podíamos pasar en total seguridad por lo menos cuarenta leguas más al norte y abreviar seis días nuestro camino, sin penetrar tan adelante en esos climas rigurosos, donde hay mucho que sufrir y donde pueden encontrarse peligros imprevistos.

En efecto, mientras estábamos ocupados en buscarlos en medio de la niebla, percibimos, a tres cuartos de legua de nosotros hacia el O, un témpano [a] que podía tener no menos de doscientos pies de altura fuera del agua y más de tres cables de largo. Se lo tomó primero por una isla desconocida, pero al aclarar un poco el tiempo, se reconoció claramente que era un témpano, cuyo color azulado se asemejaba en algunos lugares a un humo; los pequeños trozos de hielo que en seguida vimos flotar a estribor y a babor del barco no dejaron lugar a dudas.

Estábamos en calma, en un mar muy revuelto; y tan pronto como un poco de viento del SO nos hizo hacer dos leguas al NE, es decir al ENE del mundo, vimos a aproximadamente cinco cuartos de legua al E $\frac{1}{4}$ NE otro banco de hielo mucho más alto que el anterior, que parecía como una costa de cuatro a cinco leguas de largo, cuyo extremo no percibimos muy bien por la niebla. Entonces, justamente aterrorizados por un peligro tan inesperado, lamentábamos el buen viento del NO que habíamos perdido por seguir la ridícula navegación de los infieles hijos de Saint-Malo; felizmente los vientos del O nos permitieron tomar el N y en menos de una hora dejamos de ver trozos de hielo.

Aunque estos parajes hayan sido frecuentados desde hace catorce años en toda estación, muy pocos barcos encontraron hielos, de modo que no se podía sospechar hallarlos. Sólo el Assomption, comandado por Perée, había encontrado en 1708 un banco grande como una costa; nuestros mismos camaradas, que al puntear el viento habían ganado al ENE, no tuvieron conocimiento de los que nosotros habíamos visto, pero aseguran haber encontrado un gran trozo por los 54° 15'. Este encuentro debe servir de advertencia a quienes intentan pasar el cabo de Hornos en invierno, como lo hicimos nosotros en el Saint-Joseph, porque la larga duración de las noches y la oscuridad de los días, no permiten evitarlos fácilmente; también es posible que el otoño sea la estación más peligrosa, porque entonces los hielos se rompen y se dividen debido a ese poco de

[3] *Puntear:* 'ir orzando cuanto se puede para aprovechar el viento escaso' (*Acad.*).
[a] A 58° 30' de latitud y 68° 22' de longitud occidental.

calor que ha hecho durante el verano; sin embargo, como son extremadamente gruesos no deben derretirse hasta el verano siguiente, pues esta altura que se muestra fuera del agua no es sino la tercera parte del verdadero volumen, cuyo resto está sumergido.

Si es cierto, como muchos lo pretenden, que los hielos sólo se forman en el mar del agua dulce que corre desde las tierras, es preciso concluir que las tierras existen hacia el polo austral; pero no es verdad que las haya más al norte de los 63° de latitud en la extensión de más de doscientas leguas que va desde los 55° de longitud hasta los 80°; pues ese espacio ha sido recorrido por diferentes naves a las que los vientos del SO y del SSO obligaron a correr mucho hacia el S para doblar el extremo de las tierras. Así, estas tierras australes que se solían marcar en las antiguas cartas, son puras quimeras, que se han borrado sabiamente de las nuevas cartas.

Pero aunque se hayan suprimido esas falsas tierras, se ha vuelto a poner [a] el estrecho de Brouvers, que es tan imaginario como las tierras australes; pues todos los barcos que han pasado al este de la tierra de los Estados, no tuvieron conocimiento alguno de otra tierra más al este, sea a vista de tierra, sea en alta mar, donde pasan casi todos los navíos que regresan del Mar del Sur; nosotros mismos sin duda hemos pasado por esos parajes.

En fin, todavía no se han corregido los errores de las tierras conocidas que están muy mal situadas, tanto en longitud como en latitud; se ve así el cabo de Hornos a 57° 30′ y 58° de latitud y distando más de veinte leguas, y hasta ciento cuarenta leguas del estrecho de Le Maire, aunque en realidad se halla a 55° 45′ o 50′ de latitud y a cuarenta o cincuenta leguas cuando mucho del estrecho de Le Maire. No hablo aquí de la longitud, que no es positivamente conocida, pero que se puede determinar aproximadamente por la de Concepción, de la que ya hemos hablado, siguiendo la mayor concordancia de los estimas, a 310° o 311° del meridiano de Tenerife, en vez de 303° o 304° como marcan las cartas, lo cual hace una diferencia de por lo menos seis grados: de allí proviene también la falsedad de la dirección de la costa, desde ese cabo hasta el de los Pilares, que están alineados en rumbo SE$\frac{1}{4}$S y NO$\frac{1}{4}$O en lugar de SE$\frac{1}{4}$S y NO$\frac{1}{4}$N, como aparecen marcados; y cerca del cabo de Hornos toma aún más del oeste, como lo han señalado los que han visto una gran parte de esta costa, que la mayoría de las cartas indican como desconocida mediante una línea de puntos, pero hoy, aunque no se está bien informado del detalle, se conoce por lo menos la dirección general.

Todas estas consideraciones me han obligado a reunir memorias para confeccionar la carta que agrego aquí (véase figura XXXII), en la que se verán dos nuevos descubrimientos. Uno es un pasaje en la Tierra del Fuego, por donde el azar hizo desembocar desde el estrecho de Magallanes

[a] [Nicolás] de Fer, *Amérique,* 1700.

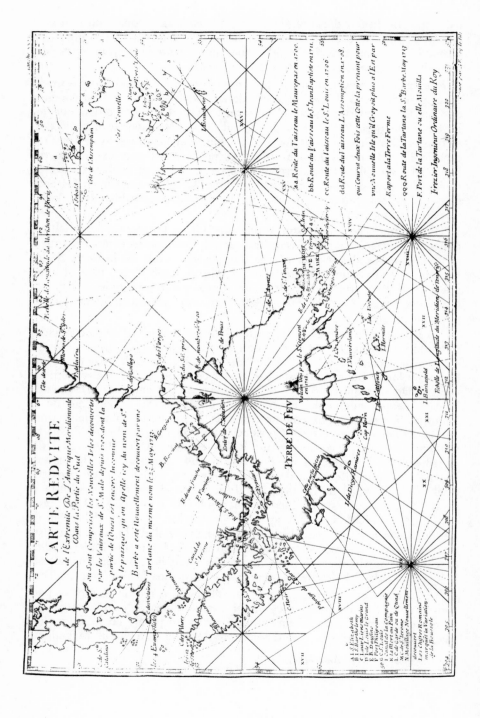

CARTE REDVITE
de l'Extremité De l'Amerique-Meridionale
Dans la Partie du Sud

ou sont comprises les Nouvelles Isles decouvertes
par les Vaisseaux de S.t Malo depuis 1700. dont la
partie de l'Ouest est encor Inconue
le passage qu'on apelle cy du nom de S.t
Barbe a esté Nouvellement decouvert par une
decouverte Tartane du mesme nom le 25 May 1713.

TERRE DE FEV

aa Route du Vaisseau le Maurepas en 1706.
bb Route du Vaisseau le S.t Jean Baptiste en 1711.
cc Route du Vaisseau le S.t Louis en 1706.
dd Route du Vaisseau L'Asomption en 1708.
    qui Courut deux Fois cette Cotte la prenant pour
    un.e Nouvelle Isle qu'il Croyoit plus a l'Est par
Raport a la Terre Ferme
ooo Route de la Tartane la S.te Barbe May 1713.

F. Ponte de la Tartane ou elle Mouilla

Frezier Ingenieur-Ordinaire du Roy

Echelle de la Longitude du Meridien de l'Imperial

A I. S.te Elizabeth
B I. Ste Barthelemy
C I aux Lions marins
D I de S.t Louis le Grand
E Port Philippeau
F Port Philipeau
G C.d L.s suid
H Canale de la Compagnie
K I Bourbon au Faix
L Côte Garde ou du Croct
M de S.te Terreme
N Mouillage Nouvellement
    decouvert
    I les Chevres Romains
    marque les variations
    de la Boussole

la tartana La Sainte-Barbe, comandada por Marcand, el 15 de mayo del año 1713.

Hacia las seis de la mañana zarpó desde la bahía Elisabeth y poniendo rumbo al SO y al SO ¼ S, tomaron el canal habitual por el del río de la Matanza, y dirigiéndose al SO, dieron en una isla que tomaban por la isla Delfina, ayudados por las corrientes que tenían a favor y por un buen viento del NE. Costearon esta isla y una hora después de haberla pasado, se encontraron en un gran canal donde, del lado sur, no veían más tierra que una cantidad de islotes mezclados de rompientes. Viéndose entonces extraviados, buscaron un fondeadero para tener tiempo de enviar una chalupa a reconocer dónde estaban; encontraron una pequeña bahía donde fondearon en catorce brazas de profundidad con fondo de arena gris y grava pequeña y blanca.

Al día siguiente, 26 de mayo, zarparon a eso de las siete horas, y tras haber volteado para salir de la bahía que está abierta al ESE,- pusieron rumbo al S, al S ¼ SO y al SSO, y se hallaron, al mediodía, fuera de las tierras; tomaron altura con muy buen tiempo y la observación les dio 54° 34' de latitud. Esta observación fue confirmada por la que hicieron al día siguiente, a la vista de un islote que les quedaba situado al este del mundo; observaron 54° 29'.

Este islote estaba al sur de una gran isla, cuyo extremo SE fue llamado cabo Negro, porque es de ese color. El islote de que hablamos es una roca con la forma de una torre extremadamente alta, al lado de la cual hay otra más pequeña y muy parecida; por donde se ve que sería imposible no encontrar ese canal, si se quisiera buscarlo por su latitud, en base a señales tan singulares. La gente de la tripulación dice que hay buen fondo y que grandes barcos pueden pasar por allí sin riesgo, ya que tiene unas dos leguas de ancho.

Este estrecho es tal vez el mismo que el de Jelouchte, que el señor Lisle puso en su última carta de Chile, pero como las memorias inglesas que tuvo a bien mostrarme parecen situarlo al sur del cabo Freuvart, se puede pensar que se trata de dos estrechos diferentes.

Es quizás también el mismo por donde desembocó un barco de la escuadra del señor Gennes en 1696.

Si he suprimido en esta carta tierras imaginarias, he agregado otras reales a 51° de latitud, a las que di el nombre de islas Nuevas, por haber sido descubiertas después del año 1700, la mayoría de ellas por los barcos de Saint-Malo; las he ubicado en base a las memorias del Maurepas y del Saint-Louis, navíos de la Compañía de las Indias que las vieron de cerca, y hasta este último hizo aguada en un estanque, que señalé, cerca del puerto San Luis; el agua era un poco rojiza e insípida, pero por lo demás buena para el mar. Uno y otro navío recorrieron diferentes lugares, pero el que los costeó más de cerca fue el Saint-Jean-Baptiste comandado por Doublet, del Havre, que buscaba pasar por un hondón que veía hacia el centro; pero habiendo reconocido islas bajas casi a flor de agua, juzgó conveniente virar; esta serie de islas son las que el señor Fouquet, de Saint-Malo, descubrió y llamó Anican, según el nombre de su armador. Los rumbos que he trazado permitirán ver la dirección de esas tierras con relación al estrecho de Le Maire, de donde salió el Saint-Jean-Baptiste cuando las vio, y con relación a la tierra de los Estados, de la que los otros dos habían tenido conocimiento antes de encontrarlos.

La parte norte de estas tierras que aparecen aquí con el nombre de costa de la Asunción fue descubierta el 16 de julio del año 1708 por Poré, de Saint-Malo, que le dio el nombre del barco que tripulaba. Se la creía una tierra nueva, distante unas cien leguas al este de las islas Nuevas a que me refiero, pero no he puesto dificultad en unirla a las otras, fundado en convincentes razones.

La primera es que las latitudes observadas al norte y al sur de esas islas, y la dirección de las partes conocidas, concurren perfectamente bien al mismo punto de reunión por el lado este, sin que quede vacío entre ambas.

La segunda es que no hay motivos para considerar esta costa de la Asunción al este de las islas de Anican, pues el señor Gobien, de Saint-Jean que tuvo a bien comunicarme un extracto de su diario, estima que está precisamente al sur de la desembocadura del Río de la Plata, lo cual, tomado rigurosamente, no podría alejarla al este más que dos o tres grados, es decir unas veinticinco o treinta leguas; pero la diversidad de estimas es siempre indicio de incertidumbre. La primera vez que vieron esta costa, viniendo de la isla de Santa Catalina, la estimaron a los 329°, y la segunda, viniendo del Río de la Plata, adonde vientos contrarios los habían obligado a recalar, después de haber intentado pasar el cabo de Hornos, la consideraron a 322° y a 324° según otros, en base a las cartas de Pieter Goos, cuyos errores hemos hecho notar en la página 40-41; y que, por lo tanto, no debe tenerse muy en cuenta. Empero, como ellos tenían confianza en él, se creyeron muy lejos de la tierra firme y como contaban con encontrarse demasiado al este, navegaron también trescientas leguas de más hacia el oeste en el Mar del Sur, de modo que, creían dirigirse a la Guinea cuando aterraron en Ilo. Pero la tercera y la más convincente es que nosotros y nuestros camaradas hubiésemos debido de pasar por sobre esta nueva tierra, según la longitud a que estaba situada en la carta manuscrita, y que es humanamente imposible que ningún barco haya tenido conocimiento de ella, por ser de unas cincuenta leguas de largo en dirección ESE y ONO; así no queda ningún lugar a dudas de que era la parte norte de las islas Nuevas, cuya parte oeste, desconocida todavía, el tiempo descubrirá.

Estas islas son sin duda las mismas que el caballero Richard Hawkins [4] descubrió en 1593. Encontrándose al este de la costa Desierta a los 50°,

---

[4] Richard Hawkins, nieto e hijo de piratas, partió en 1593 de Plymouth, al mando de una escuadrilla de tres naves, con el propósito de asolar los mares del sur de América. En 1594 avistó ciertas islas "no mencionadas en ningún mapa"

fue arrojado por una tempestad sobre una tierra desconocida; navegó a lo largo de esta isla unas sesenta leguas y vio fuegos que le hicieron pensar que estaba habitada.

Hasta ahora se ha llamado a esas tierras islas Sebales, porque se creía que las tres que llevan ese nombre en las cartas, estaban así señaladas de propósito, a falta de un conocimiento más perfecto; pero el navío Incarnation, mandado por el señor Brignon, de Saint-Malo, las reconoció de cerca con buen tiempo en 1711, a la salida de Río de Janeiro. Son efectivamente tres islitas de aproximadamente media legua de largo, alineadas en triángulo como se lo señala en las cartas; pasaron a sólo tres o cuatro leguas de ellas y no tuvieron ningún conocimiento de tierra, aunque el tiempo era muy agradable, lo que prueba que están separadas de las islas Nuevas por no menos de siete u ocho leguas.

En fin, he marcado con números romanos las variaciones de la brújula que se observan en esos parajes, donde su declinación al NE es muy considerable, pues hemos observado hasta veintisiete grados cuando nos encontrábamos al este de las islas Nuevas.

Tras habernos sustraído a los hielos, fuimos favorecidos con un viento fuerte del SO y del SSO hasta los 35° de latitud y los 39° de longitud, donde encontramos algunas calmas y, después, vientos del E que nos llevaron hasta el trópico de Capricornio. Allí tuvimos cuatro días de calma y de lluvia torrencial, tan fuerte que parecía que las cataratas del cielo se hubiesen abierto.

Nos alcanzó después un poco de viento y el domingo 8 de abril avistamos la isla de la Ascensión, precisamente cuando debía verla según mi estima basada en la carta manuscrita corregida, y como ya lo dije, y habiendo partido de Concepción a 75° 15′, que corresponden a los 303° 5′ del meridiano de Tenerife, en vez de los 298° que hay en las cartas holandesas; así encontré esta isla a 32° 5′, que corresponden a los 346° 15′, es decir tres grados más al oeste de lo que está marcada. Los que habían tomado su partida de Concepción en base a las cartas, la hallaron 150 leguas más al oeste. Este error de longitud no es el único; también está mal colocada en la latitud de 20° 0′, pues se encuentra a 20° 25′, como lo observé cuando estábamos anclados cerca de tierra.

Esta isla, que se llama en portugués *Ascensão*, para distinguirla de otra isla de la Ascensión que está a 6°, hacia la costa de Guinea, es tan sólo una roca de alrededor de una legua y media de largo, muy reconocible desde el sur y desde el oeste por un pitón redondo como una torre, un poco cónico y casi tan alto como la isla; por el este forma como dos cabezas que terminan el cabo. Se la puede reconocer mejor por dos islotes, uno de ellos de aproximadamente media legua de largo, que está a E ¼ NE del compás, de la isla grande de Ascensión. Estos tres islotes

que podrían ser las Malvinas. Luego pasó al Mar del Sur por el Estrecho, permaneció en Valparaíso y fue capturado en la bahía de Atacames. *Cf.* E. MORALES, *Historia...*, pp. 117-122.

247

han permitido a algunos creer que esta isla y la de la Trinidad no eran sino la misma, fundados en que a algunos navíos les ha sucedido buscar la otra, por su latitud, sin hallarla; pero también sé que algunos barcos la han reconocido al volver de las Indias orientales y hasta hicieron aguada en un lago que tiene. Es pues un despropósito que Edmond Halley haya suprimido en su gran carta la isla de la Trinidad y que haya llamado con ese nombre la de Ascensión, que sitúa correctamente en su latitud de 20° 25'.

Mucho nos satisfizo haber encontrado esta isla porque esperábamos encontrar agua en ella y, con ese auxilio, continuar nuestra ruta sin perder tiempo en una escala forzosa.

Fuimos pues a fondear a O 5° N, o O $\frac{1}{4}$ NO del mundo, de ese pitón, a unos cuatro cables de tierra, en treinta brazas de agua con fondo de arena y de materia tintórea. Se envió en seguida la chalupa a buscar un fondo mejor y se encontró uno en veinticinco brazas, de gruesa arena negra, al NNO de un islote hendido, más al N que nosotros.

Al día siguiente se envió una chalupa a buscar agua; encontró una hermosa cascada que hubiese podido abastecer a toda una flota; pero la orilla del mar está a tal punto bordeada de gruesas piedras y el mar es tan bravo que no se puede poner pie en tierra sin riesgo; de suerte que durante toda la mañana no se pudieron llenar más que dos barriles de agua, que se corrompió en tres o cuatro días, por lo que se puede dudar de que provenga de fuente, de modo que nuestro hermoso proyecto fracasó. Hubo que pensar en ir a hacer escala en la bahía de Todos los Santos, donde era la cita.

El lunes 9 de abril zarpamos y percibimos que cerca de la isla habia una corriente hacia el NO y el NNO, por cuanto las calmas nos detuvieron allí durante algunos días.

En fin, el 20 del mismo mes, por los 12° 50' de latitud avistamos tierra en la costa del Brasil, que hallamos más alejada de la isla de la Ascensión de lo que marcan las cartas de Pieter Goos, Robin, Vankeulen y Loots, aproximadamente una mitad en unas y un tercio en las otras; pues hay unos 9° de longitud desde la isla a la tierra próxima.

De lo que acabo de decir es fácil concluir cuál debía de ser el error de quienes se han guiado por las cartas, puesto que habiendo tomado su partida de Concepción en 5° y 6° más al oeste, y hallándose la costa del Brasil otros tantos grados más avanzada hacia el este, encontraron por lo menos doscientas leguas de error, basados en el cual entraron en las tierras, tal como le sucedió a los barcos de nuestra escuadra, según propia confesión. Esos errores siempre han sido aproximadamente los mismos en todos los barcos que hicieron escala en la costa del Brasil o en la isla de Fernando Noronha al volver del Mar del Sur.

La ignorancia de la teoría que reina entre nuestros navegantes les hacía atribuir esta diferencia entre la estima y las cartas, a las corrientes que según decían se dirigían al este, sin que una suerte de uniformidad en el error, no sólo en el aterraje del Brasil sino también en el de Francia, le hiciera abrir los ojos tras catorce años de navegación continua, aunque veían que encontraban las tierras del Brasil demasiado al oeste y que corrigiendo su punto [5] en base a las cartas, hallasen las costas de Europa demasiado al este, aproximadamente en la misma cantidad que había establecido su estima; en esto revelan, cuando menos su escasa curiosidad por no intentar esclarecerse; pero son todavía más disculpables que sus principales hidrógrafos que deberían aprovechar las observaciones que los señores de la Académie des Sciences proporcionan al público en la Connaissance des Temps. Pero como estas cosas están muy por encima de su alcance como para entenderlas y saber reducirlas al cálculo habitual de las cartas holandesas que generalmente utilizan, cometen la estupidez de despreciarlas como productos de gentes letradas pero sin experiencia. Así es como en una *Instruction* manuscrita, D.G., de Saint-Malo, sostiene que la costa del Brasil está bien situada en longitud en esas mismas cartas, donde, sin embargo, según las observaciones hechas en Olinda y en Cayena, debe haber 6° de error hacia el E.

Al día siguiente de haber aterrado (domingo por la mañana), vimos un pequeño barco de dos mástiles que parecía hacer rumbo como nosotros, al SO; tras haber arribado un poco, viró hacia nosotros, punteando el viento sobre las velas bajas solamente. Esta maniobra extraordinaria hizo que lo tomáramos por un pirata, tanto más cuanto que parecía de fabricación inglesa; nos empalletamos y los esperamos con las armas en mano. Cuando estuvo al alcance del cañón le mostramos pabellón francés e inmediatamente respondió con el pabellón portugués y continuó punteando el viento todo lo que pudo. No supimos qué pensar del asunto, pues cuando llegamos a la bahía se nos aseguró que no había salido nave alguna desde hacía largo tiempo.

Seguimos costeando tierra, donde aparecía una cantidad de mareas blancas; viramos durante la noche y sin embargo nos encontramos a la mañana a aproximadamente una legua de la costa, con mar bravo, turbonada de viento y lluvia torrencial, lo cual nos atemorizó por cuanto la costa es muy malsana.

Este mal tiempo nos obligó a meternos mar adentro para esperar uno más propicio para buscar la bahía y volver hacia el S contra las corrientes que nos llevaban sensiblemente hacia el NE, como lo observa el gran *Flambeau de mer,* en esta estación, desde marzo hasta septiembre, durante la cual también reinan los vientos del SE y SSE, de modo que es preciso entonces abarloarse al sur, como lo advierte sabiamente.

En fin, el 16 de abril atracamos a barlovento de *Prai a da Zumba,* playa muy reconocible por una infinidad de mareas blancas que semejan ropa puesta a secar, hasta dos o tres leguas cerca del cabo San Antonio;

[5] *Punto:* 'lugar señalado en la carta de marear que indica dónde se cree que se halla la nave, por la distancia y rumbo o por las observaciones astronómicas' (*Acad.*).

249

el intervalo que la abertura de la bahía de Todos los Santos deja entre ese cabo y la isla Taporica (véase figura XXXIII), lo hace aparecer sin continuación cuando se lo ve al NO, y la isla o la costa de babor surge confusamente.

Al acercarse a tierra se ve, en el extremo del cabo, el fuerte San Antonio, en cuyo centro hay una torre cubierta en punta, que parece un pabellón.

Delante de este cabo existe un banco de rocas, sobre el que hay cuatro o cinco brazas de agua en bajamar; avanza aproximadamente un cuarto de legua hacia el SO.

La isla Taporica, que forma la entrada del lado de babor es aún menos segura; tiene delante un banco que avanza más de una legua hacia el SE y que se ve romper muy alto en el reflujo: así pues, es necesario enfilar directamente al norte por el medio del canal para entrar con seguridad y tener cuidado con las mareas que son de tres horas cuarenta y cinco minutos.

Como la boca tiene un ancho de unas dos leguas y media, de este a oeste, se puede pasar fuera del verdadero alcance del cañón de los fuertes San Antonio y Santa María; de allí que resultan menos temibles al pasar que apropiados para impedir un desembarco en las ensenadas de arena a estribor.

A medida que se entra se descubre por ese mismo lado, sobre la altura, una parte de la ciudad, que constituye una vista bastante bonita y que se extiende hasta el cabo más avanzado al norte, sobre el que se halla el fuerte de *Nuestra Señora de Monsarate* *.

En esta ensenada, al pie de la ciudad, está el puerto donde fondean los navíos portugueses; está cerrado del lado sur y del oeste por el banco *Alberto* *, sobre el cual está el castillo del Agua, que podría llamarse pastel por su forma redonda. En 1624, cuando los holandeses tomaron a los españoles la ciudad de San Salvador, el almirante Willekens se apoderó de esta batería, que era entonces de diez cañones; y en 1638, cuando el conde Maurice quiso arrebatar esta ciudad a los portugueses, comenzó también por apoderarse del Fuerte de Alberto lo cual obligó a los portugueses a arrojar en todo alrededor grandes piedras al mar, para hacerlo inaccesible a los barcos y hasta a las chalupas.

Para entrar en este puerto es menester dirigirse al norte, algo adentro del fuerte de Monsarate, y cuando se está en dirección E y O del extremo de la ciudad, uno se halla en la boca del puerto y fuera del banco Alberto.

Al entrar en la bahía vimos tres navíos que estaban fuera del fondeadero habitual, y reconocimos por las señales que eran nuestros camaradas; saludamos al pasar la insignia del Saint-Esprit, que nos devolvió el saludo, y fuimos al S $\frac{1}{4}$ SO del fuerte de Monsarate y al O $\frac{1}{4}$ NO del Castillo, a fondear en doce brazas de profundidad, con mal fondo de arena y rocas. Queríamos ubicarnos en otra parte, pero el gobernador, que no había permitido que las naves francesas atracaran en el puerto

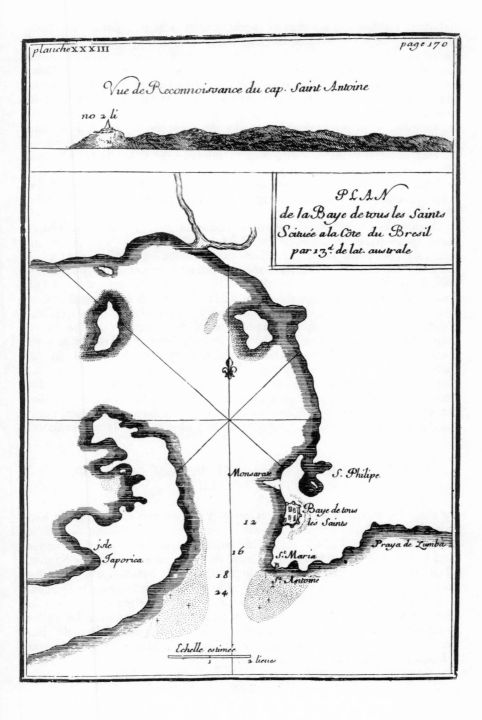

Vue de Reconnoissance du cap. Saint Antoine

no 2 li

PLAN
de la Baye de tous les Saints
Située a la Côte du Bresil
par 13.ᵈ de lat. australe

Monsarat   S. Philipe.

Baye de tous
les Saints

12

16   Praya de Zumba

isle
Taporica   S.ᵗ Maria

18   S.ᵗ Antoine

24

Echelle estimée
1   2 lieues

habitual, tampoco quiso que se aproximaran a tierra, donde el fondo era mejor; de este modo, diez días después, perdimos un cable y un ancla, por lo cual le quedamos particularmente poco reconocidos, lo mismo que el Berger y el Fidèle a los cuales les sucedió lo mismo; este último era todavía uno de aquellos a los que las noticias de la paz hacían correr hacia el mar del Sur, como hacia un tesoro que se va a cerrar; pero iban detrás de las sobras de ese comercio, que han perdido enteramente por la variedad y la superabundancia de las mercancías que allí se han llevado.

Tras haber fondeado, saludamos la ciudad con siete cañonazos, que ella nos devolvió uno por uno.

Trabajamos después en proveernos de víveres, de agua y de leña, y en aparejarnos de una gran verga y de un mástil de mesana que estaba fuera de servicio.

Durante ese tiempo me dediqué a visitar la ciudad y sus alrededores tanto como pude, a pesar de las lluvias casi continuas mezcladas con intervalos de calor sofocante. Estos inconvenientes, unidos a la poca duración de nuestra escala, no me permitieron levantar un plano con toda la precisión que hubiese deseado. Puedo sin embargo darlo como una muy buena idea, poco diferente de la realidad en lo esencial (véase figura XXXIV). Por lo demás no me hubiese servido de nada que hubiésemos permanecido durante más tiempo; pues, como algunos indiscretos de nuestra escuadra, me habían dado a conocer a los portugueses como ingeniero, no me convenía exponerme a alguna afrenta en un lugar donde el recuerdo de la expedición de Río de Janeiro, aún reciente, tornaba sospechosos a los franceses. En efecto, se habían redoblado los guardias por doquier y establecido además nuevos cuerpos de guardia, por el hecho de que se hallaban ya en rada cinco barcos franceses, entre los cuales dos armados, uno con cincuenta y el otro con setenta cañones.

DESCRIPCION DE LA CIUDAD DE SAN SALVADOR, CAPITAL DEL BRASIL

La ciudad que nuestras cartas y relaciones llaman con el nombre de San Salvador *, se llama simplemente en la lengua del país Cidade da Bahia; está situada a los 12° 45' de latitud austral, sobre una altura de unas cien toesas que forma la costa oriental de la bahía de Todos los Santos. El acceso a ella es tan difícil por lo abrupta, que para subir y bajar las mercancías del puerto a la ciudad ha sido necesario valerse de máquinas.

El plano de la ciudad alta está trazado con todo el rigor que ha podido permitir la desigualdad de un terreno montuoso; pero aunque las calles están bien alineadas y tienen buen ancho, la mayoría adolece de una pendiente tan pronunciada, que serían impracticables para las carrozas y hasta para nuestras sillas de manos.

La gente rica, pese a este inconveniente, no va a pie; siempre industriosa para hallar la manera de distinguirse del resto de los hombres, tanto en América como en Europa, se habrían avergonzado de servirse de las piernas que la naturaleza nos ha dado para caminar: se hace transportar cómodamente en lechos de red de algodón, suspendidos de sus extremos a una gran vara que dos negros llevan sobre la cabeza o sobre los hombros (véase figura XXV). Y a fin de estar ocultos y de que la lluvia o el ardor del sol no les incomode, ese lecho está cubierto por una imperial de donde cuelgan cortinas que se corren cuando se quiere. Allí, tranquilamente acostados, apoyada la cabeza en una cabecera de ricas telas, son transportados más suavemente que en carroza o en silla de manos. Estas hamacas de algodón se llaman *serpentin,* y no palanquín, como dicen algunos viajeros.

Si este gran desnivel del terreno es incómodo para los habitantes, en recompensa es muy ventajoso para las fortificaciones; con un gasto razonable podría construirse una ciudad verosímilmente intomable; la naturaleza ha hecho allí fosos y fortificaciones exteriores flanqueados por sí mismos, donde podría disputarse el terreno pulgada a pulgada; por el este es casi inaccesible, como puede verse en el perfil por la línea AB (véase figura XXXIV); está rodeada casi por completo por una laguna que en algunos lugares tiene de quince a veinte brazas de profundidad y que está hundida en un valle entre dos montañas cuya pendiente es muy empinada.

De esta laguna, que se acerca mucho al mar por el norte, se saca un arroyuelo que sirve para la aguada de los navíos.

En fin, para llegar a la ciudad por el sur habría que desembarcar cerca de los fuertes que he mencionado, o más hacia adentro entre las baterías que están en la costa, lo que sería sin duda muy difícil por poca resistencia que se encontrara.

En 1624, habiendo los holandeses tomado esta ciudad a los españoles, la fortificaron del lado del campo con una muralla, o más bien un gran atrincheramiento de tierra, que encerraba el cuerpo de la ciudad alta por aproximadamente un tercio de legua, lo que no impidió que los españoles la retomaran al año siguiente, 1625. Esta muralla se halla hoy completamente en ruinas; se la ha descuidado para intentar defenderse de los aproches [6] mediante una cantidad de fortines que se han levantado en los alrededores.

El primero, del lado sur, es el fuerte Novo o de *San Pedro* *, hecho de tierra revestida con una camisa de mampostería en la que se se estaba trabajando mientras allí estuvimos; es un cuadrado regular con cuatro bastiones de veinte toesas de lado, otro tanto de cortina y cuatro toesas de flanco; está provisto de artillería que apunta a la rada, pero muy por

---

[6] *Aproches:* 'conjunto de trabajos que van haciendo los que atacan una plaza para acercarse a batirla, como son las trincheras, paralelas, baterías, minas, etc.' (*Acad.*).

253

Vue de la ville de St. Salvador du coté de la Baye

PLAN
DE LA VILLE
DE
St. SALVADOR
Capitale du Brésil
Située dans la Baye de tous les Saints
Par 12.45 de latitude australe
Echelle de 300 toises

100   200   300

Janvier 1714

Renvoy par la haute ville
Galéres
1. L'Eglise ou Cathédrale, St. Salvator
2. La Miséricorde
3. L'Eveché
4. Le Jésuits
5. St. François
6. Chap. du tiers Ordre
7. St. Claire
8. N.D. de Palma
9. N.D. de Rosario
10. St. Bento, ou St. Benoist
11. St. Pedro
12. N.D. de Barbona ou Capucins
13. St. Thereze
14. N.D. du Carmel
15. St. Antoine
    Eglise de la Basse
    ville
16. Les Jacobins
17. N.D. da Conception
    ou Conception
18. St. Ana au Corpo
19. St. Barbara
    Lieux Remarquab. de la Planta-
    tion
    A. Fort Praya
    B. Fort Diogo
    C. Fortifique

D. Corps de Garde
E. Caserne
F. Magasin a Poudre
G. Rampart de terre Rintré
H. Batterie du Chateau
I. Place du Palais
K. Le Palais
L. Audience
M. La Monnoye
N. Machines pour Monter et
   descendre les Marchandises
O. Place de la Cathédrale
P. Place des Jésuites
Q. Fort St. Antoine
R. Batterie Neuve a fleur d'eau
S. Agada
T. Batterie de St. François
V. Batterie du port du Chateau
X. Pont
Y. Batterie de l'Arsenal
Z. Batterie projetté
a. Arsenal
b. Port des Chaloupes
c. Atelier de la Construction
d. Cale de la Construction
e. Chemin pour monter
   a La Ville

Profil par la ligne A B

Fonbonne Sculp

I.B. Fortin Sculpsit

elevación; está rodeada de un pequeño foso de cinco a seis toesas de ancho.

El segundo del mismo lado, más cerca de la ciudad, es el fuerte *Diogo;* es también un cuadrado hecho de mampostería, sin foso, con cuatro bastiones de ocho toesas de lado, unos dieciséis de cortina y tres de flanco; es una batería de bombas para la rada, que sirve hoy de almacén.

El tercero es el gran depósito de pólvora, *Casa da Polvora;* es igualmente un cuadrado hecho de mampostería y sin foso; los bastiones tienen seis toesas de lado, catorce las cortinas y dos los flancos; contiene ocho cuerpos de almacenes, abovedados y con cubiertas piramidales, coronadas de otros tantos globos: se dice que pueden contener de dos a tres mil barriles de pólvora, pero a menudo no se guardan más de cien.

El cuarto es el fuerte de San Antonio, al norte, que está directamente por encima de la aguada. Es de mampostería y cuadrado como los otros, pero un poco más grande y mejor adaptado; sus bastiones tienen unas dieciséis toesas de lado, cuatro a cinco de flanco y veinticinco de cortina, con un buen foso delante. Apunta a la rada de un lado, pero defiende mal un paso, por donde se puede llegar a cubierto hasta la contraescarpa [7] y por el cual se puede ir a la ciudad. Hacia el NE de éste, a medio alcance de cañón, se ve el fuerte de *Nossa Senhora da Victoria,* construido de tierra y al que no pude ir, como tampoco a otros que están más lejos, como el de San Bartolomé, que defiende un pequeño puerto donde se puede carenar, el de Monsarate y los de la entrada, de los que ya hablé.

Para guardar estos fuertes y la ciudad, el rey de Portugal mantiene seis compañías de tropas de reglamento en traje uniforme y no de tela parda, como dice Dampier, esto ha cambiado; están bien disciplinadas y bien pagas; las que yo vi se hallaban en muy buenas condiciones, bien armadas y llenas de hombres gallardos; sólo les falta la reputación de ser buenos soldados.

La ciudad de Bahía es, como se sabe, la metrópoli y capital del Brasil y la sede ordinaria de un virrey; sin embargo el gobernador no siempre tiene este título; lo prueba el que allí estaba en tiempo de nuestro viaje.

Los habitantes tienen una apariencia bastante buena en lo que atañe a la cortesía, el aseo y la manera de adoptar un buen porte, casi a la francesa; me refiero a los hombres solamente, pues se ven tan pocas mujeres que de ellas sólo se puede hablar muy superficialmente. Los portugueses son tan celosos que apenas les permiten ir a misa los días de fiesta y los domingos; sin embargo, a pesar de todas sus precauciones, son casi todas libertinas y hallan la manera de burlar la vigilancia de padres y maridos, exponiéndose a la crueldad de estos últimos, que las matan impunemente tan pronto como descubren sus intrigas. Estos ejem-

[7] *Contraescarpa:* 'pared en talud del foso enfrente de la escarpa, o sea del lado de la campaña' (*Acad.*).

plos son tan frecuentes, que se contaban desde hacía un año más de treinta mujeres degolladas por sus maridos; los padres actúan más humanamente con sus hijas; cuando no pueden terminar su vergüenza con un matrimonio, las abandonan, y entonces ellas tienen la libertad de ser públicas. ¡Bonito expediente!

Sea efecto del clima o de las ganas que naturalmente tenemos de aquello de que se nos quiere privar por fuerza [a], no se necesitan grandes esfuerzos para llegar con ellas a las últimas familiaridades; las madres ayudan a sus hijas a sustraerse a los ojos de sus padres [b], ya sea por conmiseración, ya por principio de la ley natural que nos ordena hacer a otros lo que quisiéramos que se nos hiciera; pero en fin, aunque ellas sólo a medias empezaran el juego, la escasez de mujeres blancas las pondría en aprietos, pues las diecinueve vigésimas partes de las personas que se ven son negros y negras, todos desnudos, excepto las partes que el pudor obliga a cubrir, de manera que esta ciudad parece una nueva Guinea. En efecto, las calles están llenas de caras horribles de negros y negras esclavos, a quienes la molicie y la avaricia, más que la necesidad, han trasplantado de las costas de Africa para servir a la magnificencia de los ricos y contribuir a la ociosidad de los pobres, que en ellos descargan su trabajo; de modo que para un blanco hay siempre más de veinte negros. ¡Quién lo creería! Existen tiendas llenas de esos pobres desdichados, que allí se exponen completamente desnudos, y que se compran como animales, sobre los cuales se adquiere el mismo poder, de suerte que por pequeños descontentos se los puede matar casi impunemente, o por lo menos maltratarlos con tanta crueldad como se quiera. No sé cómo puede conciliarse esta barbarie con las máximas de la religión, que los hace miembros del mismo cuerpo que los blancos desde que se los ha hecho bautizar, y que los eleva a la dignidad de hijos de Dios: *Filii excelsi omnes;* sin duda que no quieren dejarse convencer de esta verdad, pues estos pobres esclavos son demasiado maltratados por sus hermanos, que desprecian esta alianza.

Hago aquí esta comparación porque los portugueses son cristianos de una gran apariencia de religiosidad, todavía mayor que la de los españoles; casi todos van por la calle con el rosario en la mano, con un San Antonio sobre el estómago o colgado al cuello y, como curioso pertrecho, se les ve la cadera izquierda cargada con una larga espada a la española y la derecha con un puñal casi tan grande como nuestras pequeñas espa-

[a] *Quod licet, ingratum est, quod non licet, acrius urit,* OVIDIUS. [Lo que está permitido no causa ningún placer, lo que no lo está excita más violentamente. Esta cita corresponde a *Amores* II, 19, 3, transcripto según el texto de OVIDE, *Les amours.* Texte établi et traduit par Henri Bornecque. Paris, Société d'édition "Les belles lettres", 1930].

[b] [. . .] *matres omnes filiis*
In peccato adiutrices, auxilio in paterna iniuria
Solente esse. TERENTIUS, *Heautontimorumenos* V [2, 991-993: todas las madres suelen ayudar a sus hijos en sus escapadas y auxiliarlos frente a la severidad paterna. Transcriptos según el texto de la edición anteriormente citada].

das francesas, a fin de que, llegada la ocasión, no les quede brazo inútil para degollar a sus enemigos. En efecto, estos signos exteriores de religión son muy equívocos entre ellos, no sólo por lo que atañe a la verdadera probidad, sino también a los sentimientos católicos; con mucha frecuencia sirven para encubrir, a los ojos del público, gran cantidad de judíos ocultos; en esta ciudad se vio un ejemplo asombroso. Un cura, después de muchos años de un ejercicio aparentemente edificante, huyó con los vasos sagrados a Holanda para vivir allí en el judaísmo; de allí que para ser eclesiástico es preciso probar que se es *cristiano viejo* *, es decir, de antigua familia de cristianos.

La ciudad alta está ornada de muchas iglesias, la más notable de las cuales es la *Sé,* o Catedral que, por estar bajo la advocación de San Salvador, dio el nombre a toda la ciudad. Tiene delante una pequeña plaza en plataforma, desde donde se divisa toda la bahía y muchas islas que forman un agradable paisaje. Al lado de esta plaza está el hospital, que se llama *Nossa Senhora da Misericórdia.* De la Catedral dependen las dos parroquias San Antonio y San Pedro, y si no me equivoco, Santa Bárbara. Al norte de la *Sé* se halla el convento de los jesuitas, cuya iglesia está construida de mármol totalmente traído de Europa; la sacristía es muy bella, tanto por la pulcritud de las tallas de los aparadores, por las maderas raras, el carey y el marfil con que están hechos, como por una serie de cuadritos que los ornamentan. Pero no se debe, como Froger [8], llamar bellas a las pinturas del techo, que no merecen el interés de un conocedor; las restantes iglesias y conventos nada tienen de notable. Hay benedictinos, recoletos, carmelitas, dominicos, agustinos descalzos, o padrecitos, y un convento de capuchinos que antiguamente sólo estaba compuesto de franceses, pero, durante estas últimas guerras se los ha expulsado para poner allí italianos; se los llama *os barbudos.* Por lo demás, no conozco sino un convento de religiosas, llamado *as Frairas da Incarnaçaon.* Existen en la ciudad baja otras capillas de cofradías, *Santa Bárbara, Nossa Senhora do Rosario y do Pila,* ésta para los soldados, *Cuerpo Santo* para la gente pobre, y de la *Concepção* para los marineros.

El intenso comercio que se hace en Bahía con los productos del país pone a sus habitantes en situación muy desahogada; todos los años por el mes de marzo viene de Lisboa una flota de unos veinte barcos, cargados de telas y paños de lana, particularmente de sargas, perpetuan, bayetas y anascotes que usan las mujeres para los velos que llaman *mantas,* en vez del tafetán negro, como son las que se llevan en España, cuya moda siguen aproximadamente; el uso de esta tela modesta es forzoso por ordenanzas del Rey, que prohíbe el de la seda. Las demás mercancías de venta son medias, sombreros, hierro, quincallería, pero sobre todo galleta, harina, vino, aceite, mantequilla y queso, etc. Los mismos barcos se llevan, en cambio, oro, azúcar, tabaco, madera de tinte, llamada

---

[8] FROGER, *Relation...,* p. 144.

palo brasil, bálsamo y aceite de Copahu, *Hypecacuana*, algunos cueros crudos y otros productos.

Como la ciudad se halla sobre una altura muy abrupta se han instalado tres máquinas para hacer subir y bajar al puerto las mercancías de la ciudad alta; una de las tres está en casa de los jesuitas, no sólo para el público, que las utiliza pagando, sino también para uso de esta comunidad, que por cierto no es enemiga del comercio. Estas máquinas consisten en dos grandes ruedas de tambor, que tienen un eje común, sobre el cual está pasado un cable amarrado a un trineo o carro en el que se colocan los fardos de mercancías y que se hacen subir por negros, quienes, al caminar en las ruedas, hacen girar el cable sobre el torno, y para que el trineo no halle resistencia y corra fácilmente, descansa sobre un armazón de ensamblado continuo desde lo alto hasta el pie de la montaña, en una longitud de unas ciento cuarenta toesas, y no doscientas cincuenta, como dice el *Flambeau de mer*.

Además del comercio de mercancías europeas, los portugueses realizan otro considerable con Guinea; llevan allí aguardiente de caña, tela de algodón hecha en las islas del Cabo Verde, collares de vidrio y otras bagatelas, y traen oro, marfil y negros para vender en el Brasil.

La comunicación con la ciudad de Río de Janeiro, cerca de la cual están las minas de oro de los paulistas, que lo proveen en abundancia, contribuye también a la opulencia de Bahía. Las casas están bien construidas, los burgueses bien alojados y amoblados; los hombres y las mujeres son modestos en sus vestidos porque les está sabiamente prohibido llevar galones de oro y de plata; pero hacen relucir sus riquezas en ciertos adornos de oro macizo, aun sobre sus negras esclavas, a las que se ve engalanadas con ricos collares hechos de cadenas de varias vueltas, grandes zarcillos, cruces, placas que se ponen sobre la frente y otros ornamentos de oro muy pesados.

Contrariamente a la política habitual de las otras coronas, el rey de Portugal no permite a los extranjeros venir a llevarse los productos del país, ni siquiera comprándolos con dinero en especie, y menos aún traer mercancías para vender o trocar, en lo cual es más fielmente servido que el rey de España en el Perú; este reglamento se funda en dos buenas razones. La primera, impulsar a sus súbditos a trabajar y brindarles así todo el provecho del comercio. La segunda y principal es impedir que los derechos que obtiene sobre toda clase de mercancías no sean desviados por los virreyes y gobernadores, pues obligando a todos los barcos a venir a descargar bajo sus ojos en Lisboa, no se le puede escapar nada.

Aunque la bahía de Todos los Santos sea un lugar muy poco poblado, se cuentan unas dos mil casas; no es, sin embargo, una buena escala, sobre todo en invierno, no sólo a causa de las grandes lluvias que allí se padecen en este tiempo, sino también porque los víveres no son buenos; la harina y el vino que se traen de Europa se resienten algo por el transporte, la carne vacuna no vale nada, no hay carnero, y los pollos son caros y escasos, las frutas de esta estación, como las bananas y las naranjas, no se conservan en el mar, y las verduras son aquí casi desconocidas, sea por la indolencia de los portugueses o porque en efecto los resulta muy difícil cultivarlas por la gran cantidad de hormigas que en casi todas partes devastan las plantas y los frutos, de manera que constituyen la verdadera plaga de la agricultura en el Brasil.

PARTIDA DE BAHIA

Tras haber hecho nuestros gustos y provisiones, salimos en compañía de nuestros antiguos camaradas, el lunes siete de mayo. Hallándonos a mediodía a dos leguas y media al sur del cabo de San Antonio, observé 13° 0' de latitud, de lo cual deduje que está situado aproximadamente a los 12° 50' y la ciudad a los 12° 43', y según la observación de Olinde, indicada en la *Connaissance des Temps* de 1712, debe estar a los 41° 30' de longitud occidental, o de diferencia del meridiano de París, lo que difiere en 6° hacia el oeste de la posición en que las sitúan las cartas holandesas, pues en lugar de encontrarse a 336° 50', se encuentra a 343° del meridiano de Tenerife.

El 18, Beauvois Grout vino a pedirnos nuestro punto, quizás menos para asegurar el suyo que por hacer señal a los otros de que al día siguiente tendiesen velas para abandonarnos. No dejaron de hacerlo en efecto; arribaron para hacer más camino, sabiendo que nos importaba más que a ellos ganar el este; lo lograron, y los perdimos de vista antes de la noche, sin intentar seguirlos ni conservar una compañía a la que las noticias de la paz tornaban inútil, y odiosa su infidelidad.

Desde nuestra escala hasta la línea tuvimos casi siempre un tiempo cubierto mezclado de turbonadas y lluvias, con calmas y bonanzas; los vientos soplaban del SSE al ESE, y aunque la corriente cerca de la costa lleva al N, encontramos en alta mar que nos llevaba más bien un tanto hacia el S; pero después de haber alcanzado los 4° norte, hallamos por el contrario grandes diferencias hacia ese lado con nuestra estima. Lo atribuimos a la corriente general del NO, que reina por esta latitud a lo largo de la costa del Brasil y de la Guayana.

Por esta latitud comenzamos a encontrar los vientos alisios desde el E al NNE, de bastante fuerza, que nos impulsaron hasta los 26° y nos pusieron nuevamente en la longitud del cabo San Agustín; entonces las calmas comenzaron a tomarnos y nos tuvieron casi un mes a jornadas cortas.

Desde entonces empezamos a advertir una cantidad de corrientes y de lechos de marea y a ver una especie de fucos con pequeños granos como grosellas, que según se dice vienen del estrecho de Bahama, el cual sin embargo estaba a unas seiscientas leguas al oeste de nosotros; la razón de esta conjetura es que no se los halla de esta clase ni cerca de las Azores ni cerca de las Canarias, que son las tierras más cercanas, y que, además, yendo hacia el oeste se las encuentra en mayor cantidad; si esto es así es preciso que sean arrastradas por las corrientes que van hacia el E. Las corrientes que se observan hacia las costas de Guayana sirven entonces para reemplazar las aguas que fluyen por este estrecho, lo cual hace también que los barcos que vienen del Brasil recuperan hacia el E bajo el trópico de Cáncer lo que pierden hacia el oeste bajo la línea.

El 15 de junio a los 21° norte se nos murió un marinero de flujo sanguíneo.

El miércoles 4 de julio a los 36° 50′ de latitud y 35° 16′ de longitud, en bonanza, vimos al alcance del cañón una blancura sobre el agua, como si estuviese un poco rota; se pensó primero que podía tratarse de un arricete y el capitán quiso cerciorarse, pero la chalupa, demasiado reseca por dos meses de grandes calores, no estuvo en condiciones de hacerse a la mar. La mayoría creyó, empero, que podía tratarse de espuma o de algo que flotaba sobre el agua.

Al día siguiente avistamos un pequeño barco que parecía hacer rumbo al E como nosotros; la calma nos mantuvo a la vista el uno del otro durante tres días; nos empalletamos y le hicimos señal con un cañonazo, amainando las gavias para obligarlo a llegar hasta nosotros y darnos noticia de Europa; pero, como el viento había vuelto de nuevo al O, hizo rumbo al N; lo perseguimos durante algunas horas, después de lo cual, considerando que era camino perdido, reanudamos la ruta sin haberlo reconocido.

El martes 10, hacia la noche, vimos otro y al despuntar el día siguiente se halló cerca de nosotros, al alcance del cañón; nos empalletamos y nos pusimos al pairo para aguardarlo, pero hizo rumbo al SO y nos dejó.

La noche del mismo día avistamos la Pico, una de las islas Azores a la que esta montaña ha dado el mismo nombre; tiene forma de pan de azúcar y es tan alto que puede ser visto desde treinta leguas, como el de Tenerife; lo teníamos entonces a unas veinticinco leguas al S $\frac{1}{4}$ SE del mundo y lo veíamos muy distintamente.

Este reconocimiento de tierra nos satisfizo mucho; las señales de corrientes que habíamos visto nos hacían dudar de la certeza de nuestras estimas y nos proporcionó doble satisfacción encontrarlas justas, con muy escasa diferencia. No hablo sino de las de los oficiales, quienes por no haber despreciado lo que yo les había hecho notar acerca de la posición de Olinde habían partido de una longitud de Bahía seis grados más hacia el O que la indicada por las cartas holandesas; las corrientes que observábamos desde hacía algunos días no debían de alterar mucho la exactitud, por cuanto ya corrían al N, ya al S, y a vista de tierra reconocimos que era al NO y al SE.

Por esta razón y quizás en parte por lo defectuoso de las cartas, tres días después de haber visto la Pico, encontramos la isla de San Miguel unas veinte leguas antes de lo que pensábamos. En efecto, me parece que Pieter Goos acerca demasiado y el *Flambeau de mer* aleja demasiado esas dos islas.

Observamos también el mismo error al acercarnos a la isla de la Terceira, en la que creímos oportuno recalar, por temor de que las calmas, si continuaban, nos hicieran escasear los víveres.

Esta isla es de buena altura y reconocible desde el SE por una lengua de tierra baja que se extiende hacia el E, y desde el O, por un cabo cortado y formado por una lengua de tierra en la que hay dos cerros, y, finalmente, por dos islotes cortados a pico que se hallan una legua al este de ese cabo; se los llama Ilheos. Media legua al SSE de éstos hay tres rompientes a flor de agua. Unos y otros están mal situados en el *Flambeau de mer*.

El sábado 14 de julio, al caer la tarde, fondeamos en la rada de la ciudad de Angra en veinte brazas de profundidad, con fondo de arena gris, conchillas podridas y pequeño coral blanco, teniendo el cabo San Antonio al SO $\frac{1}{4}$ O, la Catedral al NO $\frac{1}{4}$ N, los Ilheos al ESE y el fuerte San Sebastián al NNO. Esta posición debe ser tenida en cuenta para evitarla, llegada la ocasión, pues el fondo está sembrado de grandes piedras. Saludamos la ciudad con nueve cañonazos, que nos devolvió a la mañana siguiente, disparo por disparo.

Un piloto de la ciudad vino a advertirnos que cambiáramos de lugar; cuando intentamos levar el ancla, la encontramos enganchada en las piedras, de modo que para tirar de ella se necesitaron tan grandes esfuerzos que se rompió la caña de ancla[9]; pero este piloto, sea por malicia o por ignorancia, en vez de colocarnos un poco mar adentro, en treinta brazas, en medio de los islotes y de los cerros, donde fondean los barcos de guerra, nos llevó a sesenta y seis brazas de profundidad; juzgamos entonces apropiado ir al fondeadero habitual en trece brazas de agua con fondo negruzco y de lama, mezclado con algo de conchillas, y a más de un cable de tierra; teníamos entonces el fuerte San Sebastián al SO $\frac{1}{4}$ O, el de San Antonio al N $\frac{1}{4}$ NE; allí fondeamos a barba de gato sólo con un anclote[10] porque hay muy poca marea. Se dice que el reflujo comienza al salir la Luna y corre al SE y el flujo al NO. En ese lugar se está cerca de la puerta de la ciudad donde está el muelle y la aguarda.

DESCRIPCION DE LA CIUDAD DE ANGRA

La ciudad de Angra (véase la figura XXXVI) está situada a orillas del mar hacia el medio de la parte sur de la isla Terceira, al fondo de una pequeña ensenada que forma una lengua de tierra muy alta, llamada el Monte do Brasil.

[9] *Caña del ancla*: 'parte comprendida entre la cruz y el arganeo' (*Acad.*).
[10] *Anclote*: 'ancla pequeña' (*Acad.*).

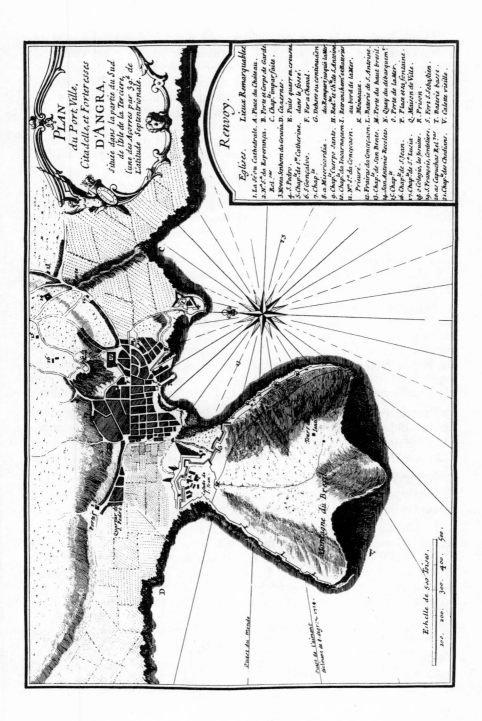

Llamo ensenada a este pequeño y mal puerto, abierto desde el este al sudoeste, que apenas tiene cuatro cables de ancho y tal vez ni dos de buen fondo, donde sólo se puede estar seguro durante la buena estación del verano, porque entonces los únicos vientos que allí soplan son los suaves del O al NNO; pero en cuanto comienza el invierno se producen tan rudas tempestades que el medio más rápido de salvar la vida es el de hacerse a la vela tan pronto como se advierten malos indicios en el aire. Los habitantes, por su larga experiencia, casi no se equivocan, pues entonces la alta montaña se cubre y se oscurece, y los pájaros, desde algunos días antes, vienen a graznar y gritar en torno de la ciudad, como para advertirlos.

Los navegantes que se ven obligados a permanecer en la rada, retenidos por su comercio, abandonan sus navíos o ponen las embarcaciones pequeñas en tierra al pie del fuerte San Sebastián y se quedan en la ciudad hasta que la tormenta termina. Una funesta experiencia demostró que obraban sabiamente. En el mes de setiembre de 1713 naufragaron allí siete barcos que fueron arrojados a la costa, sin que ningún miembro de la tripulación que se hallaba a bordo pudiera salvarse.

Por pequeño y malo que sea ese puerto, los portugueses lo han fortificado muy bien; han hecho una triple batería, casi a flor de agua, sobre el cabo más avanzado a estribor, al entrar, que es el de San Antonio, nombre que no falta nunca en las plazas portuguesas [esta fortificación] de buena mampostería se continúa luego, a lo largo de toda la costa, hasta la ciudadela, con redientes [11] y pequeñas obras que la flanquean sin mucha necesidad, pues las rocas la hacen inaccesible a las chalupas.

Para conservar una comunicación de la batería de San Antonio con la ciudadela, se ha abierto, a lo largo de la montaña, un pasadizo atravesado por una pequeña hendidura, que se cruza mediante un puente defendido por dos reductos [12], en medio de los cuales se halla una capilla de San Antonio y una buena fuente.

Las baterías de la costa se juntan en las construcciones exteriores de la ciudadela, que llegan hasta el borde del mar.

La ciudadela, que los portugueses llaman *Castello de San Juan,* está situada al pie de la montaña del Brasil, a la que encierra tanto por el recinto del cuerpo de la plaza, del lado este, como por los exteriores de los que ya he hablado, del lado del puerto. Estos exteriores, que podrían llamarse una continuación de la muralla, aunque sin foso, de poco servirían en caso de asedio por tierra y por mar, pues un barco fondeado

[11] *Rediente:* 'obra de fortificación abierta por la gola, la más sencilla de todas las de esta clase, que consta de dos caras formando un ángulo saliente' (OSCAR KAPLAN, *Diccionario militar.* Buenos Aires, Biblioteca del suboficial, 1944).

[12] *Reducto:* 'obra de campaña, cerrada, que ordinariamente consta de parapeto y una o más banquetas' (*Acad.*).

PROFIL PAR LA LIGNE A.B.

Montagne du haut Breil.

PROFIL par la ligne C.D. vu du côté de la Terre.

VUE DE LA VILLE DE ANGRA du côté du mouillage.

a. La Sé.
b. Les Jesuites.
c. Casa da polvora.
d. Cuerpo S^te.
e. Fort S. sebastiaon.
f. Batterie basse.
g. Porte de la Ville.
h. Citadelle.

i. Chapelle de St Antoine.
K. Dehors.
l. Moineaux et baterie.
m. Fort de St Antoine.
n. Tours de la decouverte.
o. Quay.
p. Forte du haut Breil.

a cincuenta brazas al SE $\frac{1}{4}$ S los tornaría casi inútiles, si, enfilado [13], les disparase por la retaguardia.

El fuerte alto no tiene este defecto; está bastante bien ubicado, diseñado y construido con buena mampostería; se levanta sobre una roca en la que se ha cavado un foso de cuatro o cinco toesas de profundidad y diez o doce de ancho. En el fondo del foso, a lo largo de toda la escarpa [14], se ve una hilera de pozos de dos a tres toesas cuadradas y de unos diez o doce pies de profundidad, que están tan juntos que sólo los separa un través de la misma roca de dos o tres pies de espesor; delante de la cortina donde está la puerta, estas hileras de pozos se triplican y avanzan hasta cuatro o cinco toesas de la contraescarpa.

La profundidad del foso, el refuerza de esos pozos, la altura de las murallas y la solidez de su mampostería, hacen pensar a los portugueses que su castillo es inexpugnable, tanto más cuanto que los españoles mantuvieron allí tres años de sitio, hasta que por fin un socorro de seis mil franceses los forzó a abandonar la plaza y a huir por mar, donde fueron tomados.

Por esto es posible imaginar cuáles eran las fuerzas y los ataques de los portugueses; pues primeramente esta fortaleza no tiene por exterior sino una pequeña herradura del lado del puerto y un caminito cubierto hoy sin empalizada, cuyo glacis [15] en el ángulo del bastión que sale hacia la ciudad, es tan pronunciado que se podría fácilmente servirse de ella como de una pantalla para ganar el foso caminando a la zaga tanto más cuanto que éste es casi todo de tierra transportada y que la roca de abajo parece muy laborable.

Además, el foso, no está defendido sino por tres cañones, pues los flancos del bastión son tan pequeños que no los pueden contener en mayor número; a saber, uno en el flanco bajo o casamata, uno en el flanco entrante de arriba y una en el espaldón [16].

A la entrada del fuerte, bajo el terraplén, hay un cuerpo de guardia bastante bueno, bien abovedado pero, en mi opinión, no a prueba de vombas; no he sabido que exista otro subterráneo que el polvorín.

Hay en el castillo dos buenas cisternas, y en caso necesario también se puede sacar agua de la fuente de San Antonio, que está en la montaña del Brasil, a donde sólo se puede ir pasando por el fuerte, por cuanto la costa del oeste está bordeada de baterías casi como la del este y la parte sur es escarpada con acantilados inaccesibles; razón por la cual el fuerte no tiene de este lado más que una muralla de clausura. En lo alto del cerro del este existen dos torres llamadas *fachas* donde hay siempre un

[13] *Enfilar:* 'colocarse la artillería al flanco de un frente fortificado, de un puesto o de una tropa, para batirlos con fuego directo' (*Acad.*).

[14] *Escarpa:* 'plano inclinado que forma la muralla del cuerpo principal de una plaza, desde el cordón hasta el foso y contraescarpa' (*Acad.*).

[15] *Glacis:* 'declive desde el camino cubierto hacia la campaña' (*Acad.*).

[16] *Espaldón:* 'valla artificial, de altura y cuerpo correspondientes, para resistir y detener el impulso de un tiro o rechazo' (*Acad.*).

266

centinela para descubrir los navíos que se acercan a la isla, cuyo número indica por el de los pabellones que muestra, hasta cinco, y para una flota se pone otra señal.

Por lo que se refiere a la construcción del cuerpo de la plaza, está revestida de una camisa [17] de buena mampostería de canto rodado, sobre la cual hay un perapeto de seis a siete pies de espesor del mismo material. La muralla que se halla detrás está casi siempre a nivel con el terraplén y tiene saledizos del lado oeste.

La defensa de los bastiones es rasante, los frentes tienen aproximadamente veintiocho toesas, los flancos ocho y las cortinas de treinta y cinco a cuarenta. Hay unos veinte cañones y se dice que existe un arsenal de cuatro mil armas.

Como el castillo de San Juan fue construido antiguamente por los españoles al oeste del puerto, más para dominar la tierra que al mar, los portugueses construyeron después un fortín del lado este, llamado fuerte de San Sebastián, para dominar la rada. Es un cuadrado de mampostería de unas sesenta toesas del lado externo, que por el lado de tierra tiene su entrada y un pequeño foso, y por el lado del mar una batería en ángulo saliente, delante de la cortina, defendida por los frentes de los pequeños bastiones. Debajo de ésta, a flor de agua, hay otra, construida siguiendo el contorno de la roca, que dispara muy bien sobre la rada y el puerto.

Todas las baterías, y especialmente la de San Antonio, están bien guarnecidas de artillería, pero muy mal ordenadas; se cuentan allí más de cien cañones de hierro y unos veinte de fundición; de estos últimos sólo vi en el castillo una culebrina de unas veinticuatro libras de calibre de dieciséis a diecisiete pies de largo.

Para la custodia de esta plaza el rey de Portugal mantiene habitualmente doscientos hombres, pero de manera muy distinta a los de la bahía de Todos los Santos, pues les da tan poca paga que están todos mal equipados y miserables. En efecto, se dice que sólo tienen siete mil *reis* anuales, es decir, aproximadamente treinta y seis libras de nuestra moneda, lo que equivale a dos sueldos por día; pero en caso de necesidad se encuentran en la isla seis mil hombres capaces de tomar las armas, según el cómputo que se realizó hace algunos años, cuando se reunieron para oponerse al señor Duguay, que se presentó delante de la isla y tomó después la de San Jorge.

Aunque la ciudad de Angra esté en la mejor de todas las islas Azores, sus habitantes son pobres, porque no tienen otro comercio que el del trigo y un poco de vino que vienen a cargar allí para Lisboa; lo que basta apenas para proveerlos de ropa, de modo que el dinero es muy escaso; de allí quizás, que sean aun más honestos que los de la bahía de Todos los Santos. Pero aunque la pobreza humilla en apariencia, no hace me-

[17] *Camisa:* 'parte de la muralla, hacia la campaña, que solía revestirse con piedras o ladrillos de color claro' (*Acad.*).

267

jores a los hombres, de manera que no se debe confiar por completo en ese hermoso exterior, pues algunos portugueses europeos acusan a éstos de no tener siempre en el corazón lo que tienen en los labios.

La escasez de dinero no ha impedido sin embargo que se haya construido una ciudad bastante bonita. Las casas son de un piso, rara vez de dos y, a diferencia de las nuestras, más hermosas por fuera que ricas en muebles en su interior. Las iglesias son bastante bellas, construidas con un gusto que participa de la grandeza por las hermosas escalinatas, plataformas y corredores que anticipan su entrada; especialmente la catedral, en la lengua del país la *Sé* o San Salvador. Las que siguen a ésta en belleza son la de los franciscanos y la de los jesuitas, cuya casa aparece, frente a la rada, por encima de todos los demás edificios de la ciudad, reconocible en eso, como por doquier, por la buena elección de una posición ventajosa en que esta compañía siempre sabe colocarse. Hay otros dos conventos de menor apariencia, el de los agustinos, *Nossa Senhora da Graça* y el de los recoletos, que llaman también capuchinos, situado fuera de la ciudad sobre una eminencia. Estos, recomendables por sus buenas costumbres, viven en una hermosa situación y en una agradable pobreza, bajo los auspicios de su patrono San Antonio, que entre los portugueses es lo que San Francisco para los españoles del Perú y San Patricio para los irlandeses.

A cuatro conventos de hombres corresponden cuatro conventos de mujeres; uno de la Concepción, orden venida de Toledo, uno de Santa Clara, *Nossa Senhora de Esperança,* uno de *San Gonzalvo* y un cuarto de *as Capuchas.*

No hablo aquí de una cantidad de capillas que ellos llaman *ermitas.* Pueden verse en el plano.

Aunque la ciudad no esté en un mismo plano, ni muy regularmente atravesada por calles, es empero muy agradable; se goza de la comodidad de muchas buenas fuentes distribuidas en cada barrio, y de un arroyo que pasa por el centro de la ciudad para impulsar los molinos necesarios a la utilidad pública.

Cerca de esos molinos, que están en su mayor parte en lo alto de la ciudad, hay un viejo fortín al que se llama, a causa de la vecindad, Forte dos Moinhos y a veces también Caza da Polvora, porque sirve hoy de polvorín. Es un cuadrado de mampostería de quince toesas de lado, flanqueado a la antigua por una media torre hacia la mitad de cada cara. Desde allí se divisa toda la ciudad a vuelo de pájaro; una agradable mezcla de tierra, mar, edificios y vegetación, permite contemplar un hermoso paisaje y una vista muy placentera.

Por lo demás, no hay en torno de la ciudad, del lado del campo, ni muralla ni fortificación alguna destacada; se podría sin embargo llegar allí por tierra, desembarcando en Porto Judeo o en San Martín, que están a dos o tres leguas al este y al oeste de allí donde hay un buen fondeadero y poca defensa; pero es una ventaja tan pequeña para el rey de Portugal tener esas islas, que no creo que se le deba envidiar su posesión, pues no saca de ellas nada que pueda hacerlas apetecibles, excepto algo de trigo. Se ven muchos pájaros llamados canarios, que son un poco más pequeños que los que se crían en Francia, pero en compensación los superan mucho en la fuerza de la voz.

PARTIDA DE LA TERCEIRA

Tras haber cargado agua, leña, harina y vino, algunas provisiones de carne vacuna, aves de corral y legumbres, nos hicimos a la vela el miércoles 18 de julio.

El 20 avistamos la isla de San Miguel, que se nos mostraba al SE como dividida en dos islas, en medio de las cuales había muchos pequeños cerros que se hubiesen tomado por islotes, sino hubiésemos sabido que estaban unidos por una tierra baja que queda oculta cuando se la mira desde cuatro leguas en alta mar, en lo cual esta isla es muy reconocible desde el norte.

El 19 a la tarde tomamos al sur, al caer la noche, la punta del este a la distancia de unas doce leguas y pusimos rumbo al este durante la noche, sin temor a un arricete que las cartas señalaban en nuestro camino a diez o doce leguas al NE de la misma punta de San Miguel; de modo que debimos pasar directamente por el lugar donde está. Nos hubiésemos guardado muy bien de efectuar esa maniobra si no hubiésemos estado seguros, por la larga experiencia de un capitán portugués, pues de todos los arricetes que se ven en las cartas alrededor de las Azores, sólo existe el de Formigas, que se halla entre Santa María y San Miguel; pues los otros son simplemente bajíos sobre los cuales no se encuentran menos de cuarenta o cincuenta brazas de profundidad: pero él advertía que en esos lugares el mar era mucho peor que en otras partes; no exceptuó siquiera los tres o cuatro arricetes que están marcados al oeste, unas sesenta leguas hacia alta mar, sobre los cuales dice que van siempre a pescar los isleños, por cuanto hallan allí muchos peces. Puede creérsele, aunque sin fiarse totalmente ni inquietarse por los accesos, pues sin duda Halley no los suprimió en su nueva carta sin haber tenido buenas razones, puesto que se trata de nada menos que de la pérdida de las naves que la utilizarán confiadamente; en lo cual hasta parece que un hidrógrafo debe más bien pecar por exceso que por defecto; de lo primero no pueden seguirse sino algunos retrasos o algunos vanos terrores, y de lo otro funestos naufragios imprevistos, si se encontrara algo de cuya existencia se duda. Por otra parte puede ser que el mar marna y descubra en un momento dado lo que estaba cubierto en otro.

Abondonaré aquí el hilo de mi narración para recordar lo que el mismo capitán nos dice de los arricetes y de los *abrolhos* marcados bajo la línea, hacia el norte del cabo San Agustín. Asegura que muchos viajes y todos los demás capitanes portugueses que van anualmente al Brasil lo han convencido de que no hay ninguno de esos escollos, excepto el *Penon de São Pedro,* que es una roca casi redonda, que emerge del agua unas cincuenta o sesenta brazas y que puede tener casi cuatro cables de diámetro, de modo que se lo puede ver desde cuatro o cinco leguas de distancia; así pues, no es peligroso, tanto más cuanto que no hay fondo a todo su alrededor, lo cual tuvo la curiosidad de saber un día en que por hallarse en calma y muy cerca, envió su chalupa a fondear todo el contorno de esa roca. En su carta, Halley también suprimió todos esos arricetes y los de las Azores; pero como dije en otra parte, suprimió sin motivo la isla de la *Ascensão* por confundirla con la de Trinidad. El mismo capitán de quien estoy hablando nos confirmó que eran ciertamente dos islas distintas, situadas aproximadamente como lo marcan las cartas holandesas, una respecto de la otra. Sin duda que la otra isla de la Ascensión que está hacia los 6º, bastante cerca del primer meridiano, hizo pensar al señor Halley que la que se distingue con el nombre portugués de Ascensão era una suposición. Volvamos a nuestro viaje.

Pasamos pues, como ya dije, sobre un arricete imaginario durante la noche; al día siguiente y al otro los vientos comenzaron a enfurecerse y el mar bravo nos duró algunos días, durante los cuales nuestra vela de mesana se desgarró y se rompió el mastelero mayor, de modo que hubo que cambiarlo en seguida. Durante los primeros días en que nos alejamos de las islas hallamos alguna diferencia hacia el sur con la estima.

En cuanto estuvimos aproximadamente a mitad del viaje entre las Azores y tierra firme, los vientos se nos tornaron más favorables y el mar más hermoso, y llegamos por fin el 31 de julio a la embocadura del estrecho de Gibraltar, sin ningún error sensible; de donde puede concluirse que esas islas están bien situadas en el gran *Flambeau de mer.*

Al pasar por el estrecho oímos varios cañonazos provenientes del famoso sitio de la ciudad de Ceuta, que desde hace más de treinta años llevan a cabo los marroquíes, y a la entrada de la noche vimos los fuegos de su campamento.

Fuimos en seguida a fondear al cabo Molino, cerca de Málaga, para recibir nuestras órdenes. En fin, el 16 de agosto vinimos a fondear en las islas de Hieres y al día siguiente estuvimos en Marsella.

CRONOLOGIA*

VIDA Y OBRA

1682   Nace en Chambéry, Saboya, descendiente de una familia de escoceses refugiados, Amedée-François Frezier.

1702   Vuelto a Francia de un viaje a Italia, con el que habían culminado sus estudios, completados en París, el duque Charost le ofrece un cargo de lugarteniente en el regimiento del que es coronel.

1706   Publica en París su *Traité des feux d'artifice* (*Tratado sobre los fuegos artificiales*).

1707   Abandona su cargo de lugarteniente para ingresar al cuerpo de ingenieros.

1711   Después de trabajar en la ampliación de la muralla de Saint-Malo, es enviado al Mar del Sur para estudiar las fortificaciones españolas e informar sobre todo lo que sirva a las relaciones comerciales de Francia con esa zona.
      23 de noviembre: Parte de Saint-Malo el navío Saint-Joseph, comandado por Duchêne Battas, que conduce a Frezier.
      20 de diciembre: El Saint-Joseph regresa a Saint-Malo.

1712   6 de enero: El Saint-Joseph parte por segunda vez de Saint-Malo.
      15 de enero: El Saint-Joseph se hace a la vela definitivamente, para atravesar el Canal de la Mancha.
      4 de febrero: El Saint-Joseph avista la isla de Hierro, la más occidental de las Canarias.
      15 de febrero: El Saint Joseph avista las islas de Cabo Verde.
      5 de marzo: El Saint-Joseph cruza la línea.
      31 de marzo: El Saint-Joseph llega a la isla Santa Catalina, de donde parte el 10 de abril.
      7 de mayo: El Saint-Joseph avista la Tierra del Fuego.
      17 de junio: El Saint-Joseph entra en la bahía de Concepción, de donde parte el 30 de agosto.
      5 de setiembre: El Saint-Joseph fondea en la bahía de Valparaíso.
      31 de octubre: Frezier parte hacia Santiago, adonde llega el 2 de noviembre.

1713 11 de mayo: El Saint-Joseph parte de Valparaíso hacia Coquimbo.

30 de mayo: La decisión del capitán Duchêne de permanecer en Coquimbo hasta que la paz entre las naciones europeas sea conocida, y el próximo vencimiento del permiso de dos años concedido por el Rey de Francia, obligan a Frezier a embarcarse en el navío español Jesús-María-José que, cargado de trigo se dirige a Callao, al mando de Antonio Alarcón.

13 de junio: El Jesús-María-José fondea en el puerto La Caldera, desde donde parte el 18 de junio hacia Arica.

10 de agosto: El Jesús-María-José parte de Arica hacia Ilo, adonde llega el 18 de agosto.

5 de setiembre: Frezier parte de Ilo hacia Pisco en el navío San Carlos, recientemente adquirido por el comerciante francés Ragueine Mareuil, quien había llegado de China donde comprara sedas en Cantón.

21 de setiembre: El San Carlos parte de la rada de Pisco hacia Callao.

2 de octubre: Frezier llega a Lima donde espera la partida de un navío hacia Francia.

10 de octubre: Frezier zarpa de Callao en el Marianne, navío de Marsella, comandado por Pisson, que se dirige a Concepción para cargar las provisiones necesarias para la travesía.

13 de noviembre: El Marianne fondea en la bahía de Concepción.

25 de noviembre: El San Miguel, navío español que llega de Callao para cargar trigo en Concepción, trae la noticia de la paz entre las Coronas de Europa.

9 de diciembre: Llega a Concepción una orden del presidente de Chile de expulsar del reino a todos los franceses.

1714 19 de febrero: El Marianne parte de Concepción hacia Francia con el propósito de hacer escala en la bahía de Todos los Santos.

8 de abril: El Marianne avista la isla Ascensão, donde fondea, y parte al día siguiente.

16 de abril: El Marianne atraca en Praia da Zumba.

7 de mayo: El Marianne parte de Bahía.

14 de julio: El Marianne fondea en la rada de Angra, de donde parte el 18 de abril.

17 de agosto: El Marianne llega a Marsella. Frezier culmina su viaje iniciado hace 2 años, 8 meses y 25 días.

Luis Feuillée publica en París los dos primeros volúmenes del *Journal des observations physiques, mathématiques et botaniques* (*Diario de observaciones físicas, matemáticas y botánicas*).

1715 Frezier fecha el manuscrito de su *Relation du voyage de l'Amérique du Sud* (*Relación del viaje de la América del Sur*).

1716 Se publica en París la primera edición de la *Relation du voyage de la Mer du Sud* (*Relación del viaje por el Mar del Sur*).

1717 Se publica en Amsterdam la segunda edición en francés de la *Relación...* y en Londres la traducción inglesa.

1718   Se publica en Hamburgo la traducción alemana de la *Relación...* y en Amsterdam la traducción holandesa.

1719   Después de haber sido, desde su regreso del Mar del Sur, ingeniero en Saint-Malo y de haber dirigido durante tres campañas sucesivas las obras del castillo de Taureau, en Morlaix, es nombrado jefe de ingenieros y enviado a Santo Domingo, donde mejora las fortificaciones.

1721   Levanta el plano de la ciudad de Saint-Louis.

1725   Regresa a Francia.
        Luis Feuillée publica en París el tercer volumen de su *Diario...*

1727   Publica en París su *Réponse a la Préface Critique du livre intitulé Journal des Observations Physiques, Mathématiques & Botaniques du R. P. Feuillée...* (*Respuesta al Prefacio Crítico del libro intitulado Diario de Observaciones físicas, matemáticas & botánicas del R. P. Feuillée*).

1728   Recibe la Cruz de Saint-Louis y es enviado, con el cargo de capitán, a Philipsbourg y, más tarde, a Landau, cuyas fortificaciones repara.

1732   Se publica en París la tercera edición en francés de la *Relación...* Es una nueva encuadernación, con una nueva portada, de la edición de París, 1716; agrega la *Respuesta...*

1738   Publica en Estrasburgo su *Traité de stéréotomie, ou la théorie de la coupe des pierres et des bois* (*Tratado de estereotomía, o la teoría del corte de piedras y forestas*), obra inspirada en sus trabajos de Philipsbourg y de Landau, en la que, siguiendo el método de Desargues, muy admirado por Frezier, aporta nuevas soluciones a muchos problemas de geometría práctica.

1739   Es nombrado director de las fortificaciones de Bretaña, donde realiza diversas obras para la fortificación de esa provincia.

1745   Se publica en Hamburgo la segunda edición alemana de la *Relación...*

1752   Se lo incluye entre los miembros honorarios de la Academia de Marina.

1754   Publica en París la segunda edición de su *Tratado de estereotomía...*

1755   Publica su *Lettre concernant l'historie des tremblements de terre de Lima.* (*Carta acerca de la historia de los terremotos de Lima*).

1760   Publica en París sus *Elémens de stéréotomie...,* (*Elementos de estereotomía...*), resumen, en dos volúmenes, de su *Tratado de estereotomía.*

1764   A la avanzada edad de 82 años se le concede el retiro de su larga carrera militar, durante la cual sólo había asistido a dos sitios y en la que, a pesar de sus méritos, no había superado el grado de teniente coronel.

1773   A la edad de 91 años muere en Brest. La ciudad, en agradecimiento por las obras que para ella proyectara Frezier, bautiza una de sus calles con su nombre.

Acontecimientos Metropolitanos	Brasil
1585	
1590	
1591 En Lisboa la Casa da India y la Casa da Mina se unen en una sola Casa da India que depende del Conselho da Fazenda.	
1592	Llega a Bahía, como gobernador general, Francisco de Sousa (1592-1602). Lo acompañan Gabriel Soares de Sousa, que nos deja un *Tratado Descritivo do Brasil* y Heitor Furtado de Mondonça, visitador de la Inquisición.
1594	Una expedición portuguesa ocupa Rio Grande do Norte y construye un fuerte que es el origen del puerto Natal. Dos armadores franceses, Jacques Ruffault y Charles des Vaux llegan a la isla São Luis de Maranhão y establecen una alianza con los indígenas.
1595 Establecimiento holandés en Sumatra.	Por la ley del 11 de noviembre, la Corona define la guerra justa.
1596	La provisión real del 26 de julio confía oficialmente a los jesuitas el gobierno y la administración de los indios en las aldeas.
1597 Muere Juan Bodin. *De la república* (1576).	

América Española (Caribe)	América Española (Atlántico Sur y Pacífico)
Plan de Drake destinado a obtener el control de las rutas marítimas de las Antillas.	
	El Padre Alvaro Alonso Barba Toscano descubre en Tarabuco el beneficio por cazo y cocimiento.
	El 8 de junio Felipe II aprueba las Ordenanzas de Francisco de Toledo, primer código minero para el reino del Perú.
	Se descubren los yacimientos de plata de Oruro.
	Luis de Velasco, marqués de Salinas, virrey de Nueva España, es nombrado virrey del Perú.

Acontecimientos Metropolitanos	_Brasil_
Galileo Galilei (1564-1642) que en 1589 había descubierto la ley del isocronismo de las pequeñas oscilaciones del péndulo y las leyes de la caída de los cuerpos, imagina el termómetro.	Muere el Padre Anchieta.

1598

Felipe III asume el trono de España. Los holandeses toman la isla Mauricio.

1599

Comienza la privanza del duque de Lerma.

Nace Oliverio Cromwell.

América Española	*América Española*
(Caribe)	*(Atlántico Sur y Pacífico)*

	En junio sale del puerto holandés Goré una expedición de 5 navíos que se dirige al estrecho de Magallanes. La comanda Jacobo Mahu, socio de la Compañía de Magallanes, fundada en Rotterdam para enviar expediciones a las colonias del Pacífico. En setiembre, frente a la costa de Guinea, muere Jacobo Mahu y es sustituido por Simón de Cordes.
	Oliverio Noort parte de Goré al mando de una expedición compuesta por 4 navíos y 248 hombres que ha sido montada por una compañía de comerciantes holandeses dirigida por Pedro de Beveren, con el objeto de comerciar con las colonias españolas de América del Sur.
	En abril Simón de Cordes entra en el estrecho de Magallanes; permanece fondeado cerca del cabo Froward hasta agosto, cuando los oficiales de la armada fundan la orden caballeresca de El León Desencadenado, con el objeto de hacer triunfar las armas holandesas en las regiones de donde España sacaba los tesoros que empleaba en las guerras contra los Países Bajos. En setiembre los navíos Caridad, Esperanza, Buena Nueva, Fidelidad y Fe, integrantes de la escuadra, entran en el Pacífico.
	Luis de Velasco, virrey del Perú, equipa dos escuadrillas, una para recorrer la costa de Chile y otra para proteger el Callao, con el objeto de defenderse de las expediciones de Jacobo Mahu y de Oliverio Noort.

281

Acontecimientos Metropolitanos	Brasil
1600	Se estima que en Brasil hay entre 13.000 y 15.000 esclavos negros, ubicados en 130 ingenios donde un 70% de la mano de obra sería ya esclava negra.
1601	

América Española (Caribe)	América Española (Atlántico Sur y Pacífico)
	Los araucanos toman y destruyen las ciudades de Valdivia, Imperial, Angol, Santa Cruz, Chillán y Concepción.
	El 20 de setiembre Oliverio Noort llega a Puerto Deseado.
	El 16 de diciembre Oliverio Noort encuentra en el estrecho de Magallanes a Sebald de Weert que regresa del Pacífico. No logran ponerse de acuerdo y se separan.
Navíos holandeses, que traen mercancías europeas para vender en las islas y tierra firme, extraen sal de la salina de Araya, cerca de Cumaná, en Venezuela. También llevan tabaco de Guayana y Venezuela y cueros de La Española.	Oliverio Noort apresa un navío español en la isla Santa María, ataca el puerto de Valparaíso y otros puertos chilenos. No es alcanzado por la armada española pero, al enterarse de su existencia, decide abandonar América y dirigirse a Asia.
	El navío Buena Nueva es incorporado a la marina del Virreinato del Perú. El navío Fidelidad, al mando de Baltasar de Cordes, toma la ciudad de Castro que luego es recuperada por el capitán español Luis Pérez de Vargas. El capitán del navío Fe, Sebald de Weert, después de haber encontrado en el estrecho a Oliverio Noort, decide regresar a Europa. Durante su viaje, el 24 de febrero, avista las islas Malvinas, que bautiza con el nombre de islas Sebald de Weert; en las cartas de la época aparecen con el nombre de islas Sebaldas o Sebaldinas.
	Fray Juan Pérez de Espinosa, O. F. M. es designado obispo de Santiago de Chile.
	Oliverio Noort llega a Rotterdam. Es el primer holandés en dar la vuelta al mundo, repitiendo la hazaña de El Cano, Drake y Cavendish.

Acontecimientos Metropolitanos	Brasil
1602 En Holanda se funda la Compañía de las Indias Orientales que recibe el monopolio del comercio al este del cabo de Buena Esperanza y al oeste del cabo de Hornos. Se publica en Amsterdam la relación de Oliverio Noort. Teodoro de Bry publica la traducción latina del diario de Bernardo Janszon, cirujano de uno de los navíos de la expedición de Jacobo Mahu.	Francisco de Sousa que había acompañado a Nicolás Barreto hasta el estuario de San Francisco, se hace nombrar, en Lisboa, administrador de minas. Muere en 1611 sin encontrar oro.
1603 Inglaterra se instala en Bantam. Luego crean una factoría en Amboina, una de las Molucas.	
1604 Jacobo I se proclama soberano de Gran Bretaña. Paz de Londres entre España e Inglaterra.	Siete navíos holandeses atacan el puerto de Bahía.
1605	
1606	

América Española (Caribe)	América Española (Atlántico Sur y Pacífico)
Inglaterra ocupa el archipiélago de las Bermudas.	
	Gaspar de Zúñiga y Acevedo, conde de Monterrey, es nombrado virrey del Perú.
Charles Leigh intenta instalar una colonia inglesa sobre el Wiapoco. Dos años después fracasa, al igual que sus continuadores en la Guayana: Hartcourt (1609-1613), Raleigh (1617-1618) y Roger North (1619-1621).	
Una armada española al mando de Luis de Fajardo captura doce navíos holandeses en Araya cerrando así el comercio a los holandeses por varios años.	Informe de Jorge de Fonseca sobre las minas de Huancavélica.
	Alonso García Ramón es nombrado gobernador de Chile.
España obliga a los colonos del noroeste de La Española a emigrar hacia la costa sur donde estarían más cerca de Santo Domingo y del control del gobierno.	Se publica *La Florida del Inca* del Inca Garcilaso de la Vega.
	Juan de Mendoza y Luna, marqués de Montesclaros, es nombrado Virrey del Perú. Se descubre la veta principal del yacimiento de plata de Oruro.
	Por ordenanza del 13 de marzo las salinas son propiedad de la Corona.
	Se descubre el yacimiento de plata del Cerro de Camaná.

1607

Fundación de Jamestown, primera colonia inglesa en América.
Bancarrota española.

Diego Bothelho (1607-1610) llega a Bahía como gobernador general acompañado por Francisco de Frias, arquitecto militar.

1608

Nace John Milton.

Champlain funda Québec.

Sully aconseja no instalarse en las colonias españolas de las Indias cuando sus habitantes hayan sido desalojados.

Un Capitán General y Gobernador, encargado de la administración de los yacimientos descubiertos se hace cargo de las tres capitanías del sur: San Vicente, Rio de Janeiro y Espirito Santo. Willem Usselinx, comerciante holandés publica el panfleto: *Demostración de la necesidad, de la utilidad y del provecho para los Países Bajos de preservar la libertad de comercio con las Indias Occidentales.*

Un sacerdote español, posiblemente llegado desde el Perú, introduce la primera transformación técnica en los molinos azucareros: reemplaza las dos muelas horizontales por tres muelas verticales.

1609

Tregua de Doce Años entre España y las Provincias Unidas. En una de sus cláusulas se impide el comercio de los marinos holandeses en la América hispana.

La Corona española confía a la Compañía de Jesús las misiones del área fronteriza del Paraguay.

Holanda se establece en Pulikat, cerca de Madrás.

Galileo Galilei inventa una luneta astronómica.

Durante la tregua los navíos holandeses actúan de intermediarios con Portugal.

1610

Luis XIII asume el trono de Francia. Holanda funda Nueva Neerlandia, en la desembocadura del río Hudson.

Diogo de Meneses (1610-1615) llega a Bahía como gobernador general con órdenes de luchar contra los franceses. Existen 230 molinos azucareros en Brasil, de los cuales 40 se encuentran en el

América Española (Caribe)	América Española (Atlántico Sur y Pacífico)
	Bartolomé Lobo Guerrero es designado arzobispo de Lima.
	Se publica la primera parte de los *Comentarios Reales* del Inca Garcilaso de la Vega.

	sur, cuyo centro es San Vicente, 50 en el centro cuyo centro es Salvador y 140 en el norte, cuyo centro es Recife.
1611 Holanda se apodera del islote de Gorea, desde donde organizan la trata de negros. Luego toman Cabo Verde y Costa de Oro.	
1612 Los holandeses son expulsados de Gombrun por los persas. Los ingleses se establecen en Surate, en la península indostana.	Se establece el sistema de la norma para la explotación del palo-brasil; fracasa. Una *pieza* de India, cuesta 28.000 reales en Brasil, de los cuales 4.000 corresponden a derechos y 9.600 a transporte.
1613	Una expedición portuguesa construye el fuerte Santa María frente a la isla San Luis.
1614 Jacobo I disuelve el parlamento, que no será convocado hasta 1621. John Nepes (1550-1617) inventa los logaritmos.	La caza de la ballena se convierte en monopolio del Estado. El 19 de noviembre, en Guaxindiba, el jefe portugués Diogo de Campos derrota a los franceses e indios que atacaban el fuerte Santa María. El 27 de noviembre se firma el armisticio. La expedición de Marcos de Azevedo al sertão de Espirito Santo trae algunas esmeraldas de baja calidad.

América Española (Caribe)	América Española (Atlántico Sur y Pacífico)
sur, cuyo centro es San Vicente, 50 en el centro, cuyo centro es Salvador y 140 en el norte, cuyo centro es Recife.	
	Alonso de Rivera es nombrado por segunda vez gobernador de Chile.
	Se descubre el yacimiento aurífero de Montesclaros.
	Se crea el Tribunal del Consulado en Lima. La creación es confirmada por Real Cédula de 1618.
	Se descubre el yacimiento de plata de Majaguana, junto a Chile.
	Se publican los *Hechos de don García Hurtado de Mendoza, cuarto marqués de Cañete* de Cristóbal Suárez de Figueroa.
	Francisco de Boja, príncipe de Esquilache, conde de Mayalde, es nombrado virrey del Perú.
	Joris van Spilbergen parte de Texel al mando de una flota de seis navíos montada por la Compañía de las Indias Orientales con el objeto de ir al Asia por el estrecho de Magallanes pasando por América española como piratas.
	Felipe III prohíbe la entrada de vinos peruanos en Panamá y Guatemala.
	Alonso González de Nájera termina su *Desengaño y reparo de la guerra del Reyno de Chile*.

Acontecimientos Metropolitanos	Brasil
1615	Daniel de Latouche, Seigneur de La Ravardière y jefe de San Luis, capitula frente a los portugueses.
1616	Luis de Sousa llega como gobernador general con órdenes de buscar yacimientos y de proteger el Brasil contra las invasiones extranjeras y, particularmente, contra las holandesas. Los holandeses capturan 28 navíos portugueses que comerciaban con Brasil.

	En mayo la flota de Spilbergen navega en el Pacífico después de haber cruzado el estrecho de Magallanes.
	En junio parte de Texel una expedición de dos navíos comandada por Jacobo Le Maire y dirigida por el navegante Guillermo Cornelio Schouten. Ha sido montada por la Compañía Austral, fundada por Isaac Le Maire, padre de Jacobo, para descubrir un paso al sur del estrecho de Magallanes, entonces monopolizado por la Compañía de las Indias Orientales.
	En julio, en el combate naval de Cañete, donde Spilbergen derrota a la escuadra española comandada por Rodrigo de Mendoza, los holandeses comprueban la debilidad de la defensa española en el Pacífico sur. Luego Spilbergen toma e incendia Paita y costea América del Sur hasta el puerto Navidad.
	Felipe Guaman Poma de Ayala termina de escribir su *Nueva Corónica y Buen Gobierno*.
	Muere fray Reginaldo de Lizárraga, obispo de La Imperial, autor de *Descripción breve de toda la tierra del Perú, Tucumán, Río de la Plata y Chile*.
Los holandeses fundan una colonia sobre el Esequibo.	El 24 de enero la expedición Le Maire-Schouten descubre un estrecho entre la isla de los Estados y la tierra que bautizan Mauricio de Nassau. El estrecho es denominado Le Maire. Cinco días después descubre el cabo bautizado de Horn en recuerdo del navío de Schouten, incendiado en Puerto Deseado. Continuaron viaje hacia la isla de Java donde fueron apresados por orden del procurador de la Compañía de las Indias Orientales. Regresaron con la expedición de Spilbergen.

1617

Se publica el diario de la expedición Le Maire-Schouten, escrito por Aris Classen.

Willebrord Snell (1591-1626), holandés, inventa la triangulación.

1618

Willebrord Snell descubre las leyes de refracción.

1619

Los holandeses son desalojados de Bantam.

Se publica el diario de la expedición de Joris van Spilbergen, escrito por Juan Cornelio de May.

Johannes Kepler (1571-1630) enuncia las leyes sobre el movimiento de los planetas.

El Gran Pensionario Oldenbarnevelt, representante de los intereses involucrados en las Indias Orientales, es ejecutado.

1620

Los "padres peregrinos", puritanos, llegan a Plymouth, Massachusetts, en el Mayflower.

América Española (Caribe)	América Española (Atlántico Sur y Pacífico)
	Joris van Spilbergen regresa a Texel después de haber completado la quinta vuelta al mundo, segunda de los holandeses.
	Lope de Ulloa y Lemos es nombrado gobernador de Chile. El príncipe de Esquilache prohíbe plantar caña en un radio de seis leguas en torno de Lima. En dos carabelas parten de Lisboa los hermanos Bartolomé García de Nodal y Gonzalo de Nodal, marinos de Pontevedra, provistos del diario de la expedición Le Maire-Schouten, con destino al estrecho recientemente descubierto.
	El 22 de enero los hermanos Nodal llegan al estrecho Le Maire que rebautizan San Vicente y avistan el cabo de Horn que llaman San Ildefonso. Regresan al Atlántico por el estrecho de Magallanes que son los segundos, después de Sarmiento de Gamboa en cruzar de oeste a este, y en julio entran al puerto de Sanlúcar de Barrameda. Se descubre el yacimiento de plata de San Antonio de Esquilache, en la provincia de Chucuito.
	Diego Fernández de Córdoba, marqués de Guadalcázar, es nombrado virrey del Perú. Fray Jerónimo de Ore es designado obispo de Concepción.

293

Acontecimientos Metropolitanos	Brasil
1621 Felipe IV asume el trono de España y otorga la privanza al conde duque de Olivares. Se reanuda la guerra entre España y las Provincias Unidas. Estas últimas envían dos escuadras a América del Sur: una hacia el Brasil y otra hacia el Callao. Los holandeses fundan la Compañía de las Indias Occidentales. Se publica en Madrid el diario de la expedición de los hermanos Nodal.	Se crea el estado de Maranhão, independiente del estado de Brasil; comprende dos capitanías: Maranhão y Pará (Amazonas).
1622 Alianza formal entre Inglaterra e Irán. Se publica en Amsterdam la versión holandesa del diario de los hermanos Nodal.	
1623 Holanda funda la ciudad de Nueva Amsterdam en el islote de Manhattan. Holanda obtiene un tratado de amistad con Irán.	Los holandeses capturan 70 navíos portugueses.
1624 El cardenal Richelieu (1582-1642) preside el Consejo Real.	El 9 de mayo 26 navíos holandeses de la Compañía de las Indias Occidentales al mando de Jacob Willekens y de Piet Hein atacan y toman Bahía. A fines de julio la flota deja Bahía donde se organiza un movimiento de resistencia dirigido por el obispo de Salvador, Marcos Teixeira.

América Española (Caribe)	América Española (Atlántico Sur y Pacífico)
	Se imprime en Lima la *Extirpación de la idolatría del Perú* de Pablo José de Arriaga.
Una expedición española al mando del capitán Iñigo de Ayala intenta llevar refuerzos a Chile y es atacada por los indígenas sublevados, a través del estrecho Le Maire. Dos de las tres naves naufragan frente al estrecho de Magallanes y la tercera regresa a Buenos Aires. Thomas Warner desembarca en San Cristóbal, isla del grupo Leeward.	Pedro Ozores de Ulloa, gobernador interino desde 1618, es nombrado gobernador de Chile.
	En abril parte de Goré una expedición holandesa integrada por 11 navíos y 1639 hombres y comandada por Jacobo l'Hermite. Se dirige al Callao y su objeto es realizar un establecimiento en América con la ayuda de indios y negros esclavos. El doctor Francisco de Salcedo es designado obispo de Santiago de Chile.
Thomas Warner regresa con capitales de Inglaterra y se instala en San Kitts. Poco después llega un grupo francés bajo las órdenes de D'Esnambuc. Los franceses se instalaron en los extremos norte y sur de la costa, los ingleses en la porción central. Los holandeses fundan una colonia sobre el Berbice.	En febrero Jacobo l'Hermite cruza el estrecho Le Maire. Explora la Tierra del Fuego, levantando mapas, y estudia su clima y sus aborígenes. En mayo l'Hermite llega al Callao que bloquea al no poder tomarlo por encontrarse protegido por fuerzas numéricamente superiores. Muere en junio y es reemplazado por Hugo Schapenham,

1625 Carlos I accede al trono de Gran Bretaña.	El 28 de abril una flota reunida en Cádiz y Lisboa, al mando del almirante español Toledo Ozorio, recupera a Bahía. Se piensa en conceder a la Compañía de Jesús el monopolio del corte del palo-brasil. Se vuelve al sistema del contrato para la explotación del palo-brasil. Se suprime el sistema de *aldeas* confiadas a colonos cuya retribución era el propio trabajo de los indígenas. Con la guerra holandesa el precio de compra del palo en Brasil sube, pero termina el período de grandes provechos en la explotación de esta madera (1570-1725).
1626	
1627 Richelieu funda la Compañía de los Cien Asociados. Bancarrota española.	En marzo una flota holandesa comandada por Piet Hein ataca Salvador, que no logra tomar. En julio captura navíos a los portugueses.

América Española *(Caribe)*	*América Española* *(Atlántico Sur y Pacífico)*
John Powell, de regreso desde el Brasil, toma posesión de Barbados a nombre del rey Jacobo I. Al llegar a Inglaterra consigue que Sir William Courteen, mercader londinense con conexiones en Holanda, lo apoye en la colonización de la isla.	quien continúa el bloqueo y los ataques a los navíos enemigos durante tres meses. Entonces levanta el bloqueo y se dirige a Chile desde donde partió al Asia. El licenciado Gonzalo de Ocampo es designado arzobispo de Lima. Se encuentra el yacimiento de mercurio de Yauca.
Ingleses y holandeses ocupan conjuntamente Santa Cruz, en las islas Vírgenes. Los ingleses intentan colonizar Tobago. San Cristóbal se convierte en posesión francesa.	
	Se confirma por última vez la ordenanza 217 de la Casa de Contratación, de 1521, por la que todo navío destinado al tráfico de Indias debía hacerlo en conserva de la flota.

1628	
Por la Petición de Derechos el Parlamento exige a Carlos I garantías frente a las detenciones y exacciones.	
William Harvey (1578-1657) descubre la circulación de la sangre.	
1629	Existen 346 molinos azucareros en Brasil, 70 en el sur, 84 en el centro y 192 en el norte.
Carlos I disuelve el Parlamento.	
Kirke se apodera de Quebec, que es devuelta a Francia por el tratado de San Germán tres años más tarde.	Parte de São Paulo la expedición de Antonio Raposo Tavares. Destruye la misión de Encarnación. Todas las misiones del Paraná son asoladas. La acción bandeirante contra las misiones continuará hasta 1640.
1630	En febrero una armada de 35 navíos comandada por el almirante Hendrick Corneliszoon Loncq que transporta 3.500 soldados al mando del general Waerdenburch, ataca Pernambuco; Mathias de Albuquerque, encargado de la defensa, no puede resistir. Los portugueses se fortifican en el Arraial do Bom Jesus.
	Comienza el apogeo del comercio y el refinamiento del azúcar en Amsterdam, centro de redistribución del azúcar portugués. Terminará en 1654.
1631	En setiembre el almirante Antonio de Oquendo, enviado por los españoles para tomar Recife, es atacado por los holandeses. La lucha resulta confusa. Los holandeses abandonan Olinda después de haberla devastado.
Holanda obtiene ventajas económicas de su tratado de amistad con Irán. Inglaterra se instala en Masulipatam, India.	
Inglaterra funda una factoría en la costa de Gambia, que será el principal centro de la trata inglesa.	

América Española (Caribe)	*América Española* (Atlántico Sur y Pacífico)
La isla Nevis es colonizada desde San Kitts.	Francisco Laso de la Vega es nombrado gobernador de Chile.
Piet Hayn, almirante de la Compañía de las Indias Occidentales, captura, en las afueras de Bahía Matanzas, la flota española que regresaba a la península. El botín permitió a la Compañía financiar una nueva ofensiva contra el Brasil.	Luis Jerónimo Fernández de Cabrera Bobadilla de la Cerda y Mendoza, conde de Chinchón, es nombrado virrey del Perú. El doctor Hernando Arias de Ugarte es designado arzobispo de Lima.
Los españoles atacan y dispersan a los ingleses y franceses de San Kitts; poco después ambos grupos regresan. Se organiza una compañía inglesa formada por puritanos, entre los que figuraban el Conde Warwick y John Pym, para colonizar Santa Catalina, o isla Providencia, en la costa de Nicaragua.	
Excepción hecha de las flotas, no hay navegación española de importancia en el Caribe. Los holandeses y sus aliados dominan el comercio entre las islas y Tierra Firme.	Se descubre el yacimiento de plata de Cerro de Pasco. Se publica la *Vida, virtudes y milagros del Apóstol del Perú, el venerable padre fray Francisco Solano* de Diego de Córdova y Salinas.
La Compañía de puritanos extiende su acción a Tortuga, en la costa norte de La Española para tener una base contra el comercio español.	Se publica en Lima el *Memorial de las Historias del Nuevo Mundo Pirú; méritos y excelencias de la ciudad de Lima, cabeza de sus ricos y extendidos reinos y el estado presente en que se hallan* del franciscano Buenaventura de Salinas y Córdoba. El jesuita Juan Anello Oliva publica en Lima la *Vida de los varones ilustres de la Compañía de Jesús en el Perú.*

1632	El mulato Domingo Fernandes Calabar traiciona a los portugueses y se pasa a los holandeses. Con su ayuda Waerdenburch se apodera de Iguarassu donde se habían refugiado los comerciantes de Olinda.
1633 Dughtred inventa la regla de cálculos rectilínea.	El gobernador holandés Schkoop se apodera de la isla de Itamaraca. Ocupa un fuerte en Rio Grande do Norte y el cabo San Agustín.
1634 Los católicos fundan Maryland, propiedad de Calvert. La Compañía Inglesa de las Indias Orientales formaliza un acuerdo con el Gran Mogol, soberano de Delhi, por el que obtiene el derecho a comerciar con Bengala.	Un acta suprime el monopolio original de la Compañía que sólo conserva el aprovisionamiento de víveres, armas y municiones. De inmediato muchos comerciantes se instalan en Recife. Los holandeses logran tomar Paraíba do Norte, donde antes habían fracasado y la isla Fernão de Noronha.
1635 Se funda la Academia Francesa para el fomento del arte y las ciencias. Holanda construye un fuerte en la isla de Formosa.	Los holandeses toman el Arraial do Bom Jesus.
1636	Se crea el Consejo Eclesiástico.
1637 René Descartes (1596-1650) y Pierre de Fermat (1601-1665) inventan la geometría analítica.	En enero llega a Recife Juan Mauricio, conde de Nassau-Siegen. Ha convenido con la Compañía ser gobernador del Brasil por 5 años. Lo acompañan el médico y naturalista Willem Piso, el astrónomo alemán George Marcgraf y el arquitecto Pieter Post. Mauricio toma Porto Calvo. En junio parte una expedición para tomar el fuerte portugués de la Mina.

América Española _(Caribe)_	_América Española_ _(Atlántico Sur y Pacífico)_
Los puritanos de Santa Catalina firman un contrato con los holandeses para la compra de la cosecha del primer año. Colonos ingleses se instalan en Antigua y Montserrat.	La Corona otorga a los mineros de oro de Antioquia que por cuatro años paguen sólo el quinceavo.
	El licenciado Diego Zambrana de Villalobos es designado obispo de Concepción. Lope de Saavedra, mayordomo de minas, inventa los hornos buscolines.
	Se pretende estancar el tabaco por una paga de 10.000 pesos al año con derecho al monopolio en toda América del Sur.
En Francia se instala la Compagnie des isles d'Amérique. El grupo de Tortuga es masacrado por los españoles. La isla será luego tomada por los franceses que la convertirán en base para la toma de Santo Domingo. Santo Domingo, Guadalupe y Martinica se convierten en posesiones francesas.	
Las primeras plantas de caña que se siembran en Barbados son traídas del Brasil por Pieter Brower.	Fray Gaspar de Villarroel O. S. Aug. es designado obispo de Santiago de Chile.

1638

Galileo Galilei descubre las leyes del movimiento uniformemente acelerado.

Una expedición portuguesa remonta el Amazonas hasta el río Napo.

Mauricio confisca todos los molinos que no funcionan y los vende.

Juan Mauricio intenta, sin éxito, tomar Bahía.

Un acta de los Estados Generales declara libre el comercio, salvo en el caso de los esclavos, material de guerra y palo-brasil.

1639

Inglaterra construye el fuerte San Jorge, origen de la plaza de Madrás.

Richelieu funda la Compañía de las Indias americanas.

Francia ocupa Quebec, que devuelve tres años más tarde por el tratado de San Germán.

Comienza la gran escasez de moneda en el Brasil holandés.

1640

Carlos I convoca el Parlamento Corto y el Parlamento Largo.

El 1º de diciembre se restaura la independencia de Portugal y llega al trono Don Juan IV de Braganza.

Los holandeses conquistan Malaca.

La Compañía Inglesa de las Indias Orientales funda en Bengala la factoría de Hugli.

La flota holandesa logra dispersar una flota española mar adentro de Itamaraca.

Se produce una disminución de la producción de azúcar debida a la obstrucción de las rutas portuguesas del Atlántico por los holandeses y a la ocupación de una parte de los molinos del Brasil.

1641

El 22 de junio se concreta una tregua entre Portugal y Holanda por diez años en los territorios de ultramar.

América Española (Caribe)	América Española (Atlántico Sur y Pacífico)
Los ingleses fundan una población en Santa Lucía; subsiste hasta 1641.	Pedro de Toledo, marqués de Mancera, es nombrado virrey del Perú. Francisco López de Zúñiga, marqués de Baydes es nombrado gobernador de Chile. Fray Antonio de la Calancha publica en Barcelona la *Corónica moralizada del Orden de San Agustín en el Perú, con sucesos ejemplares en esta monarquía.*
Los holandeses intentan comprar Santa Catalina o Providencia. La Compagnie des isles d'Amérique firma un contrato con Trezel para iniciar la explotación azucarera en Martinica. Fracasa. El francés de Poincy, gobernador de San Cristóbal decide enviar a los principales hugonotes, al mando de Le Vasseur a colonizar la isla Tortuga, convertida en guarida de bucaneros desde la masacre de 1635.	
Barbados alcanza una población de 30.000 habitantes. San Kitts y Nevis tienen 20.000 habitantes. La proporción de población blanca alcanza un índice no superado desde entonces.	El doctor Pedro de Villagómez y Vivanco es designado arzobispo de Lima. El gobernador de Chile, Francisco López de Zúñiga, firma un tratado de Paz con los araucanos. El Padre Alvaro Alonso Barba Toscano publica el *Arte de los metales.*
Una flota española captura la isla Providencia y expulsa a sus pobladores. Termina la Compañía de Providencia.	

303

Acontecimientos Metropolitanos	Brasil
Holanda toma Angola y Santo Tomé, que pierde en 1651. Blaise Pascal inventa una máquina de calcular.	
1642 Hasta 1648 se desarrolla la guerra civil entre la Corona inglesa y el Parlamento. La Compagnie de Notre Dame de Montreal funda Montreal. Tasmán, holandés, explora Tasmania.	En julio el Gobernador de Pernambuco recibe la notificación de la tregua. El tratado comercial entre Portugal e Inglaterra establece comisarios para reglamentar el flete de navíos ingleses hacia el Brasil por portugueses. Santo Tomé y Maranhão se sublevan contra los holandeses.
1643 Luis XIV es rey de Francia, bajo la regencia del cardenal Mazarino. Elías Herckmans publica el poema *La Navegación* en el que se elogian las empresas marítimas de los holandeses. Evangelista Torricelli (1608-1647) descubre los efectos de la presión atmosférica e inventa el termómetro.	
1644	En mayo el conde Mauricio de Nassau se retira a Europa. La importación de esclavos negros en Pernambuco alcanza el máximo de 5.565 piezas. Llega André Vidal de Negreiros, nombrado gobernador de Maranhão. Se detiene en Recife y toma contacto con João Fernandes Vieira. Ambos reciben apoyo secreto del Gobernador General, Antonio Telles da Silva. Salvador de Sà e Benavides es nombrado administrador de las minas de São Paulo.

América Española (Caribe)	América Española (Atlántico Sur y Pacífico)
En Barbados se hacen los primeros intentos de elaborar azúcar, apoyados por los mercaderes holandeses.	Parte de Texel una expedición militar de tres naves comandada por Hendrick Brouwer. Se dirige hacia Pernambuco donde se le agregarán refuerzos de naves y soldados.
	Se termina en el Cerro de Santa Bárbara de Huancavélica el socavón de Nuestra Señora de Belén, iniciado en 1617.
	Brouwer parte hacia Valdivia con el objeto de establecer un comercio entre este puerto y Pernambuco. Atraviesa el estrecho Le Maire, reconoce Chiloé donde desembarca y hace guerrillas a los españoles. Muere y es reemplazado por su segundo Elías Herckmans quien hace una alianza con los indios del archipiélago y en setiembre otra con los del continente. La imposibilidad de establecerse en Valdivia, destruida por los indígenas lo obliga a regresar a Pernambuco.
	El maestre de campo Martín de Mújica es nombrado gobernador de Chile.

Acontecimientos Metropolitanos	Brasil
1645	En agosto los holandeses son derrotados en el monte Tabocas, cerca de Recife. En setiembre la flota portuguesa es vencida entre Recife y Bahía.
1646 Se publica en Amsterdam el diario de la expedición de Hendrick Brouwer.	Fracasan dos expediciones holandesas, una hacia el río San Francisco y otra hacia Bahía. Los indios hacen alianza con los portugueses.
1647 Bancarrota española. Se publica la *Historia de los hechos ocurridos durante ocho años en el Brasil y en otras partes, bajo el mando de Mauricio Nassau* de Gaspar de Baerle.	
1648 El jesuita Viera lanza el proyecto de una compañía luso-franco-sueca para la explotación del comercio colonial portugués, basándose en la insuficiencia de la flota portuguesa y el riesgo que esto implica para la colonización y el comercio. El 10 de marzo se crea la Compañía General de Comercio de Brasil. Paz de Westfalia. Tratado de ajuste sobre las diferencias y desinteligencias ocurridas, de algunos años a esta parte, en el Brasil y en otros lugares, entre Portugal y los Países Bajos.	El 19 de abril los portugueses de Pernambuco, al mando del recién llegado general Francisco Barreto de Menezes, derrotan a los holandeses en la primera batalla de los Guararapes.
1649 Ejecución de Carlos I, declarado reo de traición por el Parlamento depurado. Abolición de la monarquía.	El 19 de febrero se produce la segunda batalla de los Guararapes; nuevo triunfo portugués.

América Española (Caribe)	América Española (Atlántico Sur y Pacífico)
En Barbados hay 40.000 blancos y 6.000 esclavos negros.	
	Se publica la *Histórica relación del reino de Chile y de las misiones y ministerios que ejercita en él la Compañía de Jesús* de Alonso de Ovalle.
Con ayuda holandesa se instala en Guadalupe la primera fábrica de azúcar. Fracasa.	García Sarmiento de Sotomayor, conde de Salvatierra, es nombrado virrey del Perú. Se introducen los hornos de Lope de Saavedra en Huancavélica.
	Se imprime en Lima la colección de *Sermones de los misterios de nuestra santa fe católica en lengua castellana y en general del Inca* de Hernando de Avendaño.
En Barbados se produce la primera rebelión de esclavos.	En Huancavélica se permite labrar en lugares vedados, perdiéndose así la veta principal.

Acontecimientos Metropolitanos	*Brasil*
1650 Thomas Hobbes publica (1588-1679) *Human nature or the fundamental elements of policy* y *De corpore politico*. Otto von Gueriche (1602-1686), físico alemán, inventa la primera máquina electrostática y la máquina neumática.	La industria del azúcar es la que más capitales compromete en Holanda.
1651 Se sanciona el Acta de Navegación para oponerse al comercio marítimo holandés.	Comienza la decadencia de los precios nominales pagados en Amsterdam por el azúcar.
1652 Primera guerra, naval, anglo-holandesa. Los holandeses fundan un establemiento en el cabo de Buena Esperanza.	El jesuita Antonio Vieira llega al Maranhão con una orden real de liberar a todos los indios.
1653 Cromwell asume el título vitalicio de Lord Protector. Disuelve el Parlamento.	Zarpa de Lisboa la escuadra de la Companhia Geral al mando de Pedro Jaques de Magalhães. Se funda São Francisco do Sul al norte de la costa de Santa Catarina.

América Española (Caribe)	América Española (Atlántico Sur y Pacífico)
Llega a Barbados Francis, lord Willoughby de Parham, como gobernador con jurisdicción en todas las islas del Caribe en virtud de un mandato del exiliado Carlos II. Su propósito es mantener Barbados fuera de las luchas internas de la política inglesa.	
Se dicta un acta que prohíbe todo comercio con Barbados y Antigua por su adhesión a los Estuardos. Barbados continúa sus relaciones comerciales con los holandeses.	
En las islas francesas e inglesas, el azúcar comienza a convertirse en el único producto de importancia.	
	Diego Zambrana de Villalobos es designado obispo de Santiago de Chile.
	En España se dispone que la moneda de plata de Indias ha de ser del mismo valor, peso y cuño que la de la metrópoli.
	Se publica la *Coronica de la religiosísima Provincia de los doce apóstoles del Perú de la orden de nuestro seráfico padre San Francisco* de Diego de Córdova y Salinas.
Una flota enviada desde Inglaterra al mando de Sir George Ayscue obliga a Willoughby a someterse. Willoughby va a la Costa Brava y funda una nueva colonia en Surinam.	Antonio de Acuña y Cabrera es nombrado gobernador de Chile.
	Fray Dionisio Cimbrón, O. S. Bern., es designado obispo de Concepción.
Le Vasseur es asesinado. Los españoles toman la isla Tortuga.	Luis Enríquez de Guzmán, conde de Alba de Aliste y Villaflor, es nombrado virrey del Perú.
El ascenso de Cromwell al poder supremo permite el retorno a la política de agresión abierta contra España en América. El plan prevé adquisiciones permanentes de territorios para ser convertidos en colonias de cultivadores ingleses.	Bernabé Cobo termina su *Historia del Nuevo Mundo*.

Acontecimientos Metropolitanos	*Brasil*
1654 Por el Tratado de Westminster Holanda debe restituir sus factorías de Angola y del delta del Congo a Portugal. Los ingleses obtienen el derecho de traficar allí. Hasta 1659 Inglaterra en guerra con España.	El 26 de enero los holandeses de Recife capitulan ante el asedio terrestre y marítimo. Por el tratado comercial anglo-portugués se otorga a los ingleses la libertad de comercio en las colonias portuguesas en las mismas condiciones que a los portugueses.
1655	Antonio Vieira obtiene del rey una ley que protege a los indios de las exacciones de los colonos.
1656 Holandeses concretan la conquista de Ceilán, iniciada en 1638. Bancarrota española.	Para cocinar el jugo de la caña se inventa un nuevo tipo de hogar que permite economizar un tercio de la madera que se utiliza como combustible.
1657 Holanda declara la guera a Portugal a pesar de las mediaciones de Francia. Los asentamientos portugueses en las Indias Orientales caen en poder de Holanda. Se publica en Londres la obra de R. Ligon: *A true and exact history of the Island of Barbados.* Christian Huygens (1629-1695), holandés, inventa el reloj de péndulo, cuyo precursor había sido Galileo Galilei.	
1658 Inglaterra conquista Dunquerque. La Compañía Inglesa de las Indias Orientales establece en Bengala la factoría de Casimbazar. Muere Oliverio Cromwell.	

América Española (Caribe)	América Española (Atlántico Sur y Pacífico)
Bajo la inspiración de Thomas Gage, autor de *The English American,* Inglaterra envía una expedición al mando del almirante Penn y del general Venables. Llega a Barbados. Captura 16 navíos holandeses en la bahía de Carlisle.	
La expedición Penn-Venables desembarca en La Española. La caballería española la rechaza fácilmente. La expedición se dirige hacia Jamaica, desembarca en la bahía Hunt y marcha hacia Spanish Town. El gobernador español Cristóbal Isasi ofrece resistencia en las sierras acompañado por esclavos leales. La guarnición española abandona la isla Tortuga.	
Blake derrota la flota española en Santa Cruz.	El doctor Diego de Encinas Cañizares es designado obispo de Santiago de Chile. Se descubre el yacimiento de plata de Laicacota. Se publica en Lima la *Crónica de la provincia peruana de la Orden de los ermitaños de San Agustín, nuestro padre,* de Bernardo de Torres.

1659

Paz de los Pirineos entre Felipe IV y Luis XIV, quien se niega a seguir ayudando a la causa portuguesa.

1660

Carlos II, Estuardo, educado en la corte de Luis XIV, asume el trono de Inglaterra.

En Inglaterra se da el Acta de Navegación por la que se estipulaba que ninguna mercancía puede ser importada o exportada de cualquier colonia inglesa en naves extranjeras.

Holanda se establece en Hugli, en la desembocadura del Ganges.

Gottfred Wilhelm Leibniz (1646-1716) descubre las bases del análisis matemático.

Se establece un impuesto de repartición; Brasil deberá entregar con ese destino 140.000 cruzados al año.

1661

Luis XIV asume el poder.

Colbert se incorpora al Consejo.
Alianza de Portugal con Inglaterra. Cesión de Tánger y Bombay; facilidades al comercio inglés.

El 6 de agosto, con mediación de Inglaterra, Holanda y Portugal firman un tratado definitivo de Paz. A cambio de una indemnización de 8 millones de florines, de la garantía del comercio y del derecho a establecerse en todas las colonias portuguesas, los holandeses renuncian a Nueva Inglaterra y a Angola. Holanda debe evacuar su fuerte en la isla de Formosa.

Robert Boyle (1627-1691) enuncia la ley de compresibilidad de los gases.

Los jesuitas son expulsados de la zona del Maranhão.

El gobernador Isasi se declara vencido y abandona Jamaica. En Barbados casi toda el área utilizable de la isla está dedicada al cultivo de la caña de azúcar.	Diego de Benavides de la Cueva, conde de Santisteban, márques de la Solera, es nombrado virrey del Perú. Fray Diego de Umansero, O. F. M., es designado obispo de Santiago de Chile.

Acontecimientos Metropolitanos	Brasil
1662 Carlos II restaura la Iglesia anglicana.	El tratado político anglo-portugués confirma el tratado de 1654.
1663 Luis XIV suprime la Compañía y Canadá se convierte en colonia directa de la Corona. ⠄ En Inglaterra se da la Staple Act que establece que todos los productos, ingleses o extranjeros, destinados a las colonias deben ser embarcados en un puerto inglés. Carlos II de Inglaterra concede una carta de privilegio a la Company of Royal Adventurers of England para comerciar dentro de Africa. Se convierte en una empresa de comercio de esclavos. En Francia se funda la Academia de las Inscripciones. James Gregory (1638-1875), escocés, proyecta un telescopio a reflexión. Francisco María Grimaldi (1613-1663), produce un ensayo sobre la curvatura de la luz.	Se introduce un modo nuevo de hacer girar las muelas del molino.
1664 La Compañía General de Comercio del Brasil es estatizada.	
1665 Carlos II asume el trono de España. Es regente, durante su minoridad, Mariana de Austria.	

América Española (Caribe)	América Española (Atlántico Sur y Pacífico)
Barbados y las islas Leeward deben aceptar un impuesto permanente de exportación del 4,5 por ciento. Carlos II de Inglaterra concede una dispensa al Acta de Navegación para que los barcos españoles puedan comprar esclavos negros en los puertos de las Antillas inglesas.	El general Francisco de Meneses es nombrado gobernador de Chile.
Colbert dispone que la Corona reasuma las concesiones otorgadas después del fracaso de la Compagnie des islas d' Amérique. Confía la administración de las posesiones francesas en América y las Antillas a la Compañía de las Indias Occidentales, tomada del ejemplo holandés. Quiebra. Llega Sir Thomas Modyford como gobernador de Jamaica, comienza la colonización sistemática de la isla.	Se publica la *Chronica de la provincia de San Antonio de las Charcas del Orden de nuestro seráfico padre San Francisco en las Indias Occidentales* de Diego de Mendoza.
Durante la guerra, Francia se apodera de Antigua, Montserrat y San Kitts, que devuelve a Inglaterra por el Tratado de Breda.	

Acontecimientos Metropolitanos	Brasil
Jean-Baptiste Colbert (1619-1683) es nombrado supervisor general de finanzas.	
Segunda guerra, naval, anglo-holandesa. Isaac Newton (1643-1727), independientemente de Leibniz, descubre las bases del cálculo infinitesimal y enuncia la teoría de la gravitación universal.	
1666	
Se funda la Academia de Ciencias en Francia.	
1667	
Francia lleva adelante la Guerra de Devolución contra España.	
John Milton, secretario de Cromwell, publica *El Paraíso perdido*.	
Se funda el Observatorio de París.	
Paz de Breda entre Inglaterra y Holanda por la que Holanda cede Nueva Amsterdam (Nueva York) a cambio de Surinam.	
1668	
Paz de Aquisgrán.	
Tratado de Lisboa: España reconoce la independencia de Portugal.	
Michel Le Tellier, marqués de Louvois (1641-1691) es nombrado secretario de Estado de Guerra.	
1669	
Tratado de paz, alianza y comercio entre Portugal y los Países Bajos.	

América Española (Caribe)	*América Española* (Atlántico Sur y Pacífico)
Comienza la decadencia holandesa del azúcar a partir de los esfuerzos de Colbert por crear una industria azucarera francesa.	
El gobernador Modyford es autorizado para conceder permisos a los capitanes bucaneros para llevar a cabo represalias. En nombre de la Compañía de las Indias D'Oregon es nombrado gobernador de Tortuga. Comienza su transformación en colonia.	
	Pedro Fernández y de Andrade, conde de Lemos, es nombrado virrey del Perú.
Por la Paz de Breda se establece una división en el Caribe oriental. Los holandeses se quedan con Surinam; los franceses con Tobago; San Cristóbal fue dividida, como antes, entre ingleses y franceses.	
Comienza a publicarse en París la obra de J.-B. Du Tertre, *Histoire Générale des Antilles.*	
Modyford comisiona a Henry Morgan para hacer un reconocimiento de Cuba y para atacar Portobelo que es volada al hacer saltar el polvorín.	El maestre de campo Juan Enríquez es nombrado gobernador de Chile.
Morgan, con una expedición preparada en Port Royal toma Maracaibo y captura tres navíos españoles que transportaban monedas de plata desde Portobelo.	Fray Francisco de Loyola Vergara, O. S. Aug., es designado obispo de Concepción.

317

1670

Tratado entre las coronas de España y de la Gran Bretaña, para restablecer la amistad y buena correspondencia en América.

Tratado secreto de Dover entre Carlos II y Luis XIV.

Primera edición de los *Pensées* de Pascal.

Jacques-Bénigne Bossuet (1627-1704) se convierte en preceptor del Delfín para quien escribe *Discurso sobre la historia universal, Política sacada de la Sagrada Escritura* y *Tratado del conocimiento de Dios y de uno mismo.*

1671

1672

Francia en guerra contra Holanda.

Hasta 1674 se desarrolla la tercera guerra anglo-holandesa.

En Inglaterra se constituye la Compañía Real Africana.

Isaac Newton inventa el telescopio.

América Española (Caribe)	América Española (Atlántico Sur y Pacífico)
	En setiembre parte de Deptford el marino inglés John Narborough con el objeto de establecer relaciones comerciales con América e incorporar tierras al sur del Río de la Plata.
Morgan, comisionado por Modyford, en represalia a un pequeño ataque español a Jamaica, saquea Santa Marta y Río Hacha, devasta Portobelo y destruye Panamá. A su regreso Morgan recibe un voto formal de agradecimiento por parte de la Asamblea de Jamaica.	En febrero Narborough entra en Puerto Deseado donde toma posesión de la tierra en nombre de Gran Bretaña. Explora y estudia las costas patagónicas hasta octubre. Atraviesa el estrecho de Magallanes y entra al Pacífico en noviembre.
Por el tratado de 1670 España reconoce a Inglaterra la posesión de Jamaica.	
	Narborough intenta tomar Valdivia pero es rechazado. Regresa a Inglaterra.
	Fray Juan de Almoguera, O. Trin., es designado arzobispo de Lima.
	Se imprime en Lima la *Descripción de la fiesta de la beatificación de Rosa de Santa María en el Convento del Rosario de Lima* de Juan Meléndez.

1673

Muere Jean-Baptiste Poquelin, Molière. Por la Test Act el Parlamento inglés excluye a los no anglicanos de todo cargo público.

1674

Pedro II disuelve las Cortes de Lisboa.

Nicolas Boileau Despréaux (1636-1711) publica *L'art poétique*.

Muere John Milton.

1675

Olao Roemer (1644-1710) calcula la velocidad de la luz.

1676

El obispo de Salvador es convertido en arzobispo con dos obispos sufragáneos, uno en Río, otro en Recife.

1677

Gorée, recapturada por los holandeses, es tomada por los franceses.

América Española (Caribe)	América Española (Atlántico Sur y Pacífico)
El Acta de Impuestos de las Plantaciones establece un tributo importante a la exportación de todos los artículos de consumo "enumerados" que se embarcasen de una colonia a otra.	Baltasar Arias de Saavedra y de la Cueva, conde de Castellar, es nombrado virrey del Perú.
Los holandeses por el Tratado de La Haya prometen a España terminar con los saqueos.	
En Jamaica hay 7.700 blancos y 9.500 esclavos negros.	
Termina la Compañía Francesa de las Indias Occidentales que desde 1664 tenía el monopolio de todo el comercio con las Antillas francesas.	
Debido a la tercera guerra holandesa quiebra la Compañía Holandesa de las Indias Occidentales.	
	El teniente general de caballería Antonio de Isasi es nombrado gobernador de Chile.
	Melchor de Liñán y Cisneros es designado arzobispo de Lima.
	El Virrey Baltasar de la Cueva da un permiso para comerciar directamente con la China; quiebra la feria de Portobelo; los comerciantes de Lima se quejan; el Virrey es destituido.
	Muere Diego Rosales, autor de la *Historia general del reino de Chile, Flandes indiano*.

Acontecimientos Metropolitanos	Brasil
1678 Paz de Nimega. Holanda conserva sus territorios y España pierde el Franco Condado.	
1679	El príncipe Pedro decide erigir una fortaleza en el estuario del Río de la Plata.
1680 Fundación de la Comédie Française.	Se funda la Colônia do Sacramento. En agosto es arrasada por una expedición punitiva española. Se produce una disminución en la producción de azúcar debida a la competencia de los holandeses emigrados a las Antillas. Una ley prohíbe la captura y esclavitud de los indios.
1681 Tratado provisional entre Portugal y España sobre la restitución de la colonia de Sacramento.	La *bandeira* de Fernão Dias Paes descubre aguas marinas.
1682 La Salle explora y anexa el territorio de Mississippi, Louisiana.	Se funda la Compañía de comercio para el Maranhão y el Grão Pará. Bueno da Silva y su hijo descubren oro en Goiás.
1683 William Penn funda Filadelfia y la colonia cuáquera de Pensilvania.	Se reconstruye la fortaleza de la Colônia do Sacramento.

América Española (Caribe)	América Española (Atlántico Sur y Pacífico)
De Grammont se instala durante seis meses cerca de Maracaibo desde donde saquea los establecimientos costeros de Venezuela. Coxon, antiguo socio de Morgan, saquea los puertos del golfo de Honduras.	Melchor de Liñán y Cisneros, arzobispo de Lima, es designado virrey interino del Perú. Fray Bernardo de Carrasco, O. P., es designado obispo de Santiago de Chile.
Francia establece la Compañía de Africa que recibe el monopolio del comercio de esclavos.	
Coxon, asociado a Sawkins, cruza el istmo, captura barcos españoles, saquea puertos en el Pacífico y regresa a Inglaterra por el Cabo de Hornos. Los ingleses por el Tratado de Windsor convienen con España en terminar con los saqueos.	Melchor de Navarra y Rocafull, duque de la Palata, es nombrado virrey del Perú. Sustituye la gobernación de Chile el maestre de campo José de Garro. Se descubre el yacimiento aurífero de Alpacay. Muere Francisco Núñez de Pineda y Bascuñán, autor de *Cautiverio feliz y razón de las guerras dilatadas de Chile*.
	Fray Antonio de Morales, O. P., es designado obispo de Concepción. Se imprime en Roma la obra de fray Juan Meléndez, *Tesoros verdaderos de las Indias*.
Los holandeses van Horn y de Graaf, con de Grammont como lugarteniente del primero de ellos, toman y saquean para Francia el puerto de San Juan de Ulúa, Veracruz. Inglaterra y las Provincias Unidas protestan contra la acción de los bucaneros.	El teniente general Tomás Marín de Póveda asume la gobernación de Chile. Se reabre la Casa de Moneda en Lima. El virrey Melchor de Navarra y Rocafull aprueba la compilación de las Ordenanzas del Perú realizada por Tomás de Ballesteros.

323

Acontecimientos Metropolitanos	*Brasil*
1684 Muere Pierre Corneille.	Se funda Laguna, al sur de la costa de Santa Catarina.
1685 Jacobo II, Estuardo, católico, asume el trono de Inglaterra. Revocación del Edicto de Nantes.	
1687	
1688 En Inglaterra se produce la Revolución Gloriosa. Jacobo II huye a Francia. Asume Guillermo III. Inglatera unida dinásticamente a Holanda.	
1689 En Inglaterra Declaration of Rights. Organización de la Gran Alianza.	
1690 Denis Papin (1647-1714), francés, descubre la fuerza elástica del vapor de agua y concreta una máquina a vapor.	
1691	

América Española (Caribe)	*América Española* (Atlántico Sur y Pacífico)
De Cussy es designado gobernador de Saint-Domingue con órdenes de terminar con los bucaneros.	
Luis XIV promulga el Código Negro, basado en la información recopilada por Colbert.	
De Graaf y de Grammont atacan Yucatán. La ciudad de Campeche es arrasada.	
En Barbados hay 20.000 blancos y 46.000 esclavos negros.	
En las islas francesas hay 18.000 blancos y 27.000 esclavos negros; de estos últimos 16.000 estaban en Martinica y 7.000 en Saint-Domingue.	Cuando sobreviene la peste llamada argenia o polvillo en Lima y sus alrededores se cosechan más de 80.000 fanegas de trigo anuales.
	20 de octubre terremoto en Lima que afecta a los cultivos de trigo.
Muere Henry Morgan.	Melchor Portocarrero, conde de la Monclova, es nombrado virrey del Perú.
	José de Híjar y Mendoza, conde de Villanueva del Soto, es nombrado gobernador de Chile.
Jean-Baptiste Du Casse es nombrado gobernador de Saint-Domingue.	

Acontecimientos Metropolitanos	Brasil
1692	
1693	
1694 Fundación del Banco de Inglaterra. Aparece en Londres la relación del viaje de John Narborough, escrita en colaboración con su teniente, Nataniel Pecket.	El Rey de Portugal promete honores y riquezas a los descubridores de yacimientos.
1695 Muere Jean de La Fontaine.	
1696	
1697 Paz de Ryswick. Luis XIV devuelve a España las plazas de Flandes, Luxemburgo y Cataluña, tratando así de conseguir para los Borbones la sucesión al trono español.	
1698 Guillermo III de Orange y Luis XIV acuerdan el primer plan de repartimiento de España. François de Salignac de La Mothe-Fénelon (1651-1715) publica las *Aventures de Télémaque*. Savery, inglés, inventa la bomba a vapor.	
1699 Aparece en Londres la relación del viaje de John Narborough escrita por el contramaestre John Wood. Muere Jean Racine.	La *bandeira* de Bueno de Siqueira encuentra los primeros grandes yacimientos auríferos en la zona de Minas.

América Española (Caribe)	*América Española* (Atlántico Sur y Pacífico)
Port Royal desaparece bajo las aguas debido a un terremoto.	
	Fray Martín de Hijar y Mendoza es designado obispo de Concepción.
Du Casse ataca Jamaica, causando grandes daños antes de retirarse.	José de Santa Cruz Padilla y Gallardo es nombrado gobernador de Chile.
	El doctor Francisco de la Puebla González es designado obispo de Santiago de Chile.
Por el Acta de Navegación Inglaterra instituye en las colonias las cortes del Vicealmirantazgo.	
Du Casse, conjuntamente con una escuadra real mandada por Pointins ataca Cartagena.	
Por la Paz de Ryswyck Saint-Domingue es cedida formalmente a Francia.	
Francia da un decreto que fija severas penas para el comercio de contrabando en las islas francesas.	El sargento general Francisco Ibáñez de Peralta es nombrado gobernador de Chile.

1700 Guillermo III de Orange y Luis XIV acuerdan el segundo plan de repartimiento de España en favor del archiduque Carlos de Austria. En su testamento Carlos II nombra heredero universal de la corona española a Felipe de Borbón, duque de Anjou, por presiones de su abuelo Luis XV y de Inocencio XII. El 1º de noviembre muere Carlos II.	Existen 528 molinos azucareros en Brasil, 136 en el sur, 146 en el centro y 246 en el norte. Llevan a Minas los primeros *proveedores* para la percepción del quinto real. El mercado de Rio de Janeiro comienza, después del paulista, a proveer a Minas.
1701 Felipe V llega a Madrid y es proclamado rey por las Cortes. Alianza de Inglaterra, Holanda, Austria, Prusia, Hannover y el Imperio contra los Borbones. Asiento para la introducción de negros en las Indias españolas por la compañía real de Guinea, establecida en Francia.	Se prohíbe la explotación aurífera a quienes no puedan probar que pagan el quinto.
1702 Ana Estuardo asume el trono de Inglaterra.	Se prohíbe a Bahía comerciar con la zona de Minas, salvo el ganado.
1703 Tratado anglo-portugués de Mathuen; Inglaterra se asegura el mercado portugués para sus tejidos. Portugal reconoce al archiduque Carlos de Austria como rey de España.	
1704 El archiduque Carlos desembarca en Lisboa. Conquista anglo-holandesa de Gibraltar.	

América Española (Caribe)	América Española (Atlántico Sur y Pacífico)
En las islas francesas hay 44.000 esclavos negros.	Los navíos franceses comienzan a visitar las costas del virreinato del Perú. Melchor Portocarrero prohíbe a mestizos, mulatos, zambos y cuarterones el ingreso a la Universidad.
Chateaurenault al mando de una gran flota francesa se encuentra en Martinica; en respuesta Benbow, al mando de una flota, es enviado al Caribe. Los ingleses ocupan la parte francesa de San Kitts.	En febrero el filibustero Guillermo Dampier, después de estar durante algún tiempo en Juan Fernández, abandona las costas chilenas con dirección al Perú.
Bahamas es destruida por filibusteros franceses y españoles.	
	Llegan a Concepción navíos franceses comandados por Coudray-Pérée y Fouquet, que inician en gran escala operaciones comerciales.

Acontecimientos Metropolitanos	Brasil
1705 El archiduque Carlos gana el reino de Valencia. Toma Barcelona donde es proclamado rey.	La municipalidad de São Paulo prohíbe la venta de alimentos a la zona de Minas.
1706 Juan V asume el trono de Portugal.	
1707 Almansa. Victoria de Felipe V. Unión de Inglaterra y Escocia bajo el nombre de Gran Bretaña. Muere Sébastien Le Prestre, seigneur de Vauban, ingeniero militar y mariscal de Francia. Revolucionó la técnica de la construcción de fortificaciones proyectando bastiones en estrella sin ángulos muertos.	
1709 Clemente XI concede trato de rey al Archiduque Carlos. Felipe V cierra en Madrid el tribunal de la Nunciatura y rompe relaciones con Roma.	La capitanía de São Paulo adquiere su mayor extensión; comprende casi todo el sur de Brasil, Minas, Mato Grosso y Goiás.
1710 El archiduque Carlos toma Madrid y es proclamado rey. Dos meses más tarde Felipe V recupera la ciudad. Victorias borbónicas definitivas: Brihuega (9-XII) y Villaviciosa (10-XII).	Aprovechando la circunstancia política de la Guerra de Sucesión Española el capitán Duclerc ataca Rio de Janeiro. Por su inferioridad numérica debe rendirse. Los portugueses pasan a cuchillo a la mayor parte de los prisioneros. El impuesto del *consulado,* percibido en Lisboa, es elevado a 840 reis por caja de azúcar.

América Española (Caribe)	América Española (Atlántico Sur y Pacífico)
	Muere Melchor Portocarrero. Se hace cargo interinamente del virreinato el licenciado Juan Peñalosa.
San Kitts y Nevis son saqueadas.	
Los 24 buques de guerra que Inglaterra tiene en el Caribe resultan insuficientes para detener a sus enemigos.	Toma posesión del virreinato del Perú Manuel Oms de Santa Pau, Olim Sentment y de Lanuza, marqués de Castell Dos Rius, designado en 1706. Es embajador de España en París y uno de los pocos nobles catalanes partidario de Felipe V. Se lo acusará de complicidad con los comerciantes franceses, a quienes habría concedido facilidades comerciales a cambio de importantes sumas de dinero.
	El virrey Manuel Oms de Santa Pau, influido por las costumbres de la corte de Versalles, organiza en su palacio reuniones de carácter literario.
	Juan Andrés de Ustáriz, caballero de Navarra y de la orden de Santiago, es nombrado Capitán General de Chile.
	Los corsarios ingleses Woods, Rogers y Guillermo Dampier llegan a la isla Juan Fernández donde encuentran al escocés Alejandro Selkirk, abandonado por una expedición anterior.
	El doctor Diego Ladrón de Guevara, obispo de Quito, es nombrado virrey del Perú.

Acontecimientos Metropolitanos	Brasil
1711 Thomas Newcomen (1663-1729), inglés, inventa una máquina atmosférica a vapor.	En setiembre René du Guay Trouin, enviado por Francia, ataca y destruye la flota portuguesa y ocupa Río de Janeiro a la que impone un fuerte rescate. Intenta hacer lo mismo en Bahía pero fracasa.
1712 Felipe V renuncia a sus eventuales derechos a la corona de Francia.	
1713 Paz de Utrecht. Inglaterra obtiene Gibraltar y Menorca y por el Tratado de Asiento logra el monopolio del comercio de esclavos en América española. Jean Bernouilli (1667-1748) descubre el cálculo exponencial y el método para integrar las funciones racionales.	
1714 Jorge I, Hannover, asume el trono de Inglaterra. En España los dos Departamentos creados en 1705, se desdoblan en cuatro: Estado, Gracia y Justicia, Guerra y Marina e Indias. Daniel-Gabriel Fahrenheit (1686-1736), prusiano, inventa una graduación del termómetro.	

América Española (Caribe)	América Española (Atlántico Sur y Pacífico)
	El virrey Ladrón de Guevara disuelve la escuadra por razones de economía.
	Ante la posibilidad de un ataque inglés se le encarga a Jorge Villalonga, conde de la Cueva, aumentar la Guarnición del Callao y realizar trabajos para mejorar la defensa.
	23-XI Parte de Saint-Malo el navío Saint-Joseph, comandado por Duchêne Battas, que conduce a Frezier.
	20-XII El Saint-Joseph regresa a Saint-Malo.
Montserrat es arrasada.	
	22-I: Llega a Valparaíso el Saint-Clement, navío de Saint-Malo, llevando pabellón español, pues por 50.000 escudos había obtenido permiso del Rey de España para comerciar en la costa.
	9-IV: Llega a Valparaíso don Pedro de Miranda, general del Mar del Sur, de paso para Callao dende tomaría posesión de su cargo.
	Se prohíbe la fabricación de aguardiente de caña en el Perú.
	El capitán General Juan de Ustáriz nombra a su hijo Fermín Francisco capitán de guardias y comisario general.

1715 Robert Walpole, whig, es primer ministro inglés hasta 1717. Luis XV asume el trono de Francia; es regente Felipe de Orleans.	El rey al no poder imponer un impuesto de 10 octavos, se aviene a un impuesto global de 30 arrobas por año.
1716 Fundación, en Francia, del primer Banco de Estado.	El rey de Portugal prohíbe comprar mulas al Río de la Plata.
1717 Se funda la Gran Londinense.	
1718 En la batalla naval de Passaro la flota inglesa derrota a la escuadra española. Se funda Nueva Orleans.	Se descubre el yacimiento aurífero del río Contas, en Bahía.
1719	Se descubren los yacimientos de oro en Mato Grosso.
1720 Paz de La Haya. Juan V de Portugal suprime la Compañía General de Comercio del Brasil. Portugal prohíbe la emigración hacia las colonias.	En el sur de la zona de Minas se descubre el yacimiento Minas do Rio Verde.

América Española (Caribe)	América Española (Atlántico Sur y Pacífico)
	Gabriel Cano de Aponte es nombrado capitán general de Chile.
	Cármine Nicolás Caraccioli, príncipe de Santo Buono, duque de Castell de Sangro, marqués de Buquianico y conde de Esquiavi es nombrado virrey del Perú, tras un breve interinato de Diego Morcillo, arzobispo de Chuquisa.
	Se crea el Virreinato de Nueva Granada.
	Navíos de guerra al mando de Nicolás de Martinet y Blas de Lezo recorren los puertos de Perú y Chile y logran capturar seis embarcaciones francesas.
	El Virrey del Perú recibe una Real Cédula por la que se le ordena fomentar la explotación del cobre y otros metales para la fundición de artillería.
	José de Santiago Concha y Salvatierra funda Quillota.
	Se descubren nuevas vetas en las minas de plata de Huantajaya, cerca de Iquique.
	Los corsarios ingleses Clipperton y Shelvocke hacen correrías por las costas de Chile.
	La Real Cédula del 15 de abril ordena el cese de la mita forzada en las minas de azogue.
	Fray Diego Morcillo Rubio de Auñón, arzobispo de Charcas, es nombrado virrey del Perú. Durante su virreinato se canoniza a Santo Toribio Alfonso Morgrovejo.

Acontecimientos Metropolitanos	Brasil
1721 Robert Walpole es, por segunda vez, Primer ministro inglés hasta 1742.	
1723	
1724	
1725 Primer Tratado de Viena entre Felipe V y Carlos VI.	En el sur de Goiás se descubre oro en Vila Boa. La Corona vuelve al sistema del quinto.
1726 Jonathan Swift publica *Gulliver's Travels*.	En el noroeste de la zona de Minas se descubre el yacimiento de Minas Novas.
1727 Jorge II, Hannover, asume el trono de Inglaterra.	
1728 Felipe V dicta las Ordenanzas para las Casas de la Moneda.	
1729 Tratado de Sevilla, paz de España con Inglaterra. José Patiño transfiere la Casa de Contratación a Cádiz.	Se descubren diamantes en Cerro Frío, al norte de Minas.

América Española (Caribe)	*América Española* (Atlántico Sur y Pacífico)
	La expedición descubridora del holandés Roggeween visita las costas chilenas.
	Se suspende el Virreinato de Nueva Granada.

El virrey fray Diego Morcillo es designado arzobispo de Lima.

Sublevación araucana que comienza en Purén. |
	José de Armendáriz, marqués de Castelfuerte, es nombrado virrey del Perú. Persigue el contrabando logrando apresar cuatro navíos en Portobelo.
	Ciento treinta caciques araucanos prometen obediencia y fidelidad a la Corona.

| --- | --- |
1730	El sistema del quinto es reducido al 12 por ciento anual.
1732	La Corona pasa al sistema de capitación: cada minero pagará 17 gramos por esclavo que tenga.
1733 Inglaterra dicta el Acta de la melaza con el objeto de detener el comercio del azúcar entre las Antillas francesas y América del Norte.	
1734 Primer Pacto de Familia entre España y Francia.	
1735 Carl von Linné (1707-1778), sueco, concibe una clasificación binaria de los vegetales en base a la disposición de los estambres y una clasificación de los animales. El oro de Minas alcanza su máxima producción.	
1736	
1737	Se funda la ciudad de Rio Grande.

América Española (Caribe)	América Española (Atlántico Sur y Pacífico)
	Un terremoto afecta las ciudades de Santiago, Valparaíso, Valdivia, Concepción y Chillán.
Zarpa el último barco anual cargado de mercancías, según lo previsto en el Tratado de Asiento, enviado por la Compañía de los Mares del Sur.	
	José Antonio de Mendoza Caamaño y Sotomayor, marqués de Villagarcía, es nombrado virrey del Perú.
	El rey quita el gobierno de Huancavélica a los oidores de la Audiencia de Lima y ordena que se nombren para el cargo "sujetos inteligentes en mineralogía".
	La Cédula del 28 de enero reduce, para el reino del Perú, el quinto de la plata al diezmo, y al vigésimo el pago sobre el oro.
	Llegan a Quito los expedicionarios científicos Gaudin, Bouguer y La Condamine, acompañados por los tenientes de navío Jorge Juan y Antonio de Ulloa.
	El brigadier José Antonio Manso de Velasco es nombrado capitán general de Chile.
	En Lima se introduce la lana de vicuña como materia prima para los sombreros.

1738 Daniel Bernouilli (1700-1782) desarrolla la teoría cinética de los gases.	
1739 En enero se ratifica en Madrid la Convención de El Pardo según la cual España pagaría a Inglaterra 95.000 libras esterlinas como indemnización del pillaje de España sobre el tráfico inglés en el Caribe, particularmente el de la Compañía de los Mares del Sur. La Compañía se niega a cooperar porque la Convención no reconocía expresamente sus derechos de navegación. En mayo España suspende el asiento. En octubre queda declarada la guerra entre Inglaterra y España. Inglaterra establece la importación directa del azúcar desde sus colonias antillanas. René Antoine Ferchault de Réaumur (1638-1757), francés, inventa una forma de termómetro.	
1740 España interviene en la guerra de sucesión austríaca.	Goiás y Mato Grosso compensan la caída de la producción en Minas.
1741	

América Española (Caribe)	América Española (Atlántico Sur y Pacífico)
	Se reimplanta definitivamente el Virreinato de Nueva Granada.
Francia envía una flota al Caribe al mando de d'Antin.

Vernon captura Portobelo y destruye sus fortificaciones.

El almirante Vernon y el general Wembort sitian Cartagena, bombardean la ciudad y arruinan sus castillos pero no pueden vencer la defensa de Sebastián de Eslava y de Blas de Lezo. Igual suerte corren en Santiago de Cuba. | España envía al Pacífico una armada bajo las órdenes de José Alonso Pizarro. No puede atravesar el Estrecho.

Jorge Juan y Antonio de Ulloa, que se encuentran en Cuenca son llamados a Lima por el Virrey para cooperar en la defensa de las costas del Virreinato.

La Compañía de Comercio de La Habana se encarga del monopolio del comercio de Cuba.

Se funda San Felipe el Real, en Chile.

Jorge Anson llega a la isla Juan Fernández. Luego captura dos barcos mercantes.

El almirante Anson saquea Paita y luego Manta. Regresa a Inglaterra en 1744. |

Acontecimientos Metropolitanos	Brasil
1742 Anders Celsius (1701-1744), sueco, inventa la escala termométrica centesimal.	
1743 Segundo Pacto de Familia entre España, Francia, Dos Sicilias y Prusia frente a la coalición de Inglaterra, Austria y Saboya.	
1744	En el sur de la zona de Minas se descubre el yacimiento de Minas do Itajuba.
1745	
1746 Fernando VI asume el trono de España.	
1747 Andreas Marggraf (1709-1782), alemán, obtiene azúcar de la remolacha.	

América Española (Caribe)	América Española (Atlántico Sur y Pacífico)
	Parte del Callao una expedición compuesta por dos fragatas al mando de Jorge Juan y Antonio de Ulloa.
	Sublevación indígena encabezada por Juan Santos.
	En Chile se fundan Santa María de los Angeles, Nuestra Señora de las Mercedes de Tutuben, San Agustín de Talca y San Fernando de Tinguiririca.
	Jorge Juan y Antonio de Ulloa regresan al Callao después de haber recalado en Valparaíso.
	Se encuentra la veta principal de Huancavélica.
	Se funda Logroño de San José, en el valle de Melipilla.
	Se funda Santa Cruz de Triana.
Estalla abiertamente la guerra entre Inglaterra y Francia en las Antillas, basada en los encontrados intereses azucareros de sus respectivas colonias.	Se funda San Francisco de la Selva.
	José Antonio Manso de Velasco, conde de Superunda es nombrado virrey del Perú.
	Domingo Ortiz de Rozas, antes gobernador de Buenos Aires, es nombrado capitán general de Chile.
	Tomás Chávez propone al virrey Manso de Velazco el estanco del tabaco, ofreciendo más de 4 millones de pesos al año.
	Un terremoto destruye Lima y Callao.
	Se inaugura la Universidad de San Felipe, en Santiago de Chile.

Acontecimientos Metropolitanos	*Brasil*
1748	
1749	
1750 José I asume el trono de Portugal. Tratado de límites entre España y Portugal. La mayor parte del comercio americano de Cádiz está en manos de mercaderes franceses. Tratado comercial entre Inglaterra y España. Queda sin resolver la navegación libre de los mares. La Compañía recibe 100.000 libras a cambio de la supresión de todos sus reclamos por el Asiento.	El marqués de Pombal retorna al sistema del quinto real percibido en las fundiciones. La producción de oro en Brasil alcanza sus mayores cifras.
1751 En España se da nuevo impulso a la marina. Comienza a publicarse la *Encyclopédie*.	
1752	Se funda la Compañía Geral del Grão Pará e Manhão para el comercio de esclavos; fracasa.
1753 Concordato de España con la Santa Sede (Benedicto XIV) por el que se concede al Rey de España el patronato regio.	

América Española (Caribe)	América Española (Atlántico Sur y Pacífico)
Por el tratado de Aix-la-Chapelle las cuatro islas en disputa del grupo de Barlovento —Dominica, Santa Lucía, San Vicente y Tobago— son declaradas neutrales y Francia e Inglaterra se comprometen a evacuarlas.	
En la Costa de los Mosquitos (Nicaragua), donde los agentes ingleses continuaban intrigando con los indios contra el gobierno español, se nombra un superintendente con residencia en el lugar.	Comienza a funcionar la Casa de Moneda en Santiago.
	Jorge Juan y Antonio de Ulloa publican la *Disertación histórica y geográfica sobre el meridiano de demarcación entre los dominios de España y Portugal.*
	Se descubre el yacimiento aurífero de Chorunga.
	Se sofoca una sublevación indígena en Huarochiri.
	En los últimos cuatro años ingresan a la Casa de Moneda de Lima 53.200 marcos de oro.
	Se comienza la construcción de una nueva fortaleza en el Callao.
	Un terremoto afecta las ciudades de Concepción, Chillán, Curicó, Talca y Cauquenes.
	Se establece el estanco del tabaco.
Los españoles atacan Belice por orden del Marqués de la Ensenada. Poco después los 500 ingleses de la colonia, ayudados por los soldados de Jamaica, se reinstalan y reconstruyen sus habitaciones.	Se fundan Santa Bárbara de Casablanca y Santa Ana de Bribiesca, en Chile.

1754

En España se agrega el departamento de Hacienda.

1755

Comienza en Portugal la influencia de Sebastián José de Carvalho e Melo, luego marqués de Pombal.

Leonhard Euler (1707-1783) presenta las ecuaciones generales de hidrodinámica.

Diez hombres de negocios de Lisboa y de Porto llevan adelante la Compañía Geral del Grão Pará e Maranhão.

1756

Se funda la Compañía General de Agricultura del alto Douro.

1757

Pombal concede libertad a los indios y suprime las misiones del Brasil.

1758

Pitt lanza un ataque contra el occidente de Africa que culmina con la captura de Gorée por Keppel.

1759

Asume el trono de España Carlos III. En setiembre se da en Portugal el decreto de expulsión de los jesuitas.

Se funda la Compañía General de Pernambuco y Paraíba.

1760

El azúcar proveniente de Guadalupe satura el mercado londinense haciendo bajar los precios.

En Minas los esclavos negros constituyen el 70 por ciento de la población.

Llega a Lisboa el primer algodón cultivado en el Maranhão.

América Española (Caribe)	América Española (Atlántico Sur y Pacífico)
	Se fundan Santo Domingo de Rozas y San Rafael de Rozas, en Cuscuz.
	Se da el Nuevo Reglamento de la Casa de Moneda de Lima.
	Manuel Amat y Junyent es nombrado capitán general de Chile, luego virrey del Perú.
	Pedro Bravo de Lagunas emite su *Voto consultivo*, informe sobre si debían preferirse los trigos de Lima a los de Chile.
Inglaterra dispone que cualquier navío español sospechoso de haber tocado un puerto colonial francés puede ser capturado.	
Francia renuncia a tener una escuadra permanente en las Antillas.	
	Antonio de Ulloa se hace cargo de Huancavélica.
Una fuerza inglesa combinada, al mando de Moore y Barrington, no se anima a atacar Martinica; captura la isla de Guadalupe. La flota francesa, al mando del almirante Bompar, nada puede hacer para levantar el sitio.	

347

1761

España firma el Pacto de Familia que la obliga a declarar la guerra a Inglaterra antes de mayo de 1762, si para esa fecha Francia e Inglaterra no habían acordado.

Portugal se niega a unirse al tercer Pacto de Familia y a romper su alianza con Inglaterra.

1762

Una flota inglesa, proveniente de las Indias Orientales, toma Manila.

Carlos III fracasa en su ataque a Portugal.

En octubre Carlos III capitula.

1763

Tropas españolas y francesas invaden Portugal.

Paz en París.

América Española (Caribe)	América Española (Atlántico Sur y Pacífico)
En junio las fuerzas coloniales norteamericanas toman Dominica.	Manuel Amat y Junyent Planella Aymerich y Santa Pau es nombrado virrey del Perú.
Rodney, al mando de una poderosa flota inglesa, se apodera de Martinica. La escuadra francesa, comandada por Blénac, llega tarde para impedir la ocupación y queda bloqueada por los ingleses en Cap Français. Rodney toma Santa Lucía, San Vicente y Grenada. En agosto Pocock y Albemarle toman La Habana, destruyen muchos navíos españoles y obtienen gran botín.	Antonio de Guill y Gonzaga es nombrado capitán general de Chile.
	Se termina en el Cerro de Santa Bárbara de Huancavélica el Socavón de Poccho o de Ulloa.

BIBLIOGRAFIA

1. OBRAS DE AMEDEE-FRANÇOIS FREZIER

Traité des feux d'artifice. París, 1706.
In 8º

Libro citado en la *Relation*..., p. 181. Brunet (Nº 10.223) lo
fecha en 1747, ignoramos si se trata de otra edición o tan sólo
de un error.

*Relation du voyage de l'Amérique du Sud fait pendant les années 1712,
1713, 1714* par le sieur Frezier, ingénieur ordinaire du Roy. 1715.
Manuscrito existente en la Biblioteca de la Asamblea Nacional (París), signatura: MSS 1249 (Ed, 20).

Integra "Numerosas figuras en el texto, entre las cuales un magnífico retrato en colores de Manco Cápac, tomado de un cuadro de
Cuzco". (Duviols, p. 126).

*Relation du voyage de la Mer du Sud aux cotes du Chily et du Perou,
fait pendant les années 1712, 1713, & 1714,* dédié a S. A. R. Monsieur le Duc d'Orléans, Régent du royaume, par M. Frezier, ingenieur ordinaire du Roy. Ouvrage enrichi de quantité de planches
en taille-douce. Paris, Jean-Geoffroy Nyon, Etienne Ganneau et
Jacques Quillau, 1716.

1 vol. in 4º; XIV + 298 + [2] p.; XXXVII grabados (14 láminas
y 23 mapas o planos).

PARTES. [Dedicatoria], pp. III-VI; *Avertissement,* pp. VII-XII; *Ex-
plication de quelques termes de marine inserez dans cette Relation,*
pp. XIII-XIV; texto, pp. 1-291; *Table des principales matieres contenues dans cette Relation,* pp. 292-297; *Table des planches,* p.
298; *Approbation, Privilege du Roy* y *Fautes a corriger* en las dos
páginas sin numerar.

EJEMPLAR. Biblioteca Nacional (Buenos Aires).

REFERENCIAS. León Pinelo [y González de Barcia], t. II, tit. VIII, col. 645 ("y trata de las costumbres de los españoles, e indios del Perú, con más odio, que conocimiento"); t. II, tit. IX; col 657 y tit. XVI, col. 707; Rich, t. I, p. 24-25; Brunet, N° 21-147; Leclerc, 1867, N° 587; Sabin, t. VII, p. 65; Leclerc, 1878, N° 1735 y 1954, Palau y Dulcet, N° 94.964.

Relation du voyage de la Mer du Sud aux cotes du Chili, du Perou, et du Bresil. Fait pendant les années 1712, 1713 & 1714, par M. Frezier, ingenieur ordinaire du Roi. Ouvrage enrichi de quantité de planches en taille-douce. Amsterdam, Pierre Humbert, 1717. 2 vol. in 12°; vol. 1: XX + 294 p., grabados I a XXII y uno fuera de texto; vol. 2: pp. 295-600, grabados XXIII a XXXVII y uno fuera de texto.

PARTES. Tome premier: [Dedicatoria], pp. V-VIII, *Avertissement,* pp. IX-XVI; pp. XVII-XX; texto, pp. 1-294; Tome second: texto, pp. 297-563; *Table des principales matieres contenues dans cette Relation,* pp. 564-573; *Table des planches,* pp. 574-575; *Memoire touchant l'etablissement des peres jesuites dans les Indes d'Espagne,* pp. 577-600, en nota de la p. 577 se aclara: "Esta Memoria no es de Frezier y no se encuentra en la edición de París". Según Sabin (t. VII, p. 65) esta *Memoria* apareció originariamente en Amsterdam, aunque sin indicación de lugar, en 1712, como publicación separada.

GRABADOS. Se reproducen, en tamaño reducido, todos los grabados de *París 1716;* frente a las portadas de cada tomo se agrega un grabado de B. Picart (1716), que alude al contenido general de la *Relation...* ya que incluye peces, plantas, un navío en puerto e indígenas, con clara referencia a sus vestimentas, utensilios y fiestas.

EJEMPLAR. Debemos la consulta de esta edición a la amabilidad de Librería *L'amateur* (Buenos Aires).

REFERENCIAS. Rich, t. I, pp. 24-25; Brunet, N° 21.147; Vicuña Mackenna, p. 19; Leclerc, 1867, N° 589; Sabin, t. VII, p. 65; Leclerc, 1878, N° 1738 y 1956; Palau y Dulcet, N° 94.964; Duviols, p. 128.

A voyage to the South-sea, and along the coasts of Chili and Peru, in the years 1712, 1713, and 1714. Particularly describing the genius and constitution of the inhabitants, as well Indians as Spaniards, their customs and manners; their natural history, mines, commodities, traffick with Europe, &c. By Monsieur Frezier, engineer in ordinary to the French King. Illustrated with 37 copper-cutts of the coasts, harbours, cities, plants, and other curiosities, printed from the author's original plates inserted in the Paris edition. With a *Postcript* by Dr. Edmund Halley, savilian professor of geometry of Oxford. And an *Account of the settlement, commerce, and riches*

of the jesuites in Paraguay. London, Jonah Bowyer, 1717.
1 vol. in 4º; [16] + 335 + [9] p., XXXVII grabados (14 láminas y 23 mapas o planos).

PARTES. *To his Royal Highness George, Prince of Wales, Governor of the South-sea Company,* p. [5]; *The preface to the reader,* pp. [7]-[13]; [Carta de Edmund Halley a Jonah Bowyer del 6-IV-1717], p. [14]; *Directions to the Binder,* p. [15]; texto, pp. 1-319; *Postcript,* pp. 320-322; *Some account of the settlement of the jesuites in the Spanish Indies,* pp. 323-335, en la p. [7] se indica que no está en la edición de París —1716— y que se toma de la edición holandesa —1717—; *The index,* pp. [336]-[344].

GRABADOS. En el grabado I se conserva el mapa original y se reemplazan los nombres, vertiéndolos al inglés. Los restantes grabados se mantienen sin modificaciones y en su tamaño original; las inscripciones se traducen al inglés en la página opuesta al grabado correspondiente.

EJEMPLAR. Biblioteca Nacional y Museo Mitre (Buenos Aires).
REFERENCIAS. Debrett, p. 119; Rich, t. I, pp. 24-25; Sabin, t. VII, p. 65; Palau y Dulcet, Nº 94.965; Duviols, p. 128.

Allerneueste Reise nach der Süd See und denen Küsten von Chili, Peru und Brasilien. Aus dem Französischen übersetzt und mit vielen sauberen Kupfern versehen. Hamburg, Thomas von Wierings, 1718.
1 vol. in 8º; 416 p.; 10 grabados (7 láminas y 3 cartas desplegables).

REFERENCIAS. Sabin, t. VII, p. 66; Palau y Dulcet, Nº 94.966; Duviols, p. 128.

Reis-Beschryviny door de Zuid Zee, langs de kusten van Chili, Peru an Brazil, in 1712, 1713 en 1714. Nevens eene Beschrijvinge van de Regeringe der Yncas, Koningen van Peru en un ryk, zo als het was voor den komst der Spanjaarden aldaar. Het eene vit het Fransch vertaalt, en het andere oppemaakt mit verscheide Schryveren. Door Isaac Verburg. Amsterdam, R. en G. Wetstein, 1718.
1 vol. in 4º; [7] + 406 + [9] p.; 37 grabados (14 láminas y 23 mapas o planos).

Hay copias en papel grueso (Sabin, t. VII, p. 66).

REFERENCIAS. Sabin, t. VII, p. 66; Palau y Dulcet, Nº 94.967; Duviols, p. 128.

Réponse a la Preface Critique du libre intitulé Journal des Observations Physiques, Mathématiques & Botaniques du R. P. Feuillée, contre la Relation du Voyage de la Mer du Sud. Paris, Ravenel, 1727.
1 foll. in 4º; 56 p.
REFERENCIA. Sabin, t. VII, p. 66.

355

Reis-Beschryving door de Zuid Zee...
De la edición de *Amsterdam, 1718* hay copias datadas en 1727; es la misma edición con una nueva portada.
REFERENCIA. Sabin, t. VII, p. 66.

Relation du voyage de la Mer du Sud aux cotes du Chily et du Perou, fait pendant les années 1712, 1713 & 1714. Dédiée a S. A. R. Monseigneur le Duc d'Orleans, Regent du Royaume. Avec une Réponse a la Preface Critique du livre intitulé Journal des Observations Physiques, Mathématiques & Botaniques du R. P. Feuillée, contre la Relation du voyage de la Mer du Sud, & une Chronologie des Vicerois du Perou, depuis son établissement jusqu'au tems de la Relation du voyage de la Mer du Sud. Par M. Frezier, ingenieur ordinaire du Roy. Ouvrage enrichi de quantité de planches en taille-douce. Paris, Nyon, Didot, Quillau, 1732.
La paginación es idéntica a *París, 1716;* al final se agregan 63 p.
PARTES. Idénticas a *París, 1716.* Al final se agrega: *Réponse a la Preface Critique du livre intitulé Journal des Observations Physiques, Mathématiques & Botaniques du R. P. Feuillée, contre la Relation du Voyage de la Mer du Sud,* pp. 1-56; *Chronologie des vicerois du Perou, depuis son établissement jusqu'au tems de la Relation du Voyage de la Mer du Sud,* pp. 57-63. Al terminar la *Réponse...* (p. 56) se agrega una *Advertencia:* "Como esta *Réponse* fue impresa con el tamaño y los caracteres del *Voyage de la Mer du Sud,* de modo que se pudiese adjuntársela, se ha creído complacer al lector agregando aquí la *Chronologie des Vice-Rois du Perou".* La práctica de publicar los libros en cuadernillos independientes, y por lo tanto pasibles de agregados, era frecuente en la época; Cf. *Londres, 1717,* p. [15].
GRABADOS. Idénticos a *París, 1716.*

EJEMPLAR. Biblioteca Nacional y Museo Mitre (Buenos Aires).
REFERENCIAS. Rich, t. I, pp. 24-25 y 48 ("Simplemente una nueva portada y un suplemento de 63 páginas a la edición de 1716"); Brunet, Nº 21.147; Vicuña Mackenna, p. 19; Leclerc, 1867, Nº 588; Sabin, t. VII, p. 65; Leclerc, 1878, Nº 1737 y 1955; Palau y Dulcet, Nº 94.964; Duviols, p. 128.

A voyage to the Suoth-sea...
De la edición de *Londres, 1717* hay copias datadas en 1735; es la misma edición con una nueva portada.
REFERENCIA. Sabin, t. VII, p. 65.

Traité de stéréotomie, ou la théorie et la pratique de la coupe des pierres et des bois. Strasbourg, 1738.
3 vol. in 4º; grabados conteniendo numerosos dibujos.
REFERENCIA. Brunet, t. II, c. 1395.

Reise nach der Süd-See und denen Küsten von Chili, Peru, und Brasilien. Aus dem Französischen übersetzt und mit vielen sauberen Kupfern versehen. Zum andernmal herausgegeben, und mit einem Anhang aus der in den Jahren 1740 bis 1744 von dem berühmten englischen Commandeur Georg Anson, nach der Süd-See, oder meistens um die ganze Welt, getanenen Reise vermehrt. Hamburg, Thomas von Wietings Erben, 1745.

1 vol. in 8º; [2] + 640 p.; 5 mapas y 6 grabados.

REFERENCIA. Sabin, t. VII, p. 66.

Traité de stéréotomie... Paris, 1754.

3 vols. in 4º; grabados conteniendo numerosos dibujos.

REFERENCIA. Brunet, t. II, c. 1395.

Lettre concernant l'histoire des tremblements de terre de Lima. 1755.

Elemens de stéréotomie, a l'usage de l'architecture, pour la coupe des pierres. Par M. Frezier, Lieutenant Colonel, Chevalier de l'Ordre Royal & Militaire de Saint Louis, Directeur des Fortifications de Bretagne. Paris, Charles Antonine Jombert, 1760.

2 vols. in 8º; vol. 1: XXIII + [1] + 262 + [2] p., grabados I-VIII; vol. 2: XII + 260 p., grabados IX-XV. Los 15 grabados contienen 220 dibujos numerados.

EJEMPLAR. Biblioteca Nacional (Buenos Aires).

REFERENCIA. Brunet, t. II, c. 1395.

Relación del viaje por el Mar del Sur a las costas de Chile i el Perú durante los años de 1712, 1713 i 1714 por M. Frezier, Injeniero ordinario del Rei. Traducido por Nicolás Peña M. de la primera edición francesa de 1716. Santiago de Chile, Imprenta Mejía, 1902.

1 vol. in 8º; XXII + [2] + 176 + [1] p.

PARTES. *Prólogo del traductor,* pp. III-XXVI; *Indice,* p. [XXVII]; texto, pp. 1-176; *Fe de erratas,* p. [177].

CONTENIDO. Traduce, en todos sus párrafos, los capítulos que van desde *Descripción del puerto de Valdivia* a *Partida de Arica.*

EJEMPLAR. Biblioteca Nacional (Buenos Aires).

REFERENCIA. Palau y Dulcet, t. V, p. 505.

Lima en 1713 por Frezier. (En: R. PORRAS BARRENECHEA, *Pequeña antología...,* pp. 213-227).

CONTENIDO. Traduce pasajes de párrafos aislados de los capítulos *Descripción de la ciudad de Lima* (*Fortificaciones, Sus dignidades, Conventos de mujeres, Abuso sobre el divorcio y otros*) y *Costumbres de los españoles criollos del Perú* (*Pereza natural, de dónde proviene, Mujeres, Su compostura, instrumentos musicales y modo de bailes, Uso del afeite, libertad de las conversaciones y enferme-*

357

dades, Vestimenta de las mujeres en la casa y afuera, Vestimenta de los hombres, Arquitectura del Perú y Chile, Materiales).
GRABADO. En la p. 215 se reproduce fragmentariamente el grabado XXVIII (*Lima*).

Bocetos de Lima 1713. (En: E. NÚÑEZ, *El Perú...*, pp. 13-22).
CONTENIDO. Reproduce íntegra y textualmente los fragmentos de la *Relation...* traducidos por Porras Barrenechea, cambiando solamente algunos subtítulos. No indica la fuente de donde se toma la traducción, aunque el recopilador parecería querer atribuírsela, pues al final del fragmento cita, mal y sin indicación de página, la primera edición francesa de la *Relation...*

2. GLOSAS DE LA RELATION...

Frezier. (En: A. D'ESCRAGNOLLE TAUNAY, *Na Bahia...*, pp. 329-348).
Se trata de una antología de testimonios sobre Bahía, en la que se glosa la parte pertinente de la *Relation...* con el criterio que el propio compilador enuncia en la p. 239: "Como generalmente estas narraciones son hoy raras, y algunas hasta rarísimas, se me ocurrió la idea de reunirlas y comentarlas sin pretensiones".

Un viajero estimable en Sudamérica: Frezier. (En: S. ZAVALA, *América...*, pp. 95-119).
Se glosa el contenido general de la *Relation...* en parágrafos titulados: *La Patagonia, Chile, Los indios de Chile, El Perú, Los indios del Perú, El retorno y Bahía.*

3. OBRAS SOBRE AMEDEE-JACQUES FREZIER Y SU RELATION...

ALCEDO, ANTONIO DE: *Diccionario geográfico de las Indias Occidentales o América.* Edición y estudio preliminar por don Ciriaco Pérez-Bustamante. Madrid, Atlas, Biblioteca de Autores Españoles, v. CCV-CCVIII, 1967.

BRUNET, JACQUES CHARLES: *Manuel du libraire et de l'amateur de livres contenant: 1º un nouveau dictionaire bibliographique, 2º une table en forme de catalogue raisonné.* Cinquième édition originale entièrement refondue et augmentée d'un tiers par l'auteur. Paris, Firmin Didot frères, fils et Cie., 1860-1865. 6 v.

DEBRETT, J.: *Bibliotheca americana; or a chronological catalogue of the most curius and interesting books, pamphlets, state papers, &c.*

upon the subject of North and South America, from the earlist period to the present, in print and manuscript. London, J. Debrett, 1789.

DUVIOLS, JEAN-PAUL: *Voyageurs français en Amérique (colonies espagnoles et portugaises).* Paris, Bordas, études hispaniques, 1978.

ESCRAGNOLLE TAUNAY, AFFONSO: "Na Bahia colonial 1610-1764", en: *Revista do Instituto Historico e Geographico Brasileiro,* Rio de Janeiro, t. 90, vol. 144, pp. 237-392, 1921.

FELIÚ CRUZ, GUILLERMO: *Notas para una Bibliografía sobre Viajeros referentes a Chile.* (En: J. T. MEDINA, *Viajes...,* t. 1, pp. V-CCLXXV).

GERBI, ANTONELLO: *La disputa del Nuevo Mundo. Historia de una polémica 1750-1900.* Traducción de Antonio Alatorre. México-Buenos Aires, Fondo de Cultura Económica, 1960.

LECLERC, CHARLES: *Bibliotheca Americana. Catalogue raisonné d'une très précieuse collection de livres anciens et modernes sur l'Amerique et les Philippines classés par ordre alphabétique de noms d'auteurs.* Paris, Maisonneuve & Cie., 1867.

—————: *Bibliotheca Americana. Histoire, géographie, voyages, archéologie et linguistique des deux Amériques et des iles Philippines.* Paris, Maisonneuve et Cie., 1878.

LEÓN PINELO, ANTONIO DE y GONZÁLEZ DE BARCIA, ANDRÉS: *Epítome de la bibliotheca oriental y occidental, náutica y geográfica... añadido y enmendado nuevamente... por mano del Marqués de Torre-Nueva...* Madrid, Francisco Martínez Abad, 1737-1738. 3 t.

MEDINA, JOSÉ TORIBIO: *Viajes relativos a Chile.* Traducidos y prologados por... Santiago de Chile, Fondo Histórico y Bibliográfico José Toribio Medina, 1962. 2 t.

MORALES, ERNESTO: *Historia de la aventura. Exploradores y piratas en la América del Sur.* Buenos Aires, Editorial Americana, 1942.

NÚÑEZ, ESTUARDO: *El Perú visto por viajeros.* Prólogo, recopilación y selección por... Tomo I: La costa. Lima, Peisa, Biblioteca Peruana, 1973.

—————: "Los escritores viajeros en América", en *Revista de Historia de América,* Instituto Panamericano de Geografía e Historia, México, Nº 61, junio de 1961, pp. 81-97.

PALAU Y DULCET, ANTONIO: *Manual del librero hispano-americano. Bibliografía general española e hispano-americana desde la inven-*

ción de la imprenta hasta nuestros tiempos con el valor comercial de los impresos descritos. Segunda edición, corregida y aumentada por el autor. Barcelona, A. Palau, 1948-1977. 28 v.

PEREIRA SALAS, EUGENIO: *Juegos y alegrías coloniales en Chile.* Santiago de Chile, Zig-Zag, 1947.

PORRAS BARRENECHEA, RAÚL: *Pequeña antología de Lima (1535-1935). Lisonja y vejamen de la Ciudad de los Reyes del Perú. Cronistas, viajeros y poetas.* Recopilada por... Madrid, s.e., 1935.

RICH, O.: *Bibliotheca americana nova.* London, s.e., 1835-1846. 2 v.

SABIN, JOSEPH: *A dictionary of books relating to America from its discovery to present time.* New York, 1868-1936. 29 v.

VICUÑA MACKENNA, BENJAMÍN: *Catálogo completo de la biblioteca americana, compuesta de más de 3.000 volúmenes que posee don...* Valparaíso, Imprenta y librería del Mercurio, 1861.

VILLALOBOS R., SERGIO: "Contrabando francés en el Pacífico 1700-1724", en *Revista de Historia de América,* Instituto Panamericano de Geografía e Historia, México, Nº 51, junio de 1961.

————: *El comercio y la crisis colonial.* Santiago de Chile, Ediciones de la Universidad de Chile, 1968.

ZAVALA, SILVIO: *América en el espíritu francés del siglo XVIII.* México, El Colegio Nacional, 1949.

INDICE

TITULOS PUBLICADOS

8

EDUARDO GUTIERREZ Y OTROS
TEATRO RIOPLATENSE
Prólogo: David Viñas
Compilación, notas y cronología: Jorge Lafforgue

9

RUBEN DARIO
POESIA
Prólogo: Angel Rama
Edición: Ernesto Mejía Sánchez
Cronología: Julio Valle-Castillo

10

JOSE RIZAL
NOLI ME TANGERE
Prólogo: Leopoldo Zea
Edición y cronología: Márgara Russotto

11

GILBERTO FREYRE
CASA-GRANDE Y SENZALA
Prólogo y cronología: Darcy Ribeiro
Traducción: Benjamín de Garay y Lucrecia Manduca

12

DOMINGO FAUSTINO SARMIENTO
FACUNDO
Prólogo: Noé Jitrik
Notas y cronología: Susana Zanetti y Nora Dottori

13

JUAN RULFO
OBRA COMPLETA
Prólogo y cronología: Jorge Ruffinelli

14

MANUEL GONZALEZ PRADA
PAGINAS LIBRES - HORAS DE LUCHA
Prólogo y notas: Luis Alberto Sánchez

15

JOSE MARTI
NUESTRA AMERICA
Prólogo: Juan Marinello
Selección y notas: Hugo Achúgar
Cronología: Cintio Vitier

25

MANUEL ANTONIO DE ALMEIDA
MEMORIAS DE UN SARGENTO DE MILICIAS
Prólogo y notas: Antonio Cándido
Cronología: Laura de Campos Vergueiro
Traducción: Elvio Romero

26

UTOPISMO SOCIALISTA
(1830-1893)
Prólogo, compilación, notas y cronología: Carlos M. Rama

27

ROBERTO ARLT
LOS SIETE LOCOS / LOS LANZALLAMAS
Prólogo, vocabulario, notas y cronología: Adolfo Prieto

28

LITERATURA DEL MEXICO ANTIGUO
Edición, estudios introductorios, versión de textos y cronología:
Miguel León-Portilla

29

POESIA GAUCHESCA
Prólogo: Angel Rama
Selección, notas, vocabulario y cronología: Jorge B. Rivera

30

RAFAEL BARRETT
EL DOLOR PARAGUAYO
Prólogo: Augusto Roa Bastos
Selección y notas: Miguel A. Fernández
Cronología: Alberto Sato

31

PENSAMIENTO CONSERVADOR
(1815-1898)
Prólogo: José Luis Romero
Compilación, notas y cronología: José Luis Romero y Luis Alberto Romero

32

LUIS PALES MATOS
POESIA COMPLETA Y PROSA SELECTA
Edición, prólogo y cronología: Margot Arce de Vázquez

Este volumen,
el XCIX de la BIBLIOTECA AYACUCHO,
se terminó de imprimir
el día 15 de octubre de 1982,
en los talleres de Editorial Arte,
Calle Milán, Los Ruices Sur,
Dtto. Sucre, Edo. Miranda.
En su composición se utilizaron
tipos Fairfield de 12, 10 y 8 puntos.